2014年中国民俗学会、河南大学文学院
"民俗学：学科属性与学术范式"学术研讨会论文集

民俗学：
学科属性与学术范式

吴效群 编

河南大学出版社
HENAN UNIVERSITY PRESS

图书在版编目(CIP)数据

民俗学:学科属性与学术范式/吴效群编. — 郑州:河南大学出版社,2015.6

ISBN 978-7-5649-2032-6

Ⅰ. ①民… Ⅱ. ①吴… Ⅲ. ①民俗学-文集 Ⅳ. ①K890-53

中国版本图书馆 CIP 数据核字(2015)第 139650 号

出 版 人 张云鹏
出版统筹 侯若愚
责任编辑 舒慧敏
责任校对 索小锋
封面设计 侯一言

出　　版 河南大学出版社
地　　址 郑州市郑东新区商务外环中华大厦 2401 室
电　　话 0371-60993151(人文社科出版分社)
0371-86059753
网　　址 www.hupress.com
排　　版 河南金河印务有限公司
印　　刷 河南省瑞光印务股份有限公司
版　　次 2015 年 10 月第 1 版
印　　次 2015 年 10 月第 1 次印刷
开　　本 787mm×1092mm 1/16
印　　张 27.5
字　　数 422 千字
定　　价 60.00 元

本书如有印装质量问题,请与河南大学出版社营销部联系调换。

目 录

民俗学理论与方法的四个基要主义

——民俗学多学科定位的学术根源

高丙中①

民俗学有近170年的历史,在理论和方法上积累了丰富的成就;民俗学的从业者来源广泛,却能够保持一致的认同。进一步来说,虽然民俗学者能够认同民俗学,但是对民俗学的学科定位却有不同的看法:有的把民俗学定位于人文学科,有的则定位于社会科学,有的定位于人文色彩浓厚的社会科学,还有的定位于可以兼备社会科学一些属性的人文学科。民俗学是一个能够包容,也因而能够不断进取的学科。要认识民俗学的这些特性,建立有效的概念工具是必要的。本文提出从四个基要主义概念来认识民俗学的历史发展,一方面描述民俗学思想方法的多样性,一方面尝试解释民俗学的多种学科定位何以能够成立。

概括地说,支撑民俗学思维的有若干基要性的主义。我认为其中有四个基要主义最为重要,它们是形式主义、历史主义、整体主义、实践主义。形式主义与历史主义是以“俗”为中心的学术,整体主义与实践主义是以“民”为中心的学术。

一、形式主义

形式主义:民俗学的学科化得益于文化形式主义。自己社会的民俗是公众所熟悉的文化事项,以其中一些奇风异俗吸引知识的兴趣是一方面,但是民俗学真正成为好的学问是靠对民俗的形式方面的解析或建构支撑起来的,如母题、故事类型以及后续相关的索引。“民俗学问题格”(调查所依据

---

① 高丙中,博士,北京大学社会学人类学研究所教授。

的民俗分类与事项分解）是民俗学形成期间的看家工具、品牌产品，虽说是以问题体系出现，实际上是民俗学的形式研究的结果。对于“俗”的界定是民俗学的对象生产的基础工作，而这一工作是以民俗模式的建构为操作进路的。因此，形式主义理应是民俗学技术工作基本的、核心的理念。

形式主义的成就奠定了民俗学的基业，也长期制约着民俗学全面、多向的发展。要让“民”回到学术的中心，形式主义就要从学科的中心让位，成为学科的工具、技术的部分。

二、历史主义

历史主义：因为时间的连续性而有民俗（文化传承，传承的文化），但是时间的连续性不是历史，历史要由理念的发展阶段来决定。民俗，无论在发生学还是进行曲里，都是因为卷入在前现代、现代、后现代的发展理念分期中而具有历史性。历史，有编年史（中国的二十四史），有理念史（黑格尔主义）。由时间的连续性而构成民俗，由时间在连续中的断裂或在断裂中的连续性构成历史，构成民俗学在现代历史性巨变中出现的必然性。

传承构成民俗，历史性构成民俗学的核心理念。民俗学上的一些争论，可以归为关于民俗与连续性、民俗与断裂性（断裂的必要性、必然性或破坏性）两种历史观的分歧。

三、整体主义

整体主义：英国绅士从碎片好古，到原始社会的文化清单，民俗以特定的社会为参照，作为生活方式而具有整体性。现代化进程冲击民俗，导致传统生活方式（民俗）的碎片化。遗留物说也是在背后有一种整体论的：“整体”是指向过去的形态，文化碎片仍然给人关于消逝的整体的观念（想象）。民俗学者把探询的眼光转向当下，必然是要在当下看到整体，生活世界、日常生活、民俗生活，都在努力寻找支撑民俗作为整体的可能。

民俗，从来不是作为观察对象的整体而出现的，在现代生活中民俗只是部分的文化。把支撑性概念延展到“民俗生活”，民俗的理念才承载整体性，此时再需要下一级台阶,用“生活世界”的概念支撑民俗学理论与方法的整体主义(整体观)。

四、实践主义

实践主义:人实现目的的活动是实践,民俗生活是一种文化实践,也是人的全面的实践的内在构成部分。实践主义把形式主义和历史主义的精英学术拉到了现实生活,把民俗放到真实的人的实际交往(人际情感交流、经济的交换、政治的博弈)之中,各种商业交易、移风易俗、文化抗争都可以成为调查研究的对象。但是,对于有良知、有人道情怀、有理想追求的学者,研究民俗既是关心普通人的生活幸福,也是关联着人类福祉的公共事业,而不仅是一种学术。

五、结论

民俗学是人文学科还是社会科学?还是一个能够同时作为人文学科和社会科学发展的学科?

我以为,实践主义优先的学者可以把它作为社会科学来开展,而形式主义与历史主义优先的学者会倾向于把它作为人文学科来建设。没有形式认知与分析的积累,没有历史的维度,无法显示你是在做民俗研究;不具备整体把握与呈现的方法与概念,你无法在当今时代进行民俗研究,无法把民俗研究当作经验事实的调查研究。这是各种民俗研究共同需要具备的。但是,某个或某组基要主义的优先概念将促使你选择人文学科的定位或社会科学的定位。

但是,无论特定的学者选择人文或社科的哪种定位,作为民俗学知识共同体,民俗学可能(在当前看则是必然)是同时具有人文学科与社会科学的性质的学科。

文学的民俗学研究

尹虎彬①

一

在民俗学发展过程中,学者们始终围绕以下一些基本问题展开讨论。关于民俗学的研究对象,如什么是民俗?什么是传统?如何界定民俗研究的范围?民俗为什么要作为一个领域来进行研究?谁有兴趣来对此进行研究?民俗研究这一领域的状况和历史是怎样的?民俗学是否能称为一个研究领域?民俗的负载者、拥有者和实践者是谁?谁是民俗中的“民”?民俗代表了什么?因此,学术史上出现了民俗作为遗留物的概念,把民俗作为前逻辑时代思维的遗留物来对待,探讨传统观念如何模塑了当代社会人们的观念。关于体裁样式的研究,主要关注民众知识的具体划分,探讨体裁样式的区别是否有实际的效用?这种区分对谁来说是效用的?分类系统与文化价值是否彼此关联?关于传承、传播有如下问题:民众的知识来自何处?它如何从一地传播到另一地?它是如何移动的?移动过程中的障碍是什么?它在时空中移动的手段是什么?其结果是什么?民俗可以作为文化现象来研究。民俗是用来做什么的?它具有怎样的运行机制?民俗如何具有维系社会的作用?受到弗洛伊德学说和荣格学说的影响,学者们把民俗作为心理和行为现象来研究,探讨民俗对个体生活有何作用?如何起作用?我们如何去探讨其可能性?除了上述问题之外,类似“民俗是如何被创造的”这样的问题格外受到关注,这也是本文主要探讨的问题。

为了民俗学的未来发展,我们需要了解民俗学研究的现状是什么,最近的趋势和争论是什么。要回答这些问题,我们需要做方法论的比较,关注民

---

① 尹虎彬,博士,中国社会科学院民族文学研究所研究员。

俗文化与现实世界,关注民俗与旅游业、传统和法律的关系,关注文本与语境问题,关注已有的争论和新的争论,关注方法论上出现的新的综合。晚近民俗学的新特点:首先,从民间文学的搜集、整理、传播和利用的学术史反思中,探讨其中所蕴涵的学术的、文艺的和历史政治的意义;民俗学逐渐脱离民族主义的束缚,向国际化迈进。其次,民俗学从以文本为基础的研究转向以民族志为导向的田野研究。人们试图在民众的言语行为中确定文本、文类和表演,研究民间叙事在日常生活中的功能;同时关注研究者对于结构材料、建构意义所起的作用,注意研究者如何在田野作业中进行自我定位。最后,民俗学出现了综合性研究的新趋势,学理上向更加综合的非物质文化和口头传统转化。在文化遗产打造、展示和利用过程中研究国家及其知识精英与民众的互动和博弈,揭示传统文化的现代化过程。

19 世纪末 20 世纪初,民俗学与民族国家力量相互交织,直到 20 世纪初,每个国家仍然在探讨本民族的文化之根。在方法论上以历史—地理学的方法为代表的传统模式得到充分发展。进化论、实证论、比较研究、传播学,再加上文本批评,这些便构成了芬兰学派的主要内容。该学说影响巨大,比如爱沙尼亚塔尔图大学的安德森即为一例。1910 年阿尔奈和汤普森(Antti Aarne,Stith Thompson)民间故事类型索引(AT 分类法)诞生。该系统晚近由乌泽尔(Hans-Jorg Uther)增补,成为阿尔奈—汤普森—乌泽尔(Aarne-Thompson-Uther)体系,即 ATU 分类系统。1934 年芬兰成立民俗学档案馆,马尔蒂·哈维奥(Martti Haavio)担任首任馆长,他组织发起民间故事的搜集,他强调基于文学的一种理想,擅长母题的历史分析和类型学的异文研究。二战后民俗学开始出现了国际化的趋势,20 世纪 60 年代在美国出现了新民俗学,人们把行为科学引入民俗学文本的研究之中,逐渐把研究的重点放在田野调查的资料上,学理上向更加综合的文化遗产和口头传统转化。晚近民俗学的新趋势主要受到社会语言学、认知语言学和结构主义的影响。口头程式理论、表演理论、民族志诗学方兴未艾。口述史、性别研究也成为民俗学的话题,全球化的理论导向逐渐增强。

20 世纪 80 年代以来的国际民俗学出现多学科综合研究的趋势。20 世纪以降,心理分析学、文化研究和结构主义都对口头传统研究产生过影响。历史—地理学的方法影响最为持久,它以故事的类型研究为主要内容,以文本分析为手段，是民间文学的核心理论。口头程式理论的学术渊源主要是古典学、语文学和人类学。创立该学说的米尔曼·帕里超越了同时代人关于荷马的争论，通过他对荷马史诗文本的研究，发现了其背后的传承性和口头性要素。他将这种发现拿到前南地区的田野中重新验证，凭借着田野录制的1500种口传诗歌文本，艾伯特·洛德20世纪50年代建立起了比较口头传统研究的新领域。90年代中期以后，口头程式理论已经逐渐与其他理论融合起来，表演理论和民族志诗学的一些基本思想，已经为帕里的后继者们所汲取。口头程式理论有以下几个重要的概念，如程式和主题、表演中的创作、流布、传统与创新、作者和文本等，归结起来，它们都要放在表演层面分析。口头程式理论引起人们关注源于口头传统的古代和中世纪作品，提出了口头传统在结构层面的生命力，把语文学与人类学结合起来，促进了全球范围内的比较研究，其负面作用是以单一模式来应对所有的口头传统，强调机械论而损害艺术性。人类的交流方式随着历史的演进发生了深刻的变化。从古代口耳传承到纸笔传书，从印刷术出现到现代报业的出现，从电话、电报到今天的电子传媒时代，人类交流的速度、频度、广度等都发生了巨大变化。人类接触越来越密切，空间变小了，时间延长了。电子技术使图像的重要性大于声音，使人们以有声语言与他人交流的欲望愈加淡漠。瓦尔特·翁（Walter J. Ong）总结了口述思维的特点，认为它是依靠记忆的、情境的、移情的、聚合的和保守的；而书写思维的特点是分析的、抽象的、创造性的。他认为，科学、哲学和文字交流要求口头交流所不具备的那种去除背景化。因此，没有文字就没有现代意义的法律、科学和经济。①

二

“口头文学”是一个广泛使用和有效的概念。但是，口头文学是什么，它的内部结构和运作机制等，仍然是学界不断探讨的问题。口头文学资料来源和采集资料的真实程度不断被重新认识。对口头文学的创作者和传承者的研究是20世纪以来民俗学领域富有创新的领域，民间文学的匿名性和集

① W. J. Ong, *Orality and Literacy*, London, 1982.

体性的观点应该被反思。口头文学的题材样式成为跨文化研究的一个切入点，文化人类学的局内、局外观点在这里有了用武之地。什么是口头文学？如何界定口头文学的研究范围？为什么口头文学要作为一个领域来进行研究？谁有兴趣来对此进行研究？口头文学研究这一领域的状况和历史是怎样的？它是否可以成为一个研究领域？从术语的使用看学术的传统，“民间文学”、“口头文学”、“劳动人民的口头创作”、“大众文艺”、“口头传统”、“非物质文化遗产”等，这些概念的提出都有其独特背景。口头文学创作者的社会地位对于认识口头文学有什么作用？从表演的层面来研究口头诗歌，这就需要有文本分析之外的田野作业。田野作业反映出口头诗学的实证主义的学术范例，它是就活态的口头诗歌的表演而采集证据的过程，这些证据包括研究者在现场记录的、观察和研究的、描述的口头诗歌的现实。田野作业是帕里和洛德学术上的一大特点。他们强调了在口头传统文学中挖掘西方文学遗产的神圣性。对口头文学的研究是与民俗学的兴起相关联的。许多民俗学的理论产生于19世纪。芬兰历史—地理学派试图通过对得自不同国家和不同语言的民间故事变体的追溯，找到它们的唯一的起源形式。其他一些专注于民间传承样式的学派，例如由奥利克（Axel Olrik）提出的“史诗法则”理论，以及由米尔曼·帕里、艾伯特·洛德和约翰·迈尔斯·弗里做了精细阐述的口头程式理论。还有其他一些理论，例如结构主义、心理分析、民族志诗学、表演理论、女性主义和本真性研究。20世纪以来许多学者更加关注口头文学的内部结构和功能的研究，提倡共时的、动态的、现场的观察和研究，强调对活形态的口头传统的探究。这一切都源于对学术史的反思，是对19世纪以进化论为代表的一些大的理论假设的挑战。20世纪60年代起，欧美学者对19世纪以来民俗学研究的许多观念进行了反思。这种反思主要集中在口头传统研究的几个关键问题上：口头文学的创作与表演、作者与文本、传统与创新、口头文学的文本记录与现代民俗学田野工作的科学理念、民俗学文本与文化语境的关联、关于口头文学的价值判断、口头文学与书面文学的双向互动、口头传承、书写传统和电子传媒的传播学意义等。人们对这些问题的反思是跨学科的。这种反思不仅揭示了以往的认识误区，更预示了新的学科走向。

关于口头文学技法的探讨包括以下主要问题：民俗事象是如何被生产、

制作出来的？史诗歌手以及其他传统的负载者“学”什么？口头理论如何有助于我们理解关键问题如传统和多型性（Multiformity）？什么是一次表演，它的衍生物即结果是什么？帕里、洛德的“荷马问题”和表演理论等，主要关注解决这些问题。普洛普的（Vladimir Propp）《故事形态学》（*Morphology of the Folktale*）、列维-施特劳斯（Claude Lévi-Strauss）对神话的结构研究等，主要关注民间文化作为可以分析的结构和形式。口传诗歌的学术史上提出的许多问题至今远没有解决。如一个目不识丁的艺人，为什么能演唱十几个甚至几十个故事的诗歌，能演唱几十万个诗行？口头文学的创编是否存在复杂的规则？至今仍有许多学者错误地认为“口头诗人的创作并无什么计划”，“口头诗歌是以‘松散’和结构上的不完整为特点的”，“口头诗人在开始时并不能看整个史诗的情节顺序”。① 关于口传文学的创编，洛德认为史诗演唱者的每一次表演都是一种再创作，在歌手之间并不存在固定的文本、原创的文本或原型。歌手并不需要书面的文本，也不会担心他的歌会失传，听众也不会觉得有这个必要。口头或口头派生的文学作品不会像作家文学如约翰·弥尔顿的《失乐园》或詹姆斯·乔伊斯的《尤利西斯》那样，具有相同的美学意义，它们也不应该具有这样的美学意义。② 史诗的口头传统并没有演变成史诗的书面传统，而是越来越移到背后，移到边远地区，直至消失。③ 民俗学有过文本为王的时代，也有表演为王的时候，口头文学的文本，那只是植根于人类行为的具体情境的一种浅薄和部分的记录，就像鲍曼所指出的：“我们所谓的民俗学诸多象征的形式，都具有其主要的存在形式，即人们的行为植根于人们的社会和文化生活。我们习惯上视为粗糙材料的口头文学的文本，那只是植根于人类行为的具体情境的一种浅薄和部分的记录。”④

---

① Gregory Nagy, *Homeric Questions*, University of Texas Press, Austin, 1996, pp. 13—37.

② ［美］约翰·迈尔斯·弗里：《口头诗学：帕里—洛德理论》，朝戈金译，社会科学文献出版社，2000 年，第 283 页。

③ A. B. Lord, *The Singer of Tales*. Cambridge, Mass. , 2000, p. 135.

④ R. Bauman, *Story, Performance, and Event: Contextual Studies of Oral Narrative*. Cambridge, 1986. p. 1.

三

在比较口头传统研究中，类型学具有举足轻重的地位。类型学在一般意义上涉及文类、文本、母题等不同层面。在比较文学研究中类型学研究旨在突破时间、地域、语言、文化的界限去寻求各民族文学现象在诗学品格上的类似。① 口头传统研究流派纷呈，但有共同探讨的问题，即在"传统的"标签之下，什么是大家公认的形式？② 民俗学各个流派大致围绕传承的手段和基本形式问题而产生。类型和母题便是这样一个基本形式。虽然它们有普遍性原则，但是，它们也具有历史的、民族的和文化的专属性。

以芬兰民俗学发展为例，芬兰民俗学先驱者主要关注《卡莱瓦拉》韵律诗和咒语，而后来的田野调查逐步添加其他文类的材料。即便如此，芬兰文学学会的民俗收藏在1900年仅20万项，到1930年这个数值上升到50万项。芬兰于1934年成立民俗档案馆，时至今日芬兰文学学会民俗档案馆的收藏已经达到400万项，在世界同类收藏中规模最大。为了处理收集者提供的原材料，档案馆采用了不同的分类系统。最主要的分类系统按照较宽松的文类群组。必须强调的是这个系统是在芬兰材料的基础上建立的，所以包含了一些不具有普遍性（民族和文化专属）的目录。按照类型进行分类是在更精细的层面上经常使用的方法。民俗档案馆采用的文类分类系统是与档案材料的累积过程一起历史地形成的。其结果就是这个系统按照现代标准考量，不是特别的精确和有逻辑性，但它终归满足了几代研究者的需求。此外，还有民俗类型分类法，它是基于芬兰学者阿尔奈在1910年提出的民间故事类型索引而建立起来的。③

---

① 周启超：《类型学研究：定位与背景》，《中国比较文学》1997年第3期。

② 尹虎彬：《古代经典与口头传统》，中国社会科学出版社，2002年，第225页。

③ 以上材料来自于笔者对芬兰文学学会民俗档案馆馆长劳里·哈维拉提教授的访谈记录。关于民间故事类型的著作主要有：阿尔奈的《神话人物索引》（赫尔辛基，1910年）；安德列耶夫的《按照阿尔奈体系所编排的故事情节索引》（列宁格勒，1929年）；《民间故事类型：分类及参考文献》（S. 汤普逊译注，第二版，赫尔辛基，1964年）。根据"AT分类法"而编撰的其他索引有《根据阿尔奈体系编撰的民间故事情节索引》（1929年），《日本民间故事类型和母题索引》（1971年），《朝鲜民间故事类型索引》（1979年）。专题索引和地区性比较索引有《格林兄弟故事索引》、《东斯拉夫民间故事情节比较索引》。

具体就史诗这一文类来说，芬兰学者劳里·航柯提出了关于史诗传统的三个背景，即全球的、区域的和地方传统的。① 古希腊或欧洲关于一个民族的时代、社会、文化的精神特质的观念，关于史诗英雄的观念，其有效性在一般意义上是跨文化的。史诗是那些"被放大了的"人类的范例和道德准则的来源。另一方面，从文化传统的层面来看史诗这样一个世界范围内普遍存在的文学文类，我们会发现丰富多样的史诗传统、异彩纷呈的史诗类型，那些来自不同的文化传统的史诗，它们在文本类型、仪式和传播方式上有着许多可比性或者不可比性。欧洲文学是建立在《圣经》和古希腊、古罗马神话之上的。因此，欧洲文学中关于史诗的概念是基于古希腊史诗和后来的中世纪史诗而逐渐形成的。② 与此不同，东方文学中的印度史诗，它在内涵上是以印度文化传统为依据的。史诗被认为是以歌、诗、节奏性的散体来讲述故事的一种叙事，有些部分并不是吟诵的。史诗在所表达的文化价值观和史诗母题方面，显然不同于古希腊史诗。希腊史诗与英雄有关的母题，不同于印度史诗中与神有关的母题；而与神相关联的一些母题，又是南斯拉夫史诗所缺少的。荷马史诗关于奥林匹斯山诸神的观念已经超越了地方性的神祇膜拜的局限，成为城邦的、泛希腊的神的观念。希腊史诗经过了泛希腊化而趋于一个统一的史诗传统，经过文本化的过程而最终定型。而印度的两大史诗形成时代为公元前400年到公元400年之间，成文以后仍然在民间口头传播，而且与地方性的仪式相关联，与地方性的人们共同体的文化认同和实际生活紧密相关。世界各民族或国家的口头传统非常不平衡。但是，业已搜集的口头文学体量巨大、类型多样。至少文类是多样的、演述是多样的、受众是多样的、社会功能是多样的。比如有一种假设，认为史诗是集团认同的特许证，但是，非洲史诗起到许多不同的功能。在中国，北方民族的

---

① Lauri Honko, *Textualising the Siri Epic*, Folklore Fellow Communications, No. 264. Helsinki: Suomalainen Tiedeakatemia. p. 28. 一般认为，英雄史诗是以高雅文体讲述的，它是关于传奇式的或历史性的英雄及其业绩的长篇叙事诗歌。劳里·航柯的定义强调了歌手和表演的要素，强调了一个民俗学样式与特定社区的文化联系。又根据印度史诗传统中的"超级故事"这一地方传统的语汇，深化了人们对史诗叙事特点的认识。超级故事是无数小故事的凝聚，其恢宏的形式和神奇的叙事方式易于多重意义的生成。《摩珂婆罗多》、《罗摩衍那》、《伊利亚特》、《奥德赛》即属于超级故事。相对而言，单一故事规模小、具有完整的动机和真实可感的人类的情绪。在一个单一故事中，一个人的死去是一个重要事件，而在超级故事里，一个人的死亡只是统计学上的琐事。

② ［俄］维谢洛夫斯基：《历史诗学》，刘宁译，百花文艺出版社，2003年，第406页。

英雄史诗传统，相对南方民族的史诗传统，前者的演述传统相对定型，而后者与仪式生活紧密联系，同一个民族的史诗，仍然因为传统社群的不同而具有地方的和方言的差异。19世纪浪漫主义运动对口头传统的发掘，以及20世纪后半叶世界各地重新发现的当代社会的口传史诗，都促使人们以文化多样性的观念改变以往对史诗和史诗传统的认识。世界性的、区域的和地方的传统话语，正在以不同的层面重构关于史诗的观念和研究范式。①

文类研究属于类型学的基本范畴，类型具有历史的、民族的和文化的专属特性，在民众的言语行为中确认文本、表演和文类具有重要意义。长期以来对文类的概括都是基于作家文学的特点得出，但口头传统的运作机制归根结底受到语言规律的制约。阅读口头传统的好词典是没有出版的词典，而民众的言语行为是活的语言博物馆。打破既定的文类概念，在民众的言语行为中重新认识民众的叙事，从本土语言中获得信息，成为当下和将来民俗学研究的趋势，也检验着研究者对民俗的认识。对中国少数民族语言文学来说，语言学和田野作业是其优良的传统，打破既定概念，立足民众和本土，研究当下的现象，只有树立这样的理念才能真正完成专业的使命。下面一段话对于今天的中国少数民族口头传统研究仍然是有意义的："跨文化比较的领域是丰富和多变的，深度地方性研究的丰硕成果正在汇聚起来，对这一笔艺术财富的比较研究的时代已经到来。跨文化的文学理论要研究来自不同文化的口头与书写文学。另外，文本、文类或者文学运动，或者是与一种以上文化相关的特定的文学观念，这些都可以进行比较研究。这里涉及的各种关系和不同的观念是复杂的，但是它们的存在不能被否认，否则我们就不能公正地审视所要考察的文学。口头文学在文学研究中已经开始扮演一种非常重要的角色，因而也是一种更为体制化的角色。口头文学一旦被誊录或移译，人们马上就会面临跨文化问题的限制；在口头文学领域中，跨文化的文学理论的确具有一种重要的使命。"②

---

① 尹虎彬：《史诗观念与史诗研究范式转移》，《中央民族大学学报》2008年第1期。

② ［荷兰］米尼克·希珀：《史诗及其英雄——口头文学的跨文化研究》，米尼克·希珀、尹虎彬主编：《中国少数民族文化中的史诗与英雄》，广西师范大学出版社，2004年。

接续民间文学的伟大传统

——从实践民俗学的内容目的论到形式目的论①

吕 微②

笔者的所谓“序”，实际上是一篇读后感，绝无作导读的奢望（原著的论述更流畅，也更华丽③）。但是，如果读者不打算被我的先入之见所干扰，则可以翻过此序，径直进入户晓辉先生的大著之正文，待阅读了全书之后，于掩卷深思之际，再返回来，与我一起交换对户著的感悟与认知。我相信，每位读者，只要你悉心地熟悉了户著全书的整体思路和具体论点，都能够发表不同于我的理解和解释的独到感知。正是在不同感知的对话交流中，户著丰富而深刻的内涵，才会得到充分的阐发。而这样的阅读、讨论方式，我想，非常适合于像户著这样的古典式一体系性（而不是后现代碎片化）的实践民俗学一民间文学的理论著作。以下所述，皆为笔者对户著的粗浅理解和粗略解释，需要事先声明的是：即便“其中有象”，亦当挂一漏万。故读者应切记，如遇可观之处，皆因户著的启发或直接就是转述的户著本身；而若现穷途之哭（均在注释中以“愚见”点明），则必以笔者自身的闭塞。

一、自由目的是民间文学的发生条件

“民间文学”作为汉语学术概念，是从英文 Folklore（直译作“民的知识”，

---

① 户晓辉《民间文学的自由叙事》序。

② 吕微，博士，中国社会科学院文学研究所研究员。

③ “华丽”乃金耀基评价杨庆堃的用语，只有褒义没有贬义。“《中国社会中的宗教》是一部可以称为现代经典的华丽的巨著，是中国宗教社会学研究的典范之作，被著名中国宗教研究大师欧大年称为研究中国宗教的‘圣经’，是不少社会学学者研究宗教的重要参考书。”金耀基、范丽珠：《序言：研究中国宗教的社会学范式——杨庆堃眼中的中国社会宗教》，见［美］杨庆堃：《中国社会中的宗教——宗教的现代社会功能及其历史因素之研究》，范丽珠等译，上海人民出版社，2007 年，第 1 页。

也可以意译为“民俗”、“民情”①)移译过来的，中国学者用这个词，既指涉作为学科对象的民间文学，也指称作为学科本身的民间文学。② 钟敬文先生很早就打算用“民间文艺学”的说法取代指称学科本身的民间文学，以区别于指涉学科对象的民间文学，③但没有被学界广泛接受。在中国民间文学—民俗学界，多数学者还是习惯于用“民间文学”这同一个词，既指涉学科对象也指称学科本身。这说起来带有点主观偶然性（民间文学—民俗学学者之间执拗的约定俗成），但是，当我们阅读完户著全书，认同了作者所说的民间文学自身内在的实践目的（以下简称“内在目的”），或可了然。在人们不经意、不在意的地方，户著却发现了学理上的客观性和必然性（说者无意听者有心），亦即，用“民间文学”这同一个词，同时指涉、指称民间文学学科本身和学科对象的做法，实在是大有深意。

据说在国际学界，Folklore（民间文学）这个词已经不时兴了。前些年，在美国民俗学界发生过一场不大不小的争论：要不要在民间文学研究中废止Folklore这个概念？其背景是，指称学科本身的Folklore，总让人联想起民间文学—民俗学学术曾经服务于集权政治意识形态（如在民间文学—民俗学的发源地德国）的那段并不光彩的学科历史；而指涉学科对象的Folklore，则往往被认为仅仅圈定了民间文学一贯传承但即将消亡的传统体裁和题材文本，因而妨碍了当下语境化实践的非传统学科对象进入学术视野。④

但是在中国，不仅民间文学—民俗学界仍然坚持“民间文学”的说法（当然也不乏主张弃之不用者）以指称学科本身，而且，学界以外的各界人士，也广泛地认同“民间文学”的用法，如用“网络民间文学”指涉反映民情、民意的

---

① “民间文学乃是人们思想感情的自然流露，而且流露出来的是民族共通的思想感情，不是个人的思想感情”，“所以民间文学是民情学的一部分，而且是最重要的部分。”愈之：《论民间文学》，《妇女杂志》第7卷第1号，上海商务印书馆，1921年；收入王文宝编：《中国民俗学论文选》，中国民间文艺出版社，1986年，第3～4页、第7页。

② 笔者之“作为学科对象的民间文学”与“作为学科本身的民间文学”（具有胡塞尔先验现象学的味道），户著分别称为“民间文学本身（自身）”和“民间文学研究”（更具有康德先验本体论的色彩），如“引言”，见第6页。

③ 钟敬文：《民间文艺学的建设》，《艺风》1935年第4卷第1期，收入钟敬文：《钟敬文民间文学论集》（下册），上海文艺出版社，1985年，第1页。

④ 李扬、王珏纯：《“FOLKLORE”名辨》，《民俗研究》1999年第3期；收入李扬译：《西方民俗学译论集》，中国海洋大学出版社，2003年，第10～14页。

网络“生活现象”。以此,能够同时用以指涉“生活现象”并作为“学科对象”①和指称学科本身的“民间文学”,至少在中国,还远远没有走到应该被淘汰的地步。同时,我们也不得不思考,除了表面上的命名指涉、指称功能,人们继续使用“民间文学”这个词,或许还因为民间文学自身(学科对象和学科本身)的目的还没有完全实现——用户著的话说就是,民间文学的“内涵还没有被耗尽,它在中国还有未了的心愿”②——所以在中国,学界内外都还在坚持民间文学的理论命名和实践命名,以实现民间文学的自身目的。③

所以,不仅不抛弃、不放弃“民间文学”的说法,而且还延续传统的、经典的“民间文学”的用法,这首先是一个中国问题,当然,也是一个世界问题,只是我们的国外同行们还不曾站在 Folklore 自身内在的实践目的,及承载了 Folklore 的内在目的的民间文学的纯粹实践形式的立场上,思考 Folklore 的客观价值;而只是根据其外在目的,仅仅考虑了其主观的使用价值(曾服务于政治角色认同的实用功能),于是才导致了 Folklore 的使用价值(实用功能)即外在目的(主观性内涵)已被耗尽(以此才应该通过更名而服务于文化身份认同等新的外在目的、使用价值或实用功能)的理论认识。其实,无论在中国还是在世界各国,Folklore—民间文学的价值(纯粹意义),即其内在目

① 民间文学“作为生活现象的名称、学科名称或研究‘对象’的名称被广泛使用”,第 8 页。“数字媒体时代的网络文学和历史上任何时代的民间文学都有着高度一致的基本诉求和同样的民间立场,表达的是民间的生活面貌和平民的情感世界,所以被称为网络时代的‘新民间文学’。”第 9 页。

② 第 9 页。“随着欧美国家民主制度的不断完善和自由理念逐渐深入人心,英语 Folk 和德语 Das Volk 的传统指涉已经在社会阶层生活中失去了实际的对应内容,‘阶层文化’和社会等级已经逐渐被‘统一文化’或‘文化一体化’所取代。但是,直到今天,中国人仍然普遍地把‘民间’当作与‘官方’相反相成的概念在使用。这种情况恰恰表明,‘民间’与‘官方’的对立在中国仍然有其现实性,深入思考这种对立关系仍然是我们需要做好的功课,也是当代民间文学介入中国现实的一个重要入口。”第 30 页。

③ 套用高丙中在谈到“公民社会”的概念时所言:“民间文学”“从一个排斥很多中国现实的外来概念已经演变为一个对于中国现实极具包容性的概念,从一个少数学者用以谈论非常有限的中国现实的概念演变为一个中国公民自我指涉与认同的日常概念”,“民间文学”的概念“在指涉中国社会的时候,包含进西方社会没有的对象,这才像是真的在谈中国了,也只有包含中国社会的真实的全景,中国作为当代世界一部分的位置才能彰显,中国学术作为世界学术的必不可少的部分的价值才能更好地彰显”。高丙中:《“公民社会”概念与中国现实》,《思想战线》2012 年第 1 期;收入高丙中:《日常生活的文化与政治——见证公民性的成长》,社会科学文献出版社,2012 年,第 298、286 页。

的（客观性内涵）都还远远没有耗尽，也永远不会被耗尽，不仅在中国，民间文学的内在目的，仍然是“现代精神的一个未完成的方案”；①而且在世界上，也永远是人类精神的一个“将来完成时”的指南，因为民间文学的内在目的，实际就是人作为自由主体而存在、实践或生活的根本原则或“逻辑前提”。②

但是，我们如何能够断言，民间文学有其自身内在的实践目的？实践目的（甚至任何目的）只能是主体意志的意向对象（客体没有目的），③即便我们承认，民间文学的学科对象，作为被认识的客体，的确也就是被表象为现象的实践主体和主体实践，因而在被表象为实践主体和主体实践的民间文学现象中，的确投射了主体（民、民间）的内在目的，站在对象（客体）之外的学科、学术（主体）立场上，也是无法认识的（你无法进入作为他者的主体内心以断言其内在的目的，否则就是现象学说的“超越性”，中国古人称为“诛心之论”）。所以，对于民间文学的理论（经验）研究来说，民间文学对象是否拥有内在的目的，原本就是一个不应该提出也不能够提出的问题。正是以此，在通过概念以理论地认识民间文学对象（被表象为可经验地实证的现象）为己任的民间文学学科（理论民俗学）的问题意识当中，根本就无以提出像“民间文学对象自身内在的实践目的”这样自相矛盾的理论命题。

当然，民间文学学科（理论民俗学）无以认识民间文学对象的内在目的，却不是说，民间文学学科不能认识民间文学对象——被表象为实践主体及主体实践现象——的外在目的（使用价值或实用功能、主观性内涵）。因为，只要作为外在于被认识的客体的认识主体的民间文学学科，把民间文学对象置于特定时空语境条件的因果关系中，民间文学对象基于因果关系的实然（或然、偶然）经验的外在、主观的实践目的就能够被揭示出来。换句话说，身为理论民俗学的民间文学学科，有能力借助于概念认识到，民间文学

---

① 第9页。

② 第5页。“只有学科的内在目的才是衡量学科事实发展的尺度和准绳。”第5页。其实我们的欧美同行们也是在民间文学内在目的的根本原则或逻辑前提下工作，只不过对这些工作原则或前提，在他们那里似乎已被认为是天经地义、无须再讨论的问题；但是在中国民间文学—民俗学界，这些原则或前提始终没有得到充分的论证，因而并不总是能够被视为工作的原则或前提。

③ “自然从最一般的意义上来理解就是事物在法则之下的实存”，“在自然知识里面，所发生的事件的原则，同时就是自然法则；因为理性的应用在那里是理论的，是由客体的性质决定的”，而不是由客体的目的决定的。［德］康德：《实践理性批判》，韩水法译，商务印书馆，1999年，第45页，第17～18页。

对象作为被表象的现象，总是因应了外在于民间文学对象的某些社会、历史、文化、生活的语境条件的实然经验而发生和存在的。于是这些语境条件的实然经验也就因此构成了民间文学对象的因果性发生条件与存在理由，进而构成了民间文学对象的实践主体之外在的、主观（内涵）的实践目的，从而体现了民间文学对象的使用价值（实用功能）和实然（偶然—或然）意义。①

民间文学对象的外在目的，往往通过民间文学对象的题材内容（民情、民意）直接表达出来，以此，一贯以理论研究、经验研究相标榜的民间文学学科，也就从来都是通过民间文学对象的题材内容来认识其外在的、主观的、实然的实践目的（中国人很早就认识到民间文学对象的外在目的即民间文学对象实然的使用价值、实用功能和主观的实践意义，以此，历代统治者才得以观风知政），即便是以研究民间文学对象的题材内容的结构形式为己任的民间文学研究的故事类型学（阿尔奈—汤普森）、故事形态学（普罗普），也从来都被用作认识民间文学对象的题材内容的工具性手段。由于对民间文学对象的外在目的的理论认识，完全依赖于民间文学对象外在性、因果性语境条件，因而，一旦民间文学对象外在性、因果性语境条件不再，民间文学对象也就因为无法觅得其相应的外在性、主观性目的，而丧失了其实然（偶然—或然）的发生条件与存在理由，于是在理论民俗学家的眼中，民间文学对象也就濒临消亡之虞。②

目的构成了主体（包括实践主体和认识主体）之为主体的发生条件与存在理由（认识也以实践的目的为最终目的，所以主体的任何目的都是实践目的，故以下凡称“目的”都是指实践目的③），主体一定是有目的的主体。但是，只有自由地给出了自身内在的实践目的即先验目的的主体才是真正的

---

① 主体实践的内在目的（自由动因）和外在目的（自然动机），可用如下相互对立的范畴予以界定：内在—外在，先验—经验，纯粹—实用，应然—实然，必然—偶然（或然），可能—现实，普遍—特殊，客观—主观……

② 陈连山：《结构神话学——列维-施特劳斯与神话学问题》，外文出版社，1999 年，第 268 页。

③ “在纯粹思辨理性与纯粹实践理性联结成一个认识时，假定这种联结不是偶然的和任意的，而是先天地以理性自身为基础的，从而是必然的，实践理性就占据了优先地位。……因为一切关切归根结底都是实践的，甚至思辨理性的关切也仅仅是有条件的，只有在实践的应用中才是完整的。”[德]康德：《实践理性批判》，韩水法译，商务印书馆，1999 年，第 133 页。

主体，不能自由地给出自身内在的先验目的，而只是被给予了外在的经验性目的的主体不是真正的主体（徒有其名的准主体、伪主体），实际上是客体。客体不可能自由地给出自身内在的先验目的，而只能被给予外在的经验性目的即自然原因（包括社会原因）。自然原因是客体外在的经验性发生条件与存在理由，用作主体的目的，因而不是主体自由地给出的自身内在的先验目的，而是被给予的外在的经验性目的。这就是说，主体的目的分为外在的经验性目的（自然动机）和自身内在的先验目的（自由动因），只有主体自由地给出自身内在的先验目的，才是主体作为真正的主体而发生与存在的客观必然性条件和理由，而主体外在的经验性目的即自然原因，不是主体作为真正的主体而发生与存在的客观必然性条件和理由。正是以此，仅仅被给予了外在的经验性目的（自然原因）的主体，都会随着外在的经验性目的（因为外在的经验性条件）的消亡而消亡，因而仍然是偶然或或然（尽管是实然）地发生与存在的客体；但是，自由地给出了自身内在的先验目的的主体，都不会随着外在的经验性条件的消亡而消亡，而且只要自由地给出了自身内在的先验目的，主体就会作为真正的主体而客观必然地发生和存在。所以，只有自身内在的先验目的（自由动因）才是主体之为真正的主体的客观必然性发生条件与存在理由，那么，民间文学对象作为实践主体是否自由地给出了自身内在的先验目的，以作为其客观必然的发生条件与存在理由呢？

我们已经区分了客体之为客体的自然原因，以及主体之为主体的外在目的（自然动机）与内在目的（自由动因）。主体的外在目的（自然动机，实质上也就是自然原因），是主体之为主体（实际上是客体）的主观性、偶然性条件；而主体自身的内在目的（自由动因），才是主体之为真正的主体的客观性、必然性理由。主体是有目的的存在者，但是，唯当主体自由地给出了自身内在的实践目的，主体才能够在客观上先验地成为一个必然的主体，而不是因外在目的，而在主观上经验性地作为一个偶然的主体。所以，只有主体先验地给出自身内在的实践目的，即自由目的，才构成了主体在客观上成为主体的必然性条件和理由，以此，只要我们"认识"了主体先验地给出的自身内在的自由目的——或者反过来说，自由地给出的自身内在的先验目的——即主体之为真正的主体的客观条件和必然理由，我们就能够在众多名为"主体"的主体当中，识别出谁才是真正的主体。但是，所谓主体自身内在的、先验的、自由的实践目的，作为主体意志的意向对象，在排除了主体的所有外在目的之后，只能被设想为主体自身，因为，除了主体以自身为目的，没有什么东西能够作为主体的内在目的，以此，所谓主体自身的内在目的，其实就是主体以自身为目的，①这就是说，是目的让主体成为主体（包括以自然原因为外在目的的准主体、伪主体），但是，只有自由地以自身为目的的内在目的，才能够使主体成为真正的主体，即自由主体。

但是，我们已经说了，当民间文学学科视民间文学对象为认识的客体，且站在外在于客体的主体的认识论立场上，民间文学学科（主体）无法认识民间文学对象（客体）作为实践主体（民、民间）——即便被表象为实践主体和主体实践现象——的内在目的（否则就是诛心之论）。以此，为了“认识”民间文学对象作为实践主体（民、民间）的内在目的，进而证成民间文学对象作为自由主体的先验的客观必然性（而不是经验的主观偶然性），我们就不得不预先在实践上给出两项理论假定：第一，民间文学对象是实践主体；②第二，民间文学学科也是实践主体（这两项假定在方法上可以正当地被称为“现象学的双重悬搁与还原”，即：悬搁视民间文学对象为客体的成见，还原为主体；悬搁视民间文学学科为认识主体的成见，还原为实践主体）。没有第一项“实践主体”的假定，我们无法设想民间文学对象能够自由地给出其自身内在的先验目的；③没有第二项“实践主体”的假定，民间文学学科无法自我认识民间文学对象作为实践主体先验地给出的自身内在的自由目的。④只有在假定了民间文学对象与民间文学学科同为且互为实践主体的理论条件下，民间文学自身的内在目的的实践命题，才是可以为共在的实践主体

---

① “民间文学知道自己是实践主体，而且知道自己是目的，实现自己就是民间文学的目的，实际上实践主体自身就是目的。因此，目的的实现与实践主体的实现是同一个过程。”第 39 页。

② “民间文学体裁叙事行为中的我不是一个认识主体，而是一个实践主体。”第 120 页。“这个我是一个实践主体，而不是一个认识主体。”第 116 页。

③ “长期以来，民间文学并没有让学者们从作为实践主体的民间文学自身的辩证矛盾运动和主位视角来看待民间文学，而是主要采取了非此即彼的外在对立视角来看待民间文学与作家文学的关系。”第 25 页。“把民间文学当作实践的主体不是我们变换研究视角的主观需要，而是作为实践主体的民间文学自身演变、发展的客观需求和内在经历。”“只有从作为实践主体的民间文学自身的角度才能看到这种客观实际。”第 12 页。

④ “民间文学实践主体性需要我们学者来领悟和发现。”第 6 页。“我们只能站在作为实践主体的民间文学的立场上才能‘替’它（民间文学）看见它（民间文学）的目的。换言之，民间文学的目的是内在的目的，是只有站在作为实践主体的民间文学自身的主位上才能看见的目的。”第 13 页。

（因现象学的双重还原）交互地自我认识并取得自由共识的。反过来说，自由（先验）地给出实践的内在目的，也是民间文学对象和民间文学学科作为共在的、交互的实践主体，在客观上必然的发生条件和存在理由。① 以此，户著才把阐明民间文学对象和民间文学研究同为、互为民间文学实践主体，②以及民间文学实践主体的内在目的的"实践认识"③的主体论和目的论问题（主体和目的是同一问题的两种不同的提问方式），用作该书的开篇（逻辑起点）。

这就是说，为了实践地认识同为、互为民间文学实践主体民间文学对象和民间文学学科，及其自身的内在目的，以作为其客观必然的内在性、先验性（而不是主观偶然的外在性、经验性）发生条件和存在理由，像以往那种视民间文学对象为被认识的客体，以及视民间文学学科为认识主体的做法，无论在理论上还是在实践上都是行不通的。笔者已经指出，民间文学的内在目的，即其作为实践主体在客观上必然的发生条件与存在理由，在视民间文学对象为认识客体的民间文学学科中，首先是一个在理论上无法理喻也无以成立的命题。但是，如果我们转换立场，视民间文学对象进而视民间文学学科为能够自由地给出自身内在的自由目的，且能够自我认识这一内在目的的自由主体（而不仅仅将其表象为能够被给予外在目的的准自由、伪自由主体），民间文学对象和民间文学学科，能否在同为、互为民间文学实践主

---

① "民间文学本身和民间文学研究的内在目的是一致的和一体的。"第 6 页。"民间文学研究的理想目的也是发现并促成民间文学这个内在目的的实现。"第 163 页。

② "民间文学实践主体"的命题，见第 63、110、160、161 页。户著反复强调"使用民间文学的人"（第 144 页）、"民间文学的每个表演者"（第 160 页）是"作为实践主体的人"（第 123、128、159、160、196 页），但户著并未停留于此，而是进一步强调了"被卷入民间文学体裁叙事行为的我"（第 116 页）即"（这里的我是）作为实践主体的我"（第 116、120、121 页）是自由的人格而非自然的个人："民间文学体裁叙事行为所要求的表演者和听众都是有人格的人。作为人格的人并非抽象的人，而仍然是活生生的具体的人，但此时活生生的具体的人已经不是现实生活的角色中的人，而是悉数变成了民间文学体裁叙事行为的表演场域中的听众，也就变成了我想对话的'你'和'你们'。"第 116 页。详见下文。

③ 民间文学研究的"实践认识"不同于（民间文学本身的）"实践知识"，在康德那里，"实践认识"是对"实践知识"的认识。康德指出："理性（具有）这种乐意对所提出的实践问题进行极其精细考察的倾向。"［德］康德：《实践理性批判》，韩水法译，商务印书馆，1999 年，第 168 页。"实践认识"，同上引书，第 61、113 页。"实践认识"也就是"实践研究"，同上引书，第 26 页。"实践认识"、"实践研究"康德也将其与"自然知识"、"自然研究"相对，称为"人的研究"，同上引书，第 160、161 页。

体，并且在自由给出自身的内在目的这些问题上，取得自由共识呢？这的确是一个诱人的理论假设，无论成功与否都值得一试，以证成民间文学并非在历史中偶然的经验性存在物，而是先于历史（摆脱语境条件的时空限定）且能够必然地伴随着人类历史始终的先验存在者。

于是，民间文学对象和民间文学学科，作为同一性的民间文学实践主体的命题，就这样被提出来了，这在国际民间文学—民俗学界或将掀起一场理论上的哥白尼革命（即不是在理论上，学科的认识主体围着被认识的客体即学科对象转，或者学科对象即被认识的客体围着学科的认识主体转；而是在实践上，学科对象和学科本身同为主体、互为主体都围着自身转）。在这方面，西方学者已经在实践上先行了一步（如“表演”研究），而中国民间文学—民俗学者也早已为这场哥白尼革命埋下了伏笔，这就是笔者在上文已指出的，中国民间文学—民俗学学者把民间文学对象和民间文学学科都命名为“民间文学”的做法。换句话说，当我们的前辈把民间文学对象和民间文学学科都命名为“民间文学”的时候（“民间文学”的命名本身“天然”地内涵了作为主体的“民间”①），也就为后辈的我们视民间文学对象和民间文学学科为共在的、交互的实践主体、自由主体，奠定了尽管不很自觉的思想基础，进而为认识民间文学实践主体及其自身内在的自由目的，开启了自觉的学术愿景。

但是，由于这里说的“认识”，不是理论的认识，而是实践的反身（反思自身）性自我意识、自我认识和自由共识，于是在旧说中一分为二的民间文学对象和民间文学学科，才被视为具有同一的实践主体性或主体实践性的民间文学实践主体。② 这就是说，现在，就连以往民间文学学科对于民间文学对象的认识，也被视为民间文学主体实践的组成部分③（民间文学对自身的概念认识），亦即在历史上（时间中），民间文学实践主体历时性的自我认识。这样，旧说中民间文学认识主体（民间文学学科、研究者主体）和实践主体（民间文学对象、被研究者客体）作为现象在性质上的二分，终于在作为自由

① 高丙中：《民俗文化与民俗生活》，中国社会科学出版社，1994 年；吕微：《民俗学的笛卡尔沉思（上）——高丙中〈民俗文化与民俗生活〉申论》，《中国民俗学》（第一辑），广西师范大学出版社，2012 年，第 205 页。

② “民间文学的（实践）主体性。”第 6 页。

③ “民间文学是一种实践，民间文学研究也是一种实践”，第 6 页。

主体（康德谓之“本体”）的意义上合而为一（“我们自己就是民众，应该各自体验自己的生活！”①）。

但二者之间毕竟还有区分，②即户著仍然区分了民间文学对象对自身内在的自由目的之自在的自我意识（“表象”）和民间文学学科对民间文学的内在目的之自觉的自我认识（“概念”）的历时性历史现象（作为现象，二者的区分是客观普遍的有效的）。户著认为，我们可以把民间文学对象的自我意识和民间文学学科的自我认识置诸历史（时间）当中，并且视其为同一的民间文学实践主体不同的自我意识和自我认识的从表象到概念的自我运动（民间文学传承史与民间文学学术史合而为一）的实践历史。③ 但是，如果我们希望暂时悬置历史（时间）条件下被表象为民间文学对象和民间文学学科的二分现象，视之为同一性的民间文学实践主体，同时又避免在面对二分性的经验表象的情况下给出的同一性的理论独断，那么，我们就只有在先于历史（时间）的无条件条件下，先验地设想一个在起源上具有同一性的“作为实践主体的民间文学”（这样一个设想可以正当地称为户著的第二次现象学的双重悬搁与还原，即悬搁视民间文学对象与民间文学学科为现象的成见，将其一并还原为先验的自由主体），才可以把在经验表象中不同的民间文学对象与民间文学学科现象，视为同一性的民间文学实践主体，没有这样一个“作为实践主体的民间文学”的先验设想，把历史上（时间中）的民间文学对象和民间文学学科，在经验中表象为同一性的民间文学实践主体现象，仍然是难以做到的。

于是，我们必须认真地看待、对待户著划分“民间文学实践主体”和“作为实践主体的民间文学”的做法。这里，笔者称历史上（时间中）的“民间文学实践主体”为经验性的实质主体、实体主体（个人和共同体）；称先于历史

---

① 顾颉刚：《〈民俗〉发刊辞》，《民俗周刊》1928 年第 1 期；收入王文宝编：《中国民俗学论文选》，中国民间文艺出版社，1986 年，第 15 页。

② “不是一码事。”第 20 页。

③ “本书试图重构和复原的又是以往在很大程度上被忽视了的另一种历史，即作为实践主体的民间文学如何从表象主动进展到概念的历史。”第 14 页。

(时间)的“作为实践主体的民间文学”为先验的逻辑主体、形式主体(人格)。① 尽管笔者这样做时,是把户著对“作为实践主体的民间文学”的设想,类比于康德、黑格尔、胡塞尔所描述的,超越了经验性的实质主体、实体主体,而作为“纯粹理性”、“纯粹意识”的“绝对精神”②的先验的逻辑主体、形式主体了。

实际上——回到上文“主体—目的”的问题——唯当经验性的实质主体、实体主体被还原为先验的逻辑主体、形式主体的时候,主体才能够先验地亦即自由地给出自身内在的实践目的。因为,唯当经验性的实质主体、实体主体(历史上—时间中的个人或共同体)被还原为先验的逻辑主体、形式主体(超越历史—时间的人格),主体才能够彻底摆脱为历史(时间)的经验性条件所限制的外在目的,而在彻底摆脱了外在的经验性目的的无条件条件下,主体才有可能先验地、自由地给出其自身内在的实践目的,进而在历史上(时间中)实践其自由的人格乃至自我实现为自由主体。所以,实践主体自身内在的自由目的,作为彻底摆脱了所有外在目的而仅仅以主体自身为目的的目的,是主体能够实践且实现其作为自由主体的自由人格的唯一目的。当然,现在,主体实践、实现其作为自由主体的自由人格的内在目的,还只是一个应然的理想,还不是实然的现实,是主体应该成为自由主体、成就自由人格的先验可能性(不同于主体已经作为自然客体并显现出自然属性的经验现实性),这就是说,如若实践主体希望自己实然地成为自由主体、成就自由人格,就必须进入历史(时间)和社会(空间)的文化生活的经验性语境。

这里的问题是,我们何以能够断言,民间文学对象和民间文学学科作为不同的经验性实质主体、实体主体(个人或共同体)的民间文学实践主体,有一个同一性的逻辑主体、形式主体(人格)即“作为实践主体的民间文学”的

---

① “应该注意区分两个层面:即作为实践主体的民间文学层面和作为(民间文学)实践主体的人的层面。”第98页。

② “如果没有一种‘元民间文艺学’或民间文学的精神现象学来研究民间文学如何作为能动的实践主体来发展自身、展开自身和实现自身,那么,我们就仍然不能理解民间文学自身的正当基础和合理要求,民间文艺学也就缺乏建立学科的前提。”第14页。“作为实践主体的民间文学就是精神。”第14页“注释”。

先验起源，进而能够先验地给出自身内在的自由目的，因而民间文学在历史上（时间中）的“天命”，就是通过民间文学实践主体而实践且实现其作为自由主体的自由人格？借用周作人的话说就是，我们何以能够断言，民间文学的内在目的，就是通过民间文学实践主体实践且实现“人的文学”的先验理想呢？的确，如果我们不是已经在实践中把民间文学对象和民间文学学科都设想为经验性的实质主体、实体主体的民间文学实践主体，那么我们就绝不会认为我们在实践上有正当的理由理论地认定一个“作为实践主体的民间文学”的先验的逻辑主体、形式主体；但是，假使我们没有认定一个“作为实践主体的民间文学”的先验的逻辑主体、形式主体，那么，民间文学对象和民间文学学科也就不会被我们明白地设想为共在、交互的经验性实质主体、实体主体的民间文学实践主体。换句话说，唯当我们在实践中设想了“作为实践主体的民间文学”听从自己的“天命”，先验地给出自身内在的自由目的，在历史上（时间中）通过民间文学实践主体，实践且实现其作为自由主体的自由人格的必然可能（当然未必是实然现实）的经验结果之后，我们在理论上才有正当理由，为必然可能的经验性民间文学实践主体认定一个“作为实践主体的民间文学”的同样必然可能的先验条件；反过来说，唯当我们设定了“作为实践主体的民间文学”的先验条件，民间文学对象和民间文学学科才会被我们设想为必然可能的民间文学实践主体的经验结果。这当然是一个循环论证。①

但是现在，我们事先就能够回答的问题只是，我们设想和认定的先于历史（时间）的“作为实践主体的民间文学”，以及在历史上（时间中）的民间文学实践主体，其实也就是同一个实践主体。以此，自由主体的自由人格，作为逻辑—形式主体自由地给出的自身内在的自由目的（主体自由地以自身

---

① 面对这一循环论证可能遭遇的质疑，康德的回答是：“当我现在把自由称为道德法则的条件，而在随后的著作里面又声称道德法则是我们能够最初意识到自由所凭借的条件时，为了使人们不误以为在这里遇到了前后不一贯，我只想提醒一点：自由诚然是道德法则的存在理由，道德法则却是自由的认识理由。因为如果道德法则不是预先在我们的理性中被明白地思想到，那么我们就决不会认为我们有正当理由去认定某种像自由一样的东西（尽管这并不矛盾）。但是，假使没有自由，那么道德法则就不会在我们内心找到。”［德］康德：《实践理性批判》序言，韩水法译，商务印书馆，1999 年，第 2 页注释①。

为目的),也才就是实质—实体主体的内在目的。所以,实质—实体主体遵从逻辑—形式主体所给出的内在目的以作为自己的内在目的,并不是在服从经验地被给予的外在理论规定(他律),而就是在遵从主体自己(逻辑—形式主体)给自己(实体—实质主体)先验地颁行的内在性实践规范(自律)。① 正是因为自由主体的自由人格是"作为实践主体的民间文学"为在历史上(时间中)被抛入、被卷入"作为实践主体的民间文学"的民间文学实践主体而自律地颁行的内在目的—实践规范,对于民间文学实践主体来说,实践乃至实现"作为实践主体的民间文学"自由地给出的自身内在的实践目的,即成为自由主体、成就自由人格,才是必然的可能的。与此同时,通过民间文学实践主体在历史上(时间中)为成为自由主体、成就自由人格的民间文学自我实践、自我认识,也就彰显出民间文学实践主体的背后站立的"作为实践主体的民间文学"的先验身影,从而部分地回答了我们何以能够断言,必须设想一个"作为实践主体的民间文学",以作为民间文学的实践认识的理论条件的问题。但是现在,由于我们已经为民间文学实践主体设想、设定了一个先验的条件——"作为实践主体的民间文学"(从下节开始,简称"民间文学"),那么,我们就拥有了实践认识的理论能力以进入历史(时间),经验地考察民间文学实践主体为实现其作为自由主体的自由人格的自由目的的自我实践、自我认识的自我运动的逻辑历史。

二、民间文学自我认识的逻辑—历史

在上节中笔者已经指出,民间文学的经典研究,主要是针对民间文学题材内容(质料)的理论(经验)认识,即便是民间文学学者曾趋之若鹜的类型学、形态学,也只是针对民间文学题材内容的形式研究,而不是针对民间文

① "作为实践主体的民间文学向人的体裁叙事行为提出了伦理规范。只不过长期以来,我们不仅忽视了作为实践主体的民间文学,也忽视了作为实践主体的人。"第160页。

学体裁形式的实践研究。① 笔者还指出了,民间文学的题材内容,尽管也能表达民间文学实践主体的内在目的(动因),但受语境条件的外在影响,却经常被用来表达民间文学实践主体的外在目的(动机),于是郑振铎看到了俗文学的题材内容中"种种的坏处":"许多民间的习惯与传统的观念,往往是极顽强地黏附于其中。任怎样也洗刮不掉。所以,有的时候,俗文学的题材内容比之正统文学更要封建,更要表示民众的保守性些。"②以此,从民间文学的题材内容中,即便我们分辨出了"人的文学"的应然目的,也只是表达了民间文学实践主体内在目的的主观偶然(或然)性,而不是民间文学(通过民间文学实践主体而表达)的内在目的的客观必然性。

与周作人不同,胡适、郑振铎都尝试过从民间文学的实践形式的角度,认识民间文学的"真相和本质",③但无论是胡适的白话文学的言语形式(语体),还是郑振铎的俗文学的体裁形式(文体),最终也都没能证成民间文学内在目的的客观必然性,因为,胡、郑都倾向于认为,民间文学的言语形式和体裁形式,只是民间文学实践主体为表达其实践目的而采用的工具性手段

---

① 亚里士多德以来,特别是康德对理性的理论使用(理论理性)和实践使用(实践理性)的划分,参见吕微:《民俗复兴与公民社会相联结的可能性——古典理想与后现代思想的对话》,《民俗研究》2013 年第 3 期。

② 郑振铎:《中国俗文学史》,作家出版社,1954 年,第 5 页。"民主性的精华与封建性的糟粕交杂在一起,构成了独特的藏污纳垢的形态。因而要对它作一个简单的价值判断,是困难的。"陈思和:《民间的沉浮——对抗战到"文革"文学史的一个尝试性解释》,《上海文学》1994 年第 1 期;转引自户著,第 98 页。

③ 如郑振铎《中国俗文学史》第一章的题目"何谓'俗文学'?"就是回答这个问题。郑振铎:《中国俗文学史》,作家出版社,1954 年,第 1 页。"人在语言和本源的内在时间中发生我与你通过民间文学体裁叙事行为来对话的关系,这就是民间文学表演的真相和本质。"第 162 页。

而不是目的本身。① 以此,尽管胡适特别赞成民间文学的内在目的应该就是周作人所提倡的“人的文学”,但是,由于“人的文学”作为民间文学的先验理想,只是由外在于民间文学实践主体(表演者)的民间文学认识主体(研究者),从民间文学的外部自外向内地输入民间文学的,②于是,即便周作人植入民间文学的“人的文学”的先验理想确切地表达了民间文学的逻辑—形式主体的内在目的(“国民心声”③),却仍然没有内化为民间文学的实质—实体主体(表演者)的客观必然的自我认识(自我启蒙),④因为“人的文学”的先验理想既不是从民间文学的题材内容中归纳出来的,也不是从民间文学的言语形式和体裁形式中演绎出来的。

周作人没有认识到甚至没有意识到的问题是,尽管民间文学的题材内容,只能偶然(或然)地证明民间文学实践主体的内在目的的现实(实然)性,但民间文学的体裁形式,却能够阐明民间文学的内在目的的必然可能性。但是,这样的问题意识(提问方式),对于中国“五四”一代学者来说,毕竟太

① 其实胡适已经萌发了实践形式先验地蕴含着实践目的的思想,如胡适《答朱经农》(1918 年):“若那雅俗两字作人类的阶级解,说‘我们’是雅,‘他们’小百姓是俗,那么说来,只有白话文的文学是‘雅俗共赏’的。”《五十年来中国之文学》(1922 年):“他们的最大缺点是把社会分作两部分:一边是‘他们’,一边是‘我们’。一边是应该用白话的‘他们’,一边是应该作古文古诗的‘我们’。……这种态度是不行的。”《〈中国新文学大系〉第一集导言》(1935 年):“把社会分作两个阶级,一边是‘我们’士大夫,一边是‘他们’齐氓细民。”《新文学·新诗·新文字》(1956 年):“我们是我们,他们是他们,这种态度是不行的,非要我们就是他们,他们就是我们不可!”《胡适学术文集·新文学运动》,中华书局,1993 年,第 62、149、237、282 页。参见吕薇:《从“我们和他们”到“我与你”》,《民间文化论坛》2004 年第 4 期。

② “周作人是现实主义的民众观和民间文学观的代表……但他不久便对自己产生了怀疑,从此不再做出主观的民众观和民间文学观的评论。像其兄长鲁迅一样,他后来不断批评乡村生活的积弊和农民的愚昧落后,指出农民的宿命迷信,渴望向上爬等劣根性局限了题目的眼界。”[美]洪长泰:《到民间去:1918~1937 年的中国知识分子与民间文学运动》,董晓萍译,上海文艺出版社,1993 年,第 273~274 页。

③ 《〈歌谣〉周刊发刊词》,原载《歌谣》周刊第一号,1922 年 12 月 17 日,收入《周作人民俗学论集》,上海文艺出版社,1999 年,第 98 页。关于《歌谣》周刊“发刊词”的作者,参见施爱东:《〈歌谣〉周刊发刊词作者辨》,《民间文化论坛》2005 年第 2 期。

④ “让公众自己给自己启蒙,这与其说是可能的,倒不如说,如果赋予他们自由,这几乎是不可避免的。”[德]康德:《回答一个问题:什么是启蒙?》,《康德书信百封》,李秋零编译,上海人民出版社,2006 年,第 269 页。

难为了（因为在“五四”时代，民间文学的实践形式作为实践目的之充分发展的认识条件尚未成熟，详见下文）。于是，民间文学实践主体何以实然地给出自身内在的实践目的，而民间文学是否已经必然地给出了其内在的、先验的自由目的？迄今在实践认识上都还是悬而未决的理论难题。但是，尽管中国“五四”一代学者最终没能证成民间文学的自由目的的必然可能性，但他们还是用自己尚未成功的革命为后辈学者指示了一条穿越理论—经验研究（范式）的实践—先验认识（范式）的问题通道，即：如果民间文学的题材实践内容（质料），甚至民间文学的体裁实践形式，①都只能证成民间文学实践主体的内在目的在主观经验中的偶然（或然）现实性，那么民间文学的纯粹实践形式，能否证成民间文学的内在目的在客观上先验的必然可能性？无论如何，在民间文学实践历史（时间）中，首先悬置民间文学的题材内容，还原到民间文学的体裁实践形式；继而悬置民间文学的体裁实践形式，进一步还原到民间文学的纯粹实践形式（与主体悬搁—还原同步的形式悬搁—还原），以证成“作为实践主体的民间文学”如何能够通过民间文学实践主体而给出自身内在的、先验的自由实践目的，总值得一试，正如康德所言，“看看这样的哥白尼革命是否可能取得更好的成绩？”②

为了证成民间文学如何能够通过民间文学实践主体给出自身内在的自由目的，户著引导我们进入了民间文学的实践形式（包括隶属于实践形式的认识形式）依次被展开即通过民间文学实践主体的自我意识（表象）和自我

① 愚见：民间文学实践任意约定的体裁形式，包括被户著称为“大传统”的、具有普遍性的体裁形式，如神话、传说、故事、史诗、故事诗、歌谣、说唱、小戏、谚语……以及被户著称为“小传统”，即具有民族性、地方性、文化性的体裁形式，如郑振铎所谓“变文”、“杂剧”、“宝卷”、“弹词”、“鼓词”、“子弟书”……“每一种作为类型的民间文学体裁叙事行为[大]传统在不同地区和不同族群又可能表现为不同的小传统或者被冠以民族性的、区域性的称谓。这是作为类型的民间文学体裁叙事行为的亚类型或小传统。”第65页。“民间文学体裁叙事行为的大传统（作为类型的某种体裁叙事传统）和小传统（作为类型的某种体裁叙事传统在某个地区和民族的亚类型传统）。”第105页。但是，无论“大传统”还是“小传统”的体裁形式，都是民族性、地方性、文化性任意约定的体裁形式，例如，神话作为普遍性的体裁形式，其实只是将特殊性的实践形式加以概念化、普遍化的理论认识结果，以此，经验的理论普遍性与先天的实践普遍性，完全是两回事。

② ［德］康德：《纯粹理性批判》第二版序言，邓晓芒译，人民出版社，2004年，第15页。

认识(概念)而实践并逐步实现的逻辑—历史,并且最终来到了民间文学的实践形式最充分地自我展开的网络民间文学的当下阶段,①以及民间文学的内在目的曾超前地自我认识的"概念存在"②的民间文学学科开端时期。尽管此"当下"和彼"开端",在时间中并不重合,但是由于民间文学充分展开的自我实践的形式阶段,与同样充分发展的自我认识的形式阶段,二者之间共在、交互的自由共识,作为户著现象学双重悬搁与还原的结果,是户著的方法论本身严格地要求的,③所以在这里,户著似乎陷入了类似于胡适"白话—文言双线文学史观"④的自我矛盾。即,在户著看来,民间文学实践主体(民间文学对象)对民间文学实践形式的自我展开,与民间文学认识主体(民间文学学科)对民间文学内在目的的自我认识,是在时间中并不同步的两件事情。但我们立刻也就意识到,这一表面上的自我矛盾,仅仅存在于户著自身表述的谦逊态度之中,实际上只要作为读者的我们,认识到户著本身就代表了民间文学的认识主体(由于认识主体也是实践主体,故认识主体的认识也就是实践主体的自我认识)对民间文学的内在目的(较之"五四"学者的超前认识)更充分的"概念"认识,则户著更充分"概念"的自我认识和以网络民间文学为代表的民间文学实践主体对民间文学的实践形式的更充分地自我展开,二者对民间文学的内在目的的自由(观念)直观以及取得的自由共识,在我们感知的时间中恰恰也是同步的。

按照笔者在上节的讨论,民间文学的内在目的,是民间文学实践主体作为自由主体的发生条件与存在理由,以此,民间文学的内在目的,从来都应

---

① 在时间中,"作为实践主体的民间文学意识到自身和意识到自己具有主动性和能动性即达到实践主体意识并非同步"。第 20 页。

② 第 34 页。

③ "中国民俗学的重大转变发生在 1990 年之后,这绝不只是理论论证所能够造就的。传统民俗在现实生活中的复兴实际上为民俗学的这一嬗变提供了最强劲的动力。"高丙中:《日常生活的文化与政治——见证公民性的成长》序言,社会科学文献出版社,2012 年,第 2 页。

④ 陈平原:《中国现代学术之建立——以章太炎、胡适之为中心》,《双线文学观念》,北京大学出版社,1998 年,第 193 ~ 201 页。

该也就是任何一种任意约定①的民间文学体裁形式的发生条件与存在理由(否则民间文学实践主体就无以为自由主体)。但是,民间文学的体裁形式所根据的内在目的,在通过"概念"更充分地自我认识之前,却有待于民间文学的实践形式更充分地自我展开。无法想象,在民间文学的实践形式充分地自我展开之前,民间文学的内在目的能够被充分地自我认识。正是以此,我们才说,周作人之所以伟大,就在于他在民间文学的实践形式尚未充分地自我展开之前,就超前地认识到了民间文学的内在目的;②但是,正如笔者已指出的,尽管如此,胡、周、郑仍然未能证成,"人的文学"是民间文学自身内在的实践目的,而不仅仅是从外部植入或输入民间文学的应然的先验理想。

但这同时也就意味着,民间文学的实践形式之充分地自我展开,与民间文学的内在目的之充分地自我认识,二者在时间中亦步亦趋的自由(观念)直观与自由共识,是唯有在网络民间文学的实践形式,与民间文学研究的实践范式经历了现象学的双重悬搁并还原为实践主体而共在、交互的当下,才得以直接地实现的。③ 民间文学实践形式充分地自我展开,有赖于对民间文学内在目的充分地自我认识这一存在条件;而对民间文学内在目的充分地自我认识,则有赖于民间文学实践形式充分地自我展开的认识条件,二者互为因果,且构成了民间文学(包括对象和学科)在理性上的原因(起源),而不是在时间上的起源(原因)(康德,详见本文第四节)。因为,正如笔者在上节中已阐明的,唯有民间文学的内在目的,才是民间文学的先验发生条件与纯粹存在理由,以此,民间文学(无论就对象还是就学科而言)的起源(原因)即在理性上的发生条件与存在理由,都仅仅存在于对自身内在的自由目的的

---

① 户著认为,"民间文学的体裁虽然在某种程度上是语言自动形成的,但这种自动形成的体裁只是种种'可能性',它们必须由具体的人来使用(进入体裁叙事行为)才能实现出来,才能分化为具体的民间文学'文本'从而变成现实性,也就是变成民间文学的体裁叙事行为。"第82页。如果根据索绪尔的说法,则民间文学的体裁是主体任意约定的,当然是非理据地任意约定的。

② 根据马克思的说法,唯当回答问题的条件已经具备,问题本身才会提出。

③ 没有现象学的双重悬搁与还原,实践认识就仍然可能滑落回理论研究。"我认为,知识伦理学或哲学伦理学是一种理想范式和条件还原,它更多的是从存在论和实践理解的意义上给我们学科的具体研究奠定基础并树立规范,以防止我们在对待'你'时随时容易滑入'我—它'的物化关系中去。"第120页,注释424。

自我意识和自我认识的那一“时刻”，所以，民间文学的“起源处不一定是时间上的某个点，而是民间文学对象和学科发生时的内在目的。它与其说是时间上的源头，不如说是在起源中包含的逻辑前提”①。以此，对民间文学内在目的充分地自我认识，就依赖于民间文学实践形式（主体）与民间文学实践范式（主体）之间充分的自由共识。民间文学在理性上的原因（起源）即其发生条件与存在理由，就其在时间中的显现而言，也就无需我们回头面向历史深处的无限后退，②而是需要我们抬头面对未来时间的“无限的进程”③而“无止境的趋近”，④因为，我们对民间文学内在目的更充分的自我认识，始终要期待于不断进入当下时间的未来时间（在时间中我们不得不服从时间法则）。

户著对民间文学起源于未来时间的问题意识，建立“作为实践主体的民间文学”进入历史（时间）以后，显现为民间文学的实践主体的民间文学对象与民间文学学科对于自身内在的自由目的的互动认同的逻辑基础上。⑤ 正如笔者已指出的，在户著看来，民间文学的自我认识（学科）其实也就是民间文学自我实践（对象）的组成部分，甚至就是民间文学自我实践本身，这不仅是因为，认识目的最终还以实践为目的，而且也因为，不同的、经验的民间文

---

① 第 5 页。

② 试比较：民间文学在时间上的起源的“原汁原味”、“原生态”（原始形式）遗留物以及在理性上的原因（自由目的），尽管二者的发现都诉诸民间文学当下的“活形态”。“结果和开端是同一个东西，只因为开端就是目的”，但是，“空洞的开端只有到达终点才成为一种现实的知识”。第 142 页。考察现象在历史上的原始形式（即在时间中的起源），是一个无限后退的过程，永远无法给出最原始的形式或“最初的原因”，以此，19 世纪历时性的“起源研究”才合理、合法地被 20 世纪共时性的“结构研究”、“功能研究”所替换掉。但是，如果我们不是考察一件事情在时间中的起源（原始形式），而是考察其在理性上的原因（开端目的），则“起源研究”就仍然是一个不成问题的学术问题。

③ [德]康德：《实践理性批判》，韩水法译，商务印书馆，1999 年，第 91 页。

④ “意志的这种神圣性同时就是一个必定充任榜样的实践理念，无止境地趋近这个理念是一切有限的理性存在者唯一有权做的事情，并且这种神圣性也就把因此而称为神圣的纯粹道德法则持续而正确地置于他们眼前；有限的实践理性能够成就的极限，就是确信他们的准则朝着这个法则的无穷前进……”[德]康德：《实践理性批判》，韩水法译，商务印书馆，1999 年，第 34 页。

⑤ “民间文学本身和民间文学研究的内在（理性）目的是一致的和一体的。”第 6 页。

学实践主体不过是先验的、同一的民间文学在历史上(时间中)的自我实践和自我认识,即民间文学在历史上(时间中)显现为不同的民间文学对象的自我实践与民间文学学科的自我认识。于是,民间文学在历史上(时间中)显现的从不自觉地"表象"的自在意识,到自觉的"概念"的自为认识,再到充分自觉的表象—概念(观念直观)的自由共识,在户著中被描述为民间文学实践主体在历史上(时间中)显现的自我认知的不同形式即不同阶段,即共时性的理性主体在感性时间中历时性的显现方式,也就可以理解了。

对民间文学对象和民间文学学科之间的同与不同,在民间文学的旧说和户著的新说之间,存在着明显的判断上的差异。在民间文学的经典研究的理论视野中,民间文学学科与民间文学对象之间只有不同(研究者主体与表演者客体);但是现在,在户著的新说中,即民间文学研究的实践视界中,民间文学学科与民间文学对象之间既同也不同。同是说,二者同以先于时间的逻辑—形式主体的民间文学为同一的"本相";不同是说,进入历史(时间)以"后",二者分别显现为实质—实体性主体即民间文学实践主体的不同身份或角色(表演者实践主体和研究者认识主体)。① 或者说,一旦进入了历史(时间),同一的民间文学逻辑—形式主体就分化为不同的实质—实体主体的民间文学实践主体。或者,从民间文学实践主体(民间文学对象)中外化出自我认识的另一个他者,即作为民间文学认识主体(民间文学学科)的民间文学实践主体。进而,民间文学实践主体在历史(时间)中的使命,就是通过对共同的内在目的的自由共识,克服相互之间不同的身份、角色(实

---

① 关于人的存在"本相"与生活"角色"、"身份"之分,黄裕生写道:"'人'不是胡适这个存在者的自身存在,而只是他这个存在者的一个角色,一个身份,就如说'胡适是北大校长',这里的'校长'并不是胡适这个存在者本身,而只是他在人群中充当的一个特定的角色。不同的是,'北大校长'这个'角色'并不是非胡适这个存在者承担不可,但'人'这个角色却是胡适这个存在者在关联世界一定要充当的。相对于'北大校长'、'中国驻美大使'这些角色而言,'人'这个角色性存在对于胡适这个存在者来说更具有根本性意义。因为只有当胡适这个存在者作为不同于牛、羊、草、木而又与牛、羊、草、木共同处在逻辑—关联空间里的'人'这个角色存在,他才有可能进一步是校长、大使、哲学家等角色。'人'这个角色性存在是胡适这个第一本体在进入关联中首先呈现出来的一种最根本性的存在形态。因此,'人'这种角色性存在便有了本体的地位。"黄裕生:《真理与自由——康德哲学的存在论阐释》,江苏人民出版社,2002年,第28页。

质—实体主体）即认同其同一的本相，而最终返回到自身（逻辑—形式主体）。以此，我们可以这样认为，不同的民间文学实践主体之间对其共同的内在目的（民间文学的发生条件与存在理由）取得（而不是认识主体单方面强加给实践主体）的自由共识，以消除主体之间的差异，是历史上（时间中）的实质—实体主体的不同身份、角色，返回先于时间（历史）的逻辑—形式主体的同一本相的必由之路。而这条必由之路，也就是笔者在上文指出的，由民间文学的先驱者们已指示的，通过悬置民间文学的题材内容，穿越民间文学的体裁实践形式，而返回到纯粹实践形式，进而返回到内在的实践目的这一民间文学先验的发生条件与绝对的存在理由的还原通道。

我们已经指出，目的是主体之为主体的发生条件，而客观内在目的是实践主体之为自由主体（不是以主观外在目的为意志、意向对象的自然主体）的存在理由。自由主体的内在目的，实然（或然、偶然）地表达为实践的内容，但却必然地通过自由主体的纯粹实践形式而表达自身。这是因为，主体的实践内容固然能够表达自由主体的内在目的，但是由于语境条件的外在影响，只能是偶然或或然（尽管是实然）的，唯独自由主体的纯粹实践形式才必然地能够表达自身的内在目的。因为实践形式其实就是实践主体本身，而纯粹的实践形式就是自由的实践主体本身。"理性的这两种（理论的和实践的）运用实质上也就是理性的两种不同存在方式，或说是理性（人）的两种不同身份（或角色）。"①这就是说，实践形式与实践主体，以及实践主体的实践形式的实践目的（主体的发生条件与存在理由），都是同语反复的分析性—同一性命题。以此，如果体裁实践形式是不同身份、不同角色的民间文学实质—实体主体任意约定的不同实践形式，那么，纯粹实践形式就是同一本相的民间文学逻辑—形式主体自由规范的同一实践形式。以此，只要我们通过民间文学的任意约定的体裁实践形式，还原到自由规范的纯粹实践形式，我们就能够通过民间文学的纯粹实践形式，先验地演绎出民间文学的内在目的，即最终还原出"作为实践主体的民间文学"的发生条件与存在理由。

---

① 黄裕生：《真理与自由——康德哲学的存在论阐释》，江苏人民出版社，2002年，第66页。

这就是说，在历史上（时间中）显现的民间文学诸体裁实践形式，作为民间文学实践主体任意约定的多样性体裁实践形式，尽管还不直接就是民间文学的纯粹实践形式，但是民间文学的体裁实践形式的充分地自我展开，却提供了通过民间文学的体裁实践形式，还原到民间文学的纯粹实践形式的可能机遇。于是，我们的问题意识和方法意识，就把我们的研究视线直接引导到民间文学的实践形式在历史上（时间中）最充分地自我展开的当下阶段，即网络民间文学的实践形式阶段，以及民间文学研究的实践范式阶段。现在，唯有通过民间文学实践主体的不同身份、角色（包括民间文学对象和民间文学学科）之间对民间文学纯粹实践形式和内在自由目的的自由共识，我们才有可能自我阐明民间文学的发生条件与存在理由，从而返回到“作为实践主体的民间文学”本相。于是，当我们再回过头来，重新审视民间文学实践主体的自我实践与自我认知的历史，我们才能够通过对民间文学的内在目的的先验还原，而认识到民间文学史和民间文学学术史，实际上是“作为实践主体的民间文学”在进入历史（时间）之后，通过民间文学实践主体的诸实践形式和实践形式的诸阶段，而自我展开其自身内在的自由目的，以成为自由主体，成就自由人格，并最终实现的目的论的民间文学逻辑—历史。

这就是说，民间文学实践主体（实质—实体主体），是我们每一个人在历史上（时间中）现实实然（或然、偶然）地“表演”的身份、角色，而作为实践主体的民间文学（逻辑—形式主体），则是我们每一个人在“史前”就必然可能地承担的本相责任。历史上（时间中）的身份、角色，我们每一个人可任意地选择表演或者不表演（可以表演也可以“否认”表演民间文学，可以研究也可以不研究民间文学），①但“史前”的本相责任，却是我们每一个人因自由而不可能推卸的命运（在实践中，我们不得不设定自己是自由的人，否则我们就是物；尽管在理论上，我们可以认为自己是不自由的人，我们就好像是物）。换句话说，在我们每一个人被抛入历史上（时间中）的民间文学实践主体之前，我们就已经被卷入“史前”的民间文学，于是我们才认识到，历史上（时间中）经验地现实实然的民间文学实践主体及其任意约定的体裁实践形式甚

① 吕微：《“表演的责任”与民俗学的“实践研究”——鲍曼〈表演的否认〉的实践民俗学目的—方法论》，未刊。

至外在的实践目的，何以必然以“史前”先验地必然可能的民间文学及其自由规范的纯粹实践形式和内在自由目的为发生条件和存在理由，因为，站在实践认识的立场上，我们不得不认定人是自由的，也就是说，我们在实践上不得不认定，“作为实践主体的民间文学”是民间文学实践主体在理性上的先验（逻辑）前提，而后者只是前者在历史上（时间中）的经验（实体）基础，正是因为民间文学实践主体也是“作为实践主体的民间文学”的后天（实体）基础，除非等待作为经验（实体）基础的民间文学实践主体的实践形式在历史上（时间中）充分地自我展开（服从事物在时间中的发展规律），我们无以据以演绎、还原其先验前提即“作为实践主体的民间文学”的纯粹实践形式及其内在的自由目的。

这就是说，一旦民间文学携带着自身纯粹的实践形式和内在的自由目的，进入历史（时间），民间文学实践主体已经在客观上（而不是自己在主观上）被期待为以人自身为目的的自由主体，尽管在历史（时间）中，从民间文学的体裁形式和题材内容中，我们可能一时半会直观不到民间文学所要求的纯粹实践形式和内在自由目的（往往被任意约定的体裁实践形式和外在的实用目的所遮蔽）。但是，由于“作为实践主体的民间文学”是民间文学实践主体在逻辑（形式）上的发生条件与存在理由，所以，“作为实践主体的民间文学”就是我们每一个人作为在历史上（时间中）的民间文学实践主体，都不得不以此检验自己的身份、角色之正当性的主体形式、实践形式和目的形式（如上所述，三者是分析性—同一性的命题）的先验标准。这就是说，只要你是一个人，你就应该以“作为实践主体的民间文学”的主体形式、实践形式和目的形式而存在、而实践、而生活，即被卷入“作为实践主体的民间文学”，尽管当你被抛入历史（时间）之后，始终是或然、偶然地以民间文学实践主体的身份、角色而实然地存在、实践、生活的。

从民间文学的实践立场看，民间文学不再是理论理性的认识论、实证论视线（理论研究）中的认识对象（客体），而是实践理性的存在论、实践论视域（实践认识）中的实践主体（及其实践形式和实践目的）。以此，先于历史（时间）的民间文学必将作为人的“史前”、“原始”的存在方式、实践形式与生活形式，始终伴随着人类的整个历史（时间），只要人类的历史（时间）没有终结，民间文学的历史（时间）也就不会终结。尽管就我们每一个人来说，你可以选择“是”还是“不是”民间文学实践主体的历史(时间)性身份、角色,但你不可能不“在”“作为实践主体的民间文学”的“史前”本相中。①

由于民间文学实践主体是“作为实践主体的民间文学”在进入历史(时间)之后自我展开、自我实现,以及自我意识、自我认识的目的论“对象”,于是在整个的历史(时间)中,民间文学呈现为纯粹形式与体裁形式、内在目的与外在目的之间否定之否定的自我运动,而这一自我否定的运动动力,直接来自于民间文学在进入历史(时间)之后,不断克服民间文学实践主体的体裁形式和外在目的对自身的纯粹形式和内在目的的遮蔽,以彰显自身、返回自身的目的论冲动。正是以此,户著才断言,“民间文学的战斗正未有穷期。作为实践主体的民间文学的自由处于不断地克服矛盾的痛苦和不懈地争取自由的过程之中”②。

我们已经指出,民间文学的纯粹实践形式和内在自由目的(这是分析性—同一性的命题),是户著的逻辑起点,即为了实践地认识民间文学的发生条件和存在理由(民间文学的根本原则和基本问题),而不得不在实践上先验地给予的一个理论上的假定,正是这个假定,把历史上(时间中)的民间文学实践主体(民间文学对象的实践主体和民间文学学科的认识主体)的民间文学实践,建构为“史前”的民间文学进入在历史(时间)之后,“始于”民间文学“表象”实践的自我意识,经过民间文学“概念”实践的自我认识,“终于”民间文学“表象—概念”的观念直观的自由共识的目的论逻辑—历史,户著称之为民间文学从“自在”到“自为”再到“自在自为(自由)”的“自我教化”③过程。于是,民间文学实践主体的多样性体裁实践形式(表演实践的自我认识和实践认识的自我实践),就被逻辑地安排在历史发展的不同阶段(既属不同“阶段”,也属不同“形式”)。

这就是说,尽管民间文学的纯粹实践形式和内在自由目的,作为其自身的发生条件与存在理由,先于历史(时间)而理性地内在于“作为实践主体的

---

① 吕微:《神话信仰—叙事是人的本原的存在》,收入杨利慧等:《现代口承神话的民族志研究——以四个汉族社区为个案》代序,陕西师范大学出版社,2011 年。

② 第 165 页。

③ 第 13 页、141 页。即民间文学从自在到自为再到自在自为的自我实践、自我认识,类似的表述见:第 7、12、34、35、38、141、142、144、164 页。

民间文学”,但是,在进入历史(时间)之后,“作为实践主体的民间文学”通过显现为民间文学实践主体而对自身的发生条件与存在理由的自我意识和自我认识,却呈现为一个从自在的“实践命名”(表象)的自我意识,①到自为的学术命名(概念)的自我认识,再到自在自为(自由)的实践—学术交互命名(表象—概念)的观念直观的自由共识的否定之否定的“自我教化”的诸形式暨诸阶段相统一的逻辑—历史(而不再是实践形式与认识形式“双线”分流的非逻辑的历史)。

在民间文学自在的实践阶段(形式),民间文学仅仅不自觉地自我意识到其自在的实践形式以及自在(包括内在和外在②)的实践目的,以此,民间文学只能通过对诸体裁形式的实践命名而自我表象,例如“乐府”之于“歌谣”,“稗官”之于“小说”(这些实践命名我们今天多称之为“小传统”或“地方性知识”)。③ 在此自在的实践阶段(形式),民间文学还没有自觉地自我意识(更谈不上自觉地自我认识)到自身纯粹的实践形式和内在的自由目的(表达公意的“国民心声”),而多是自发地表达了其外在的目的(表达私意和众意的民情、民意)。

在民间文学自为的实践阶段中,从民间文学中分化(外化)出否定自身的他者(书面文学、高雅文学、作家文学、贵族文学、官方文学、庙堂文学……),民间文学通过他者对自身的否定以及自身对他者的否定(反抗)和肯定(依附),④自觉地认识到自身作为独立于他者而自由地存在的实践主体的自为性质(下层文学)和自为特征(集体性、口头性、传承性、变异性……),自觉地给予了自身的多样性体裁实践形式以“民间文学”的普遍性学术概念

① “从实践质料被意识到的实践命名,到通过概念被认识到的实践形式。”第19页。但据愚见:“实践命名”首先是针对实践形式(体裁形式)如最早的“风”,而不是首先针对实践的质料(题材内容)。

② 自在目的和自为目的都既包括外在目的也包括内在目的,自在目的与自为目的的区别仅仅在于,前者是只有自我意识而没有自我认识的目的,而后者是有自我认识的目的。

③ “有各种不同的地方名称或民族性称谓(比如‘风’),不过,那时还没有被通称为‘民间文学’。”第10页。

④ “民间文学并非一种孤立的存在,它对非民间文学(官方文学或作家文学)具有很大的依附性或依存性。”第32页。

的自我认识。在此自为的实践阶段,民间文学或已超前地认识到自身内在的自由目的(表达公意的"国民心声")。但是,在民间文学自为的实践阶段,民间文学对自身内在的自由目的的自我认识——因为还没有对自身纯粹的实践形式的自由共识——仍然不够充分和稳定,以此,民间文学的内在目的随时可能会被歪曲和遗忘(例如今天的学者多已经遗忘了赫尔德、胡适、周作人对民间文学内在目的的深刻阐发)。

在民间文学自在自为的自由实践阶段,民间文学通过对否定自我的他者的扬弃的否定(否定之否定),在否定他者的同时也肯定了他者,在重新肯定自在的自我(实践命名的体裁实践形式)和自为的自我(学术命名的普遍实践形式)的同时也否定了自我,也就是将他者与自在的自我、自为的自我扬弃地综合为自在自为即自由的网络民间文学之"超文体和超体裁"①实践形式(网络民间文学并非单纯的媒体或载体革命,同时也是体裁革命)。以此,只有在民间文学自在自为的自由实践阶段,即民间文学的网络载体和超体裁实践形式阶段以及民间文学研究的实践范式阶段,才为民间文学纯粹的实践形式和内在的自由目的提供了自觉认识的充分条件,即将民间文学不自觉的自我意识(地方性表象的实践命名)和民间文学自觉的自我认识(普遍性概念的学术命名)统一为共在的、交互的实践主体的自由共识(表象—概念的实践—学术观念直观)。这就是说,只有在民间文学自在自为的自由实践阶段,民间文学自身纯粹的实践形式和内在的自由目的,才具备了(通过民间文学的超体裁形式的充分条件而)先验地自我还原、自我阐明(无法经验地归纳,但可以先验地演绎),即最终完成作为民间文学实践主体的历史角色、身份,返回"作为实践主体的民间文学"的"史前"本相的自我运动的逻辑进程。

---

① 第58页。"网络民间文学已经不再局限于传统民间文学的那些体裁形式,也就是扬弃了传统民间文学体裁与作家文学体裁的外在对立,表现出各种体裁混杂交融的趋势和社会语言的'杂语'倾向。"第43页。"在当前的自媒体时代,网络民间文学的体裁叙事行为已经冲破了传统民间文学体裁叙事行为的范围,扩大到几乎'无所不包'并且将古今中外的各种体裁'一网打尽'的程度。"第62页。"在网络民间文学阶段,民间文学的各种体裁似乎已经大大地平民化和网民化了,一方面是传统民间文学中那些篇幅较长的体裁形式(如史诗)在如今追求方便和快捷的网络时代很少继续受到网民的青睐,另一方面则是一些短、平、快的新体裁形式或者消解'正统'体裁的形式(如套语、段子、短信、论坛和跟帖等)被融合、发展和创造出来。"第82页。

当然这也就意味着，只有在历史上（时间中）民间文学自在自为的自由实践形式阶段，即户著称之为民间文学的“高级阶段和最新形式”，①也就是网络民间文学实践的网络载体和超体裁形式和民间文学研究的实践范式的自由共识中，民间文学自身内在的自由目的，才能够通过其自身纯粹的实践形式的自我演绎得到还原地阐明。在此，户著对“作为实践主体的民间文学”在进入历史（时间）而显现为民间文学实践主体之后，从不自觉的自我意识到自觉的自我认识，再到充分自觉的自由共识的自我运动的自我描述（因为户著把自己也摆进了民间文学实践—认识的自我运动），无疑是借助了黑格尔、马克思式的历史与逻辑相统一的建构论方法论：对象起源的理性原因（也就是其发生条件和存在理由），唯有通过其最高级的发展阶段最充分的展开形式（自为表象与自觉概念的具体综合），才能够被分析地抽象出来。②于是，马克思关于“人体解剖对于猴体解剖是一把钥匙。低等动物身上表露的高等动物的征兆，反而只有在高等动物本身已被认识之后才能理解”③的历史—逻辑的还原建构的古典主义认识论方法论，在经历了现象学方法论的洗礼之后，重新被“激活”④并得到了有效的使用。

---

① 第38页。

② “在整体思路和论证步骤上主要借鉴了黑格尔和马克思的辩证逻辑。”第196页。

③ 《马克思恩格斯选集》（第二卷），人民出版社，1972年，第108页。“为了理解低级阶段，我们就必须认识发达的有机体。因为发达的有机体是不发达的有机体的尺度和原型；由于发达的有机体内的一切都已到达其发达的活动水平，所以很清楚，只有根据这种有机体才能认识不发达的东西。”[德]黑格尔著：《自然哲学》，梁志学、薛华、钱广华、沈真译，商务印书馆，1980年，第581页。参见第二章，第38页。

④ 高丙中：《日常生活的现代与后现代遭遇：中国民俗学发展的机遇与路向》，《民间文化论坛》2006年第3期；收入高丙中：《日常生活的文化与政治——见证公民性的成长》，社会科学文献出版社，2012年，第43页。“激活”，高丙中又称之为“古典新用”。高丙中：《社团合作与中国公民社会的有机团结》，《中国社会科学》2006年第3期；收入高丙中：《日常生活的文化与政治——见证公民性的成长》，社会科学文献出版社，2012年，第261页。“我有意识地选用一些很旧的概念，尝试让它们在中国当下的社会情境里获得解释的生命。”高丙中：《民间文学与公民社会——中国现代历程的文化研究》序言，北京大学出版社，2008年，第5页。我在《阿喀琉斯的愤怒与孤独》、《民俗学的笛卡尔沉思》中指出，中国民间文学—民俗学家（以祁连休、高丙中为例）的思想方法深受德国古典哲学特别是黑格尔、马克思的影响。但马克思的条件还原还局限在经验论认识论的范围内，而经过改造的先验条件的还原方法，则先验地阐明了：悬置现象的所有经验条件而剩余的先验条件，是现象发生与存在的唯一条件。

而下一步的问题是:我们如何能够通过对民间文学的纯粹实践形式的现象学悬搁与还原,演绎并直观到民间文学内在目的的纯粹观念呢?因为按照马克思的认识论方法论,现象的经验条件(即时间中的起源、原因),可以借助于对充分发展的经验现象,分析地抽象出来;但是对于户著来说,这显然是不够的。因为,户著所要求的,是现象的本体发生条件,即经验的先验存在理由,所以,即便面对最充分发展的经验现象,也不可能据此就分析地将民间文学本体条件和先验理由(自由主体自身内在的自由目的)从经验现象中抽象出来。于是,户著的逻辑历史的建构方法,最终要依赖于现象学方法对经验现象的本体条件或纯粹理由的先验演绎、先验还原(先验阐明)的现象学方法。所以笔者认为,户著在借助于马克思式的认识论方法论的同时,又给予了该方法论以先验论现象学的方法论改造。在下节中,笔者将着重讨论户著如何在对网络民间文学的超体裁实践形式以及民间文学研究范式,给予现象学的双重悬搁与还原的基础上,先验地演绎、还原出民间文学的纯粹实践形式和内在自由目的,从而最终阐明了民间文学就"在""'我们'文学"中,就"是""'我们'文学"①。

三、对民间文学纯粹形式的先验还原

根据户著的逻辑,历史上(时间中)民间文学自在自为的自由实践形式阶段,与网络民间文学的实践形式阶段,以及民间文学研究的实践范式阶段,在时间上是直接同步的。从载(媒)体形式的角度看,民间文学经历了口头载体形式、口头和书面(抄写、印刷)相互影响的载体形式和网络载体形式诸阶段;从体裁形式的角度说,民间文学经历了实践约定的地方性体裁形式、理论规定的普遍性体裁形式和当下在实践上无约定、理论上无规定的超体裁形式诸阶段;从自我认知的角度言,民间文学经历了自在的实践命名(不自觉的表象)的自我意识、自为的理论命名(自觉的概念)的自我认识以

① "民间文学的'民间'就是'我们',民间文学实际上就是'我们'文学。"第116页。"所谓自媒体恰恰是We Media('我们'媒体),这意味着把素不相识和素昧平生的网友都当成'我们'。"第157页。

及因“现在进行时”而可能的自在自为的实践—理论命名(充分自觉的观念直观)的自由共识诸阶段。于是,如果民间文学的自我实践及自我认识建立在实质性、实体性实践主体(作为逻辑、形式主体在历史—时间中的显现)的后天基础上,则民间文学的自我运动就呈现为历史上(时间中)在后的实践形式阶段,共时性地包含了历史上(时间中)在前的实践形式阶段的全部历时性规定性,进而,唯独历史上(时间中)民间文学最充分发展的形式阶段,才具备了据以认识民间文学的纯粹实践形式及其内在的实践目的的充分条件。①

户著多次强调,民间文学通过自我认知而自我揭示的自身内在的实践目的,是民间文学作为自由主体的唯一发生条件或绝对存在理由。只是最初,民间文学通过多样性题材内容和任意性的体裁形式,自发地意识到自身外在的实践目的,因而仅仅意识到自我自在的实然性存在;之后,民间文学通过圣贤文学、庙堂文学等他者对自我的多样性题材内容与任意性体裁形式的否定,以及自我对他者否定自我的独立反抗,自觉地认识到被外在目的遮蔽的自身内在的自由目的,因而自觉地认识到自我(作为实践主体)自为的或然(偶然)性存在;最后,网络民间文学通过无限性题材内容和无约定、无规定的超体裁实践形式的自我直观,以及民间文学研究的实践范式的自我反思,民间文学才可能对自我(作为自由主体)自在自为即自律的必然(应然)性存在取得自由的共识。

根据户著,民间文学在历史上(时间中)最充分发展的形式阶段,是对此前诸形式阶段的诸多规定性的否定之否定的扬弃与综合,后现代民间文学把此前(时间中在前面,空间中在别处)的前现代和现代的诸多(包括地方性

---

① “为了理解民间文学如何(从表象)达到概念的过程,我们不应该到民间文学外在的表象或现象的演化历史中去寻求答案,而是必须在民间文学的最新形式中去寻求理解。”第38页。“网络民间文学作为民间文学的晚期形式包含着民间文学迄今被扬弃的历史。因此,通过分析网络民间文学的矛盾构成,不仅能够从共时的层面认识民间文学的构成要素及其本质特征,也有助于从历时的层面了解民间文学被扬弃的历史并且展示民间文学概念的运动过程。”第37页。“对网络民间文学的解剖也将有助于对以往的民间文学形态甚至民间文学本身运动形式的认识。”第39页。“民间文学活在当下,如果有本质,它的本质也是源于当下。要想理解民间文学的存在条件,我们也就必须打开它的这个活生生的当下。”第124页。

和普遍性)规定性(包括实践约定性和理论规定性)都一览无余地吸纳于自身当中。这样,当所有的规定性,在后现代获得了被承认的正当性的同时,所有的规定性之间原有的对立也被一一转换、综合为新的规定性。例如:民间文学的表演者与观众、听众以及表演者与研究者之间的身份与角色的对立被综合为自由地、平等地享有并承担交往、交流权利与责任的"一身二任"①的同一性实践主体,民间文学的文本与语境之间的对立被综合为"以言行事"②的表演行为与表演事件,民间文学的体裁艺术实践形式与非体裁日常生活形式之间的对立被综合为网络民间文学超体裁的日常审美的生活方式,③民间文学的口头性被转换为因虚拟的面对面现场(公共领域)的直接性、当下性(当前化)而突显的网络民间文学向陌生人开放的对话的公共性(公共性对话),最终,民间文学的集体性被转换为网络民间文学的公共性,如此等等。这就是说,上述民间文学自我认知的诸多综合与转换,是我们通过对网络民间文学的实践形式的经验现象的直观表象的分析抽象而给予、阐明的。

依旧说,民间文学的"集体性""特质(特征)"④属性,曾经是民间文学研

---

① 第103页。

② [英]奥斯汀:《如何以言行事——1955年哈佛大学威廉·詹姆斯讲座》,杨玉成等译,商务印书馆,2012年。

③ "只有那些采用了民间文学体裁叙事形式的日常叙事才是民间文学。无论这种艺术形式在现实生活中被人们用于功利的目的还是非功利的目的,也无论它是否具有明确的审美价值,体裁叙事都是民间文学区别于日常的非体裁叙事的一个必要而充分的条件。"第62页。"如果一般的语言叙事不进入民间文学的体裁叙事行为,那就仍然是日常叙事而不是民间文学的艺术叙事。只有民间文学的体裁叙事行为才是民间文学的叙事行为。"第82页。"笔者对民俗学作为社会科学的基础性学科的人生其实是从撰写硕士论文开始的。笔者在1988年夏季完成的《民间口头创作新探》借助普列汉诺夫关于社会心理与社会意识形态形式的分类。说明以'民间'为对象的调查所获得的资料包括两类,一是达到一定形式化的、具备文体(genre)的作品(如史诗、故事),一是没有达到文体门槛的予以表达方式。"高丙中:《中国人的生活世界——民俗学的路径》序言,北京大学出版社,2010年,第4页;修订后发表于《民俗研究》,2010年第1期;并收入高丙中:《日常生活的文化与政治——见证公民性的成长》,社会科学文献出版社,2012年,第27页。

④ "'俗文学'有好几个特质……"郑振铎:《中国俗文学史》,作家出版社,1954年,第5页。郑振铎之"特质",以后民间文学—民俗学学者多称之为"特征",如钟敬文主编的《民间文学概论》。

究（认识主体）基于普遍性经验而给予民间文学对象（被认识的客体）的理论（概念）规定性。但是，在网络民间文学中，面对匿名的、虚拟的开放主体、无限主体之间的“关系（存在）场域”①，网络民间文学实践主体作为网民共同体的实质（同质）性、实体性的集体性边界越来越模糊。在通过网络民间文学载体实践形式不间断地建构的“关系（存在）场域”中，曾经是职业的体裁表演者和同样熟悉题材、体裁的职业观众、听众之间相对稳定的角色、身份，就进入了可随时随地相互转换的自由流动的松散状态，于是，传统的、经典的民间文学实践主体的集体性特征属性，与否定集体性的个体性特征属性，在可相互转换（交换）、相互消解的关系条件下，就被网民共同体的公共性特征属性所涵盖。曾经因反抗他者（如庙堂文学、圣贤文学……）而建构起来的民间文学实践主体的实质性、实体性主体之曾经边界分明的集体性共同体身份、角色，对今天的网民共同体来说，已经是难以想象的事情。

与“集体性”一样，“口头性”的特征属性，也曾经是与“书面性”特征属性“势不两立”的民间文学的普遍性经验的理论（概念）规定性。尽管在民间文学的书面（书写、印刷）载体的实践形式阶段，民间文学的口头性专利或版权就已经被不断地质疑；然而，除非网络民间文学的载体形式革命所造成的结果，民间文学口头性的无上地位不会从根本上动摇。但是如今，当年黄遵宪“我手写我口”的“诗界革命”理想已几近于现实，于是，无论口头性还是书面性，都不再能够恰当地被用以规定网络载体的民间文学实践形式的特征属性。但也正是在口头性与书面性的特征属性可相互转换（交换）、相互消解的关系条件下，民间文学的网络载体实践形式真正的特征属性才向我们显现出来——民间文学实践主体当下、直接互动的现场对话的交流与交往。即，民间文学的口头性的真谛是：邀请所有素不相识、素昧平生的陌生人，无远弗届地加入公共领域的公共对话，即共同参与在表演现场的“表演中的创作”。② 以此，并非口头性是民间文学的发生条件，而是公共领域的现场（感）

---

① 第 114 页。

② 朝戈金：《口传史诗诗学：冉皮勒〈江格尔〉程式句法研究》，广西人民出版社，2000 年，第 86 页。

与公共的对话性①才突显了民间文学的存在理由(注意,这里的发生条件与存在理由还是经验的),亦即,唯独当下、直接在现场(到场、出场、在场)(并非一定是当下、直接的面对面②)表演的实践形式中,民间文学才是民间文学。

与民间文学的集体性被综合、转换为公共性,口头性被综合、转换为民间文学公共领域的现场性、(公共)对话性一样,并非只是在网络载体的外在实践形式和超体裁的内在实践形式阶段,③民间文学实践主体的公共性和网络载体和超体裁实践形式的现场对话性特征属性才突然出现了。公共性、(公共)现场对话性等民间文学(主体及实践形式即旧说的"传承方式")的特征属性,从来都存在于民间文学自在的和自为的实践主体的形式和主体的实践形式当中。当然,只有在网络民间文学的实践形式阶段,民间文学实践主体身份、角色的公共性和民间文学的网络载体和超体裁实践形式的(公共)现场对话性,才充分地显现出来。当然,也正是由于网络民间文学载体实践形式和超体裁实践形式将民间文学的特征属性充分地自我揭示出来,返过头再检视民间文学自在意识的形式阶段和自为认识的形式阶段,我们才会发现,公共性、(公共)现场对话性等民间文学的特征属性从来都存在于

① "内在对话的特性",第85页。

② "网络民间文学体裁叙事行为的这种口头性能够制造出一种现场感和当下性……口头性的要义在于保持开放性和对话性。网络民间文学体裁叙事行为的创作、传播、接受和再创作已经跨越了时空距离的限制,同时也超越了身体上直接的面对面交流,也就是说,身体上的面对面不再是面对面交流的唯一形式,甚至不一定是其主要的形式。虽然面对面交流的形式发生了天翻地覆的变化,但其本质要求不仅没有改变,反而在网络时代变得更加明显和更加强烈。"第83页。

③ 电子载体形式是网络民间文学的外在实践形式,"网络民间文学之所以体现了民间文学的被扬弃的历史,并非仅仅因为它在时间上是传统民间文学的最新形式,而是因为它已经扬弃了民间文学的一系列外在对立的条件,如口头性、书面性甚至电子性,也可以说它把这些对立面都纳入了自身。因此,从外在方面来看,以往曾经被争论得不可开交又不亦乐乎的口头性、书面性甚至如今的电子性并非民间文学的本质特征;但是,从内在方面来看,这些对立的特性在被民间文学扬弃之后又成为它的内在构成要素或载体,尽管不是本质的要素"。第41页。

民间文学实践主体及其各种载体实践形式和体(包括超体裁)实践形式当中。①

但是,因网络民间文学的载体和超体裁实践形式,而被突显的民间文学实践主体的公共性和实践形式的对话性、现场感等特征属性,实际上仍然是民间文学的经验性发生条件与存在理由。因为,无论公共性还是对话性、现场感都是我们通过对网络民间文学现象(如表演者与观众、听众的身份、角色在现场对话中的相互转换)的感性直观就能够得到的经验性表象,于是,我们就完全有理由追问:网络民间文学的公共性和对话性、现场性,是谁的公共性?谁的对话性、现场性?是民间文学实践主体身份、角色的公共性,

① 彝族史诗的“克智”辩论(巴莫曲布嫫:《叙事语境与演述场域——以诺苏彝族的口头论辩和史诗传统为例》,《文学评论》2004 年第 1 期;巴莫曲布嫫:《克智与勒俄:口头辩论中的史诗演述》,《民间文学论坛》2005 年第 1 期、第 2 期、第 3 期)、中国各民族民歌的“对歌”、“盘歌”,都是民间文学的现场性、对话性的绝好例证。“对歌显示出民间文学体裁叙事行为的表演关注并要求的不是人在现实中的角色联系,而是人在精神上的人格关系,而且要通过表演的当下化行为把不平等的角色联系(至少暂时)转变为平等的人格关系。”第 102 页。“一旦从作为实践主体的民间文学的内在目的着眼,我们就会看到,原来民间文学的体裁叙事行为传统早已预设了我与你的关系,我虽然不知道你之所想(内容),但民间文学的体裁叙事行为传统让我把你当作你,也就是说,这种传统让我为你预留了如何想(形式)的方式。我与你的‘我们’共同被卷入民间文学体裁叙事行为传统就意味着我们拥有共同的形式,因此我们才能够相互诉说和倾听。”第 160 页。户著引拙作“尽管我们不可能确切地理解他者之所想,但我们能够确切地把握他者如何想”(吕微:《母题:他者的言说方式——〈神话何为〉的自我批评》,《民间文化论坛》2007 年第 1 期)。“在民间文学体裁叙事行为的表演场域,由于共同的传统为我们规定了共同的形式,所以表演者与听众都先验地分享着某种民间文学体裁叙事行为的共同实践形式,我与你不用经历实际的讲述和倾听就先验地知道这种实践形式。”第 161 页。民间文学的“内容是需要经过讲和听的经验才能知道的,但形式却可以不必经过讲和听而先验地知道。因此,在民间文学体裁叙事表演行为的活生生的当下之中隐含着先验的形式。”第 161 页。但拙作拙见指的是可经验地直观到的民间文学实践形式;至于民间文学的纯粹实践形式——“民间文学体裁叙事表演行为的活生生的当下之中隐含着先验的形式”——或许可以这样说:尽管我们不可能先验地知道他者之所想,但我们能够先验地知道我与你共同拥有的应该如何想的形式。“我们只能以民间文学体裁叙事行为传统让我们言说的方式言说。换言之,被民间文学体裁叙事行为传统言说是我们言说民间文学的唯一方式,我们只能以民间文学体裁叙事行为传统吩咐并馈赠给我们的方式说和听,我们只能在民间文学体裁叙事行为传统中找到我们言说民间文学的天命和自由。”第 105 页。

还是人格的公共性？是民间文学经验性实践形式的对话性、现场性，还是民间文学纯粹实践形式的对话性、现场性？实际上，即便通过对网络民间文学的表演者身份、角色的自由转换及现场对话的经验性直观，我们也仍然无法直观到“人格性”、“公正性”这样的先验观念、纯粹观念，以作为民间文学的纯粹实践形式的纯粹规范性（先验的发生条件与存在理由）。以此，作为民间文学纯粹实践形式的纯粹规范性（所谓“纯粹的”在康德的意义上就是“先验的”），也就还没有被充分地阐明（即没有被演绎、还原出来），亦即，公共性和现场对话性，作为网络民间文学现象的经验性条件，都还没有超越马克思所言，只有通过高等动物才能认识的，在低等动物身上已表露的高等动物的器官—功能征兆。① 亦即，公共性和现场对话性，作为网络民间文学“活形态”的实践主体形式和主体实践形式的经验性规定性，至多被理解为民间文学在历史上（时间中）（“原汁原味”的“原生态”）的起源（经验条件），而不是在理性上的原因（先验理由）。进而，仅仅通过可以经验地直观到的民间文学——公共性、对话性、现场性——的“规定性一般”，我们也仍然无法直观到（演绎、还原出）民间文学的纯粹实践形式和内在实践目的的纯粹观念规定性，即我们还难以直接地把公共性、对话性、现场性理解为民间文学的自由主体形式和先验实践形式的纯粹规定性。② 据此，民间文学的纯粹形式和内在目的，就仍然要等待我们对民间文学的网络载体和超体裁形式的经验规定性的进一步悬搁与还原，而这也就是说，尽管目前我们已经分析地抽象出了民间文学的经验性“规定性一般”，这些经验性“规定性一般”却仍然难以负担起阐明民间文学的先验发生条件与纯粹存在理由的重大“史前”责任。

从户著为我们描述的民间文学自我实践、自我实现的逻辑历史中，我们

① 这就好比马克思说的“劳动一般”、“生产一般”，都仍然是对现代社会化大生产—商品化劳动（前现代特殊劳动生产如采集业、畜牧业、手工业和农业劳动生产的充分发展形式阶段）的经验条件的归纳总结，而不是对生产劳动的先验条件的演绎还原。吕微：《阿卡琉斯的愤怒与孤独——祁连休著〈中国古代民间故事类型研究〉读后》，《民俗研究》2007 年第 3 期。

② 民间文学的“形式不仅指民间文学的各种体裁叙事形式，而且指民间文学体裁叙事的行为方式和伦理形式”。第 25 页。

的确能够经验地直观到主体的公共性、实践的对话性、现场性等民间文学（相对于集体性、口头性来说）的更抽象的经验性条件（尽管对这些经验性条件的直观有赖于民间文学实践形式的充分发展），（如口头性）实然地内在于民间文学实践命名的特殊体裁形式当中，以及同样（如集体性）实然地内在于理论命名的普遍体裁形式当中；但这里强调的是，无论主体角色、身份的公共性、实践形式的现场性、对话性，都仍然是我们在经验中能够直观到的，因而能够通过概念分析抽象出民间文学现象表象的经验规定性，而不是民间文学的主体形式和实践形式的纯粹（先验）规定性本身。因为，像公共性、对话性、现场性等民间文学的主体形式和实践形式的经验规定性，并非只能出于民间文学的内在目的，而是出于外在目的（表达众意的民情、民意）的条件下也是可以被给予的。以此，如果我们要求的是民间文学的先验主体形式和纯粹实践形式，即必然地出于民间文学的内在目的的先验—纯粹规定性，那么，我们就还需要对网络民间文学的实践形式做进一步的还原考察。但是，民间文学的纯粹实践形式及其内在实践目的，即便我们通过最充分发展的民间文学实践形式阶段（仍然是在历史上—时间中的实践形式，故也可以称之为"实践阶段"）的经验性现象的直观表象，也无法被给予。亦即，即便面对网络民间文学的主体形式、图像媒体（外在）实践形式和超体裁（内在）实践形式，我们也无法经验地直观到出于民间文学自身内在目的的纯粹观念的实践形式，更遑论民间文学自身内在的实践目的的纯粹观念本身。

但是，尽管我们无法通过对网络民间文学实践形式的经验性直观而直观到民间文学的内在目的和纯粹形式的先验观念（无法经验地直观的先验对象只能是纯粹的观念对象），却并不意味着，我们不能运用现象学对先验条件的演绎还原的观念直观的方法，以网络民间文学的主体形式和实践形式为反例，反向地推论（演绎还原）出民间文学的纯粹形式和内在目的，①而

---

① 胡塞尔的"观念直观"，近似康德的"理智直观"；但是康德认为，只有神而不是人才具有理智直观的能力。"对此，自由作为一个肯定的概念，就需要一种理智的直观，而在这里我们完全不可以认定这种直观。"[德]康德：《实践理性批判》，韩水法译，商务印书馆，1999 年，第 32 页。以此，黄裕生指出："'自由'这一概念不是一个得自观察的经验概念，而最多只是能由经验观察反证它存在的一个超验概念。"黄裕生：《有第三条道路吗？——对自由主义和整体主义国家学说的质疑与修正》，《江苏行政学院学报》2014 年第 1 期。吕微：《"表演的责任"与民俗学的"实践研究"——鲍曼〈表演的否认〉的实践民俗学目的—方法论》，未刊。

这也就是笔者所云黑格尔、马克思式的逻辑—历史还原建构的经验论方法论必须接受先验论现象学的方法论洗礼，才能最终解决民间文学研究的实践认识的问题意识的道理所在。这就是说，除非我们将自己置身于网络民间文学的实践形式和民间文学研究的实践范式的现象学双重还原结果的当下性，不仅悬置民间文学的题材内容，而且悬置民间文学的任何可以在历史上（时间中）经验地直观到的体裁形式，包括网络民间文学外在的图像载体形式和内在的超体裁实践形式，①我们才有可能最终通过对网络民间文学的先验发生条件与纯粹存在理由的演绎性阐明，先验地还原出因而直观到民间文学的现象学剩余物——"作为实践主体的民间文学"自身内在的、应然（必然）的自由实践目的和纯粹实践形式的纯粹观念。

我们已经指出，在网络民间文学的实践形式阶段，以往旧说的各种经验规定性，无论是主体形式的经验规定性（集体性以及否定性的规定性个体性），还是载体、体裁实践形式的经验规定性（口头性以及否定性的规定性书面性），都可以互换位置。用马克思的话说就是，只有在各种劳动、生产都能够相互交换的充分条件下，才可能分析地抽象出"劳动一般"或"生产一般"的经验性普遍规定性。以此，我们通过分析网络民间文学的主体形式、实践形式而抽象出来的主体公共性和实践形式的现场性、对话性，也就仍然是民间文学的主体形式和实践形式的"形式一般"，是民间文学发生、存在的经验性实然（或然、偶然）条件和理由，而不是其发生与存在的先验必然性条件与理由。换句话说，公共性、现场性、对话性背后的先验意义，②只有在与民间文学的内在发生条件与纯粹存在理由发生联结之后，才能够真正向我们显现出来。③

那么，我们如何才有可能实践地认识民间文学的先验必然性发生条件

---

① 民间文学的纯粹实践形式因蕴含了内在的实践目的，也可以称为"内在存在形式"（第 122 页），而不同于作为经验性内在形式的体裁形式（相对于载体形式）。

② "内在行动的交互性"，第 116 页。

③ "作为实践主体的民间文学从表象到概念似乎是从模糊的整体返回了具体的整体，但这时的它已经把当初潜在的目的变成了清晰认识到、具体规定过并且逐步实现出来的目的，那么，我们随着民间文学向开端的返回也是要把民间文学的目的和要求变成我们的体裁叙事行为的法则。"第 164 页。

与存在理由呢？进而，如果我们不能经验地直观到民间文学的纯粹实践形式（同时也是先验主体形式，二者是分析性—同一性命题），我们又如何可能断言民间文学“有”其纯粹的内在目的呢？当然，仍然是经受了现象学双重还原的民间文学最充分发展的实践形式阶段和民间文学研究的实践范式阶段，为我们提供了这种先验还原、演绎的必然可能性。我们已经指出，在网络民间文学的实践形式阶段，当以往旧说的所有经验规定性都可以相互交换，因而相互消解了各种规定性本身，于是，网络民间文学的实践形式阶段就呈现为无序和失范的“关系场域”。在匿名甚至虚拟的网民面前，集体性在哪里？（负责任的）个体性又在哪里？在键盘加屏幕的媒体面前，口头性在哪里？（合语法的）书面性又在哪里？在超体裁的实践形式中，民间文学在哪里？作家文学又在哪里？但是，在无序（主体秩序的无化）、失范（载体规范、体裁规范的缺失）的经验性直观中，网络民间文学，作为民间文学最充分发展的形式阶段，其自身（主体和实践）形式的失范与无序，反而以最明确的方式不得不（必然）要求一种先验的、应然的秩序和规范，①这一“不得不”（必然）要求的先验、应然的秩序和规范，是我们并不能够通过经验性直观而直接给予的，但却是网络民间文学先于经验但必然（不得不）要求的应然条件和绝对理由，而这也就是我们通过对网络民间文学的应然发生条件与必然存在理由的先验演绎、先验还原的观念直观的先验阐明，而给出的民间文学的主体形式的人格性即公民性，②以及实践（体裁和超体裁）形式的公正性。先验的公民性（主体形式）、公正性（主体的实践形式）虽然不是我们通过对民间文学最充分发展的实践形式阶段的经验性直观给予的——在网络民间文学实践形式的经验性直观中，我们经验性地直观到的反而经常是截然相反的现象，缺乏公民性、公正性的无序与失范——却是民间文学不得不（必然）要求的应然条件与绝对理由。这样，在民间文学最充分发展的实践

---

① “旧秩序的瓦解恰恰是新秩序形成的条件。”高丙中：《“公民社会”概念与中国现实》，《思想战线》2012 年第 1 期；收入高丙中：《日常生活的文化与政治——见证公民性的成长》，社会科学文献出版社，2012 年，第 283 页。

② “因为公民社会人格的第一步是学会（像民间文学那样）把他人当作‘你’。”林达：《美国〈公民读本〉的第一课“你”》，《法制与社会》2006 年第 4 期。转引自户著第 104 页。

形式阶段，我们就通过对网络民间文学的先验条件的先验演绎和先验还原，即根据网络民间文学的经验现象这一无序、失范的反例，反向地推论（演绎、还原）出并直观到“作为实践主体的民间文学”在所有时代、地域及文化中都不得不（必然）要求的应然条件和绝对理由（尽管公民性、公正性都不是能够在民间文学的经验性直观中显现的纯粹观念之物），户著称之为“公共伦理条件”①，也就是公民道德准则，没有这样的“公共伦理条件”或公民道德准则，民间文学就会自我瓦解。② 于是我们终于认识到，民间文学在进入历史、进入时间之后，显现为民间文学实践主体的自我展开、自我认知，就是一部以实现自身内在的、先验的、纯粹的、必然（应然）的、绝对的自由目的的目的

---

① “公共伦理条件”，见第98、99、103、107、109、110、116、117、121、159页。“网络民间文学更加直观地凸显出民间文学创作和表演不同于作家文学的地方，即民间文学的创作行为和表演行为的集体性实际上具有公共特征（在公共的空间和时间中完成），而作家文学的创作行为则是一种私人性（在私人的空间和时间中完成）。这就造成了二者的根本差异和不同。正因为民间文学的创作和传承（体裁叙事行为）都具有公共特征，所以民间文学的集体性实际上恰恰是一种公共行为，必须有公共的行为伦理，这也是本书探讨民间文学体裁叙事自由的基础和根本原因。”第43页。“从作为实践主体的民间文学层面来看，民间文学让人通过体裁叙事行为言说民间文学时已经包含着一个深切的‘命令’和要求，也就是说，民间文学‘令’我们把他人都当成‘我们’，让民间文学的听众都加入一个‘我们’，共同组成一个‘我们’。之所以如此，是因为这是民间文学体裁叙事行为的公共伦理条件，否则的话，民间文学就会违背自己为民主、争自由的初衷和内在目的。”第98页。“‘我们’不仅作为内容出现在民间文学的体裁叙事行为之中，而且是作为形式和公共伦理条件伴随着民间文学体裁叙事行为的发生和存在。换言之，‘我们’是民间文学体裁叙事行为发生和存在的形式和公共伦理条件。当民间文学体裁叙事行为发生和存在时，同时就产生并存在着‘我们’，当‘我们’存在时才可能产生民间文学的体裁叙事行为。”第99页。

② “民间文学体裁叙事行为的对话性明显要求表演者与听（观）众之间具有平等、自由和民主的叙事行为伦理……否则，民间文学体裁叙事行为的公共伦理条件就会遭到破坏，民间文学就会违背自己为民主、争自由的初衷和目的而自我瓦解。”第98页。“如果每个人都只想拥有民间文学体裁叙事行为的权利而不愿承担相应的责任，只想通过这种体裁叙事行为快一己之意甚至过把瘾就死，那么，民间文学就会成为权力话语和权力叙事的工具，它的为民主、争自由的起因和初衷就会自我瓦解和自行解构。”第156页。“在一个充满差异和多样性的时代，如果没有基本的‘公共性’的保障，一个社会就难以有效运转。”高丙中：《民间文化与公民社会——中国现代历程的文化研究》序言，北京大学出版社，2008年，第2页。

论的逻辑历史(通过民间文学的充分发展的实践形式和主体形式显现出来)。当年,康德如是说:“倘若我们抽去法则的全部质料,即意志的每一个对象(作为决定根据),那么其中就剩下普遍立法的单纯形式了。”①今天,我们也可以这样说:倘若我们悬置了民间文学的经验性实践(题材)内容(质料)和同样是经验性的实践(体裁和超体裁)形式,那么剩下来(现象学直观到)的就只有民间文学的先验(应然)的实践形式和内在(绝对)的实践目的的纯粹观念(理念、理想)条件。

于是,从目的论的角度看民间文学,民间文学的内在目的即户著之“隐秘的渴望”——“模拟公民社会”②(我更愿意说:预演公民社会!③)终于向我们显现出来了。尽管这一纯粹的、先验的目的,从来都构成了历史上(时间中)民间文学的应然发生条件与必然存在理由,但我们却一直都没能将其从经验性主体形式和实践形式中分离出来、识别出来,要不是通过对民间文学最充分发展的主体形式和实践形式的认识条件的先验演绎、还原(推论的阐明)而达成的观念直观,民间文学的纯粹实践形式和内在实践目的,仍然不会向我们显现其自身的纯粹观念(理念、理想)的本真面貌。

从先验论现象学的实践认识和观念直观的立场和方法看民间文学,历史上(时间中)的民间文学主体既是实质性、实体性的角色主体、身份主体,也是逻辑主体、形式主体即人格主体,历史上(时间中)的人一旦被卷入、被抛入民间文学,就被卷入、被抛入了民间文学实践主体和“作为实践主体的民间文学”的双重存在。但是,唯当我们立足实践认识的先验论立场,采用条件还原和观念直观的现象学方法,我们才能够恍然觉悟到,我们从来都既是经验性的“我们”和“他们”,同时也是先验的“我与你”,于是一旦被卷入、

---

① [德]康德:《实践理性批判》,韩水法译,商务印书馆,1999年,第26页。

② “模拟公民社会”,见第104、124、142、144页。

③ “作为实践主体的民间文学的内在运动过程就是模拟公民社会的过程。在这方面,它堪称整个中国社会的先知先觉。因此,当中国现代社会的民主化进程步履维艰、一波三折时,作为实践主体的民间文学可以率先向自己的内在目的迈进。换言之,恰恰因为民间文学是实践主体,所以,它可以在一个不自由的社会中率先自由起来。”第144页。

被抛入民间文学,我们就进入了"我与你"的临时人格共同体①,这个临时的人格共同体的"隐秘的渴望"就是从历史(时间)性角色、身份共同体中脱身出来,返回"永久和平"的"史前""世界公民"的人格共同体。②

以此,我们才认识到,在民间文学实践的主体形式(特别是网络民间文学实践的主体形式)中,何以要特别为匿名甚至虚拟的他者(陌生人)——"你"先验地预留出一个"空位"③,无论"你"怎样潜水,无论"你"披着怎样的马甲,"你"都是"我"在道德上应该理性地信仰即康德所云"实践的爱"④(理性的情感)的人格对象,从而能够让"你"随时随地来填补"我"为"你"预留的先验人格空位。而这个"知性存在者(人格先验)的空位"就是民间文学的纯粹实践形式通过对自身先验的发生条件与存在理由的先验还原、先验演绎的观念直观,而自我揭示(阐明)的与陌生人交往(《论语》"泛爱众"、《孟子》"仁者爱人"、《圣经》"爱汝邻人如爱己"⑤……)的必然目的的定言命令:把相互陌生的"我们和他们"做成拥有自由、平等人格的"我与你"即"我们"。这里的民间文学的纯粹实践形式就是内在的实践目的,即民间文学在理性上的发生条件和存在理由的先验之域,实践形式就是主体目的,实践目的就是主体形式,实践主体的自身形式(我们)、主体的实践形式(我们)和实

---

① "民间文学体裁叙事行为出现和发生的前提和公共伦理条件在于首先要把听众中的他/她变成你,至少是为了把他/她变成你,把不平等的角色转变成平等的人格,使我与他、我与她都变成我与你,也就是变成'我们'。这里的'我们'扬弃了民间与官方、集体性与个人性的外在对立,虽然仍然是复数,但不是乌合之众意义上的集体,而是由自发的平等个体(人格)组成(哪怕是临时)的'共同体'。"第103页。

② [德]康德:《世界公民观点之下的普遍历史观念》、《永久和平论》,康德:《历史理性批判文集》,何兆武译,商务印书馆,1990年。

③ "尽管是实践认识的拓展,我反躬自问:为什么独独给予自由概念以如此巨大的丰衍性,而其余的概念虽然那个标明纯粹可能的知性存在者的空位,但却不能通过任何东西决定那些存在者的概念。"[德]康德:《实践理性批判》,韩水法译,商务印书馆,1999年,第113页。

④ [德]康德:《实践理性批判》,韩水法译,商务印书馆,1999年,第91页。民间文学就是饱含着"实践的信仰情感"的"伦理的信仰实践关系"的"信仰情感的实践"。第120、121页。

⑤ 如果"爱邻人如爱己"是民间文学的内在目的和先验原则,则"爱你自己甚于一切,但爱神及邻人乃为汝自己缘故"就是民间文学的外在目的和经验原则。[德]康德:《实践理性批判》,韩水法译,商务印书馆,1999年,第90页。

践目的（我们）都是分析地同一的三位一体的同语反复（“形式就是目的”①），但这里呈现的不再是经验的分析的同一性，而是先验的分析的同一性。

但是，即便如此，我们仍然无法想象，人（类）为何以及如何创造了一种完全出于“我”对“你”、对“我们”的纯粹（无功利）的爱的实践目的和实践形式的民间文学。② 如果仅仅是为了表达外在的实践目的，人们只要掌握“体裁一般”的实践形式，能够在身份、角色共同体中攫取话语的权力，就足够了；如果仅仅是为了规范无序、失范的身份、角色共同体，使民间文学实践免于自我瓦解，人们只要功利地规定现场对话的实践秩序的公正性，甚至主体身份、角色的公共性，这些民间文学的“公共伦理条件”的“历史的先验性”（胡塞尔）就可以了。③ 但是，人（类）何以先于任何“历史的先验性”，就以绝对的先验性，创造出一种应然（必然应该的）实践形式？而这种绝对的先验实践形式，只是出于爱而平等地尊重自我与他者的自由人格、公正地维护他人与自我的自由权利和责任。④ 然而，我们在民间文学的先验实践形式中，的确识别出这一以人自身为目的的纯粹实践目的，并且把这一出于纯粹的爱的实践目的，视为民间文学的最终条件。进而这一最终条件不仅内在于先验的实践形式，而且也内在于任何经验性的实践形式，或者换句话说，民间文学的内在目的与纯粹形式，也构成了民间文学的经验性实践形式和外

① 第 76 页。

② “能不能说，‘民间’文学就是‘我们’文学呢？本真的‘民间’就是‘我们’吗？如果真要这么说，难道不是可能再次重蹈肆意美化‘民间’的覆辙吗？”第 106 页。“民间文学体裁叙事行为的集体性就是‘我们性’或者‘我与你’的关系，民间文学就是‘我们’文学。‘我们’不是各种现实角色的集合体，而是平等精神人格（哪怕是临时）的共同体。”第 113 页。“‘我们’本来就应该是一个爱的共同体，因此，民间文学就是‘我们’文学。”第 164 页。

③ “在一个充满差异和多样性的时代，如果没有基本的‘公共性’的保障，一个社会就难以有效运转。”高丙中：《民间文化与公民社会——中国现代历程的文化研究》序言，北京大学出版社，2008 年，第 2 页。

④ “责任之所以构成了表演的本质，恰恰因为民间文学体裁叙事行为本身就是一种需要复数主体参与的伦理实践和道德行为，民间文学的文本实际上是一种公共表演的伦理实践和道德行为，因此，表演的集体性实际上具有公共特征，表演者和观（听）众在表演中都责任重大。”第 75 页。

在性实践目的的必然发生条件与应然存在理由。

这就是说,唯独民间文学最充分发展的(网络载体和超体裁)实践形式阶段,民间文学实践的纯粹形式和内在目的才发展出(截至目前)更充分地自我揭示的否定性(反例)条件,即通过观念直观而不得不如此先验地设想甚至先验地设定的无条件条件。但是,如果我们在此基础上,再次回望民间文学(实践命名的)自在实践形式阶段与(理论命名的)自为实践形式阶段,我们就会发现之前不曾发现的东西,即民间文学实践的纯粹形式和内在目的从来就是民间文学的发生条件与存在原理即先验原则,只是对于这一绝对的、客观的先验必然性,我们未曾相识。但是如今,通过对网络民间文学的先验发生条件与存在理由的客观必然性原则的演绎还原(推论)和观念直观,我们也就认识到,网络民间文学先验的发生条件和存在理由(原则),其实也就是任何时代、地域、民族、文化共同体的民间文学先验的发生条件和存在理由。而这样的一个先验条件和纯粹理由,也就是"作为实践主体的民间文学"向所有的民间文学实践主体,先验地颁布的应然(应该、应当)目的或命令。这一应然的目的或命令,就是民间文学得以发生的先验条件或存在的先验理由的客观必然性原则,尽管在这一先验的、纯粹的应然目的或命令,从来都只是或然、偶然(实然)地彰显于民间文学实践的经验性题材内容,也不是必然地彰显于民间文学实践的经验性特殊形式和"形式一般"(包括体裁形式和超体裁形式),但是,它毕竟就在那里,只能即不能不作为民间文学实践的必然发生条件和应然存在理由,而构成了民间文学的实践(内容与形式传承与变异的)传统与实践理想,先验地决定了民间文学的历史逻辑。于是,在经过了一系列对民间文学的题材内容、体裁形式的现象学悬搁,以及对民间文学的发生条件和存在理由的现象学先验演绎的还原推论后,当我们再次回眸民间文学传统的体裁实践形式,在户著的现象学观念直观中,民间文学传统的体裁(包括超体裁)实践形式就向我们呈现出令人惊异的、完全迥异的本原面貌,"一旦从作为实践主体的民间文学的内在目的着眼,我们就会看到,原来民间文学的体裁叙事行为传统早已预设了我与你的(人格间)关系"①,即呈现出其从来就蕴含的民间文学的纯粹实践形式和

① 第160页。

内在自由目的。

以此,旧说的民间文学特征属性的传统(传承)性,在先验意义上,同样是“作为实践主体的民间文学”对在历史上(时间中)显现为民间文学实践主体身份与角色的主体形式和实践形式的当下、直接的先验人格规范(就此而言,所谓当下、直接其实就是先验)。而民间文学的传承性与变异性等特征属性,也就是民间文学的纯粹形式与内在目的在不断地自我展开并不断地返回自身的逻辑历史的先验时间规范。于是,我们从民间文学自在、自发的自我意识到自觉、自为的自我认识再到自由、自律的自由互识的自我运动的逻辑历史中,就看到了传承与变异的先验时间规范的“历史性……的先验意义”①。当然,“我们”作为民间文学的先验传统在现实中的实现,迄今都还是一件可望而不可即的事情,于是,民间文学实践的纯粹形式和内在目的作为先验传统(过去),也就始终作为先验理想(未来)而不断走进(历史的、时间的)当下(现在),即作为理想的传统或传统的理想,不断向我们的当下走来,并走进现在。

这样,民间文学的先验传统和先验理想就在我们现在、当下的含客观价值的理性时间中同时抵达现场(到场、出场、在场)。② 这就是说,在民间文学

① “如果人们接受胡塞尔的实在是被主体间性地构成的这个信念,那么,他就不仅应该严肃地对待经验着世界的主体的共识,也要严肃地对待其异议。……虽然严格的康德式先验哲学会认为,那样的经验性、世间性领域没有任何先验相关性,但因为胡塞尔对先验主体间性的兴趣,他被迫从一个先验的观点来考察这些。由此,我相信,胡塞尔晚期思想以对先验和经验的东西之间关系的决定性的重新考察为特征,这个重新考察最终将会导致先验领域的扩张,它部分地产生于他对先验主体间性的兴趣,并且迫使他考虑诸如生成性、传统、历史性和常态等概念的先验意义。”[丹麦]扎哈维:《胡塞尔现象学》,李忠伟译,上海译文出版社,2007 年,第 143 ~ 144 页。“传统或传承本身就是一种我与你的关系。”第 98 页。“传统就是一种交互主体的实践关系。我处于传统中,就等于我处于这种交互主体的实践关系中。”第 99 页。

② 愚见:被用作主体直观形式的物理时间是无目的、非价值的客观时间。如果客观物理时间仅仅被用以实现主体外在、特殊—个别、偶然、主观的实践目的,则无目的、非价值的客观物理时间就目的化、价值化为主观心理时间;但是,如果无目的、非价值的客观物理时间被用以实现主体内在、普遍、必然、客观的实践目的,则无目的、非价值的客观物理时间就转化为有目的、含价值的客观理性时间。本文对无目的、非价值的客观物理时间,有目的、含价值的主观心理时间和同样有目的、含价值的客观理性时间的划分,不同于户著,可以讨论。

的主体实践中,同时抵达现场的是永远面对未来和不断返回过去的含客观价值(内在目的)的理性时间,而非非价值的物理时间与含主观价值(外在目的)的心理时间。因为,只有主体实践的含内在目的的纯粹实践形式,才能够把含客观的传统价值的过去时间和含同样客观的理想价值的未来时间,作为含客观价值的理性时间,同时召唤到当下、现在非价值的物理时间中。所有非价值的物理时间的过去与未来,都无法在当下、现在的物理时间中实然地停留,所有含主观价值的心理时间的过去与未来,只能在当下、现在的物理时间中(通过心理记忆和心理希望)偶然地、或然地尽管也是实然地短暂停留,①只有含客观价值的理性时间的过去与未来,才能够必然地在当下、现在的物理时间中永驻。②

这就是说,就含客观价值的理性时间而言,③民间文学的含内在自由目的的纯粹实践形式——无论就实践主体的形式规范性(公民性)、主体实践目的的形式规范性(公正性),还是就主体实践目的的质料规范性(公意性)而言——都直接体现为民间文学实践的伦理价值时间形式,也就是含先验的、应然的伦理目的的时间形式。即,从主体实践的内在目的的先验、应然的伦理规范性来说,对他者(你)和自我的"理性的信仰"和理性的情感(爱),也就是对先验传统和先验理想的理性信仰与理性情感。因为,对先验的、应然的自由理性的道德主体的理性信仰和理性情感,只能存在于含客观价值的理性时间当中,即先验的传统和先验的理想当中。以此,民间文学对过去和未来的信仰期望和情感期待和对他者(你)与自我作为道德主体的情感愿望和信仰希望,都是基于内在的、同一的价值(伦理)目的的,因此只能

---

① "过去和未来以回忆和期待的方式被当下化。"第118页。"唤起记忆以便证明希望。"第130页。

② "只要人作为人来存在,民间文学就会存在。只要人有人的精神需求,民间文学就会应运而生,也会不择地而出。既然未来只能被我们信仰,那么,在这个意义上说,民间文学也存在于我们对未来的信仰情感之中,因为是未来'让'民间文学存在。"第140页。

③ "客观价值的理性时间"的说法受胡塞尔"内在时间意识"([德]埃德蒙特·胡塞尔:《内在时间意识现象学》,杨富斌译,华夏出版社,2000年)的影响,即内化了人的内在目的即客观价值而理性化、道德化、信仰(宗教)化、情感化的时间,亦即既有先验的主观性直观形式,也有纯粹的客观性价值内容的理性时间。

内在于同一的伦理价值的时间形式中。于是，对于应然的他者（你）与自我（作为自由理性、交互共在的道德主体）的信仰与情感与对于先验的传统（过去）与先验的理想（未来）的信仰和情感，是二而一一而二的，都是“作为实践主体的民间文学”自身内在的自由目的的纯粹实践形式或实现形式，因而也就是在历史（时间）中的民间文学实践主体的实践形式和实践目的现象的先验原型。以此，民间文学实践主体先验地应该就是自由主体、理性主体，道德主体、信仰主体，爱（情感）的主体；而“作为实践主体的民间文学”先验地就是人的自由实践、理性实践、道德实践、信仰实践与爱（情感）的实践。①

这就是说，对先验的他者与自我（作为自由人格的、交互共在的自由主体）在道德上充满悖论的“理性的信仰”和理性情感，构成了在历史（时间）中的民间文学实践主体的他者与自我之间自由、平等地交流、交往的民间文学实践的纯粹形式与自由理性的内在（先验、应然）目的（意志、意向）的充分内涵（理由、原则）。以此，民间文学的纯粹实践形式和内在自由目的，其实也就是人类历史和社会文化的价值生活的先验伦理传统和应然道德理想，而这也就是民间文学发生与存在的根本条件和无上理由，尽管这种根本条件和无上理由（公民性、公正性）并不能通过对民间文学的题材内容（质料）和体裁形式的经验性直观而先验地给予，却构成了民间文学得以发生、存在的先验条件和纯粹理由，并蕴含在民间文学的纯粹实践形式之中（户著以此阐明，中国文化内部就蕴含了现代社会的生成条件的先验酵素，那些认为普适的民主制度不适合于中国文化的看法、说法都是未经证明的独断）。以此，尽管像“公民”、“公民性”、“公民社会”等并不属于经典的民间文学研究的传统课题，却先验（必然、客观、普遍）地内在于民间文学对象和民间文学学科，正如在民间文学的先驱者们（赫尔德、胡适、周作人、顾颉刚）那里毋庸置疑一样。进而任何关于民间文学实践（包括民间文学研究）仅仅关乎文化传统，而无关乎人类理想（包括未来社会的人类理想）的想法、说法、做法，都

① “一切法则之中的那条法则，就像《福音书》中的所有道德规矩一样，描述了最为完满的德性意向，然而它作为没有一个创造物能够跟达到神圣性的理想，仍然是我们应当接近并且在一个不断却无限的进程中为之努力的榜样。”［德］康德：《实践理性批判》，韩水法译，商务印书馆，1999 年，第 90 ~ 91 页。就此而言，民间文学从来就是涂尔干、埃利亚德所言“宗教的人”的信仰实践。

是对民间文学的“真相和本质”的严重误解。因为，正是民间文学的先验（人类）理想才成就了民间文学的先验（文化）传统，反过来说也是一样，民间文学的先验（文化）传统也成就了民间文学的先验（人类）理想。以此，以民间文学—民俗学的名义把先验的人类理想（价值性未来）纳入民间文学对先验的文化传统（历史价值）的自我认识，即把先验的文化传统和先验的人类理想作为民间文学的发生与存在的先验条件和纯粹理由一样，是回归传统同时走向未来（反过来说也是一样）的实践民俗学和民间文学研究的实践范式的题中应有之义，甚至构成了民间文学实践（包括民间文学研究）先验的、纯粹的发生条件和存在理由。①

四、通过返回未来激活民间文学的起源

户著是一项针对民间文学的纯粹实践形式和内在实践目的，即民间文学的必然发生条件和应然存在理由（在借鉴德国古典哲学、现象学理论、方法的基础上）的形而上学研究。固然，为了认识民间文学实践的纯粹形式和内在目的，户著也必须借助于民间文学在历史上（时间中）显现的各种经验性实践形式②，就像索绪尔研究语言规则必须借助于言语活动或言语行为的经验现象的直观表象一样，户著也援引了“五四”以来中国民间文学—民俗学学者的（康德意义上的）理论研究所提供的中国实践的大量丰富、生动的经验案例。但是，户著对这些经验案例的处理方式，却不同于理论研究的范式方法（如比较、归纳……），对于户著来说，对实践案例的经验性描述，仅仅是户著借助先验论—现象学的方法，以悬置其经验性的题材内容和体裁形式，还原其先验的实践形式，进而以演绎出并直观到民间文学的内在目的

① “一个正常的现代民主国家，应该把普通人（之基于道德理性）的日常经验作为政治、经济、学术的出发点和服务对象，其中，一个具有活力的民俗学对于中国人饱受凌迟的日常生活的呵护是十分重要的。”高丙中：《日常生活的文化与政治——见证公民性的成长》序言，社会科学文献出版社，2012 年，第 3 页。

② 包括民间文学体裁实践的特殊形式、普遍形式（“体裁一般”）和超体裁实践形式，不同的载体形式，以及民间文学研究的实践范式，后者也是民间文学的实践形式之一，即反思的民间文学实践形式。

(纯粹观念)的表象起点。户著响应现象学"回到(主观意向的)实事本身"的号召,描述了历史上(时间中)民间文学实践主体("作为实践主体的民间文学"在历史上—时间中显现的身份、角色)对自身内在的实践目的,从自在的自我意识(表象)到自为的自我认识(概念)再到自在自为的自由共识(表象—概念的观念直观)的否定之否定的自我理解—自我解释的逻辑运动,并最终在民间文学最充分发展的形式阶段,运用现象学方法,通过悬置民间文学的题材内容和体裁形式(包括地方性体裁、普遍性的"体裁一般"和超体裁形式)还原出并直观到民间文学的纯粹实践形式和内在的自由目的(意志、意向的观念对象),即民间文学的先验传统暨先验理想("模拟公民社会"的"公共伦理条件"),以作为民间文学先验的、纯粹的必然发生条件和应然存在理由①,即康德所云民间文学"在理性上的起源(原因)"。

> 所谓(最初的)起源,是指一个结果从其最初的原因产生,这样一个原因不再是另一个同类的原因的结果。它可以要么作为理性上的②起源,要么作为时间上的自然起源而被考察。在第一种意义上,所考察的只不过是结果的存在,从而也就是把它当作事件与其在理性中的自由原因联系起来;在第二种意义上,所考察的是结果的发生,从而也就是把它当作事件与其在时间中的自然原因联系起来。③

同样,户著所考察的民间文学的发生条件和存在理由,也不是"在时间中(在前)的原因"或"时间上(在前)的起源",而是民间文学的发生与存在"在理性中的原因"或"理性上的起源"。通过户著我们知道,民间文学"在

---

① "本书所做的不是有关民间文学体裁叙事行为的事实描述和个案分析,而是条件还原。"第 108 页。"本书主要从民间文学的实践主体角度着眼,对民间文学体裁叙事行为传统的本真要求和公共伦理条件做出还原。"第 110 页。

② 自由。

③ [德]康德:《单纯理性限度内的宗教》,李秋零译,商务印书馆,2012 年,第 36 页。"发生"(Becoming)要归溯为"存在"(Being),没有存在就理解不了发生,就不能认识发生之特殊的"真相"(Truth)。[德]恩斯特·卡西尔:《神话思维》,黄龙保等译,中国社会科学出版社,1992 年,第 3 页。

理性上的起源”就是民间文学的先验必然的发生条件和纯粹应然的存在理由，也就是民间文学的纯粹实践形式和内在自由目的，以此，我们就不能考察民间文学“事件”（现象）的时间中在前的“另一个同类的原因”，即便这“另一个同类的原因”是时间中在前的民间文学活形态的题材内容现象，或原生态的体裁形式现象（这是主张“遗留物”理论的民俗学、人类学进化论学派的通行做法）也不行。因为，无论时间中在前的多么原始的题材内容和体裁形式现象，从实践的立场看，都仍然是民间文学的时间中在前的外在原因（客体现象），而不是民间文学的理性上（逻辑上在前）的内在原因（自由主体自身），即民间文学理性上的内在目的①。以此，我们可以知道，以往的民间文学在自我认识方面（民间文学学术史）少有成效，就是因为我们的前辈没有明确地区分民间文学在理性上的原因和在时间中的起源，所以他们在探讨民间文学的发生条件和存在理由的时候，就容易陷入民间文学“在时间中的起源”的无底深渊。②

周作人千古独步、先知先觉地提出了民间文学应该是“人的文学”的先验命题③，在周作人看来，促成有自由人格的自由主体，应该就是民间文学自身内在的理性目的。但是，周作人的先验命题只是用来规范民间文学的题材内容④，他本人并不曾考虑过“人的文学”的自由目的，原初地内在于民间文学的体裁形式。正如笔者已指出的，周作人并不是从民间文学的体裁实践形式（更遑论纯粹实践形式）中发掘出民众能够自我启蒙的必然可能性，

---

① 主体的实践目的建立在特定理由的基础上，没有理由的目的，所以内在目的作为主体的“发生条件”也被称为主体的“存在理由”。当然，从理论的观点看，主体在理性上的原因（发生条件），也可以是外在目的（存在理由）。详见笔者在第一节中对此问题的讨论。

② 胡适、周作人、郑振铎都考察过民间文学“在时间上的起源”，如胡适的《白话文学史》、周作人的《中国新文学的源流》、郑振铎的《中国俗文学史》，以图证成民间文学—俗文学在时间中因历史而在当下的正当性。

③ 第24页。

④ “简单说来，我们的中心理论只有两个：一个是我们要建立一种‘活的文学’，一个是我们要建立一种‘人的文学’。前一个理论是文字工具的革新，后一种是文学内容的革新。中国新文学运动的一切理论都可以包括在这两个中心思想里面。”胡适：《中国新文学大系·建设理论集》导言，上海文艺出版社，1981年影印本，第18页。转引自户著第23页。

但周作人对文学形式的忽略（与胡适对文学形式的重视相辅相成地）启发了郑振铎。郑振铎认识到，俗文学①的题材内容，无以证成其内在的理性目的，于是转而把目光投向了俗文学的体裁形式——文体。但是，郑振铎仍然不能通过文体证成俗文学内在的理性目的的客观必然性，因为，郑振铎的文体仍然拘囿于民间文学体裁实践的特殊形式（如实践命名的弹词、鼓词、子弟书之类）和普遍形式（学术命名的“俗文学”、“民间文学”的“体裁一般”），既没有悬置俗文学诸文体的经验性实践形式，也没有还原到民间文学的先验实践形式，以至于功亏一篑。胡适、周作人、郑振铎没有做到的事情，正是户著的努力方向，于是，在胡适的白话文学形式研究（1922 年）之后 90 多年，郑振铎的俗文学形式研究（1938 年）之后近 80 年，户著终于接过了先驱者们手中的民间文学实践的纯粹形式和内在目的（学科基本问题）研究的接力棒，贡献了一部出人意表地“反本开新”的民间文学实践研究（范式）的倾心杰作，竟然实现了先驱者们未竟的遗愿，进而超越了前人，贡献了一部自从民间文学（学科）诞生以来难能可贵的哲学民俗学（或民俗学的形而上学）的理论著作，完成了从民间文学—民俗学实践的内容目的论到形式目的论的哥白尼革命。这就是，通过对作为实践主体的民间文学的纯粹实践形式和内在实践目的的先验演绎、还原和现象学观念直观，证成民间文学先验的发生条件和纯粹的存在理由，并通过完满地回答了民间文学—民俗学学科的基本问题，为民间文学—民俗学以道德实践、信仰实践、爱的实践的独特方式，承担起参与建设中国现代—未来社会的“表演的责任”②。以此，民间文学实

---

① 在郑振铎看来，俗文学与民间文学是一而二二而一的关系，“何谓‘俗文学’？‘俗文学’就是通俗的文学，就是民间的文学，也就是大众的文学。”郑振铎：《中国俗文学史》，作家出版社，1954 年，第 1 页。

② 从民间文学的纯粹实践形式和内在自由目的的角度看，“民间游戏也体现着人类社会的一种基本理想：自由、平等、公正”。陈连山：《游戏》，中央民族大学出版社，2000 年，第 33 页。因此，不是“不再用理论和道义的高度来贬低民众的生活”（高丙中：《中国人的生活世界——民俗学的路径》序言，北京大学出版社，2010 年；修订后发表于《民俗研究》2010 年第 1 期；并收入高丙中：《日常生活的文化与政治——见证公民性的成长》，社会科学文献出版社，2012 年，第 25 页），而是重建对民众生活的道德性理解。

践才真正称得上一门"政治艺术"①,而民间文学研究也才称得上是一门"文化政治学"②;但是,我更愿意认同户著的如下说法:民间文学实践是"信仰情感的实践活动",而民间文学研究是认识"信仰情感的实践科学"③,因为,"民间文学体裁叙事行为的对话不是一般的对话,而是具有神圣性的对话"④。

> 民间文学的体裁叙事行为最终通往了宗教,难怪洛德颇富深意地反复指出,从广义上说,口头传统叙事诗的根不是艺术而是宗教,传统的口头史诗歌手不是一个艺术家,而是一位先知。他继承的思维模式并非服从于艺术,而是服务于最基本意义上的宗教。即便在汉民族这样缺少宗教的文化之中,民间文学体裁叙事行为的表演仍然具有潜在的宗教维度。⑤

民间文学—民俗学学者之所以充满信心,坚信小学科能够做出大学问、回答大问题⑥,乃是因为,民间文学—民俗学学者在民间文学的纯粹实践形式和内在实践目的——也就是民间文学先验的发生条件和纯粹的存在理

---

① 高丙中:《一座博物馆—庙宇建筑的民族志——论成为政治艺术的双名制》,《社会学研究》2006 年第 1 期;收入高丙中:《民间文化与公民社会——中国现代历程的文化研究》,北京大学出版社,2008 年,第 293 页。

② 彭牧:《实践、文化政治学与美国民俗学的表演理论》,《民间文化论坛》2005 年第 5 期。"民俗学是研究普通人的日常生活的文化传承的社会科学,它在应用上可以说是研究共同体延续的文化政治学……在一个政治民主和文化公民身份成为时代主题的社会,它必然属于主流,必然处在公共领域的中心。""民俗学又是日常生活的文化政治学。"高丙中:《中国人的生活世界:民俗学的路径》序言,北京大学出版社,2010 年;修订后发表于《民俗研究》2010 年第 1 期;并收入高丙中:《日常生活的文化与政治——见证公民性的成长》,社会科学文献出版社,2012 年,第 19、21 页。

③ 第 122 页。

④ 第 120 页。

⑤ 第 119 页。

⑥ 第 9 页,"注释 13"。但赵世瑜认为,民俗学以小学科企图解决大问题,"或许体现出民俗学者在当今学术界社会科学的强势存在的情况下不甘已弱、'欲与天公试比高'的心魔"。赵世瑜:《传承与记忆:民俗学的学科本位——关于"民俗学何以安身立命"问题的对话》,《民俗研究》2011 年第 2 期。

由,也就是民间文学的先验传统和先验理想——中,发现了现代社会及未来社会的根本依据(根据)和原初法则(原则)。尽管上述形式—目的、条件—理由、根据—原则、传统—理想,并不直接显现于民间文学现象的经验性直观表象中,也就是说,通过民间文学现象,上述形式—目的、条件—理由、根据—原则、传统—理想统统不能被经验性地直观和表象,但是,这些形式—目的、条件—理由、根据—原则、传统—理想却仍然构成了经验性地被直观、被表象的民间文学现象的基础或前提。于是悖谬的是,即便人们只是或然(偶然)地生活在民间文学的现实性中(人凭借其自由意志可以任意地承认或否认民间文学),却必然地被抛入、被卷入了民间文学的理性信仰和理智情感的道德实践的可能性中。以此,被抛入民间文学,就是被卷入人自身在理性(逻辑)上最原始的存在方式,从而返回到人自身纯粹实践理性信仰的道德情感的起源或开端,也就是返回到康德所云人作为人自身在时间中作为当下"结果的存在"。以此,被抛入、被卷入民间文学就是成为自由主体、成就自由人格,而成为自由主体、成就自由人格也就是人类的天命:先验地被要求成为一个有理性的道德信仰和道德情感的"宗教的人"①,从而成就康德所云"纯粹实践理性信仰"的道德情感的"实践的爱"。于是在民间文学中,纯粹实践理性信仰的道德情感的"实践的爱",也就始终指向了人类传统和人类理想中"享太平"②的"好生活"③,即人自身通过民间文学而表象和表达的自身存在的先验必然形式和纯粹应然目的:先验传统中的先验理想——反过来说也是一样——先验理想中的先验传统,在历史上(时间中)必然可能的"摹本"或"复本"④,即,根据"公共伦理条件"而"模拟的公民社会",以了民间文学未了的心愿,并完成其未完成的方案。

我们就这样被抛入、被卷入了民间文学,被卷入、被抛入民间文学是我

---

① [法]涂尔干:《宗教生活的基本形式》,渠东、汲喆译,上海人民出版社,1999年,第46页。

② 高丙中:《日常生活的现代与后现代遭遇:中国民俗学发展的机遇与路向》,《民间文化论坛》2006年第3期;收入高丙中:《日常生活的文化与政治——见证公民性的成长》,社会科学文献出版社,2012年,第55页。

③ 第6页。

④ [德]康德:《实践理性批判》,韩水法译,商务印书馆,1999年,第45~46页。

们人作为拥有自由人格的自由主体必然要承担的天命(权利和责任),因为,民间文学是人最原始的即必然、应然的存在方式,我们每一个人作为人都不得不以这种必然、应然的爱的原始方式而存在、而实践、而生活,尽管我们还从来没有完满地这样存在、实践与生活过。以此,“作为实践主体的民间文学”就真的好像是一个有生命的存在者,他把自身内在的必然形式和应然目的作为一个命令颁布给我们每一个人,让我们每一个人都能够据此成为民间文学的实践主体,而我们每一个人也都自愿地遵从于他的命令,因为他——“作为实践主体的民间文学”——就是我们每一个人内心理性信仰和道德情感的爱的对象。于是,回到本文开篇的问题:为什么我们不得不设想(先验还原)一个“作为实践主体的民间文学”①? 答案是,若非如此,我们就无法理解我们自己,也无法解释何谓“民间文学”。如果我们把民间文学认定为认识的客体,以为我们能够穷尽对民间文学的认识(理论知识)那我们就太狂妄了。唯当我们设想了一个“作为实践主体(即‘自由主体’暨‘本体’)的民间文学”,我们才有可能在对民间文学的理性信仰和道德情感中,思考它的纯粹实践形式和内在的自由目的(不然,我们就会满足于对作为对象的民间文学现象的经验性直观和概念性认识②),也就是民间文学先验地向我们阐明的人之为人的发生条件和存在理由,应该也必然能够成就自由人格、成为自由主体。

但是,即便我们把民间文学设想成一个作为自由主体(本体)的实践主体,我们仍然无法理解,“作为实践主体的民间文学”出于什么目的就一定要把“爱人”的命令,以民间文学纯粹内在目的的纯粹观念形式,颁布给我们每一个人? 是出于纯粹的爱,还是最终仍然出于某种功利性目的的难言之隐,如若是后者,那么民间文学颁布给我们的“模拟公民社会”的“公共伦理条

---

① “还原民间文学和人的实践主体身份。”第5页。

② “我们的‘实践研究’重点关注的并非民间文学的这些被误用和滥用的现象,而是作为实践主体的民间文学自身的‘命令’和本质要求。因为只有民间文学自身的‘命令’和本质要求才是民间文学的实践研究需要追寻的必然知识。那些偶然的和随兴所至的现象并非实践研究应该逗留的地方。”第160页。

件”就仍然可能是一个仅仅“合于道德”的主观准则(动物世界的丛林规则)①,而不是必然“出于道德”的客观法则(上帝王国的至善原则),但是,只有后者才是能够让人(角色、身份)成为“仁”(“我与你”或“我们”)即人自身(本相)的人类实践的最高原理,而这就是民间文学的实践认识(即民间文学实践研究的先验范式,而不是理论研究的经验范式)对民间文学内在的实践目的及其纯粹的实践形式的先验演绎(悬搁、还原)和现象学的纯粹(观念)直观,只能如此而不可能不如此地给出的最终答案,因为若非如此,人(类)为自己设想、设定的理想(也就是传统)就是一个我们并不愿意在其中生活的、没有爱的非人的社会。

> 我们固然不理解道德命令的实践的无条件的必然性,但我们毕竟理解这命令的不可理解性,这就是对一门力求在原则中达到人类理性的边界的哲学所能公正地要求的一切。②

所以,现在,也许民间文学—民俗学的实践研究只能满足于对设想一个“作为实践主体的民间文学”以及他何以颁布“实践的爱”的命令的不可理解性的理解,因为唯其如此,才有助于我们每一个人都能成为民间文学的实践主体,即“作为实践主体的民间文学”在时间(历史)中成为自由主体、成就自由人格的爱的目的论的承担者——一个配得上被称为“公民”的“民”或“民间”。

> 我们所需要的是理解哲学的,特别是近代哲学的历史发展中的目的论,同时使我们明确意识到,我们自己是这种目的论的承担者,我们通过我们个人的意图参与实现这种目的论。我们试图认出并理解支配着一切历史上的目标设定,和这些目标设定的相互对立而又彼此配合的种种变化的统一性。③

---

① “对话不等于爱。”第117页。“我把你挂在嘴上不一定就是把对方看作你,我可能嘴里说你而心里想的是他或她。”第116页。

② [德]康德:《道德形而上学奠基》,杨云飞译,人民出版社,2013年,第115页。

③ [德]胡塞尔:《欧洲科学的危机与超越论的现象学》,王炳文译,商务印书馆,2001年,第88~89页。

返回民俗学的实践理性起点

户晓辉①

我主张返回民俗学的实践理性起点，这首先涉及的问题是：往哪儿返、往哪里接？也就是说，什么是民俗学的学科传统？

一、谁的学术史？

在许多学者看来，一门学科自产生以来实际的发展轨迹就构成了它的学术传统，中外学者已经出版的学术史著述勾勒出来的事实就是这门学科的学术史。可是，即便从事实层面来看，不同学者呈现出来的学术史和发展轨迹往往并不相同甚至很不相同。单就学科的时间起点而言，多数学者都把英国古物学家汤姆斯（William John Thoms，1803～1885）提出 Folklore 这个词的1846年作为现代意义上的民俗学研究的发端，也有许多学者认为现代民俗学的思想奠基人是德国哲学家和神学家赫尔德（Johann Gottfried Herder，1744～1803）。此外，意大利学者科基雅拉在《欧洲民俗学史》一书中认为，欧洲民俗学真正的思想根源可以追溯到文艺复兴时期和16世纪的地理大发现②。奥地利学者利奥波德·施密特的《奥地利民俗学史》从人文主义和文艺复兴开始写起③。德国学者埃里希·施密特也写过一本《人文主义和

---

① 户晓辉，博士，中国社会科学院文学研究所研究员。

② Giuseppe Cocchiara, *The History of Folklore in Europe*, Translated from the Italian by John N. McDaniel, Philadelphia: Institute for the Study of Human Issues, Inc., 1981, Preface。

③ Leopold Schmidt, *Geschichte der Österreichischen Volkskunde*, Wien: Österreichischer Bundesverlag, 1951.

宗教改革时代的德国民俗学》①。可见，尽管同一门学科在不同国家产生的时间的确有早有晚，但从世界范围来看，关于民俗学学科的发端时间，仍然存在不同的看法。这至少可以说明，所谓学科的起源和学术史，并非铁板一块的事实，而是不同时代、不同学者不断理解和建构的意义结构，甚至可能就是这个不断理解和建构的过程本身。那种只见事实的实证主义历史观也就是胡塞尔批评的"单纯的事实科学造就了单纯的事实人"（Bloβe Tatsachenwissenschaften Machen Bloβe Tatsachenmenschen）②。

固然，按亚里士多德的说法，事实高于可能，因为事物由潜能实现为事实需要更多的条件，但从哲学思维来看，一方面，事实只是事物诸多可能性中（尽管是已经得到实现）的一种，它往往是偶然的，不一定是该事物的必然。因此，对事物本质和本然的认识往往不能局限于事实，而是必须由事实向开端回溯或返回，因为开端蕴含着事物的内在目的和本质，所以"开端是伟大的。在开端处孕育了多种可能性。可实际上，只有一种或两种可能性变成了现实"③。另一方面，现象学所谓"回到实事本身"（Zur Sache Selbst）中的"实事"（Sache）恰恰不是事实（Tat）。Tat 本来指行动及其结果或业绩，但在胡塞尔那里，它指一种单纯的、客观的事实和结果，也就是与人的主观已经脱离了联系；而 Sache 则首先指在直观中被给予的"意义"，也就是不仅与人的主观有关而且由直观上被给予的方式决定的"意义"。实际上，我们看到的一切事实本来就应该是实事，因为一切事实只能通过主观被给予的方式才能呈现为事实。但遗憾的是，我们忘记了这一点，也就是说，忘记了

---

① Erich Schmidt, *Deutsche Volkskunde im Zeitalter des Humanismus und der Reformation*, Verlag von Ebering Berlin, 1904.

② Edmund Husserl, *Die Krisis der europäischen Wissenschaften und die transzendentale Phänomenologie. Eine Einleitung in die Phänomenologische Philosophie*, Martinus Nijhoff Haag, 1954, S. 4；王炳文以加字的方法译为："单纯注重事实的科学，造就了单纯注重事实的人"（胡塞尔：《欧洲科学的危机与超越论的现象学》，商务印书馆，2001 年，第 16 页）；胡塞尔指出："一切关于事实的历史学都仍然是令人费解的，因为它们总是朴素地，直接地从事实进行推论，然而却从不将这种推论整个地以之为根据的一般的意义基础当作主题，也从不研究意义基础所固有的强有力的结构上的先验性"（同上书，第 450 页）。

③ 户晓辉：《德国民俗学者访谈录》，《民间文化论坛》2006 年第 5 期和中国社会科学院文学研究所编：《走向世界的中国文学研究》，社会科学文献出版社，2010 年。

这些客观的事实本来是由主观被给予的方式决定的实事。这也就意味着我们的社会科学和人文科学研究随时可能见物不见人。在我看来,相对于传统认识论而言,现象学的目光不仅是理论科学意义上的认识转换,更是实践科学意义上的意志转换。当人们已经习惯于用认识现成物的眼光看事物的时候,现象学却通过悬搁和还原获得了从理论认识到实践理解的目光转换和意志解放。① 现象学的目光是自由意志②的实践目光,它可以摆脱主流认识论的理论目光而赢取非理论的实践视点,用自由意志的目光"看到"了别样的世界和世界中的一切并由此把事实转换为实事。因此,现象学的目光转向也可以理解为自由意志的实践转向,它意味着我可以自由地、实践地看而不仅仅是理论地看③。

由此看来,通常所谓学术史的事实并非客观之物,而是必然处于特定视域之中并且不断得到重新理解的意义结构。我们已知的事实并非铁板一块,而是仍然处于不断变动之中的实事。实际上,学术史也是学者们不断重新领会、不断返回学术起点的历史。之所以说一切历史都是当代史,是因为我们只能在当代或当前的视域中来理解并建构所有的过去或历史。所谓过去或历史也只能在我们当代或当前的视域中才能被打开并获得相应的理解

---

① Edmund Husserl. *Die krisis der europäischenwissenschaften und die traszendentale Phänomendogie. EineEinleitung in die phänomenologischePhilosophie*, MartinusNijhoff Haag, 1954, S. 154.

② 真正的意志以自身为内在目的,因而本来就是自由的和普遍的,正如黑格尔所说:"意志是真正和绝对自由的,这会是它的所愿,或者说它的内容无非就是它自身。它只会在它自身有意愿并把自己当作对象。因此,纯粹意志并不为了它的特殊性而希求某个特殊内容,而是意志本身在它的行为中就是自由的,并且获得自由,或者说出现了普遍意志。"《黑格尔全集》(第10卷),张东辉、户晓辉译,商务印书馆,2012年,第304页。

③ 正如黑格尔所说:"所谓思维就是把一切对象提高到普遍性的形式。所谓自己思维或自由思维就是自己知道自己具有普遍性、自己给予自己以普遍的特性、自己与自己相关联。自由思维里即包含有实践的自由的成分。"黑格尔:《哲学史讲演录》(第一卷),贺麟、王太庆译,商务印书馆,1959年,第94页。

和意义。① 我们的视域能够打开多少，过去或历史的意义也就可能呈现多少。因此，所谓学科的起点和学术史也是一个逐渐被打开、不断被理解的过程。尽管以往学者的理解构成了后人理解的基础，也是我们不能和不该绕过的思想遗产，但我们也的确不能说，以往没有获得理解的东西就不能被我们和后人理解，前人这样理解了后人就不能换一种方式理解，“洋人”大都这样了我们就不能别样。因此，真正的理论研究从来不能也不会唯事实马首是瞻，而是需要返回学科的源头，用多数人不屑或不能的哲学观念重新审视和直接对接学科的源头并以此发现（不同于事实发展的）新的可能性。这些年，我之所以在学科的源头处流连忘返，正是想要从学科内部重新发现并阐释学科起源时的内在目的，而不是从外部给它附加什么东西或者仅仅把学科当作工具。我不光是想与这种被多数人忽视的传统对接，恰恰还想从学科的起源处发现隐而未彰的内在目的。尽管目前已经呈现出来的学术史和学科传统好像表明民俗学研究与哲学并没有多少关系，但这并非学术史和学科知识谱系的全部。学科属性由学科的内在目的、逻辑前提和方法论决定，如果仅仅从学科现状的种种事实以及学者个人的主观经验和看法出发，不仅难以达成共识，也无法真正从理论和逻辑上确定学科的根本属性。

正如弗里德里希·施莱格尔所说，哲学就是一种实验，因此每个想做哲学的人都必须一再地重新开始，每个文化研究者也必须完全重新开始②。这意味着，要想真正从头想起，就必须返回学科的起源处才能获得再出发的原点和动力。这种做法好像是绕过了直接与它相邻的学科现实和学术史事实，但并非横空出世或缺乏学术谱系。相反，它要反本复始，回到学科的原点。这个原点不仅是学科在具体的某时某地的开端或起源，更是学科的内

① 正如赫尔曼·鲍辛格已经指出的，历史的认识兴趣总是从当前或当代来得到界定的，历史研究的某种进步恰恰来自当前或当代提出和发现的新视点。参见 Hermann Bausinger, Neue Felder, neue Aufgaben, neue Methoden. Vorbemerkungen, in Isac Chiva, Utz Jeggle (Hg.), *Deutsche Volkskunde-Französische Ethnologie. Zwei Standortbestimmungen*, Campus Verlag GmbH, Fankfurt/Main, 1987, S. 341.

② Harm-Peer Zimmermann, *Ästhetische Aufklärung. Zur Revision der Romantik in volkskundlicherAbsicht*, Verlag Königshausen & Neumann GmbH, Würzburg, 2001, S. 206.

在目的和本源的逻辑出发点,也就是吕微所谓“理性上的原因(起源)”①。

当然,这样的目的和出发点既不是固定的时空点也不是不变的事实,而是一个需要我们不断领会和不断开启的视域。“一门学科的理论所关注的基本问题(终极关怀)并不是在其起源处就一劳永逸地被固锁住的,学科理论的基本问题需要该学科的学者不断地追问,就此而言,学科问题是学科的先驱者和后来人不断对话并通过对话得以解决的结果。”②在这个意义上,学术史并非已然的事实,而是永远属于所有人并且向所有人开放的已然又未然的实事,也就是说,学术史不仅属于已然的过去和现在,更属于未然的未来。它永远不是已经封闭和固定的事实,而是注定会被不断打开并且被重新领会的实事。③

二、什么是民俗学的学科传统?

的确,任何一门学科都有发生、发展的历史过程。无论发展的事实和结果如何,学科的产生都有内在目的,其发展过程既是这个内在目的展开和实现的过程,也是学科不断理解自身的进程。处身于所谓的后现代,也许有不少人认为,学科本身并没有什么目的和方向,因为学科发展的事实好像已经表明,这不过是不同研究范式你方唱罢我登场和不同研究时尚此消彼长的混乱无序状态,民俗学不过是一门实证科学意义上的经验科学,图宾根大学

---

① 吕微:《接续民间文学的伟大传统:从实践民俗学的内容目的论到形式目的论》,未刊稿。以下凡引就不另注出处。

② 吕微:《反思民间文学、民俗学的学术伦理》,《民间文化论坛》2004年第5期。

③ 正如吕微所指出:“对民间文学内在目的充分地自我认识,就依赖于民间文学实践形式(主体)与民间文学实践范式(主体)之间充分的自由共识,以此,民间文学在理性上的原因(起源)即其发生条件与存在理由,就其在时间中的显现而言,也就无需我们回头面向历史深处的无限后退,而是需要我们抬头面对未来时间的‘无限的进程’,因为,我们对民间文学内在目的更充分地自我认识,始终要期待于不断进入当下时间的未来时间。”

的民俗学研究所早就改名为经验文化学研究所，似乎就是一个显例。① 但是，我不得不指出，我们的理解总是受自己的意愿和能力的限制，也就是说，我们只能看到我们想看到和能看到的东西②。因此，我们的头脑有多丰富，我们看到和理解的现实世界才能有多精彩，而不是相反。如果仅仅着眼于学科发展表象上的偶然和无序，那么，这些状况既不能成为研究的对象，也不是研究的目的。仅仅被这些纷杂混乱的现象牵着鼻子走也不叫研究。在这方面，哲学视野能够打开崭新的视域，让我们有深入理解和领会的能力，让我们看到偶然中的必然和现象中的本质。更重要的是，哲学能够帮助我们打开自由的视域。以自由的视域来看学科的起点和传统，会让我们有全新的理解和领会。

从哲学上来看，即便学科的发展在事实上可能最终消失，它也有方向、有目的。在这个过程中，尽管可能当初已经被理解的东西后来变得不可理喻甚至失去了意义，但就总体进程而言，当学科最初的目的没有得到展开和实现之时，人们还难以领会和理解其中的深意。只有经过了一定的发展和展开过程，理解的视域才可能被进一步打开。也就是说，当我们处在学科开端时，往往并不能对开端本身有多少理解，更难有多好的理解。只有在开端得到了不同程度的展开（哪怕是被忽视甚至偏离）之后，我们才能反过来对开端有更深入的理解。因此，吕微说“无法想象，在民间文学的实践形式充分地自我展开之前，民间文学的内在目的能够被充分地自我认识”。当然，由于每个人以及每次理解的视域都不尽相同，所以，理解总是意味着不同的理解。既然视域决定着理解，那么，不同的视域自然会导致不同的理解。

---

① 其实，鲍辛格所谓经验文化学的“经验”并非实证科学意义上的，而是现象学意义上的。参见户晓辉：《民俗学：从批判的视角到现象学的目光——以〈技术世界中的民间文化〉为讨论中心》，《安徽大学学报》（哲学社会科学版）2013 年第 3 期。

② “一如俗谚所说，在内室仆人眼睛里无伟人。这所以是真的，正如黑格尔所指出——歌德喜欢重复这些锋利的话——并不是因为伟人不是伟人，而是因为内室仆人终归是内室仆人。这便是为什么伟人经常不能够得到同代人给予的荣誉和感恩的缘故。甚至在后代的公众意见中，他们也不能获得这种满足。命运所赋予他们的，并不是世俗的荣誉，而是不朽的光荣。他们是生存于攻击他们却被他们所完全占据的人物的精神中的。”（克罗齐：《黑格尔哲学中的活东西和死东西》，王衍孔译，商务印书馆，1959 年，第 37 页）

回到学科的开端问题,不同的视域和立场所看到和理解的开端也就不一样。从这个意义上说,起源和起点总是从终点的反思和返照中才获得了新的意义和新的理解。因为只有具备了新的标准、尺度或视域,我们才可能对学科起源和起点做出重构和重新理解。从某种意义上说,起源或起点是被重新发现和不断建构出来的实事,而不是固定不变的事实。所以,恩斯特·布洛赫说"真正的起源不在起点,而在终点(Ende)"①。Das Ende 既是"终点"又是"目标"或"目的"。事物与生俱来应该实现的目的才是它的内在的、真正的和完整的目的。用吕微的说法,这种自由的内在目的意义上的起源是事物或学科"在理性上的原因(起源),而不是在时间上的起源(原因)",因此,我们需要"通过返回未来激活民间文学的起源":"就如同个体生命的成长史一定要再现人类整体生命的进化史,学术也是一个积累的成就。学术就像安徒生笔下的睡帽,谁戴上这顶睡帽,谁的学术梦想中就会再现他的前辈的所有眼泪和欢笑。前辈的成就将融入你的血液,你也将接过他提出过的所有问题,他的困惑你将再次体验,他的答案你将重新检验。"②当我们站在学科迄今发展的终点甚至未来来看学科的起源时,才能对学科的起点有新的承受、领会和理解。

无论民俗学学科有怎样的史前史,我们都不能否认,它在欧洲浪漫派,尤其是德国浪漫派那里才真正获得了内在目的和实践意志。尽管中外学者在这方面已经做过一些研究,但近几十年来,国际学界的主流趋势是,把学科与意识形态的纠缠归咎于浪漫派,甚至对本学科这种"不光彩的"出身讳莫如深。浪漫派的发源地——德国的民俗学自 20 世纪 60 年代起就开始毅然决然地脱离了浪漫派。2006 年,我去德国学术访问时已经表达了对当代德国民俗学主流趋势的遗憾、担忧和不满。因为他们为了摆脱纳粹利用民俗学的阴影,纷纷将学科改名换姓或者完全转向社会科学,以至于"倒洗澡

① Ernst Bloch, *Das Prinzip der Hoffnung*, Suhrkamp Verlag Frankurt am Main, 1959, S. 1628.

② 吕微:《从"我们和他们"到"我与你"》,《民间文化论坛》2004 年第 4 期。

水连婴儿一起倒掉”①。尽管如此，对德国浪漫派理解得最深刻、最到位的仍然是德语地区的少数学者。在这方面，哈尔姆—佩尔·齐默尔曼的《审美的启蒙：以民俗学为目的对浪漫派的修正》一书显得独树一帜、卓尔不群。

读过康德的人一般都知道，康德的审美判断是反思性的，也就是指理性、想象力和知性在涉及某个被反思的对象时的自由和谐。因此，它关涉的不是对象的性质而是主体自身的各种能力之间以及主体之间的和谐关系。换言之，审美在康德那里已经与道德以及实践理性的旨趣有关。正因如此，本雅明早就指出，德国浪漫派“有机的共同体论”就是把“诗的反思”转化为一切政治的、社会的和文化的关系，从而产生一种导致各种话语交流形式的政治美学，但哈尔姆—佩尔·齐默尔曼通过深入细致的分析进一步令人信服地表明，席勒、费希特、施莱格尔、亚当·缪勒②等浪漫派先驱，为了完成对启蒙运动的反思和再启蒙，把康德的审美理论进一步加以改造和发展，逐步引入社会和政治生活领域，使实践理性审美化，以此在人与人之间和人与自然之间建构审美交流的共同体③。我们可以用两个概念来简要说明其中的思想脉络。

19 世纪欧洲民俗学从德国浪漫派那里继承了两个核心概念——和谐(Harmonie)与有机体(Organismus)，而浪漫派的这两个概念直接来自康德美学。简而言之，在康德那里，有机体主要不是生物学概念而是客观的目的论概念，它指的是在自然的有机产品中一切都是目的同时又互为手段。因此，

---

① “赫尔德和格林兄弟的民俗学思想对其他国家，包括中国的学者都产生了广泛的影响。中国的民俗学当然也受到浪漫主义的熏染，现在，我们也希望摆脱它的影响。但究竟什么是浪漫主义给我们留下的文化遗产呢？我只是担心，我们会简单而轻易地抛弃这份遗产。”（户晓辉：《德国民俗学者访谈录》，《民间文化论坛》2006 年第 5 期；收入中国社会科学院文学研究所编：《走向世界的中国文学研究》，社会科学文献出版社，2010 年）

② Adam Heinrich Müller，1779～1829，德国政治经济学家、国家学理论家、文学批评家和经济浪漫派的先驱，著有《德国科学与文学演讲录》、《国家学的要素》等。

③ 参见 Harm-Peer Zimmermann，*ÄsthetischeAufklärung. Zur Revision der Romantik in volkskundlicherAbsicht*，Verlag Königshausen & Neumann GmbH，Würzburg，2001，S. 64，S. 67，S. 79；至少在这一点上可以看出，中国学者对德国浪漫派的理解、接受有欠缺，甚至可能有很大的偏失。德国浪漫派很值得另文深入研究。

有机体中的一切必须被判定为目的同时又互为手段。比如,对于眼睛,目的论判断不仅说眼睛是用来看的,而且说这种器官“应该”适合于看的目的。①因此,目的论判断中包含着应然的实践判断,我们不难看出这种判断与康德的实践理性准则如出一辙。有机体是一个整体,它实际上是一个理性的目的王国②,其中的每个组成部分不能仅仅被当作手段,也要同时被当作目的。德国浪漫派从康德那里继承了这一核心理念,试图按有机体的标准也就是爱与自由的实践理性原则来看待并建构人类的共同体,他们要把康德单纯主观的、形式上合目的的审美“逻辑”引入实践领域,这实际上是对康德三大批判体系的突破,也为实践哲学打开了崭新的视域。

同样,当这两个概念变成欧洲早期民俗学的关键词时,它们实际上意味着,民俗应该是美的有机体,而不是生物学意义上的有机“物”,审美的文化理论实际上构成了一种商谈伦理学(Diskursethik),而有着浪漫派起源的民俗学实际上要寻求的各种“诗”的形式(如故事、传说、歌谣、神话、童话等)本来就应该是对话的形式,“自然诗和艺术诗都有同一个目的:即思维、意愿和行动的彻底变革”。素朴的民间文化以其审美的表象和本源的人性而受到赏识,并且被当作人性和谐的单纯范式。③

民俗学学科最初就是德国浪漫派这种实践意志的行为体现,其最初的

---

① August Stadler, *Kants Teleologie und ihre erkenntnisstheoretische Bedeutung. Eine Untersuchung*, Ferd. Dümmlers Verlagsbuchhandlung, 1874, S. 115, S. 120—212; Rudolf Eisler, *Kant-Lexikon. Nachschlagewerk zu Kants sämtlichen Christen/Briefen und handschriftlichem Nachlass*, Georg Olms Verlagsbuchhandlung Hildesheim, 1961, S. 404—406.

② 作为目的论概念,“有机体”至少在类比的意义上也是理性的目的王国,这与实践理性的着眼点是一样的。正如康德在《实践理性批判》中所指出的:“在种种目的的秩序中,人(以及每一个理性存在者)就是目的自身,也就是说,人永远不能被某个人(甚至不被上帝)仅仅当作手段来使用,而不同时自身就是目的,因此,我们人格中的人性对我们自己来说必然是神圣的,这是从现在起自行得出的结论,因为人是道德法则的主体,从而是那种就自身而言神圣的、一般来说某种东西只是因为它并且与它相一致才能够被称为神圣的东西的主体。”《康德全集》(第五卷),李秋零译,中国人民大学出版社,2007 年,第 139 页。

③ Harm-Peer Zimmermann, *Ästhetische Aufklärung. Zur Revision der Romantik in volkskundlicherAbsicht*, Verlag Königshausen & Neumann GmbH, Würzburg, 2001, S. 101, S. 440—444, S. 276, S. 153.

一瞥恰恰来自这种实践理性的自由意志,也就是摆脱受外在因果关系决定的不自由状态,重新在实践上开启属于人自己的自由因果链。① 换言之,德国浪漫派为民俗学学科规定的最初一瞥是一种实践理性目的或自由意志,即从实践理性的自由意志出发或者为了实现这种自由意志。德国浪漫派提出的不是理论理性的认识原则,而是实践理性的自由意志。如果说实践就是从意志和目的出发的行动,那么,学科内在的理性目的就是它的自由意志。从自由意志和内在目的出发并由此受到规定的学科必然是实践科学。这几乎是可以从哈尔姆—佩尔·齐默尔曼这本将近650页的厚书中呼之欲出的一个核心问题。这里,我们首先要对理论与实践做简要的区分。根据亚里士多德的分类,科学分为理论科学和实践科学,前者为了纯粹的认识和知识,后者为了更好地生活和行动。理论科学是用来"想"的,而实践科学是用来"做"的,只是这种"做"既是 making 也是 doing,因此实践科学又分为制作科学(the Sciences of Making)和行为科学(the Sciences of Doing),它们研究的事物变化的原因都不在自身,而主要在于人的主观意图和目的②。也就是说,无论制作还是行为,都是人按照主观意图和目的进行的实践,因此,实践科学与伦理学密切相关。这正是马克思说的,"最蹩脚的建筑师从一开始就比最灵巧的蜜蜂高明的地方,是他在用蜂蜡建筑蜂房以前,已经在自己的头脑中把它建成了。劳动过程结束时得到的结果,在这个过程开始时就已经在劳动者的表象中存在着,即已经观念地存在着。他不仅使自然物发生形式变化,同时他还在自然物中实现自己的目的,这个目的是他所知道的,是作为规律决定着他的活动的方式和方法的,他必须使他的意志服从这个目的"③。我们可以补充的是,实践不仅受主观目的驱使,而且受意志的规定。

---

① 约翰·察米托已经专门研究了康德、赫尔德与人类学的诞生之间的关系(John H. Zammito, *Kant, Herder, and the Birth of Anthropology*, The University of Chicago Press, 2002),其实,德国浪漫派的深层问题意识大多来自康德,由此可见,民俗学学科的产生也与康德、赫尔德有直接关联;因此,至少从学科起点上来看,那种认为民俗学与哲学无关的观点已经不攻自破。

② Aristotle, *The Nicomachean Ethics with an English Translation* by H. Rackham, Harvard University Press, 1934, Introduction, p. xv.

③ [德]马克思:《资本论》(第一卷),人民出版社,2004 年,第 208 页。

换言之，认识从事物的实然出发，力求依照实然来认识事物；实践则以应然为出发点，不仅从应然“认识”实然，而且从根本上是根据应然创造出实然。实践的本质在于目的先行、意志优先。

> 实践活动是要把世界做成“应如何”，即按照主体的目的来改变世界，或者说，使主观的规定成为客观的东西。实践活动的能动性是明显的。这突出地表现在意志能够规定自己，并按自己的规定来改造外界客观对象，使之与主观的规定一致。这样经过改造的对象也就打上了主体的精神烙印，体现在主体性的规定中，因而是一个有实在性的主体性和客体性的统一。
>
> 可见，理论活动和实践活动的确很不相同。理论活动是从把客体看作给予的、独立的出发，而要扬弃它的独立性和外在性，将其改造为思想的东西（内化、同化），从而从思想上（理论上）将客体占为己有。而实践活动则是相反地从主观规定（意图、目的）出发，要将这主观的东西变成外部定位的客观东西。这看起来是主观的东西从主体那里分离出去（异化、外化），实际上这个由主观东西变成的客观东西，乃是按照主观的规定改变了的客体，因而是一个符合主观的规定，从属于主观的目的的客体，从而实践活动就是从实践上（实际地）将客体占为己有。①

理论认识以外在的认识对象为客观条件并且不能不受这种外在条件的制约，因而是不自由的，但实践认识则可以纯粹从实践理性的自由意志来进行设定并由此创造出实践的“对象”。换言之，实践可以以自由意志为目的来对待人和事物本身的目的，因为人在实践中有这种“无（外在的）目的而又合（内在的）目的”的意志自由。这种审美状态绝非仅仅发生在个人意识领

① 杨祖陶：《康德黑格尔研究》，武汉大学出版社，2001年，第376～377页。

域内的、自娱自乐的思想游戏[1],而是能够直接影响并决定人的实践行为和社会生活的意志能力。它在欧美社会的日常生活和制度建设等方面已经并且继续在发挥着决定性的作用。由此看来,德国浪漫派为民俗学制定的动机当然不是为了理论认识而是为了自由意志的实践。哈尔姆—佩尔·齐默尔曼没有进一步表明的是,浪漫派把康德的审美理论推向政治和日常生活领域所具有的惊世骇俗之处不在于它要认识世界,而在于它要改造世界,其实质是实践自由意志或为了自由意志的实践,至少是以自由意志为目的的实践和实验。德语地区民俗学最初采用的财政统计学、地图学方法以及世界各地对民间文学的大量搜集和研究,都不仅仅是为了单纯地认识和描述本民族、本地区的文化家底或家当,而且是为了实践这样的自由意志或内在目的:在把不同地区、不同族群的民俗看作手段的同时也看作目的,它们不仅有社会功能,也有自身的目的和价值。

可是,哈尔姆—佩尔·齐默尔曼提示说,在德国民俗学的学科奠基人威廉·海因里希·里尔(Wilhelm Heinrich Riehl,1823～1897)那里,德国浪漫派的批判哲学和美学背景已经被淡化了甚至被忽视了。[2] 从学科发展的实际情况来看,无论中外,民俗学产生后的相当长一段时间都不是作为科学的

---

① 康德的审美理论被某些国内学者想当然地理解为孤芳自赏、自娱自乐、赏花弄草似的个人行为,而席勒的Spiel(游戏)说也往往被想象为轻飘飘的儿戏。其实,康德认为,每个人都具有先验的通感(Gemeinsinn,台湾有学者译为"共感"),康德也称之为"审美通感"即 Sensus Communis Aestheticus,这就为审美和趣味判断所要求的人们之间的一致性(Einhelligkeit)提供了条件,所以正如哈尔姆—佩尔·齐默尔曼所指出的,审美状态不能被归结为私人感受或个人能力(参见 Harm-Peer Zimmermann, *Ästhetische Aufklärung. Zur Revision der Romantik in volkskundlicherAbsicht*, Verlag Königshausen & Neumann GmbH, Würzburg, 2001, S. 80, S. 192);正是这一点为席勒把康德美学移入伦理学提供了契机。同样,席勒的"游戏"是一个严肃而"沉重"的概念,我们绝不可等闲视之,因为它甚至比康德的"审美"概念更多地负载着人性的内涵,"我们不能一谈到游戏,就想到现实生活中进行的、通常只是以非常物质性的对象为目标的那些游戏",游戏是一种理念和理想,"因此我要反过来说,人对舒适、善、完美只有严肃,但他同美是在游戏","说到底,只有当人是完全意义上的人,他才游戏;只有当人游戏时,他才完全是人"(席勒:《审美教育书简》,冯至、范大灿译,北京大学出版社,1985年,第79～80页)。

② Harm-Peer Zimmermann, *Ästhetische Aufklärung. Zur Revision der Romantik in volkskundlicherAbsicht*, Verlag Königshausen & Neumann GmbH, Würzburg, 2001, S. 473.

学科而是作为意识形态在发展①,其实也就是在意识形态与模糊的、朦胧的实践科学意识之间徘徊。

换言之,现代民俗学在越来越向学科化和体制化方向发展的同时,已经逐渐遁入无穷无尽的差异化、地方化、民族化和碎片化的文化表象,忘记了学科最根本的前提,即实践理性的自由意志和实践科学的本质属性②。具体而言,这种前提就是:从自由意志出发,尊重人的本性(即人格)和事物的特性(Eigentümlichkeit),也就是以人和事物自身为目的,尊重并维护不同的民族、文化和个人保持不同(Ungleichheit)的相同(Gleich)权利③,把审美的理性变成实践的理性,也就是变成审美的实践理性。这当然也是实践理性的自由意志。

利奥波德·施密特曾认为,民俗学是精神科学的两类基础学科之一。作为人的科学,民俗学和历史学更强调精神取向,而人类学和心理学更强调

---

① "现代民间文学或民俗学话语的体制化与国家意识形态自一开始就结合在一起"是"颇具象征意义的事件"(户晓辉:《现代性与民间文学》,社会科学文献出版社,2004年,第86页);"中国现代民间文学或民俗学研究自一开始就不是作为一个学科,而主要是作为一种意识形态才发生和发展起来的。在'重估一切价值'的口号下,现代民间文学或民俗学研究者们大都有一个自觉或不自觉的'预设':即无论他们研究的是歌谣、故事、童话、谚语、谜语还是方言土语,在他们的眼里,这些东西都不仅仅是它们本身,而是曾经受到压制和扭曲而急待被发现和解放的文化资源,它们不仅是反对上层封建文化的利器,更是建设新文化唯一可靠的基础或源泉"(同上书,第145~146页)。

② 吕微曾指出,"我们似乎已经遗忘了中国民俗学和民间文学研究的起源,换句话说,遗忘了这门学问最初的关怀和基本的问题"(《从"我们和他们"到"我与你"》,《民间文化论坛》2004年第4期);即使把民俗学同时看作人文科学兼社会科学,也仍然"存在着一个根本的缺陷,这就是:民俗学的人文理想,不仅不能用社会科学的方法予以经验地证明,更不能用社会科学的方法加以先验地阐明,也就是说不能用'准'(或'类')自然科学的方法从研究对象的经验事实中把学科的先验理想推论出来。于是,所谓人文科学和社会科学的双重属性,在民俗学这里就始终是二分而无法统一的。无法统一的民俗学的二分性质所带来的必然结果——无论就理论还是就实践而言——就是,如果人文科学的社会理想不能从社会科学所提供的社会事实(民俗主体和民俗实践的经验现象)中抽象(更不要说演绎地推论)出来,那么,民俗学的人文理想就仍然是、且只能是由知识人站在普通人之外,自外而内地输入'民间'的(像胡适、周作人曾经做过的那样),而不是民间、民众自我启蒙的结果"(吕微:《民俗学的哥白尼革命——高丙中的民俗学实践"表述"的个案研究》,未刊稿)。

③ Harm-Peer Zimmermann, *Ästhetische Aufklärung. Zur Revision der Romantik in volkskundlicherAbsicht*, Verlag Königshausen & Neumann GmbH, Würzburg, 2001, S. 502.

自然取向。民俗学的特质不仅在于资料的性质和范围,而且在于直观方式(Anschauungsweise)的特性。① 在我看来,这种直观方式不是康德意义上的感性认识,而是现象学意义上的审美目光,这种以实践理性的自由意志为基础的审美目光与其他学科观察方式的根本不同在于,它用自由意志把人和研究"对象"都看作有机体,也就是在把他们当作手段的同时也把他们当作目的,这是另一种无(研究和认识的)目的的合(事物本身的)目的。它从纯粹的爱与自由的实践理性意志出发,让人与人对话,让事物自身显现,正如本雅明所说,浪漫派的实验就是唤起被观察者的自身意识和自身认识。因为观察某个事物只是意味着促动它的自身认识。② 恰恰是在这个意义上,民俗学才能与生活世界发生深层的关联。因为在胡塞尔那里,生活世界尽管是主观相对的,却仍然有超越论的统一结构和无目的的合目的性。胡塞尔一方面强调生活世界具有先于一切目的而被给定的审美特性,它是一种"构成物",但不是"目的构成物";另一方面又指出,生活世界也可能是主体"按照想象的和意愿的兴趣—目的的兴趣生活"③。如果像目前多数学者那样追随许茨,先把"生活世界"概念在胡塞尔那里的超越论特征消解掉④、然后再

---

① Leopold Schmidt, Die Volkskunde als Geisteswissenschaft, in Helge Gerndt (Hg.), *Fach und Begriff "Volkskunde" in der Diskussion*, Darmstadt: Wissenschaftliche Buchgesellschaft, 1988, S. 60.

② Harm-Peer Zimmermann, *Ästhetische Aufklärung. Zur Revision der Romantik in volkskundlicherAbsicht*, Verlag Königshausen & Neumann GmbH, Würzburg, 2001, S. 62.

③ 这反映了胡塞尔"生活世界"概念的层次性和多义性以及他的目的论思想,参见胡塞尔:《欧洲科学的危机与超越论的现象学》,王炳文译,商务印书馆,2001年,第167页注释,第558、565页。

④ 许茨明确表示,社会科学研究的不是互为主观性或交互主体性的哲学方面,而是人们在自然态度中体验到的生活世界的结构;经验社会科学的真正基础是自然态度的构成现象学,而不是超越论现象学。这种观点实际上已经背离了胡塞尔,因为在胡塞尔那里,世界本来就是超越论的现象,生活世界固然是人们直接经验的世界,但如果没有对自然态度的悬搁,生活世界也不能"显山露水"并且被主题化。胡塞尔还指出了两种主题化的方式:客观科学直接把世界客观地当成主题,而精神科学则以主观相关的方式或者在主观给予方式中把世界当作主题,也就是说,"现在我通过超越论的还原反转过来了;现在产生了一种精神科学,它事先并没有世界,也并不总是坚持这个世界",这时"主观地"指"主观本身成为主题,而不问客观的自然"(参见胡塞尔:《欧洲科学的危机与超越论的现象学》,王炳文译,商务印书馆,2001年,第357页)。

引入民俗学的研究，那么，引进这个概念的根本价值和意义就已经丧失殆尽。① 在我看来，尽管民俗学并不研究现象学，但保持"生活世界"概念的超越论维度正是返回德国浪漫派为民俗学赋予的古典理想和自由意志的重要途径。

实际上，联合国教科文组织在全世界推行的保护非物质文化遗产行动恰恰是从德国浪漫派为民俗学设定的自由意志出发的，我们甚至可以说，《保护非物质文化遗产公约》所要求的实践恰恰是对德国浪漫派为民俗学设定的自由意志的回忆和回返，也是对这种自由意志的贯彻和延续。② 保护文化多样性和生物多样性的动机直接来自对有机体的自由意志，即尊重不同事物和文化自身的目的，在把它们当作手段的同时也把它们当作目的。

由此可见，德国浪漫派为世界民俗学学科开启了伟大的实践理性起点，在德国浪漫派直接和间接的影响下，中国民俗学学科也有"伟大的开端"③。这个实践理性的起点也就是学科的自由意志开端。尽管这个自由意志开端在学科的实际发展过程中只是得到了若隐若现、时有时无的领会，尽管开端时一刹那的清醒好像很快又陷入漫长的昏睡，但自由意志开端所规定的实践理性目的是内在的和"客观的"（即对每个人都有效的）。无论学者们的主观认识程度如何，自由意志开端本身的伟大已足以构成令我们引以为荣的伟大传统。

三、如何接续学科的伟大传统?

但是，为了更好地接续学科的伟大传统，我们还必须对学科的开端和起点有进一步的理解和领会。这种理解和领会的核心是自由问题。

---

① 参见户晓辉：《返回爱与自由的生活世界：纯粹民间文学关键词的哲学阐释》，江苏人民出版社，2010 年，第 291 ~ 292 页，第 312 页，第 326 ~ 330 页。

② 参见户晓辉：《〈保护非物质文化遗产公约〉能给中国带来什么新东西——兼谈非物质文化遗产区域性整体保护的理念》，《文化遗产》2014 年第 1 期和人大复印资料《文化研究》2014 年第 6 期。

③ 吕微：《民间文学—民俗学研究中的"性质世界"、"意义世界"与"生活世界"——重读〈歌谣〉周刊的"两个目的"》，《民间文化论坛》2006 年第 3 期。

从历史进程来看,人类对自由的认识当然经历了一个循序渐进的过程。事实上,人对自由的觉悟是很晚才出现的事情,但这并不表明,在此之前自由就不曾在人类的行为中发生作用。恰恰相反,除非我们不曾作为真正意义上的人来生活和行动,否则就得有自由。因为没有自由就没有人格和尊严,而没有人格和尊严就不能称为真正意义上的人。尽管我们并不知道,人为什么会有自由以及谁为我们赋予了自由,但是,自由却是人的理性原因(起源),即使它并非人在时间上的原因。正如哈尔姆—佩尔·齐默尔曼所指出的,虽然自由只是以被反思、被启蒙的方式公开出现在现代文化之中,但只要存在着人性,自由就是其实践的本质标志,这完全不取决于某个人、某个特定的群体、整个民族甚或整个时代是否知道这个前提,因为自由一直在人类的行为中以未被说出的和未经反思的方式潜在地发挥着作用。① 因此,我们人是被抛入自由的。一方面,我们不得不自由,自由是我们的宿命,因为不自由就不是人;另一方面,只要我们想要自由,就得先让别人自由才能获得自己的自由,因此,自由不仅是"争"来的,也是"让"出来的,自由与责任、义务相伴而生。经过古希腊和中世纪的反复思辨,德国古典哲学和浪漫派的最大贡献就是把对自由的理解推到了空前的深度。

从起点和起源上来看,民俗学学科的幸运恰恰在于它的产生与人类对自由的深刻觉醒几乎同步,更准确地说,这个学科恰恰就是为自由而生或者应自由而生,它的实践条件就是从自由意志出发,它的内在目的就是为了自

---

① Harm-Peer Zimmermann, *Ästhetische Aufklärung. Zur Revision der Romantik in volkskundlicherAbsicht*, Verlag Königshausen& Neumann GmbH, Würzburg, 2001, S. 143—144;其实,在亚里士多德那里,"实践"已经被规定为目的在其自身的活动,因而已经内在地包含了自由的价值。在自由理性的问题上,正如黑格尔所说,"哲学家的工作只在于把潜伏在精神深处的理性(这理性最初只是潜伏在那里的内在本质或内心本性)揭示出来,提到意识前面,成为知识—哲学的各种实在是一种连续不断的觉醒。因此哲学工作的产物并不是寄存在记忆的庙宇里,作为过去年代的古董,而它们现在仍同样地新鲜、同样地生动,如它们初产生时一样"。《哲学史讲演录》(第一卷),贺麟、王太庆译,商务印书馆,1959年,第42页。

由。① 因此，吕微说“民间文学的内在目的，是民间文学实践主体作为自由主体的发生条件与存在理由”。在这方面，作为研究“对象”的民俗与作为学科的民俗学在实践上是一体的和共生的关系。这是用实践理性的自由意志不难“看到”的事实，尽管站在实证经验的立场上可能仍然对此视而不见。

换言之，无论中外，尽管民俗学产生之后的相当长一段时间里学科意识都很淡薄，但是，从产生的那一瞬间开始，从还不是学科的民俗学研究向民俗投去实践目光的那一瞬间开始，不仅“学科”产生了，而且学科的“对象”也产生了，这是一种同时发生的双重目光，用吕微的话来说，“民间文学（无论就对象还是就学科而言）的起源（原因）即在理性上的发生条件与存在理由，都仅仅存在于对自身内在的自由目的的自我意识和自我认识的那一‘时刻’”，它们同时在德国浪漫派那里获得了实践的自由意志，它们得到的是同一种实践的自由意志，这就是最初一瞥的双重目光的真正含义所在。这是一种自由意志的顿悟和觉醒，这种目光仿佛上帝说“要有光”就有了光，这种光不仅是启蒙和反思之光，更是能够直接产生“对象”的自由意志之光。因此，从这一刻开始，从前无穷无尽的黑夜一下子被照亮，瞬间出现了全新的“对象”和意义，真可谓“回眸一笑百媚生”。民俗学在回眸一笑的瞬间不仅看到甚至创造了自己的“对象”，而且从这些“对象”的身上也逐渐觉悟到了自己的自由意志。当然，从实事层面来看，民俗学的这个瞬间的自由意志必须经过相当长的时间才可能得到学者的领会和参悟，或者说，只有当学科发展并成熟到一定阶段时，学科当初发生瞬间的自由意志才有可能得到我们的真正理解和领会。

我之所以格外强调民俗学在起源时回眸一笑这个瞬间大有深意，恰恰因为它以瞬间定格的方式表明了我们学科的自由意志。尽管许多学者依据学科发展的事实来断定民俗学就是一门实证科学意义上的经验科学，但我仍然要讲述另一个不同的故事：有一位研究古代文学的同事向我表达了他

① “在黑格尔看来自由就是自由意志，自由意志就是能干成事情的，就是能动的。自由只有作为意志才是现实的，如果是一个无意志的自由，那就不是现实的，那是幻想，那是自欺，那是中国人讲的庄子的自由。”（《邓晓芒讲黑格尔》，北京大学出版社，2006年，第155页）

对民俗学研究的看法：民俗本来是老百姓自然而然、理所当然的生活，人家老百姓并不觉得有什么，偏偏你们这些民俗学者要来作一番研究。作为民俗学研究的局外人，这位同事倒是比许多行内人有一种旁观者清的优势。因为民俗学在起源时回眸一笑这个瞬间已经表明，尽管它好像是一种经验研究，但实际上并不仅仅基于经验——因为单纯实证意义上的经验并不具有反思性，而民俗学在起源时向研究对象投去的回眸一笑已经不是单纯的经验①，而是一种带有反思目的和"先验"②前提的自由意志，这种自由意志在创造了对象的同时也创造了学科本身。因此，才会有"回眸一笑百媚生"，才会有丰富多彩、千姿百态的民俗或民间文学被看见、被主题化甚至被不断地重新创造出来，从而使"六宫粉黛无颜色"。由此来看，民俗学从开始的那个瞬间就是一门具有自由意志的实践科学。"这也就决定了民俗学本质上不是一门经验科学，而是一门实践科学。因此，简而言之，现代民俗学要发现和研究的民众或普通人的创造性和自由并不在经验领域，而是在实践领域。民俗学要发现民俗或文化的本质并对人的自我认识真正有所贡献，就不能把自己变成一门经验科学，而是应该成为一门实践科学。"③如果不把这一点强调出来、摆在眼前并且作为学科的根本任务而念兹在兹，那么，我们就可能迷失方向，或者陷入学者个人的主观偏好而难以自拔，就难以继承并发扬学科的伟大传统。

在一定意义上说，德国浪漫派以及中国的胡适、周作人等先辈学者之所以能够为我们的学科开创伟大的实践理性起点，恰恰因为他们有现代哲学的眼光并且受到现代自由价值观的启蒙，而后来的许多学者之所以看不到这一点甚至对学科伟大先驱的洞见视而不见，恰恰因为他们远离甚至忘却

---

① 正如吕微站在康德哲学的立场上指出，"有时候比如'五四'时代的民俗学、民间文学研究，看起来是纯粹的经验研究，其实是有先验的、普遍的价值前提的"(《民俗学的哥白尼革命》,《民俗研究》2013年第4期)。

② "先验"往往不是时间上在先，而是条件上在先。吕微在大序中从康德哲学的立场出发把先验与经验加以区分，然后让先验进入经验。我的着眼点不在理论而在实践，因此并不明确地做这种理论划分，而是像现象学那样认为经验中有先验，并且直接研究经验中的先验、内容中的形式。

③ 户晓辉：《建构城市特性：瑞士民俗学理论新视角——以托马斯·亨格纳的研究为例》,《民俗研究》2012年第3期；《中国社会科学文摘》2012年第10期摘要转载。

了现代哲学的眼光和自由价值的启蒙。

“既然学科的目的和初衷决定了我们的学科性质,我主张索性不要把民俗学标榜为一门经验科学,而是把它界定为一门实践科学”①,无论民众在日常生活中的民俗实践还是学者对这种实践的“研究”,都是实践行为和“表演”行为,因而“本身就是一种需要复数主体参与的伦理实践和道德行为”②,也是以自由意志为目的和规范的实践活动。正因为民俗学以自由意志为内在目的,所以,它“不是没有人文关怀的客观知识学,而是通过对民俗和生活世界的理解最终推动民众(包括学者自己)过上好生活的实践科学”③。

四、上升(发展)与下降(返回)是同一条路

从实践理性的自由意志来看,民俗的发展与学科的发展具有统一的方向和同一个内在目的,而且对它们而言,上升(发展)与下降(返回)是同一条路。也就是说,学科产生时的觉醒是双重的自由觉醒,学科醒了,学科的“对象”也醒了。这种觉醒意味着它们都意识到自己是实践主体,都具有同一个自由意志的实践理性准则。它们的使命和任务就是把同一个自由意志的内

---

① 户晓辉:《建构城市特性:瑞士民俗学理论新视角——以托马斯·亨格纳的研究为例》,《民俗研究》2012 年第 3 期;《中国社会科学文摘》2012 年第 10 期摘要转载。这当然是站在康德对经验和实践的划分立场来说的。如果从一般的理解来看,民间文学或民俗学当然离不开实践的经验,也是一门“经验”科学。

② 户晓辉:《民间文学:转向文本实践的研究》,《中国社会科学》2014 年第 8 期;吕微早就指出,“民间文学与民俗学学科的所有成败都与这个‘我们’的主体性息息相关。如果‘我们’始终将那个‘他们’作为‘我们’主体性的客体化对象,尽管‘我们’始终怀着‘他—我’合一或‘我—他’同一的良好愿望,结果仍是成也萧何败也萧何,我们的所有成败都始于斯,也终于斯。因此,对于这个‘我们和他们’的出发点,我们需要重新奠基。这个需要重新奠基的、可供选择的出发点就是:一个独断的主体性,还是一个交互的主体性”,“从事经验研究者的最终结果只能是沦为一个现代的‘孤独的鲁滨逊’”,“‘我们’是民间文学和民俗学的终极理想,是这个学科或学问的基本问题之终极指向,而这个基本问题的终极指向只有当我们回溯到它的先验来源之处才能够被给予、被显现”(《从“我们和他们”到“我与你”》,《民间文化论坛》2004 年第 4 期)。

③ 户晓辉:《从民到公民:中国民俗学研究“对象”的结构转换》,《民俗研究》2013 年第 3 期和人大复印资料《文化研究》2013 年第 8 期。

在目的实现出来。因此,学科的任务与“对象”的任务在实践上是一致的和统一的,往终点发展和奋进的道路也是向开端回返的同一条道路。这当然是着眼于实践理性的目的王国或者通过自由意志才能看出来的一条道路。

民俗学的根本任务恰恰不是为了科学的认识,而是为了实现主观理解和主体对话的自由意志。具体而言,英语 Folklore 中的“Lore”和德语 Volkskunde 中的“Kunde”都不是自然科学意义上的精确知识或科学,而是消息和传说,是人们在生活世界中的实践理解和意义领会。因此,民俗学者需要做的田野调查不是去到别人的生活现场做自然科学意义上的实验,以便获取客观的知识,而是去打听、了解、访谈或调查即 Erkundigung,实际上就是要对话和倾听,即用自由意志来实践。这就再次彰显出民俗学学科长期被遮蔽了的实践科学属性。

实际上,自由的、审美的理性意志是民俗学实践研究的出发点,这种先验的形式意志引导并规范着具体的经验研究和实践行为。自由的、审美的理性意志实际上就是实践理性的自由意志,从这种意志来看,民俗是一种实践行为,对这种实践行为的实践研究也是一种实践行为,这两种行为具有同样的意志和内在目的,即都是自由的、审美的实践理性意志,也就是说,以自由的、审美的实践理性意志为实践准则和内在目的。用吕微的话来说,“实质—实体主体遵从逻辑—形式主体所给出的内在目的以作为自己的内在目的,并不是在服从经验地被给予的外在理论规定(他律),而是在遵从主体自己(逻辑—形式主体)给自己(实体—实质主体)先验地颁行的内在性实践规范(自律)”。正因为民俗学研究有实践理性的自由意志作实践准则和内在目的,它才是一门实践科学。

总之,本文试图表明,民俗学的确拥有吕微所说的“古典理想”并且需要“自觉地践行的先验论即实践目的论转向”,也就是说,实践民俗学的实践理性与实证民俗学的理论理性具有“不同的出发点,理论理性的逻辑出发点是理论的知性概念形式,而实践理性的逻辑出发点是实践的理性意志形式,而这种纯粹理性的自由实践的意志形式是主体先天地拥有的。相应地,对于以认识人的实践为己任的民间文学—民俗学来说(如果我们的确以此为己任),其学科表象的起点就只能是实践主体(本体)对道德法则的自由意识这一‘纯粹理性的事实’,而不是被视为(社会、历史、文化)实践客体(现象)对自然法则的自然服从这一‘感性的事实’,而学科的目的则不是为了说明‘感性的事实’的经验性条件,而是要说明‘理性的事实’的先天条件。而这也就意味着,如果你并不希望仅仅从理论的角度探求人的实践行为的经验性条件即自然条件,而是希望探讨人的实践目的的先天条件、自由条件,那么,通过先验论的条件还原的方法还原出人的存在的纯粹理性—自由意志的存在方式及存在性质,就不仅是必要的而且有充分的理由”①。但从世界范围来看,学科伟大的实践理性起点和光荣梦想并没有得到充分的领会,因而更没有得到有效的继承和发扬光大。对于世界范围的民俗学而言,德国浪漫派的实践科学仍然是一项未被充分理解和领会、更没有被充分展开和实现的任务,也是一桩未竟的事业。尤其对中国的民俗学研究而言,这种实践的自由意志尚未确立但又急需确立,因为我们的社会还没有经过充分地启蒙和自我启蒙,还远没有像德国那样在很大程度上已经把浪漫派的自由意志实现为伦理现实和制度保障。因此,在中国,德国浪漫派为学科确立的内在目的或自由意志既是古典的,又是现代的和未来的实践准则。至少,目前民俗学的经验研究需要重拾学科的古典理想,主动地、自觉地以自由意志来看待民俗实践并以此进行自身的实践,保持基本的对话态度和倾听心态。这就相当于爱略特·奥林所说的,“我想做的是唤起人们的注意,以道德的方式研究民俗和以理智的方式研究民俗之间是不同的。以道德的方式,我并不单指对待合作者要遵守道德准则。任何人在任何时候都要有道德地对待他人。民俗学者应像对待店主、园丁、邻居一样有道德地对待合作者。我所说的‘以合乎道德准则的方式’,是指将服务置于调查之上——首先追求社会公正,其次追求知识。当道德方式占据优势时,民俗工作就变成了另一种形式的社会工作”②。换言之,即便要“追求知识”,民俗学研究也要“让道德方式占据优势”,也就是从道德准则和社会公正的立场出发并且以此为根本目的。这就需要我们返回学科的基本关怀,返回学科的实践理性起点。其实,

---

① 吕微:《民俗复兴与公民社会相联结的可能性——古典理想与后现代思想的对话》,《民俗研究》2013 年第 3 期和人大复印资料《文化研究》2013 年第 8 期。

② [美]爱略特·奥林:《民或俗? 二分法的代价》,张茜译,张举文校,《温州大学学报》(社会科学版)2013 年第 3 期。

吕微早在2004年就向我们发出了实践的召唤：

> 民俗学和民间文学研究能否再铸昔日的光荣与梦想，为社会发展和人类精神的不断进取继续作出贡献，除了经验的实证研究和应用研究，先验的(实践)理论建设同样重要，而这两方面，都需要实实在在的苦干。从先验的(实践)层面建构学科基本问题的理论前提从而葆有学科的终极关怀，无疑是学科青春的保证。我们应当再次回到这些基本问题和基本关怀上来：什么是"民"？什么是"民间"？"民间"如何不再只是"他们"？"民"如何能够成为"我"和"你"？对于"何谓民"、"何谓民间"的追问如何可能通过"我"和"你"之间真诚、平等的对话最终成为"我们"和"你们"的共同发言？
>
> 民间文学和民俗学学科将在不断追问和回答这些基础问题和基本关怀的青年中获得再生。①

---

① 吕微：《从"我们和他们"到"我与你"》，《民间文化论坛》2004年第4期；引自吕微2004年5月19日的电子版原稿，文字与发表时有所不同。

“学科·本土”本位

——当下中国民俗学应该面对的取向

郑土有①

每一位从事民俗学研究的人都会遇到这样的提问:民俗学是研究什么的?民俗学的理论有哪些?民俗学有什么独特的研究方法?民俗学与人类学、社会学的区别是什么?中国民俗学研究对民俗学学科有哪些贡献?也许我们运用自己的聪明才智都能巧妙地应付过去。但扪心自问,我们自己搞清楚了吗?我们的回答能令提问者满意吗?答案可能是否定的或基本否定的。因此,在民俗学学科经过一百多年发展的今天,我们有必要进行反思,并对一些基本问题进行梳理。

民俗学是研究什么的?这涉及研究对象问题。英语 Folklore 的原意为民众的知识、智慧,即长期以来人类在生存过程中逐渐积累的知识与智慧,体现为人们的日常生活中的行为处事方式。钟敬文先生主编的《民俗学概论》中说:“民俗,即民间风俗,指一个国家或民族中广大民众所创造、享用和传承的生活文化。”民俗学的研究对象是“民间风俗”,应该说是一个最符合中国人传统认知习惯的定义,从先秦以来,“风俗”已成为一个约定俗成的范畴,能够为学界外的一般人所接受,当然对“民间风俗”需要做出更详细的解释。但近些年来,随着中国民俗学研究的深入,民俗学研究的对象被无限度地扩大,无所不包,导致研究对象边界模糊;同时从西方引入的各种学术术语,也出现了“水土不服”的状态,混淆了人们的认知。因此,从民俗学学科发展的角度,需要旗帜鲜明地表明民俗学最基本、核心的研究内容,唯有如此,民俗学才能与其他学科区分开来,民俗学的合法性才能确立。在这当中有一个棘手的问题需要形成基本统一的认识,即民俗学与民间文艺学的关

① 郑土有,博士,复旦大学中文系教授。

系。从 Folklore 开始，就将民间文艺包含在民俗当中，不可否认两者有着极为密切的关系，但同样不可否认的是两者在属性、特征方面有本质的区别，一般认为民俗学属于社会科学，民间文艺学属于人文科学。在研究的过程中会发现两者混在一起，常常给研究工作带来极大的麻烦。因此，从学科发展的角度考虑，应该将两者单列，形成两门学科。

回顾民俗学学术史，确实产生过许多影响颇大的理论，对整个学术史都产生过积极的影响，如传播理论、功能理论、周圈论等；但遗憾的是，这些理论都是产生于国外，在我国民俗学研究中还没有产生过一种在国际上有影响的理论。其原因无疑很多，但“本土本位”意识不强可能是最主要的。民俗存在于人们的日常生活之中，因此必然具有人类社会所共有的“通约性”；但日常生活不是一个抽象的概念，而是活生生的此时此地的生活，因此也必然具有“在地性”。在探讨民俗问题时，不能以“通约性”代替“在地性”。国外的民俗学理论是在国外的民俗事象基础上提炼总结出来的，应用于中国民俗的研究，有的可能适宜，有的则并不适宜，或者说如果从中国实际出发可能有更好的阐释。中国民俗学研究的是中国的民俗事象，如果仅仅以中国的民俗材料来论证国外的民俗理论，那么中国民俗学就只是国外理论的附庸，很难取得长足的进展；唯有立足中国民俗的现实，才有可能发现中国民俗的问题，提炼出中国的理论。事实上钟敬文先生很早就已经注意到这个问题：“学术的最高境界在于对自身文化的准确把握，而不是对国外理论的刻意模仿。这就要求我们具体问题具体分析，用踏实的调查，深入的分析，去实实在在地解决几个问题。”①中国民俗学经过了近百年的积累，到了应该提出我们自己理论的时候了。

说起民俗学的研究方法，我们会列举出许多，如神话学派的历史比较研究法，芬兰学派的历史—地理研究法、类型研究，口头诗学的程式研究，田野调查法等。但除了田野调查法之外，其他有影响的研究方法几乎都源自对民间文学（神话、故事、史诗等）的研究，难以运用于民俗事象的研究。

应该说，近百年来，经过几代民俗学学人的努力，中国民俗学研究取得

---

① 钟敬文：《二十世纪中国民俗学经典·写在前面》，《二十世纪中国民俗学经典》，社会科学文献出版社，2002 年，第 6 页。

的成就有目共睹。而当下在全国上下普遍重视传统文化、尤其是非物质文化遗产保护工作全面深化的背景下，作为传统文化和非物质文化遗产重要组成部分的民俗，越来越受到社会各界的关注，这也迎来了民俗学学科发展的黄金期。我们应该抓住这有利的契机，强身固体，发展和壮大民俗学学科。其一，借鉴国外民俗学研究的理论，结合近百年来中国民俗调查成果，提炼出具有中国特色的民俗学理论和话语体系；这种理论应该兼具“通约性”、“在地性”，既不是脱离国际民俗学界的“自说自话”，也不是纯粹的“人云亦云”；同时也应兼具理论的深度和通俗性，一门学科的基础理论既不能缺少深邃的逻辑思辨，也需要通俗易懂的表述让其他学界的人乃至普通民众认知；其二，根据中国的实际，明确民俗学的研究对象，切忌“越界”、“贪大”；其三，在总结、梳理近百年中国民俗学研究经验的基础上，发现我们已有的具有特色的研究方法，并进行完善和补充，形成如钟敬文先生所说的“中国民俗学派”。

卑微与伟大之间的转折点

——对民俗学科价值的再认识

陈连山①

中国现代民俗学命运坎坷，在学界长期处于相当卑微的地位。2012年，我在《重新审视现代民俗学的命运》中把原因归结为“五四”时代“科学至上主义”和“强制启蒙”造成了对民间文化的歧视，认为只有破除了这两个紧箍咒的禁锢，中国民俗学才能走出卑微，正常发展。在本文，我将讨论正常发展之后的民俗学有哪些优势，以求将这门学科建设成吕微所倡导的“伟大学科”。②

在我看来，一门堪称“伟大”的现代学术，首先应该具备在本领域内求真的能力，这是它作为现代学术的最基本条件。但是，仅仅具备求真能力的学科有可能只是一个平庸的、边缘性的小学科。假如民俗学追求的学问仅仅是几个同仁相互欣赏的关于“遗留物”的知识，或者只是学者自我陶醉的分析技艺，那就注定只能是一门无关紧要的学科。一门伟大学科还需要具备求善的能力。这里所说的善，乃是贯穿于该学科的基本价值观，或者说乃是该学科的终极关怀。它应该是一种关乎全体社会成员利益、关乎现代人文理想实现的学问。民俗学能够成为具备这一精神追求的学科吗？

一、民俗学在求真方面的优越性

（一）简单文化更好地体现着文化的本质

民俗学主要研究普通大众的生活与文化，对立面是那些研究精英文化

---

① 陈连山，博士，北京大学中文系教授。

② 参见吕微书稿：《民间文学：一门伟大的学科——从反思的民俗学到实践民俗学的历史与逻辑研究》。

的学科。假如把民间文化看作低级的、原始的,甚至是有待启蒙、有待改造的文化,而精英文化是高等的、发达的、具有指导意义的文化,那么民俗学确实难以立足,遑论发展?中国现代民俗学的失败即导源于此。究其根本,则是中国现代启蒙知识分子未能真正贯彻自由平等观念,他们把知识分子看作高于民众的精英,把来自西方的“新文化”看作处于人类文化高级发展阶段的文化,把中国民间文化看作落后的文化,从而违背了人人自由平等的根本原则。

除去违背自由平等原则之外,上述假设还暗含着一个错误认识:文化的本质体现在精英文化之中。这种思想在过去的多个学科中都存在。

文学家说文学的本质只存在于伟大作品,道德家认为君子圣人是道德的真正体现者。这种观念有合理的一面,但是恐怕不能绝对化。因为凡是能成为文化的东西,一定具有最基本的文化属性。从这个意义上来说,最简单的文化才是文化的本质所在,最基本的道德或者说底线道德才是道德的根本。《孟子·离娄下》说:“人之所以异于禽于兽者几希;庶民去之,君子存之。”注云:“几希,无几也。知义与不知义之间耳。众民去义,君子存义也。”注家把义这一只有极少人能够达到的最高道德当作道德本质,作为人的本质是不合适的。那等于说除了少数能够达到这一境界的君子之外,其他人都无异于禽兽。这种结论很荒唐,恐怕也不符合孟子的原意。假如把文化看作人类区别于动物的本质,那么文化也不必很多、很复杂,也就是孟子所说的“几希”。这样看来,民俗学把相对简单的民间文化作为研究对象,并不是本学科的缺点,反而可以更好地揭示人类文化的本质。

其实,人类学的实践已经证明对简单文化的研究更容易全面深入地理解人类文化。因为学者个人精力的限制,不可能全面研究任何一种历史悠久、人口众多、地域分布十分广阔的高级文明。只有面对“无文字”的小族群,才可能展开全面调查研究。这种研究当然并不打算取代对现代文化的研究,而是通过“异文化”的模式构成对于现代文化的映照,从而促进人类跳出单一文化的狭隘视野反思自己的文化。因此,无人怀疑人类学研究简单文化的学术有效性。另外,现代人类学关于文化相对主义的理论,也已破除了对高级文化和精英文化的崇拜。由此可见,民俗学研究相对简单的民间文化完全可以实现对于人类文化的深入理解。

思路的转变,可以帮助我们确定民俗学研究对象的第一个优越性。精英文化有可能处于文化最顶端,但是,那只说明它是在极端条件下才能实现的,并不代表文化的普遍本质。文化最本质的东西其实很少,有别于禽兽就是文化,“有所为有所不为”就是文化。坚持自由平等理念的现代民俗学只要摆脱了精英主义的错误观念,完全可以通过对民间文化的研究来达到对于人类文化生活的全面认识。

(二)民俗是大众集体实践的文化,它的价值远胜于个人想象的精英文化

民间文化作为研究对象还有一个更大的优越性在于它是言传身教的文化,是大众每时每刻实践着的文化,它不仅体现在言语之中,更体现在生活实践之中。这是一种真正的文化。精英文化通常以文字书写形式存在,过去被视为文化的最高形式。其实,文字写下的文化材料往往是精英个人形成于头脑中、暂时停留在书面上的文化,能否实现于生活实践之中,能否真正促进人们的生活质量都还是未知数。我称之为“个人想象的文化”。单单依靠这种“个人想象的文化”材料来研究人类文化是并不可靠的。

过去,人们崇拜汉字,轻视口语,因而重视文字表达的精英文化,歧视口语表达的民间文化。人们很少考虑这种“个人想象的文化”本身的局限性。例如,中国现代知识分子从西方引入了大量的书面文化,仿佛一夜之间就掌握了西方文化,可以彻底改造中国社会和文化了。实际上,当时引进的都只是书面上的思想文化,并非西方真正的日常生活中实践的文化。因此,当时的“西方文化”引进十分容易,就像小商贩去大市场趸来一批廉价货一样。从自由主义、无政府主义,到马克思主义乃至纳粹主义,无所不有。这些东西除了在破坏中国传统思想方面起了很大作用之外,在精英们的日常生活中究竟实践了多少,令人怀疑;它们对于普通百姓的日常生活实践(真正的文化生活)更没有多少影响。很多作家和学者把这些廉价趸来的“个人想象的文化”当作中国文化现代化的榜样,是十分可悲的。

(三)民俗学是自我反思的文化研究

民俗作为研究对象的第三个优越性在于它是我们的母文化。民俗学家研究民俗,实际就是在反思我们研究者自己的文化,说到底,就是研究自己。

这是民俗学和人类学的最大区别。人类学研究异文化，当然也可以作为反观自身文化的一面镜子，但是毕竟不如直接反思自己母文化来得直接，来得真切！研究自己、认识自己，自希腊神话和苏格拉底以来就早已成为人类思维活动的高级形式。希腊神话中最聪明的人是俄狄浦斯，因为他猜中了斯芬克斯之谜，而这个谜底正是人本身。这证明俄狄浦斯对人类自身有反思。苏格拉底说："我知道我无知。"这更是名言。民俗学以认识母文化、最终认识自己为职志，它理当成为一门伟大学科。

（四）民俗学研究的跨文化性质

民俗作为研究对象的第四个优越性在于它先天地具有一种跨文化层次的性质。目前，民俗学家逐渐扩大了"民间"的概念，把学者本身也都划入民间一分子。日常生活中的学者当然是民间一分子，不过，所有从事民间文化分析的学者却是在用隶属于社会文化顶端的学术文化来研究底层文化。基于文化相对主义的基本立场，民俗学视民间文化为独立并平等于精英文化的。所以，我认为民俗学本身就是一种跨越母文化之中两个不同文化层次的一种研究，并且通过这种跨越，可以纠正长期以来精英主义对民众的偏见，更好地沟通文化体系内部，并有利于未来文化体系的建设。

二、民俗学与现代人文理想

民俗学最大的价值在于肯定每个人的文化权利。民俗学对于民众文化的研究前提是人人自由平等，任何社群的文化都具有不可替代的价值。《保护非物质文化遗产公约》以人权为前提遵循的是同样的道理。违背这一基本理念的民俗学是与现代人文理想背道而驰的，不论它暂时得到多么强大力量的支持，最终都必然地走向衰落、走向深渊。

民俗是大众的文化，其实也是每一个人的文化。因为任何精英都有日常生活，而日常生活正是民俗的主要内容。民俗和只属于少数精英人士的精英文化是完全不同的。抛弃精英主义，尊重每一社群的文化创造与生活方式，实际就是尊重每个人的文化权利。由此可知，民俗学研究乃是有助于实现普通民众（即全社会每一个人）平等文化权利的一门学问。

以千百万大众实践着的文化作为研究对象的民俗学具有一般文化研究所不具备的先天优越性。我们有可能凭借这一优势创造一门能够揭示人类文化本质乃至人性本质的学问,一门促进实现人人自由平等的现代人文理想的伟大学问。

三、走向社会科学还是人文学科?

前文所述民俗学的优越性,只是它能够成为一门伟大学科的可能性。民俗学要想实现从卑微到伟大的跨越,还得依靠切实的学科建设。这里只讨论关于民俗学学科性质与学科走向的问题。

上世纪 90 年代开始,高丙中在《民俗生活与民俗文化》中提倡关注民俗生活,批评传统民俗学以抽象化的民俗文化为主要研究对象。这本书对当代民俗学转型产生了很大影响。不少学界同仁主张民俗学应该走向社会科学,当然也有人主张民俗学应该保持人文学科本色。这个争议看似很大,其实并非二者必居其一的单项选择。

"生活世界"这个哲学名词所指太深太大,任何一门现有学科都不可能完全解释得了。我甚至怀疑它能否成为一门学术的严肃的研究对象,就像索绪尔怀疑言语行为本身能否成为语言学的科学对象一样。生活世界有物质环境,有身体行为,也有无形的心意,单独的任何一门学科都无法研究。只能各自根据自身的需要,选择某些层面作为自己的研究对象。主张民俗学社会学化的研究者当然可以专注于社会团体、社会行为;主张民俗学人文学科本色的学者也可以从生活世界抽象出模式化的行为,或者是具有文化象征意义的行为来研究。学界同仁各有所好,各有所长,各自选择自己喜欢并擅长的领域与方法,完全可以彼此容纳。

民俗学的学科属性探索与民俗学的当代转型

田兆元①

摘　要：如今民俗学在世界范围内遭遇了现实困境，脱离社会缺少服务社会的能力是其衰败的主要原因。民俗学必须自我反思，提高学科独立性与理论自主性，把民俗定位为提升日常生活境界的文化资源，把民俗定位为精英创造民众认同的文化精华，让民俗学在国家与地域认同、经济发展与文化产业促进、地方风俗建设中发挥主要作用。开辟政治民俗学和经济民俗学的研究是现代民俗学转型的重要举措。而支撑这种开拓的理论资源，可以从中国传统的民俗思想和实践中获取。民俗学的中国话语可以开放地、独立自主地建立起来。这样中国民俗学可以对世界民俗学起到拯救和引领的作用。

关键词：民俗文化精华；民俗精英；政治民俗学；经济民俗学

现代民俗学发展到今天走过了百余年的历程，应该是一门比较有传统的学科了。但是相对于其他发展成熟的人文社会科学来说，民俗学的发展历史充满了曲折，也面临了诸多困境。民俗学在学界的认同度不够高，对于社会的服务能力不强，已然是一个事实。

什么是民俗学？什么是民俗？这是学科的基本问题，是所有问题的前提。民俗学界过去已经有种种解释。这些解释，有些我们可以直接接受或者有批判地接受，有些则不太适合当下的社会与文化现实了，需要重新解读，重新认定。民俗学和民俗有很多解释，说明民俗学这个学科、民俗这个概念都是一种现代认定，并且是一部分人的认定，不是一个整体的共识。这种认识差异表明民俗学具有相当的群众基础，并且富有个性和创造力，同时

---

① 田兆元，博士，华东师范大学民俗学研究所教授。

每种表述都存在着局限,学界的自我认同并没有建立起来。

在这样一种背景下,对于民俗学与民俗重新解释、重新界定,使其更加贴近现实,使其更加与真实的社会现实发生关系,使民俗学这个学科更加具有学术影响力和社会影响力也就十分必要了。人们关于民俗学与民俗的解释都有自己的逻辑,总想把自己的想法列为“正宗”,把别人的想法斥为荒诞,这可能本身就是一种荒诞的想法。于是,我们在对民俗学和民俗进行定位时,一方面带有自信心地认为,我们的表述很重要很正宗,但是另一方面并不能把别人贬得一塌糊涂,把别的学说说得一无是处,这是一个前提。我们把自己的想法说成是众多的关于民俗学和民俗的观念的一种,与各种民俗学观念一起,构成关于民俗学的中国话语。

我们重新表述民俗学的学科性质,表述我们的研究对象——民俗的概念,是因为我们面临着一个重要问题:社会在转型,社会对于民俗学充满期待,但是民俗学界不能满足社会对于民俗学的渴求。因此民俗学学科必须转型。于是,我们便有了这样一个论题:民俗学的学科属性与当代转型。本文一方面对于现有的一些表述提出自己的评论意见,一方面提出自己关于民俗学及民俗的观念,而最核心的问题是想表达建立民俗学的中国话语的想法。

一、当下民俗学学科的困境表现

民俗学缺乏独立的学科意识,在世界上整体呈现衰退之势,这是一个很大的问题。民俗学的学科过去一直不太独立,总是和别的学科相关。在中国比较独立的表述还是新时期中国学科分类中,民俗学获得一个社会学一级学科下的独立的二级学科的地位。目前,在中国有40多个民俗学的硕士点,有5个民俗学的博士点,以及一些与民俗学相关学科的招生点,这样的学科在中国人文社会科学群中不足挂齿,但是在世界民俗学学科中,仅从数量上说,要算鹤立鸡群。欧洲曾经有较多的民俗学,可是二战后逐渐改换门庭,多数已经不叫民俗学,叫什么“经验文化学”或者“文化人类学”那样一些名称,这也实际上表明欧洲民俗学的整体困境,虽然他们还以一些我们听起来比较奇怪的名称残存着,但是连“民俗学”的名称都不用了,还有多少民俗学呢？在英、法等国，我们很难找到与民俗学对口的单位，中国的民俗学研究生要到欧洲访学，联系起来很困难。北欧的芬兰等国还在坚持，是十分了不起的。但是他们不过是“一小撮”（据传为大佬的评语），他们在民俗档案建设与博物馆建设方面很有成就，但是芬兰并不是欧洲的主流话语表述国家，在人文社会科学界以及社会生活中的影响也是有限的。

1846 年，英国的汤普逊首先发明的 Folklore 这样一个词，标志着现代民俗学的诞生，欧洲是现代民俗学的故乡。民俗学的基本范式是欧洲人提出来的，比如民俗为“文化遗留物”的说法、历史地理研究方法、AT 分类方法、过渡礼仪说等。没有欧洲的民俗学就没有当今世界的现代民俗学，这是事实。可是在民俗学的故乡民俗学近乎沦陷，让世界民俗学情何以堪？欧洲民俗学的遭遇，在世界的其他地方也普遍存在。如在美国，那么多的高校，仅存一个民俗学的博士点以及若干硕士点，可谓危机四伏。曾经辉煌一时的宾夕法尼亚大学的民俗学学科点一夜间灰飞烟灭，让人瞠目结舌。阿兰·邓迪斯在一篇叫《21 世纪的民俗学》的演讲中这样表达：

> 21 世纪之初的民俗学现状令人感到郁闷不安。全世界的民俗研究生课程被废除或遭到了严重的削弱，一度著名的哥本哈根大学学术课程不再存在，德国为了成为民族学中心而改变了民俗课程的称谓。甚至在赫尔辛基，这个民俗研究的真正麦加，赫尔辛基大学研究生课程的名称也作了改变。根据网页显示，民俗研究专业，连同民族学专业、文化人类学专业以及考古学专业一起，行政上隶属于文学院和文化研究学院。后一个称谓在我听来疑似文化研究，而从事文化研究的是想成为文化人类学家的文人。我不愿去考虑民俗学者与这样的追名逐利者为伍。而在美国这儿，情况更糟。加州大学洛杉矶分校的神话学和民俗学的博士课程被包含在世界艺术和文化这一类中，民俗博士学位成为舞蹈艺术专业扩展之后的几个学位之一。宾夕法尼亚大学的民俗和民俗生活博士课程实质上已经崩溃，除非输入新的教师成员，否则这一情况将得不到改善。甚至连印第安纳大学，美国民俗学研究公认的堡垒和灯塔，也把民俗学与民族音乐学联系在一起看成是一个行政单元。结果，在美国的任何一个地方，民俗学本身不再拥有纯粹独立的博士课

程，这种情况在我看来很糟糕……①

这样的悲观情绪弥漫在世界民俗学中。但中国民俗学界不愿意引用这段话，猜想一是怕影响青年人的情绪，二是安慰稳定自己的情绪。我们不敢面对现实困境，当然缺乏改革勇气，也就没有方法和措施。

阿兰·邓迪斯是一个敢于面对现实的学者。他指出，宏大创新理论的缺乏，以及大量不专业的人员参与是导致民俗学衰败的重要原因。阿兰·邓迪斯这样的勇敢反思精神是值得赞扬的，他愤怒地批评美国民俗学只是一个追随者，没有理论话语，女权主义和表演理论都是没有理论的东西。但是他对于民俗学衰败的真正原因认识的模糊性也代表了整个美国民俗学界的方向迷失状态。他的反思是形式的反思，没有触及美国民俗学的真正弊端：这个学科对于当代变化的世界没有应对方式，坐以待毙。阿兰·邓迪斯没有改变民俗学的"解释性"主导倾向，没有开辟民俗学新的学术范式，再多的解释，也只是解释而已。民俗学就是为了告诉人们：为什么有的人认为太阳是男性的神而月亮是女性的神，但有的人又认为太阳是女性的神而月亮是男性的神。

将民俗学分为人类学的民俗学和文学的民俗学，民俗学在美国本身就不够独立，阿兰·邓迪斯自己也是这样表述的，缺乏明确的学科意识，一个学科被另外一个学科吞并，也是非常正常的事情。在欧美，认为民俗学隶属于人类学的主张很多，这种表述有些是人类学者认为民俗学的研究与人类学大同小异，加上有些民俗学者本身就是人类学者，所以他们认为民俗学隶属于人类学一点也不奇怪。此外，民俗学者本身缺乏自主性，内心表达出对于人类学和文学的仰慕，造成学术自主性不强，其结局当然是明明白白的。在当今这样一个充满竞争的时代，不仅社会充满竞争，学术也充满交流与竞争，适者生存，优胜劣汰。民俗学正处在"汰"的过程中，民俗学愿不愿意承认自己的"劣"呢？或者知道是自己"劣"，有没有反思我们到底"劣"在哪里？

---

① ［美］阿兰·邓迪斯：《21世纪的民俗学》，王曼利译，《民间文化论坛》2007年第3期。

中国有一些民俗学学科因为身处文学院或者中文系备受煎熬，摆脱不了民间文学的边缘性困境，因为民俗学不再属于文学学科，文学学科没有滋养民间文学的合法性了，能够边缘生存在那里都要谢天谢地。也有一些学校明明知道社会学应该发展民俗学，却拼命顶住，不给民俗学合法空间，固执地认为已经有了人类学，还要民俗学干什么？对此，我们曾经劝说很多处在文学院和中文系的民俗研究者，要壮士断臂，像摩西出埃及一样，将民俗学放到法定的空间去发展。而对于那些社会学院或者社会学系不愿意接纳民俗学者的问题，我们应该以法律武器和舆论工具及考核制度工具予以破解。民俗学应该理直气壮地在社会学大家庭中成长。

为什么民俗学已经确立了社会学的学科属性，给了学术空间，但大家不愿去；而社会学明明知道民俗学属于自己的二级学科，却不愿意接纳？个中原因很简单，民俗学不是太清楚自己该做什么，存在进入一个新的学科的恐惧心理。这也让社会学冥冥觉得民俗学与社会学无关。社会学的态度，其实是民俗学自己的行为传达引起的。大家不太知道民俗学究竟为何物，把一个不明的对象纳入自己的单位，或者一个被认为不重要的对象纳入自己的单位，几乎是没有人愿意这样做的。对于社会学的不接纳，我们首先要自我反思，假如我们真的很厉害，人家为什么要拒绝？人家是怕民俗学学术水平太厉害，社会服务能力太强而抢了社会学的饭碗吗？事实上可能根本就不是这样的。

我们可以把民俗学的人类学研究，民俗学的文学研究，包括民俗学的宗教学研究等列为自己的学科分支，但是民俗学不能被看作人类学、文学和宗教学的杂烩。民俗学必须务实地到社会学学科下发展。在一时难以达到此目的的现实下，民俗学要建立一个包容的学术共同体，其中可以包含人类学、文学、宗教学和历史学等学科的民俗研究者，也要包容社会上的民俗研究群体。

阿兰·邓迪斯所认为的民俗学衰败的第二个问题，其实不是问题，正是拯救民俗学衰败的资源。在美国民俗学会的年会上可以发现，美国社会对于民俗还是很关注的，公共民俗学比较发达，这应该是民俗学发展最好的社会土壤，不应该轻易排斥。

民俗学应该强化独立的学科意识，不能总是做追随者。这是我们面对的第一个问题。

二、民俗学功能定位与研究实践存在矛盾

民俗学的功能是什么？我们的前辈有很好的表达。钟敬文先生在《建立中国民俗学学派论纲》一文中指出：民俗学一是清理中国各民族的民俗文化财富；二是增强国民的文化史知识和民族意识、民族情感；三是资助国家新文化建设的科学决策；四是丰富世界人类文化史和民俗学的宝库。① 这四点意见，第一和第四是属于资料学方面的，第二和第三是属于为国家和民族文化建设服务的，其立意是很高的。这是新世纪初的一篇论文，其中提到的很多任务我们至今尚未完成。关于国家文化建设，我们在这方面有很好的继承。社会上一般都会把民俗学看作文化建设的一支力量，而社会一般都会把民俗看作一种文化资源。中国的民俗学整体上并没有像阿兰·邓迪斯所说的那样，处于严重衰败状态。一方面，民俗学界开始有了一些学术自觉，主动投身国家文化建设大潮中去；另一方面，社会对于民俗在地区发展中的期待增加，支撑着中国民俗学不断前行。

钟敬文先生给予民俗学以很高的功能定位，但是实际研究中又与这一目标不符。民俗学的学术成果出笼，人才推向市场，便发现我们的目标和我们的行动是不一致的。我们的很多研究并不是为了国家的文化建设，也与民族情感的培育不相干，一些学校培育出来的学生也没人要，这是一件很悲催的事情。

民俗学的研究远离了社会的需求，他们不是为了社会服务，更不是为了民族人类的事业，偏向了一种小型学术游戏，偏离了正确的方向。这就是美国欧洲民俗学如多米诺骨牌一样倒下的原因所在，是值得我们高度警惕的。那些导致德国民俗学崩溃的一些事件、一些主张，我们是拿来当作正面的榜样学习，还是要当作负面的材料和反面教材？这也是一个问题。比如最近出版了一些关于德国图宾根学派的民俗学家赫尔曼·鲍辛格的一些关于日常生活的译作，如《日常生活的启蒙者》等，他们抛弃民俗与民族意识的关

① 钟敬文：《建立中国民俗学学派论纲》，《广西民族学院学报》2000 年第 1 期。

系，批评民俗学保护文化遗产的努力，偏向于去发现日常生活的意义，这种努力也是可贵的。这种导致民俗学改换门庭的行动对于民俗学发展是否有意义呢？就像导致西方经济危机的经济学说，要让这样的理论来指导中国的经济实践结果会怎样呢？

我们认为民俗学之发生及其初期走过的道路是辉煌的，顺应并推进了民族觉醒与复兴的实践，为人类文化积累了非常珍贵的资源。无论是童话、民间故事的搜集，民俗地图的绘制，民俗博物馆的建设，还是文化遗产的保护，都是走在一条康庄大道上，应该是民俗学的看家本领，我们不是去抛弃这种优秀的传统，而是应该弘扬这种传统。

中国民俗学的幸运就在这里。20 世纪前期我们不存在严格意义上的民俗学，可以视为中国现代民俗学的序曲，应该将 20 世纪后期民俗学学科的建立视为中国民俗学学科的正式开始，只有这时才开始中国民俗学人才的真正培养。民俗学—民间文学最初对于“三套集成”及“十套集成”的参与，为构建辉煌的民俗文化资源作出了贡献。当这个工作刚刚告一段落，民俗学正处于无助的时期，非物质文化遗产保护工作展开了，民俗学再次投身到非遗保护工作中去，真正参与了国家文化建设，避免了民俗学误入歧途。

民俗学学科发展的第一阶段的学术追求是资料的搜集整理与保护。如现代中国民俗学的老师——日本民俗学，留下来的遗产有二：一是着眼于国家认同与文化建设的“一国民俗学”学说与实践；二是搜集整理的民俗资料积累，文字、图像与民俗文物的空前搜集整理与保护。日本国立历史民俗博物馆，神奈川大学常民文化研究所与非文字资料研究中心，国学院大学的博物资料建设以及日本民俗地图的绘制，都是空前的文化工程，令人赞叹。中国学者的民间文化的集成工作与非物质文化遗产保护工作，可以视为与国际接轨的第一阶段的伟大工作。

在欧美，民俗学进行了第二项使命，便是进行民俗的解释，这是民俗学的一次学术转型。人们开始认识到，民俗学不仅要搜集资料，而且要对这些资料加以解释。如引进心理学心理分析学说解释民俗现象，引进人类学的学说解释民俗学现象。对于正确理解民俗文化的性质，这是有意义的工作。但是这样的为了解释而解释的民俗学要往何处去，人们似乎没有很好地思考。民俗学应该有思辨，应该重视理论、重视解释，这是毫无疑问的。但是，为什么要解释，解释什么，如何解释，这是首先要思考的。

把民俗理解为民间文学，理解为文化传统应该是最为基本的价值取向。而民俗学在解释何为民俗的时候，总是要讨论什么是"民"，什么是"俗"的问题。这不知道耗费了多少人的精力，但是这又是让学术界感到非常奇怪的一件事，怎么会拿学科的名称作这样的训诂学一样的解释呢？似乎很少有学科这样的。比如，伦理学会将伦与理拆开，历史学会将历与史拆开解释？就连最爱钻牛角尖的考古学、文字学都不会这样来解释自己的学科。所以，我们对于这样解释的历史表示尊重，但是一点也不希望再这样做下去了。民俗学不能搞训诂学式的解释。因为我们对民俗的解释不能让社会认同，我们不明白民俗的研究为了什么，或者像钟先生所说的那样，把民俗学的目的说得很清楚，如为了人类文化的资料积累，为了国家的文化建设，为了民族认同，但是我们又不能很好地实施。这使我们的研究出现了很多问题。

以大家感兴趣的日常生活为例，假如说我们真的以此为研究对象也是可以的，但是问题出来了，为什么衣食住行、婚丧嫁娶这样的日常生活就没有被很好地研究呢？放眼今天的中国民俗学界，有几个民俗服装的专家？有几个民俗食品的专家？一个金融学家可以去当银行行长，这不是问题，华东师范大学民俗学所对面是金融学院，他们就业在金融证券保险，出了几十个银行行长，育人目标很明确。民俗学毕业就是搞研究，就不需要做一点实践性的工作吗？至少，我们不能认为自己比金融学的学术水准更高吧。学术研究不能替代学生就业训练。

民俗学需要转型，即走向实践与应用。民俗学从资料整理者到现象解释者，要迈向民俗学的实践与应用者，即我们把民俗学者称为文化的研究者与建构者。

三、民俗学的学科属性

民俗学是一门实践之学、应用之学、资料之学，更是博大精深的理论之学。民俗学是搜集民俗资料，研究民俗的历史、价值、结构类型及其应用的科学。

据此我们可以给予民俗以"正确"的解读。这种解读，一方面是民俗实在的真实描述性解读，一方面也是摆脱民俗学困境的策略性解读。

民俗不是日常生活，民俗超越日常生活，是生活的华彩乐章。

民俗是精英创造，民众认同并共同完成的文化形态。

民俗不是通俗文化，民俗是高雅文化，民俗不俗。

因此，民俗文化是精英文化。

以上是我们对于民俗属性的重新解读，看上去与我们的民俗学概论有些不同，但是我们认为事实上就是这样的。我们要把民俗学从通俗大众、鸡毛蒜皮、日常生活这样一些无关紧要的事象关系中解放出来，让民俗学承担更加重要的职责。只有这样，钟敬文先生提出的帮助国家新文化政策决策的使命、培养民族情感的使命才能够完成。

其实，民俗非日常生活是一个简单的事实，根本就不是多大的理论问题。我们只要简单摆出一些事实就会明白。以民俗节日礼仪为例，民俗节日礼仪只是特定时间的民俗活动，不是节日期间民俗节日礼仪就不存在、也不会发生。民俗不是日常生活的全部，只是日常生活最为重要最为华彩的部分。人生礼仪也是这样的，并不是每天都在过生日，每天都在结婚。人生礼仪不是日常生活中天天有的事，只是人生中最为重要的时刻举办的仪式。事实已经十分清楚，民俗不是日常生活，民俗是日常生活的反动。民俗要改变日常生活，提升日常生活的境界，增添日常生活的色彩。民俗学强调的民俗的特性如规则、审美、信仰，无一不是与日常相对立的存在。如果说民俗研究与日常生活有关，那就是为了改变日常生活，提高日常生活的文化层次，使之具有文化传统属性。

既然民俗是超越性的存在，是生活之华彩，那就不完全是大众化的东西。民俗是精英创造，精英主要掌控的文化资源。民众当然是认同的，也是共同参与创造的。对于这一点，民俗学界似乎很难认同，但是这也是事实。以民间艺术为例，不是所有的人都会的。比如刺绣之苏绣、顾绣之类，都是极高的艺术品，绝非一般人能够从事的事业。即便是剪纸，高手和一般爱好者也可谓天壤之别。我们把那些高水平的民间艺术家称为精英，有何不可呢？现在我们有一个误区，认为精英就是读书人、达官贵人，民间社会就没有精英吗？答案不容置疑：高手在民间。戏曲表演也是这样，演唱者是民俗精英，观众是参与者、认同者，他们在一定程度上参与了民俗文化的创造，但是不是主导者。非物质文化遗产传承人的遴选，便是对民间精英在制度上的肯定。把少数人指定为民俗文化的传承者，这是文化观念的一次大的变化。

民俗之俗与通俗之俗是两个不同的概念，前者是文化传统，是高端的非同寻常的东西，比如书法、古琴、昆曲，每一样都是精妙绝伦的。即便是传统的民间新年，贴出一副对联来，都是一种优雅的文化，所以民俗是雅致的生活形态，是用来改造通俗的日常生活，使之雅化，而不是相反。①

民俗文化是文化精华，是千百年来经受时间考验，为世世代代的人认同的文化形态。民俗是不朽的文化遗产，它不会随着时间的流逝丧失价值，总是在时间的长河里熠熠闪光。民俗的精华属性是不容置疑的。以民间文学为例，"牛郎织女故事"有两千年以上的历史了，而"孟姜女故事"也可以追溯到两千多年前，晚一点的"白蛇传故事"也有八百年以上的历史了。这些故事具备永恒传承的价值，无论是艺术魅力还是文化含量，都是一般文人创作难以望其项背的。所以民俗是文化精华的判断是基本常识。

民俗学过去一个错误的表达是民俗有好有坏，这是民俗学的糊涂观念。在民俗学者看来，民俗是精英创造的文化精华，哪里来的坏民俗呢？我们认为有陋习，比如赌博、嫖娼等社会恶习，那是与民俗格格不入的东西，绝不是什么民俗。民俗是文化遗产，国家将民俗列为非物质文化遗产十个大类之一，是使用了民俗的狭义的概念，仅仅包含岁时节日、民间信仰与习俗等。广义的民俗即指非物质文化遗产的全部内容，非遗的十个大类早就列在民俗学的教科书中。国家将民俗传承列为践行社会主义核心价值观的重要举措，也是对民俗的精华功能的正确认识所致。

这就是我们对于民俗属性的一般理解，是民俗的基本属性。当我们树立了这样的民俗观念，民俗的低俗地位便一扫而空，民俗学者便站在社会文化的前列来主导社会文化的发展了。因此，民俗学的功能便大大增加，一是民族国家与地域文化认同；二是经济建设文化创意；三是通过民众教育实现公序良俗醇厚民风的建设。钟先生等老前辈期望的民俗学的使命便有望在

① 田兆元:《民俗本质的重估与民俗学家的责任——一种立足于文化精华立场的表述》,《山东社会科学》2011 年第 5 期。

新世纪得到真正实现。

四、民俗研究转型:政治民俗学与经济民俗学的研究

过去的民俗研究把民俗局限在口头传承那样一个狭小的空间里,民俗的体量和能量都不能很好地体现出来。这是我们对于民俗的结构和类型没有很好的理解所致。民俗是一种叙事的形态,叙事性是其存在的重要方式。但是这种叙事绝非仅仅局限于口头和书面文字。我们把民俗叙事分解为语言(口头的、书面的)叙事,仪式行为叙事,物象(图像的、景观的——人造的和自然的)叙事三位一体的构成。这样一种结构在端午节的民俗活动中表现得淋漓尽致。如关于屈原投江的传说故事(或者伍子胥故事)情节复杂,语言叙事形态丰富。但是在端午节的时候,往往举行粽子投江、屈原祭拜、龙舟竞渡仪式,这些仪式活动以表演的形式,演出了屈原投江的故事以及民众对英雄的怀念,是典型的行为叙事。在端午节活动中,屈原雕像、龙舟、粽子以及相关的神庙和江河自然景观,以物象形态共同讲述了端午传说故事,因此是物象叙事。我们将语言叙事拓展开去,也为民俗的应用打开了空间,如仪式表演的惊艳具备观赏性,而神庙等人工制作和自然山水同样具备观赏性,都可用于观光旅游、文化创意产品设计等。近年张晨霞博士、高海珑博士和余红艳博士的地方传说研究都采用了三种叙事模式,取得很好的成绩。三种叙事模式是从民俗结构上进行的内容拓展。

民俗的分类研究决定了民俗的体量和内涵。钟先生论文提出了"理论民俗学"、"记录民俗学"、"历史民俗学"几个大类①,而在他主编的《民俗学概论》一书中,民俗被分为"物质生产"、"物质生活"、"社会组织"、"民俗信仰"等十个大类。这样看起来颇有些琐屑,并且将两个最大的类型缺失了,那就是"政治民俗学"和"经济民俗学"。

与社会学和人类学相比,民俗学在政治与经济研究方面的缺位,是十分严重的问题。在知网上,以"政治社会学"为主题的论文有七百多篇,以"政治人类学"为主题的有一百二十多篇,但以"政治民俗学"为主题的论文目前

① 钟敬文:《建立中国民俗学学派论纲》,《广西民族学院学报》2000 年第 1 期。

一篇都没有。可见，作为民俗主要功能之一的政治功能完全被民俗学研究所忽视。而以“经济社会学”为主题的论文有八百多篇，西方经济社会学已经在纪念经济社会学百年的活动，“经济人类学”也达三百多篇，而关于“经济民俗学”仅仅有五篇论文涉及该问题。真正以“经济民俗学”为题的学术论文只有笔者曾经写过的一篇，何学威先生编写过的一本关于经济民俗分类的书。民俗学的政治研究和经济研究是如此薄弱，学术研究与社会最关心的主要问题如此疏远，这就难怪学科边缘化了。

历史上民俗在政治生活中承担了重大职能。无论是观风知俗，还是移风易俗和因风顺俗，都是民俗政治化的表现。民俗的国家认同、民族认同和地方认同，都是一种民俗政治问题，而社会风气、公序良俗的建立，也是社会政治秩序的体现。民俗用于国家治理、民族成员发动，具有不可替代的功能。或许这种功能太过强大，曾经被希特勒利用宣传种族主义和法西斯主义，带给民俗学伤害。但是我们不能因噎废食，应该继续深入研究政治民俗学的问题，而不是回避这些问题。今天的政府要发挥民俗的爱国主义功能、教育功能，都可以看出当代政治管理的科学追求。

政治民俗学主要研究民俗的社会治理功能、民俗认同建构功能两大问题，同时也要关注民俗在国际交流中的作用。除了这些功能性的研究，我们还应该研究政治民俗的形态结构、实现方式、应用强度以及相关社会冲突与和谐问题。要让政治民俗学成为当代政治科学管理、民主管理的一种工具。

经济民俗学研究经济活动中的民俗，同时研究民俗经济。民俗经济巨大的体量尚需要一定的时间来认识它。民俗经济由民俗消费平台（节日消费、婚丧礼仪消费等）和民俗产品生产销售两大部分构成，前者占人们消费的三分之一左右，因此有惊人的消费额度。民俗经济是一种认同性经济、情感性经济，有与其他经济活动不同的逻辑。经济民俗学主要探索认同性经济的轨迹。①

民俗学的当代转型主要应该转向对政治民俗学和经济民俗学的研究，这样，民俗学便站到社会的前沿，言说社会的主流话语。

---

① 田兆元：《经济民俗学：探索认同性经济的轨迹——兼论非遗生产性保护的本质属性》，《华东师范大学学报》（哲学社会科学版）2014 年第 2 期。

五、中国话语促进民俗学的转型

现代民俗学学科应该只是民俗学学科的构成之一,它在国外有一百多年的历史,在中国不过百年历史。就像文学有现代文学、近代文学和古代文学一样,中国民俗学应该有现代民俗学、近代民俗学和古代民俗学之分。我们完全可以在古代民俗学和近代民俗学的基础上,借鉴国外民俗学的有益见解,建立自己的话语系统。政治民俗学和经济民俗学都是在中国古代民俗学的理论基础和实践基础上提出来的。

民俗概念与中国的风俗概念存在着很大的关联,但是也有很大的区别。钟敬文先生《民俗学概论》中指出:"民俗学是一门以民间风俗习惯为研究对象的人文科学。"又说:"民俗,即民间风俗。"①认为民俗与风俗相关,是民俗学界的普遍看法。但要是考察一下中国古代的风俗观念,就会发现其中深刻的政治民俗学之道。

班固最早对风俗一词进行解释。在《汉书·地理志》中,班固这样写道:

> 凡民函五常之性,而其刚柔缓急,音声不同,系水土之风气,故谓之风。
>
> 好恶取舍,动静亡常,随君上之情欲,故谓之俗。孔子曰:"移风易俗,莫善于乐。"言圣王在上,统理人伦,必移其本,而易其末,此混同天下一之乎中和,然后王教成也。
>
> 汉承百王之末。国土变改,民人迁徙,成帝时刘向略言其地分,丞相张禹使属颍川朱赣条其风俗,犹未宣究,故辑而论之。终其本末著于篇。②

这段文字,内涵极其丰富。风在这里是地方性的习俗,受到个性和地方水土的影响,表现出多样性。但是这个风,并不都是纯和的,因此要受到君

---

① 钟敬文:《民俗学概论》,上海文艺出版社,1998 年,第 2 页。

② [汉]班固:《汉书·地理志》(下),中华书局,1999 年,第 1310 页。

上的控制，圣王在上，要“混同天下”，“一之乎中和”，这就是俗。这里班固深刻揭示了风俗的两重性和两重结构，地方风俗习惯与国家民俗行为是风俗的基本构成。后者即是如柳田国男先生所说的“一国民俗学”，或者共同民俗，即“王教”。引文的第二部分叙述了汉代欲通过风俗进行社会管理的史实。

我们再对另外一部风俗专著关于风俗的观念进行讨论，这就是汉代应劭的《风俗通义》的一个前言，应劭说：

> 风者，天气有寒暖，地形有险易，水泉有美恶，草木有刚柔也。俗者，含血之类，像之而生，故言语歌讴异声，鼓舞动作殊形，或直或邪，或善或淫也。圣人作而均齐之，咸归于正；圣人废，则还其本俗。尚书：“天子巡守，至于岱宗，觐诸侯，见百年，命大师陈诗，以观民风俗。”孝经曰：“移风易俗，莫善于乐。”传曰：“百里不同风，千里不同俗，户异政，人殊服。”由此言之：为政之要，辩风正俗，最其上也。①

这里对风的解释依然是地方性的，应劭明确讲了，地方的风并不一定好，可能或直或邪，或善或淫的。与班固说的君上不同，应劭说的是圣人，圣人出来改造这种风气，均齐之，归于正。这同样也是两重结构。君王和圣人代表了社会的精英阶层，他们主导了统一的国家民俗。两位古代民俗学家强调辩风正俗的重要性，强调国家民俗的主导性，这对于今天的政治民俗研究和民俗建设具有不同寻常的意义。

今天要不要一种国家的民俗或者公共的民俗呢？如果一个国家没有共同的民俗，该如何形成认同呢？根据民俗的两重结构观念，建立一国民俗与地方习俗结合的民俗观，是我们进行政治民俗学研究的大事。

如果我们将《诗经》、《礼记》、《尚书》、《周礼》和《仪礼》结合起来，便看到这种通过风俗进行社会管理的博大的政治智慧。中国传统的民俗资源足以支撑我们建立起强大的中国政治民俗学话语体系。

---

① [汉]应劭：《风俗通义》序，引自王利器：《风俗通义校注》，中华书局，1981年，第8页。

关于经济民俗学，我们从《禹贡》和《史记·货殖列传》等著作中都能够找到宝贵的资源。这些资源实在是太过丰富，本文不能遍举，可待深入研究。

我们对于民俗学的重新定位就是为了民俗研究的转型，为了民俗走到社会的前列，以期为这个时代的社会与文化发展作出更大的贡献。

论中国民俗学研究本体的构成

陈金文①

摘　要:从时间维度看,中国民俗学研究本体由古代民俗文化和当前传承的民俗文化构成;从空间维度看,中国民俗学研究的本体由多民族民俗文化和多区域民俗文化构成。中国民俗学研究本体呈现出多元化或多样化特色,具有丰富而深广的内涵。

关键词:中国民俗学;研究本体;纵向维度;横向维度

Comments on the constitution of The Ontology of Chinese Folklore

Chen Jinwen

(College of Literature Guangxi University of Nationalities,
Guangxi. Nanning 530006, China)

Abstract From the time dimension, the Ontology of Chinese folklore are constructed of the ancient folk cultures and the current folk cultures. From the space dimension, the Ontology of Chinese folklore are constructed of the multinational folk cultures and multi-regional folk cultures. The Ontology of Chinese folklore shows diversified characteristics, it has rich and profound connotation.

Keywords Chinese Folklore; the Ontology; the time dimension; the space dimension

---

① 陈金文,博士,广西民族大学文学院教授。

关于中国民俗学研究本体的构成，钟敬文在其著作中时有论及。在《建立中国民俗学派》一书中，他指出："一般的民俗学，都是一国民俗学，或者说，是单一民族的一国民俗学。中国的情况怎么样呢……我们的民俗学，是把境内多民族的民俗文化都作为自己的研究对象的。"①这里，钟敬文讲，中国民俗研究的本体是由中国境内各民族的民俗文化共同构成的。在《民俗文化学：梗概与兴起》一书中，钟敬文认为民俗文化学是一门历史科学，因而，以"古代民俗文化为研究对象"；民俗文化学又是"现代学"，因而又要研究"当代民俗存废的理论"②。此处，钟敬文把我国的民俗文化分为古代民俗文化与当下传承的民俗文化两部分。总体来看，钟敬文对于中国民俗学研究本体的构成已经有了较为清晰的认识，只是未作专门或具体的论证而已。除钟敬文之外，还有一些学者就中国民俗学研究本体的构成发表过一些意见，因篇幅问题，不作一一介绍。今本人拟在借鉴钟敬文及其他前辈学者相关论述的基础上，对这一问题作进一步系统研究。

本人拟从纵向和横向两个维度考察中国民俗学研究本体的构成。所谓纵向维度即时间维度；所谓横向维度即空间维度。

一、从纵向维度看中国民俗学研究本体的构成

从纵向维度看，中国民俗学研究的本体由古代民俗文化和当前的民俗文化现象构成。白寿彝说："民俗研究要重视调查工作，同时也要搜集历史上的民俗材料。我们过去没有科学的民俗学，今天我们应该建设马克思主义的民俗学，也应该研究我国古代在民俗方面的论述。"③白寿彝认为，科学的民俗学研究既要搜集历史上的民俗材料，也要研究我国古代学者在民俗学方面的论述。在世界上有一些国家属于新兴国家，历史不是太长；一些国家虽然是文明古国，但这些一度辉煌的古代文明在历史的长河中先后凋谢。

① 钟敬文：《建立中国民俗学派》，黑龙江教育出版社，1999年，第27页。

② 钟敬文：《民俗文化学：梗概与兴起》，中华书局，1996年，第21页。

③ 白寿彝：《民俗学和历史学》，张晨紫编：《民俗学讲演集》，书目文献出版社，1986年，第70页。

而我国则不同，五千年来华夏文明绵延不绝，延续至今。这使我国在人类文化史和文化现状上都成为一个例外。从甲骨文字的出现算起，我国文字史迄今至少有三千多年，在这三千多年中，我国产生了浩如烟海的文字典籍。从诸子百家、史学著作，到笔记小说、地方志文献等，都有对古代社会民风民俗的记载，当然还有《风俗通义》、《荆楚岁时记》、《东京梦华录》、《岁时广记》、《真腊风土记》之类专门记录古代社会风尚习俗的文献，这些都是祖先给我们留下的宝贵的文化遗产。

古代文献不但记录了历史上的民俗民风，还有一些有关民俗的精辟论述。譬如，《淮南子·齐俗训》中讲：

> 胡人弹骨，越人契臂，中国歃血也，所由各异，其于信一也。三苗髽首，羌人括领，中国冠笄，越人劗鬋，其于服一也。帝颛顼之法，妇人不辟男子于路者，拂之于四达之衢。今之国都，男女切踦，肩摩于道，其于俗一也。①

这段话的意思是讲，不同民族、不同地区、不同时代的人们习俗虽然不同，但其功能和作用并无差别。又讲：

> 鲁国服儒者之礼，行孔子之术，地削名卑，不能亲近来远。越王勾践劗发文身，无皮弁搢笏之服、拘罢拒折之容，然而胜夫差于五湖，南面而霸天下，泗上十二诸侯皆率九夷以朝。②

这里讲，鲁国行儒者之礼并未强盛，而越王勾践断发纹身反而称霸，以为风俗上的差异不足以定国势高下，因而也就无法评定不同地区风俗之好坏。这种观点很有一些现代人类学科所讲的文化相对主义的意味，直到今天仍有一定的理论价值，理应引起我们的重视。

钟敬文指出："对于中国几千年来的、多民族的风俗发展的历史资料，应

① ［汉］刘安、许慎：《淮南鸿烈解》，四部丛刊景钞北宋本，第128页。
② ［汉］刘安、许慎：《淮南鸿烈解》，四部丛刊景钞北宋本，第128页。

该重视并进行整理研究。"①"中国有丰富的民俗历史文献,不进行历史民俗学研究是说不过去的。"②钟敬文不仅一再强调研究民俗历史文献的重要性,还身体力行,在晚年规划撰写六卷本的《中国民俗史》③。诚如钟敬文所说,对于我们拥有的丰富的民俗文化历史文献,我们应该给予足够的重视。历史民俗文化学研究,可以帮助我们了解我国古代先民的生活生存状况,同时,对我国在漫长的社会发展过程中积累起来的丰富的民俗文化给予科学的阐释,其研究成果既可辅助一般民俗文化研究,也可向广大国民提供民族文明史的教育。作为一个中国民俗学者,不知秦汉,无论魏晋,不能把当前的民俗文化现象放到文化史的长河中去考察和研究,就不能对当前民俗文化现象的本质有正确而深刻的认识和了解。

总之,古代民俗文化是我国民俗学研究本体的重要组成部分,在我国可谓汗牛充栋。古代文献中既有对历朝历代民俗事象的记录,也有关于民俗文化的真知灼见,这些都是建设我国民俗文化学的重要材料。

从纵向维度,即时间维度看,中国民俗学研究的本体一端是古代民俗文化,另一端则是当前正在传承的民俗文化现象。钟敬文一方面讲民俗学有历史学的属性,一方面又尤其强调民俗学是"现在学",他指出,"研究当代民俗存废的理论","是民俗文化学中不可缺少的项目"④,认为民俗学是一门有直接效益的现在学。

作为现在学的民俗学研究,大致应该从以下几个方面开展:一是研究现存民俗的抉择与去取。中国是一个历史悠久的古国,积累了丰富的民俗文化,直到今天,在民间生活中仍然传承着大量的民俗文化事象。这些民俗事象大多是健康的、弘扬正能量的、具有积极意义的良俗,也有一些是消极的、传递负能量的。本人认为对民俗文化有必要加以区分:一部分是有助于促

---

① 钟敬文:《民俗学的历史问题和今后的工作——1983年5月在中国民俗学会成立期间的讲话》,《钟敬文学术论著自选集》,首都师范大学出版社,1994年,第451页。

② 钟敬文:《建立中国民俗学派》,黑龙江教育出版社,1999年,第49页。

③ 钟敬文主编:《中国民俗史》(六卷本),人民出版社,2008年。

④ 钟敬文:《民俗文化学:梗概与兴起》,中华书局,1996年,第21页。

进“文化多样性和人类的创造力的”①,属于对人类有益的,具有正面价值的,对社会有正能量的,这一部分属于文化遗产,应该传承和弘扬;一部分是不太容易做价值判断的,积极意义不明显的,消极意义也不太突出的,这一部分从价值判断的角度来看属于中性文化,是不是属于文化遗产并加以保护,要审慎对待,“但是作为历史现象,可以把它们送进博物馆或者研究室,供专业研究者去探究。因为它们毕竟可以告诉后人传统文化发生发展的过程,以及我们的祖先在这方面是怎样思考和活动的”②。钟敬文在这里明确阐明了作为现在学的民俗学研究应该承担的责任和义务。

作为现在学的民俗学研究应该承担起民俗文化的搜集整理与抢救保护及相关理论研究工作。自1840年以来,我国开始了由农业社会向工业社会、传统社会向现代社会的转型。生产方式、生活方式的变革,必然会对民俗文化形成冲击,造成一些民俗文化的濒危和湮灭。早在上世纪20年代顾颉刚就认识到了这一点并开始着手对民俗文化搜集整理。他在《苏州的歌谣》一文中讲道:“自从设立学校以来,都市中的小孩子大都唱着学校中的歌词了。教育日渐普及,乡间也都要这样。所以在现在二三十年中不去搜集,这些可爱的东西便有失传的危险。”③顾颉刚在这里为民歌将要失传的局面扼腕叹息。之后,他趁回故乡养病之机着手搜集吴歌,后来出版了《吴歌甲集》④。进入新时期以来,我国民俗学者做了大量的搜集整理工作,譬如,由钟敬文主持的全国范围的民间文学三套集成工作,2009年三套集成的省卷本部分全部出齐,省卷本90卷(计1.2亿字),地县卷本(内部出版)4000多卷(总字数逾40亿)。它是在全国范围内进行普查、广泛搜集的基础上,按照“科学性、全面性、代表性”原则编选出来的,具有极高的文化价值和科学价值。该成果受到国内外学界的广泛赞誉,被誉为中华民族的文化长城。

随着全球化浪潮的袭来,近年来,国际社会一再倡导保护文化多样性、

---

① 联合国教科文组织:《保护非物质文化遗产公约》,巴黎,2003年10月17日,第一章第2条。

② 钟敬文:《民俗文化学发凡》,钟敬文编:《民俗文化学:梗概与兴起》,中华书局,1996年,第22页。

③ 顾颉刚、钱小柏:《顾颉刚民俗学论集》,上海文艺出版社,1998年,第365页。

④ 顾颉刚:《吴歌甲集》,北京大学歌谣研究室,1926年。

抢救和保护口头与非物质文化遗产。所指的抢救与保护对象有相当一部分属于民俗文化,如《保护非物质文化公约》中列出的口头传说和表述,社会风俗、礼仪、节庆,传统的手工艺技能等。民俗学者自然应该积极参与文化多样性和非物质文化遗产抢救与保护的理论与实践活动。民俗学者田兆元指出:“我们希望各位专家珍惜难得时机,为非物质文化遗产的保护工作多做实事。这样一个好的时机来之不易,我们要在促进非物质文化遗产保护的同时,使民俗学学科也得到成长。”①田兆元认为民俗学者应该积极投身非物质文化遗产的保护工作,借国际社会倡导抢救与保护非物质文化遗产的东风推动民俗学学科建设。非遗保护过程中有许多亟待解决的理论问题,如非物质文化与物质文化间的关系;非物质文化与非物质文化遗产的关系;非遗保护是不是要原汁原味地保护;非遗保护应不应该走产业化的路子等,对这些问题从理论上加以阐释与说明是民俗学者的责任,同时,对这些问题的探讨与研究也有助于丰富与深化民俗学理论。

除了研究现存民俗的抉择与去取、承担民俗文化的搜集整理、抢救保护及相关理论研究工作之外,现在学的民俗学研究,还应该从理论与实践两方面推进文化产业开发,协助民俗旅游业的发展。丰富的民俗文化是我国宝贵的文化资源,对它进行合理的开发与利用,可以带来直接的经济效益,造福于民。钟敬文特别重视民俗学研究与旅游经济的关系,他曾经为民俗旅游方面的书籍撰写序言,认为民俗学的研究和学者的参与可以给旅游业带来助力②;还曾专门撰写论述民俗文化与旅游经济关系的论文,指出:“学者应该以自己的研究和实践工作为现实服务,选择优秀的民俗文化在当前经济,特别是旅游经济中发挥作用,结合现实需要来保护和发扬民俗文化。”③钟敬文认为民俗文化可以助力于旅游经济,旅游经济则有助于保护和发扬民俗文化。他关于民俗与旅游关系的论述对于民俗文化的开发与利用,具有重要的理论指导意义。探讨民俗与旅游的关系一直是民俗学界的一个热

---

① 田兆元:《关注非物质文化遗产保护背景下的民俗文化与民俗学学科的命运》,《河南社会科学》2009 年第 3 期。

② 钟敬文:《民俗风情篇》序,国家旅游局编:《走遍中国》,中国旅游出版社,2000 年,第 1 ~ 7 页。

③ 钟敬文:《民间文化保护与旅游经济开发》,《民间文化》2001 年第 2 期。

点，相关的研究文章可以用铺天盖地来形容，同时，也出现了一些相关研究著作，如徐赣丽的《民俗旅游与民族文化变迁》一书。该著尝试通过具体的个案描述与研究，揭示旅游开发与民俗文化传承之间的内在联系，探讨民俗传统在遭遇旅游带来的市场经济、政府管理、异文化冲击的过程中，自我发展、自我更新和变迁转型的机制。① 这是一部对发展民俗旅游具有理论指导意义的重要著作。

总之，从纵向维度看，中国民俗学研究的本体是古代民俗文化和当前正在传承的民俗文化现象。对于古代民俗文化的研究，一是研究古代文献上记录的历史上的民俗民风；二是研究前人有关民俗的精辟论述，探讨古人的民俗观。对于当前民俗文化现象的研究则主要包括研究现存民俗的抉择与取舍，承担民俗文化的搜集整理，抢救保护及相关理论研究工作，推进文化产业开发，协助民俗旅游业的发展等。

二、从横向维度看中国民俗学研究本体的构成

从横向维度即空间维度看，中国民俗学研究的本体是由多民族民俗文化和多区域民俗文化构成的。一般国家的民俗学都是一国民俗学，换而言之，是单一民族的一国民俗学，比如德国的民族构成主要是日耳曼人，德国的民俗学研究就主要研究日耳曼人的民俗生活，日本的民俗学也是单一民族的民俗研究，柳田国南的民俗学研究主要是大和民族的研究，对本国的少数民族民俗，如阿伊努等民族的民俗就不大关心。我国是一个统一的多民族国家，境内有56个民族，由于各民族所处的社会历史环境和自然环境等各方面的不同，他们在物质生活和精神生活方面的风俗习惯也就自然不同，各民族在建筑、服饰、饮食、人生仪礼、宗教信仰、喜好禁忌等方面表现出自己独特的风格，由此构成了我国各具特色、异彩纷呈的多民族民俗文化。

一个民族的民俗，是透视这一民族的窗口。通过这个窗口，我们可以看到各民族形成发展的历史，看到各民族在不同历史阶段的社会政治结构、生产生活方式，了解各民族的民族心理或民族精神等。同时，深入研究不同民

① 徐赣丽：《民俗旅游与民族文化变迁》，民族出版社，2006年，第1页。

族的民风民俗,说明各民族民俗文化的差异点,对于促进各民族间的相互沟通了解、彼此尊重、相互团结,有着重要价值和意义。在长期的发展过程中,我国56个民族的民俗文化之间相互影响、渗透与借鉴,在各呈异彩的同时又相互交流,不同民族间也形成了一些大体稳定的共享的民俗文化。譬如,春节、清明节、端午节、中秋节这些民俗节日本为汉民族所发明与享用,但许多少数民族也逐渐把这些节日纳入了他们的传统中。研究与探讨我国各民族民俗文化间的相互影响、渗透与借鉴,对促进我国各民族间的文化认同,建立和谐的民族大家庭有着重要意义。

对于中国民俗学研究具有"多民族的一国民俗学"的性质钟敬文早有认识,他曾经指出:"中国民俗学确立自己研究对象的依据,是中国的社会结构。中国是一个多民族的统一国家,境内56个民族,都有各自悠久的历史文化。在长期的社会发展过程中,各民族文化异彩纷呈,又互相交流,构成了灿烂的中华文明……中国的社会结构,决定了中华民族民俗的整体形态,决定了我们必须以一国多民族民俗为研究对象。也可以说,中国的民俗学,由于社会结构的关系,规定了她的性格、她的特点,就是多民族的一国民俗学。同世界上的很多单民族的一国民俗学相比,这是我们的一大特点。"①钟敬文基于中国是由56个民族组成的大家庭这一基本国情归纳出了我国民俗学"多民族的一国民俗学"的特点,显然,钟敬文的论断是符合中国国情的。张晨紫也特别强调我国民俗的多民族性,他曾经指出:"今天,我国是已有五十六个民族的统一的国家。这些民族在中华民族长期的历史发展中,以自己辛勤的劳动,开拓了祖国的疆土,发展了祖国的经济,创造了祖国的历史和文化,共同缔造了我们伟大的祖国。这众多的民族和悠久的历史文化,反映在中国民俗上便必然要呈现出多民族性的特点。"②总之,不少学界前辈在中国民俗文化是多民族民俗文化这一点上存在着共识。

从横向维度,即空间维度看,中国民俗学研究的本体一端是各民族民俗文化;另一端则是多区域的民俗文化。《汉书·地理志》云:"凡民函五常之

① 钟敬文:《建立中国民俗学派》,黑龙江人民出版社,1999年,第28~29页。

② 张晨紫:《中国民俗的特点》,张晨紫:《民俗学讲演集》,书目文献出版社,1986年,第243页。

性,而其刚柔缓急,音声不同,系水土之风气。”①班固的意思是“一方水土养一方人”,水土、物产等自然地理环境和经济条件影响了人们性格品质的形成,那么,同样的道理,不同地区自然条件、历史遭遇、生存环境的不同与生产方式、生活方式的不同,也必然影响到不同区域民俗文化的生成,形成各地特色鲜明的民俗文化。从“十里不同俗,百里改规矩”这句俗语看,普通民众对于民俗文化的区域性也有深刻的认识。中国是一个幅员辽阔的国家,有960万平方公里的土地。由于自然条件、生存环境及其他方面的不同,不同地域的民众生产方式、生活方式也就各有不同,自然与之密切相关的民俗文化也就有不同。早在春秋、战国时期我国就已经形成了特色各异的区域文化,如秦陇文化、燕赵文化、齐鲁文化、楚文化、吴越文化等。立足民俗学理论,研究区域民俗文化,对于开发利用地方文化资源,增强各地文化软实力,促进地方文化产业发展,培养各地民众热爱乡土的意识,都有重要的价值和意义。钟敬文生前对于自己的学生研究自己家乡的民俗常持鼓励态度,他以“土著之学”来概括这种研究,指出:“作为当地人来研究当地的民俗文化,占有很大优势,因为他从小就见闻、经历过这些文化现象,能够容易而又准确地理解其中的深刻内涵。”②可见钟敬文也是赞成区域民俗文化的研究的。叶春生较早倡导开展“区域民俗学研究”,曾经撰写了《区域民俗学的概念、性质与特点》的论文,认为“关注这些特殊的区域民俗事象,将有助于我们研究当地人民的心理,作出顺乎天理民情、有利于社会发展的善举”③。他认为区域民俗研究具有重要的社会意义。叶春生编撰的《区域民俗学》一书则是不可多见的一部对区域民俗研究的理论专著。该著探讨了区域民俗与行政区域、族群分布、方言区、山川地理等之间的关系,归纳出我国十六个区域民俗类型,如关东民俗、燕赵民俗、齐鲁民俗、中原民俗、荆楚民俗、吴越民俗等,对不同区域的特色民俗做了概括介绍。④

本人认为加强区域民俗文化研究,形成不同的体现出区域研究特点的

---

① [汉]班固:《汉书》,清武英殿刻本,第486页。

② 钟敬文:《民间信仰研究的新成果——序〈甘肃天水的农事禳灾研究〉》,《民族艺术》2001年第4期。

③ 叶春生:《叶春生民俗学论集》,上海文艺出版社,2012年,第129页。

④ 叶春生:《区域民俗学》,黑龙江人民出版社,2004年。

民俗学流派,对于中国民俗学学科建设具有重要意义。笔者曾经在《关于当前民俗学研究的一点思考》一文中指出：

> 中国民俗学应该走自己的道路。中国人口众多与疆域的广大决定了她在许多方面都会体现出多元化的倾向……民俗学研究领域自然也不应该例外。钟先生所说的中国民俗学派是一杆大旗,我们希望它迎风飘展,屹立于世界各国民俗学之林。但我们也认为,在这杆大旗下,还应该有诸如齐鲁民俗学派、湖湘民俗学派、中原民俗学派或巴蜀民俗学派,等等。只有如此,中国民俗学才能迎来繁荣,走向辉煌。①

本人认为,我国的民俗文化是由特色各异的区域民俗文化共同构成的,因而民俗学研究应该凸显民俗研究的地域特色,在此基础上形成异彩纷呈的学术流派。

总之,从横向维度,即空间维度看,中国民俗学研究的本体由各民族民俗文化与多区域的民俗文化共同构成,多民族与多区域共同构成我国民俗研究本体多元一体的独特性格,即一国之内多民族、多区域的特色,由此可知,我国民俗学本体研究内涵的丰富与深广。

结论

综上所述,我们从纵向和横向两个维度考察了中国民俗学研究本体的构成。所谓纵向维度即时间维度,从时间维度看,中国民俗学研究本体是由古代民俗文化和当前传承的民俗文化构成的;所谓横向维度即空间维度,从空间维度看,中国民俗学研究的本体是由多民族民俗文化和多区域民俗文化构成的。中国民俗学研究本体呈现出多元化或多样化特色,具有丰富而深广的内涵。

任何一个学科都有一个学科体系,这个体系包括好多分支学科,譬如民俗学就不单单研究民俗文化事象,还要研究一般民俗文化学理论、民俗文化

---

① 陈金文:《关于当前民俗学研究的一点思考》,《光明日报》2005年7月26日。

学方法论、民俗学学术史，等等，但是在任何学科的学科体系中本体研究都是最重要、最核心的部分，它是任何一个学科得以成立的基础和前提。因此，对于学科本体构成的研究具有极其重要的意义。

我国现代民俗学科的形成自“五四”歌谣学运动以来，迄今已有九十多年的历史，但是对我国民俗学研究本体的内涵或构成一直少有人关注，仅有少数学界前辈在不同的场合偶有涉及。今笔者作为民俗学研究队伍之一员，不揣浅陋，就这一问题发表一己之见，期望能起到抛砖引玉之作用。笔者学识浅薄，文中有不妥当之处在所难免，恳请各位方家不吝指教！

原载《华中师范大学学报》(人文社会科学版)2014 年第 6 期

共享·心性·交际花
——民俗的变脸

岳永逸①

摘　要：民俗的共享特性常常被限定在特定的地域或群体，精英天然置身事外。“全民而不共享”的悖谬也限制了作为一种方法的民俗学的发展。至今践行的家天下等观念与心态，说明作为一种心性的民俗的全民性。从交流到交际，原本全民共享的民俗真正成为部分人的工具，变成交际的与表演的。

关键词：民俗；共享；心性；交流；交际

一、全民而不共享

长久以来，民俗被定义为民众创造、传承和享用的知识。换言之，共享是民俗的基本特征。然而，这个共享限定的人群范围，常常是一个大群体中的亚群体，或者是彼此关联不大的群体，主要是被支配和左右的、相对弱势的那些人——群众、民众、大众，甚或乌合之众、边民、刁民。进而，民俗与特定的地域群体关联一处。现代学科意义上的中国民俗学——中国学者研究中国民俗的学科②——诞生以来，在发展进化论、阶级阶层论的认知前提下，强调地域之差，亚群体之异的“十里不同风，百里不同俗”、“隔行如隔山”有着不容置疑的合理性。不仅是在公众知识中，对相当一部分民俗学从业者而言，润化万物、没人能置身事外的古语“风俗”事实上等同于了现代学科意义上的被对象化、客体化、外在化的“民俗”。

① 岳永逸，博士，北京师范大学文学院副教授。

② 岳永逸：《忧郁的民俗学》，浙江大学出版社，2014 年，第 17～42 页。

与此同时,在中国,处于强势和支配地位的官、士等精英阶层被天然地排除在了上述形形色色的“民”之外。根据这一基本的社会阶级分类学,直到如今,民俗依旧延续了八九十年前在单线进化论框架下特设的基本内涵,即:原始的、乡野的、低级的、上不得台面的,需要教化和提升、去粗取精、去伪存真的大众、偏僻的知识技艺。不难理解,在此框架下,明确“对文化的上、中、下三层划分”①被视为是文化分类学中的一大进步,民俗的范畴也因之扩展到了城市市井街头展演的中层文化。

对于初学者而言,简单、明了、泾渭分明无疑是教科书编纂的基本要求。遗憾的是,这也常常导致不乏机械与片面的“教材式思维”。在绝大多数民俗学教科书中,当涉及民俗的特征时,传承与变异经常并置。可是,对传承的过分强调,使民俗学在相当意义上成为一门“保守”色彩明显的非“现代学”。经过学者、精英的“透视法”之后,“陋俗”、“假民俗”、“文化遗产”以及“本真性”、“原生态”也就成为当下民众真正享有的日常生活文化常见的标签。

在教材式思维中,明显存在矛盾的还有浓墨重彩的民俗的全民性。不论是单独列出全民性的条目,还是以集体性或群体性、地域性或民族性取而代之,这均与民众的界定和强调地域之别、族群之异的地方主义、亚群主义之间存在着不可调和的悖论。正因为如此,艾伯华敏锐地指出,在强化集权、一统的蒋介石当权后,有着浓郁民族主义和浪漫主义倾向,发生于军阀割据时期,且指向地方、强调地方的民俗学运动陷入瓶颈的应然与必然②。为何在民俗学这个边缘的弱小学科会有“全民而不共享”这个悖论?

20 世纪 60 年代,钟敬文关于晚清民俗学思想发展演进的精深研究明显

① 钟敬文:《民俗文化学:梗概与兴起》,中华书局,1996 年,第 15 ~ 17 页。要指明的是,早在 1936 年,杨堃对民俗学研究对象的定义,就涵括钟敬文所言的中、下层文化,云:“民俗学仅是研究各文明民族或历史的民间社会及其习俗的科学。……民间社会虽以乡村社会为主,但并非仅以乡村社会为限,因为还有都市社会的下层社会亦应包括在内。”参阅杨堃:《民俗学与通俗读物》,《大众知识》1936 年 10 月 20 日。

② Wolfram Eberhard, *Studies in Chinese Folklore and Related Essays*, Bloomington: Indiana University Research Center for the Languange Science, 1970, p. 7.

有着革命主义、单线进化论的时代局限①。但是,他爬梳的众多史料表明:中国现代学科意义上的民俗学运动的发生有着本土思想内发性发展的必然。换言之,现代学科意义上的中国民俗学的诞生是中国这个“历史基体”以自身的内因为契机而辩证法式地“固有的展开”,是一个犹如蟒蛇蜕皮而再生、新生的过程②,而绝不仅仅是对西方思想以及传教士等洋人关于中国民俗调查研究冲击的简单回应。

明代李贽的童心说、公安派的性灵说、冯梦龙的真情说等充满生机的思潮对清末民初知识界,尤其是周作人等“五四”先贤的深远影响、内在关联,已经是公认的常识。不仅仅是沟口雄三从史学的角度③,苏文瑜从文学的角度同样将中国现代性的起点追溯至晚明④。“五四”前后生发的现代学科意义上的中国民俗学同样从中大获裨益。然而,我们无法否认,现代中国民俗学的诞生更主要是欧风美雨裹挟下的单线进化论强力挺进的结果。环形、静态的时间观被线性、动态的时间观强力嵌入,撕开了不能再愈合的裂痕。不仅仅是《天演论》渐入人心,与此思潮相伴的爱德华·泰勒的《原始文化》、詹姆斯·弗雷泽的《金枝》更是“五四”前后在学界倡导、发起民俗学运动的学界精英的圣书。二书的宝典地位在中华大地上至少延续了近百年。在汹涌澎湃的革命、发展、进步三位一体的主流意识形态进一步地推波助澜下,遗留物说、万物有灵论、原始思维、交感巫术、迷信成为认知民俗的前提。

1846 年,英国人汤姆斯(William Thoms),创造性地使用了撒克逊人的土

① 钟敬文:《钟敬文文集·民间文艺学卷》,安徽教育出版社,2002 年,第 208 ~ 352 页。

② [日]沟口雄三:《作为方法的中国》,孙军悦译,生活·读书·新知三联书店,2011 年,第 55、111 页。当然,中国这个历史基体的固有展开是一个十分复杂的议题。金观涛、刘青峰的《开放中的变迁——再论中国社会超稳定结构》、《中国现代思想的起源——超稳定结构与中国政治文化的演变(第一卷)》等系列著作和汪晖的《现代中国思想的兴起》都异曲同声地对此进行了深度阐释。

③ [日]沟口雄三:《作为方法的中国》,孙军悦译,生活·读书·新知三联书店,2011 年,第 84 ~ 116 页;《中国的冲击》,王瑞根译,生活·读书·新知三联书店,2011 年,第 71 ~ 125 页。

④ Susan Daruvala, *Zhou Zuoren and An Alternative Chinese Response to Modernity*, Cambridge, Mass.: Harvard University Asia Center, 2000.

语“Folklore”(民俗)一词,用来指“民众的知识技艺”(the Lore of the People)。这是民俗学教科书固有的基本知识点。但是,从观念层面而言,以欧洲为中心、制高点的单线进化论思潮中的(原始)遗留物说对早期中国民俗学运动的影响要大得多,并延续至今。然而,无论是汤姆斯的民俗,还是泰勒的遗留物,二者的最小公倍数都是对全面来临的工业文明的礼赞,对即将远逝的农耕文明以及还“残存”的更低等级的原始文明的伤感、哀怜,是工业文明、都市文明对农业文明、乡土文明善意的揶揄、戏谑。阿兰·邓迪斯开创性地将“民”的范围扩展到至少有一种共识和习惯的“任意群体”①。这是在历史短暂和文化如同拼盘的美国,以多元移民文化为基础的都市文明大行其道的必然。但是,挥之不去的进化论同样使阿兰·邓迪斯在亢奋中饱含伤感。当然,无论礼赞还是伤感、敬意抑或戏谑,其中都有浪漫主义的迷离朦胧、近悦远来和民族主义的居高临下、唯我独尊等思想作祟,有自以为是的小群体自我意识的膨胀和不可一世。

当把民俗定义为农民社会必将消失的产物,是必然要被进化掉的原始社会或过去的遗留物时,也就导致了民俗“全民而不共享”这一悖谬。因为它不但全面规划好了先进、落后,高级、低级,野蛮、愚昧、文明这些阶梯,还高高在上地以自我为中心,对人群进行了分野。这也导致了后来在世界范围内的民俗学不停争吵,至今也尚无定论的民的范围,对俗也陷入长期的真伪、新旧以及是非之争中。前西德的民俗学主义(Folklorism),美国的伪民俗(Fakelore)、公众民俗学(Public Folklore)、日本的都市民俗学、现代民俗学大抵都是这些争论的具体表现或争论后的产物。

因为暗合了儒家文化强调的蛮夷戎狄、士农工商、三教九流等社会分类学和三纲五常等伦理学,现代学科意义上的中国民俗学更是长期固守在官民、雅俗、科学愚昧等制度性框架内。不仅仅是俗,被大写或小写的民始终都是居上位的精英要力求改造、教育、涂染的“物”——工作对象而非情感对象,延续着古老中国统治者唯我独尊、“教以化之”的自我中心主义②。

---

① Alan Dundes ed., *The Study of Folklore*, Prentice-Hall, Inc., Englewood Cliffs, N. J., 1965, pp. 1—3.

② 岳永逸:《忧郁的民俗学》,浙江大学出版社,2014年,第189~199页。

二、作为民族心性的民俗

如果人类社会真的存在一个所谓生产力低下，只求种的繁衍与生存的原始阶段，那么汤因比（A. J. Toynbee）关于原始艺术全民共享的基本观点显然值得关注：

> 原始艺术家的天赋并没有受到压抑，他们与社会的其他成员共享这些天赋。他们并没感到自己由于具有这样一种特殊的洞察力或才能而与自己的同胞产生隔阂，进而由于这种才能而不能重新进入完全的共享，除非他们成功地改变了自己同胞的情感、思想和行为方式。需要注意的是，他们并没有意识到自己与众不同，是专家或职业家。假使他们意识到了这一点，也丝毫不会给他们带来优越感，从而自我陶醉。反之，那将是他们的不幸，因为那将使他们感到自己被孤立起来了。①

在相当意义上，随着生产力的发展、人群的分野、分工的精细，原本全民共享的"情感、思想和言行"——民俗也被专门化、具象化、琐碎化。衣食住行、人生仪礼、岁时节日经常成为不同场合中民俗的代名词。这在对人身体不同器官的定义、表述之中也有充分的体现。心脑远比手脚重要，所以劳心者治劳力者。在今天这个开放的时代，男子的头、女子的腰，他人依旧轻易触碰不得，属于禁忌范畴。手也远高于脚。在汉语中，巧手、能手、高手、快手、写手、三只手、云手、圣手、有一手，神掌、掌上乾坤、指尖技艺都是对手的颂扬。就是"黑手"，也常常是与"幕后"相连。可是，如果没有了手，再能干的脚，多少都有些哀悯的色彩，还不乏"跟脚棒"这样的贬义。

本质上，历史事实是心理上的事实②。在此意义上，去除衣食住行等云

---

① ［英］阿诺德·约瑟夫·汤因比：《艺术的未来》，王治河译，广西师范大学出版社，2002 年，第 3 ~ 4 页。

② ［法］马克·布洛克：《历史学家的技艺》，张和声译，北京师范大学出版社，2014 年，第 159 页。

山雾绕的种种物化形式，对一个作为蟒蛇般的历史基体的文化群体或文明形态而言，全民共享的民俗不是别的，是一种沙漠中坎儿井般时明时暗的心性。哪怕仅仅是"想象的共同体"（Imagined Communities），如果现代民族国家这个概念成立，那么中国民俗学的核心问题应该是中国人何以成为中国人。即在中国这块土地上生活的形形色色的个体的最大公约数是什么？今天全民还在共享什么？近百年来的中国民俗学都在追随外国以及相邻人文社会科学的大小理论并做加法。然而完全自立的中国民俗学或许应该从做减法开始。天然去雕饰后，清水才会出芙蓉。

清末以来，精英阶层不遗余力地废除旧历、推行西历①，对皇家禁地、城乡寺观、祠堂等神性空间、禁地向公园、学校、陈列馆等的世俗化改造②的不完全成功，根本原因就在于悠久并有着韧性的共享时空观、时空感这种民族心性。无论个体社会化及其所扮演角色的差异如何，也无论是留洋归来还是固守乡里，作为中国人长久共享的时空观并未随强劲的欧风美雨和无孔不入的科技而逝。一旦去除"魔力"，这种时空观便具有了不言而喻的"自然性"，新的技术就成为其回归的诱因，从空间、时间和社会不同层面全面拓展着"民间社会"的视阈与生态，进而呈现出统一在当地的"本土异域风情"、动态平衡的"历史因素的去历史化"和模仿、戏仿、反讽、曲解的"统一文化"③。如今，春节、清明、端午、中秋等传统节日成为法定节假日，以旅游、文物等各种名义对寺观、祠堂的修复以及文化遗产的官方认定、保护，要使看得见山、

---

① 左玉河：《拧在世界时钟的发条上：南京国民政府的废除旧历运动》，《中国学术》2006年第21辑；Poon Shuk-wah, *Negotiating Religion in Modern China: State and Common People in Guangzhou*, 1900～1937, Hong Kong: The Chinese University Press, 2011, pp. 93—116.

② 分别参阅 Shi Mingzheng, "From Imperial Gardens to Public Parks: The Transformation of Urban Space in Early Twentieth-Century Beijing," *Modern China*, vol. 24, no. 3 (1998): 219—254；邰爽秋编：《庙产兴学问题》，中华书报流通社，1929年；Rebecca Nedostup, *Superstitious Regimes: Religion and the Politics of Chinese Modernity*, Cambridge: Harvard University Asia Center, 2009, pp. 67—149；Poon Shuk-wah, *Negotiating Religion in Modern China: State and Common People in Guangzhou*, 1900～1937, Hong Kong: The Chinese University Press, 2011, pp. 41—91.

③ ［德］赫尔曼·鲍辛格：《技术世界中的民间文化》，户晓辉译，广西师范大学出版社，2014年。

望得见水的“乡愁”滞留在新城镇等，都是明证。

数千年来，绝大多数中国人对专制的迷恋典型地体现在对包公青天的颂扬和对青天大老爷、贤明君主的痴迷、编造中。如是，被反复阅读、上演和观赏的替天行道的梁山好汉反贪官不反皇帝，终至偃旗息鼓，回归天子之“正统”。形形色色的“上访”也延续了“拦轿喊冤”的古典社会剧的精髓。在《礼记·大学》中，物格、知至、意诚、心正、身修、家齐、国治、天下平的逻辑演绎是小圈涵盖大圈、大圈套小圈的双向互动。原文既像文人自恋的回文诗，也像小孩爱玩的有着荧光的回旋镖：

> 古之欲明明德于天下者，先治其国；欲治其国者，先齐其家；欲齐其家者，先修其身；欲修其身者，先正其心；欲正其心者，先诚其意；欲诚其意者，先致其知，致知在格物。物格而后知至，知至而后意诚，意诚而后心正，心正而后身修，身修而后家齐，家齐而后国治，国治而后天下平。

其中，物人、心身、家国与天下实属互文。实而虚，虚而实。当实则实，当虚就虚。家、国、天下在身心之外，也在身心之中，是可视可感也能两忘的物。更为关键的是，这一原本有些玄妙，唯物和唯心杂糅的理性经过千年衍化，早已春风化雨，深入人心，成为中华文明的肌理、脉搏。无论是被一度猛烈批判的三纲五常，还是被颂扬的“达则兼济天下、穷则独善其身”，“天下兴亡、匹夫有责”都是家天下观的细流与枝蔓。家是我的，无论范围大小，只要成为一家之长，就可以理直气壮地为所欲为。也只有成为家长，才能随心所欲，纵横驰骋。对官的迷恋、对家的呵护或者反向无为的躲闪、逃逸，成为了一个民族的心性，既非仅属文人士子、官僚士绅，也非仅属无力无为还认命、相信宿命的小老百姓、凡夫俗子。

这种“家天下”全民观念上的守旧、恋旧的价值理性和金钱万能的工具理性，共同促生了20世纪颂扬贤明君主等青天大老爷宫廷戏的文艺畸形美学和不同形式腐败的温床。家庭联产承包责任制固然在相当意义上解决了绝大多数人的温饱，但其举国相庆、上下称贺的根本原因在于从心意、心性上回归了耕者有其田的平均主义和大同理想，从而强化了普通人对“家”的拥有感和实在感，和进一步将“家”扩大延伸的可能。在“农民工”兴致勃勃进城散居街头窝棚、青年学子蜗居城市“蚁穴”的同时，希望集团等家族民营企业的兴起，娱乐明星、裸官的家属等既得利益群体纷纷改换国籍、走出国门、不停换妻生子、购房置地、倒买倒卖，都是以各自的方式、技艺拓展着“家”的内涵与外延。以此为出发点，不难理解大致同期的“儒教复兴”、“新儒学”、“儒教资本主义”以及“儒教社会主义”等儒学支流纷纷在内地思想界的粉墨登场、现身说法。

前现代的官、民有着共享的心思、心性，今天的官、民也并无多大的区隔。尽管在衣食住行等外在形态和社会地位上，官、民始终泾渭分明，有着天壤之别。在以地产经济为龙头的这个时代，并行不悖的土皇帝、土豪、土地爷惹人眼球的三类形象的大行其道，充分寄托着国人的情思、好恶。中国历史反复演绎的官逼民反，不过是改朝换代、换汤不换药，不过是你方唱罢我登场地按着既定套路、构型的程式美学。在此意义上，民俗不是边僻之地、犄角旮旯的细枝末节，不是市井街头止增笑耳的大众文化，不是荧屏内外的流行文化、垃圾文化，而是一个打破地方主义、原始主义的民族文化的最大公约数。

对于作为最大公约数的民俗，无论群体的大小，置身其中的个体没有谁将自己置身事外，也没有谁能认为自己是独一无二的。因为，作为最大公约数的民俗，其“空间的和社会的本质”与“时间—历史的本质”都是根本性的①。在相互交往中，他们按照自己的角色分工，均等地也是心领神会地共享着彼此的知识。没有障碍和区隔，更不需要翻译。正如在给“民间故事家”或“非物质文化遗产传承人”命名之前，没有人会为自己能讲几个故事、唱几首民歌、吟诵史诗、剪裁捏制些玩意儿而自绝于左邻右舍，高高在上。拥有专业知识、技艺的工匠、祭司、香头，气宇轩昂的官员、滔滔不绝的专家会在他该出现的场域出现，并一丝不苟地施展自己的“才艺”。人情、关系、面子、排场是这些场域中演艺共享的最大公约数。说真话还是假话，真笑还是假笑，装腔作势还是一丝不苟，正襟危坐还是蹦蹦跳跳，风车车还是假老练，一切都自然而然。

---

① [德]赫尔曼·鲍辛格:《技术世界中的民间文化》，户晓辉译，广西师范大学出版社，2014年，第142页。

三、成为“交际花”的民俗

随着公共领域、沟通交际理论的盛行，共享的民俗是用来“交流”的成为时髦的命题。这实则是对民俗认知的巨大突破。它冲破了既有的静态观，将民俗还归生活现场，强调在过程中研究民俗的重要性和民俗的过程性。但是，这种交流理论也暗中奉迎了庸俗工具论的潮流，不自觉中为这个功利化、市侩化的社会鼓起了风帆，使民俗成为“交际”的。或者说，在发展即进步的虚幻叙事美学中，交流被庸俗化为交际。

从先秦时期开始，在教化观引导下的“采”，诗经、汉乐府、新乐府、冯梦龙的山歌、北大《歌谣周刊》时期的歌谣征集等多少都还具有正价值。将自己从民众中分隔出来的这些精英们至少没有否认民众的知识产权，明白自己记录者的角色。21 世纪以来，同样是在教化观引导下要反哺民众的“官媒精英”们，则完全反客为主，大言不惭地扮演起了携带横暴权力的全能全知的导师、恩师①。

发展经济的第一要义使长时间被否定、污名化的民俗必然会成为文化。“民间”和“原生态”两个语词分别在 20 世纪初和 21 世纪初的盛行虽各有内因外力，却都暗含了不同时代精英的急切与焦灼②。上世纪 90 年代，作为经济唱戏的舞台，不少民俗有了文化的标签。但是，这与此前学界将民俗与文化的粘连、表述并无多少关联。在学界，尤其是 80 年代文化热兴起的时候，作为文化被表述的民俗是不同知识分子之间交流的工具，所以对自己职业、专业正名的诉求举足轻重。到整个社会上下都在轰轰烈烈高举“文化搭台，经济唱戏”的大旗时，具体到某个地方的作为文化的民俗则是发展地方经济的力，至少是“软实力”。这种力，在 21 世纪以来的非物质文化遗产运动中得以强化，由“软”变“硬”，衍生为文化产业化、产业文化化和将文化古国建

---

① 岳永逸：《都市中国的乡土音声：民俗、曲艺与心性》，中国人民大学出版社，2015 年，第 245 ~ 250 页。

② 岳永逸：《都市中国的乡土音声：民俗、曲艺与心性》，中国人民大学出版社，2015 年，第 3 ~ 14 页。

成文化强国的理性基础。最终,作为一种生产力的文化大有取代作为一种生产力的科技的势头,至少并驾齐驱。

随着改革开放的推进,原本一个群体内交流共享、心照不宣的民俗成为不同群体之间交际的工具,是外在的,甚至需要解释和翻译。为了“发财”而热气朝天的紧张繁忙与宗族文化、庙宇文化的重整交相辉映,热闹非凡。有点儿文化因子、影子并希望游客驻足“凝视”的旅游业在地方经济中占有相当的份额,甚或是地方经济的重头戏。民俗复兴论、宗教复兴论,以及依旧基于欧洲立场——欧洲透视法——的世俗功利论成为多数中西学者描述、阐释当代中国的前提和万能钥匙。萨义德(E. W. Said)批判的“东方主义”、杰克·古迪(Jack Goody)在《偷窃历史》中专门批判的“种族中心主义”,尤其是欧洲中心主义仍然阴魂不散。

在一个共建的平台,外在于民但也有些俯就民的官要的是GDP数据,外在于官但有些媚上的民要的是被内部化的俗的活动空间。欺上瞒下这种心眼儿、心性也就成为媚上和俯就的当代官民践行的身体民俗学的本质。于是,在交际中,民俗不再是生活本身,而是一种在大小舞台表演的技术与才艺,是一种随时可以脱离固有空间、时间、仪轨而表演的“舞台真实”①。以华北腹地小村范庄的龙牌会为代表的众多经验研究表明:今天的民比居上位的官媒精英都更清楚他们自己在有意表演什么;从这种作为交际手段的表演中他们要获取、拓展什么②。在复杂的内心纠结中,民众表演出不同观者想看到的东西。表演的理性或者说理性表演这一基本的社会事实,是以理查德·鲍曼(Richard Bauman)为代表的表演理论框束下的中国经验研究基本忽略的。

在以经济、发展之名对民俗庸俗工具化使之成为交际工具后,非物质文化遗产运动再次以文化的名和民族国家文化强国这一政治的义,对全民共

---

① [美]Dean MacCannell:《旅游者:休闲阶层新论》,张晓萍等译,广西师范大学出版社,2008年,第101~122页。

② 高丙中:《一座博物馆—庙宇建筑的民族志——论成为政治艺术的双名制》,《社会学研究》2006年第1期;岳永逸:《灵验·磕头·传说:民众信仰的阴面与阳面》,生活·读书·新知三联书店,2010年,第85~168页;华智亚:《龙牌会:一个冀中南村落中的民间宗教》,上海人民出版,2013年。

享和交流的俗非遗化、碎片化、个体化,使得单线进化论框架下的静态遗留物说借尸还魂。在一大批即将消失或必然消失的民俗具象被非遗化的同时,已经与现代都市生活和传媒帝国融于一体且生机盎然的相声、二人转等也齐刷刷地挤进"非遗"行列,获取在振兴民族文化口号下文化强国梦的政治资本。在以名利为主导的非遗化浪潮中,真假之争、正偏之辩,甚至弄虚作假纵然不是主流,也是暗流。厚黑学、关系学如影随形。随之相生的民俗园、民族园、风情园、博物馆、展览馆、汇演要么徒有其表、外强中干;要么惨淡经营、门前冷落、亦如空壳。

然而,也正是因为经济的名、文化的义与政治的力,民族园、风情园、非遗展、大大小小的官祭和民祭使若干的民俗具象突破了小群体、地域、族群、时间的限制,成为穿越时空的变形金刚。这些交际反而使工具化的民俗在今天具有了片面的全民性,忽视传承者主体能动性的民俗的"外价值"①被全面、充分地挖掘与激活,热闹非凡。正是在这样的整体背景下,百家讲坛、星光大道、超女快男、明星春晚、中国好声音、原生态歌舞、无坚不摧的抗日神话剧、老谋深算的宫廷剧、变化莫测的神仙剧、战无不胜的谍战剧才成为这个时代最强的和声,并散发出本雅明(Walter Benjamin)曾深深叹息的"光韵"(Aura)②,重重叠叠,让人晕眩。

原载《民族艺术》2014 年第 6 期

① 刘铁梁:《民俗文化的内价值与外价值》,《民俗研究》2011 年第 4 期。

② [德]瓦尔特·本雅明:《机械复制时代的艺术作品》,王才勇译,中国城市出版社,2002 年,尤其是第 12 ~ 14 页,第 89 ~ 91 页。

作为一门学科的民俗学：纠缠于技术想象与历史想象之间

吉国秀①

民俗学倾向于把社会中的底层群体转换成一个有认同、在另一种秩序模式中处于上层的群体，把现实的无奈表述为个体或群体应对变迁的策略。但现在，这些支撑都需要作出说明：你为什么要研究那些民众？（换言之，你为什么要把民众对象化、问题化？）民众过着自己的生活，需要民俗学作出诠释么？（更何况民俗学始终无法摆脱学科知识与民众知识之间双重诠释的影响）不言自明，发无声者的声音，其权威性究竟来自哪里？民俗学以民众知识为研究对象的合法性究竟在哪里？

这些来自学科外部的批判（相邻学科的诘难）和学科内部的批评，是民俗学学科反思的一部分，它事关民俗学学科的合法性、独特性及其对于知识整体的贡献与价值，它也触及以民俗学为职业的从业共同体。学科反思动摇了民俗学者对民俗学事业信念与信仰的坚持，原有的知识生产框架成了被拷问的对象，在质疑和反问中被东摇西晃一番，处于风雨飘摇中。

但是，反思从来不是目的，其目的有截然相反的两种：一种是毁灭性的，给民俗学的现状落井下石，让它越发的脆弱；另一种是建构性的，将其铸造成学科发展的推手，让民俗学越来越强大。

在这些问题中，对民俗学而言最为致命的是，与重大问题的关联不够，学科所取得的成就不能给相邻学科和公众留下深刻的印象。简言之，不管通过什么方式，你把民众知识呈现出来有什么用？问题的背后潜藏的是人们对学科的一种想象方式——“技术想象”（赫勒）——是对科学的一种信

① 吉国秀，博士，辽宁大学文学院教授。

仰。在这种逻辑中,行动因结果而有意义,它只关心有什么用?

民俗学的核心词汇是(民众知识的)传承,而民俗学的学科,即民俗学职业者从事的学术分工,却是五四运动以后借鉴西方学科分类的结果。换言之,民俗学的学科存在依据是西方的学科制度。我们借用了西方的工具理性来说明乃至证实学科存在的合理性以及学科的价值。只要民俗学仍置于学科分类格局中,那就一直没有摆脱西方的工具理性。换作其他学科,也许不存在问题,但对民俗学而言却是相悖的。也就是说,民俗学遵循的是追求科学化的"技术想象";而它所从事的研究以及背后的人文主义关怀遵循的却是"历史想象"(赫勒)。它是"一个意义呈现的行动","用意义呈现代替知识、用解释替代'解决问题'",它关心的不是有什么用,而是有什么意义。

技术逻辑关心的是作为一门科学的民俗学;历史想象关心的却是生活在民间的民。民俗学的现状恰恰纠缠于两种想象之间:一方面要为学科生存拓展更大的空间,在学科的场域中(相对位次)寻求向上流动的机会,在学科秩序中谋求最佳位置;而在研究中却坚持另外一套学科想象——撇开行动有何作用的问题,需要关注的焦点是行动对民众而言究竟有何意义。让我们回到起点,重新审视民俗学知识有何用的问题,就会发现这个问题在不同的想象逻辑中有不同的答案。遵循技术想象,它无用。而在历史想象中,它却有大用。民俗学就是这样一门无用之大用的学科。在一个技术想象处于支配地位,横扫一切的时代里,历史想象越发显得弥足珍贵。

虽然马克思早在一百六十六年前就断言"一切坚固的东西都烟消云散了",但总有些东西是坚固不变的,这些坚固不变的东西是让一门学科能够坚实站立的支撑。在一个强调变化就是好的时代里,仍然有对不变的需要。这个文化的、认同的东西就是民俗学能够给你的那个坚固的东西,它"来自用真切的情感,研究这个世界"(斯特里普),来自于"对那种被重复运动的自我理解,即翻查过去以破译它,开展同过去的对话,珍惜过去,使过去不断成为现在"(赫勒),来自"那些共同拥有生活经验的人"所解释的过去。

民俗学学科是较晚被发明出来的小范围群体的思想,对学科对象的解释决定了民俗学在社会科学里的相对位置。纵然知识的边界日趋模糊,知识生产的途径日益多元化(自然科学、社会科学、民族志、哲学、集体记忆、口述史),但最终你要回答的问题仍是民俗学的核心问题——传承以及为何传承？民俗学共同体的实质性努力才是对知识生产的最好诠释和说明，对学科归属的分类与学术脉络的追寻（人文学科还是社会科学）也许只是一种宣称和澄清，想要在其中寻找非此即彼的最终答案，一定会大失所望。它集中反映了民俗学者的集体焦虑（对学科前景的担忧、职业前途的忧虑以及学科认同的削弱）。

最能说清民俗学是一门什么样的学科，是知识共同体生产知识的努力，以及这些努力生产了什么样的知识。也就是说，民俗学从传统中获得了"合法性"，它与传统一样，也需要不断地"自我发明"。

民俗的三种属性及民俗学的三个研究方向

吴效群①

长期以来,由于对民俗学的学科属性等基本问题认识模糊,我国民俗学研究问题重重:研究方向不明,缺乏相应的学术规范,没有形成有创造性、有影响力的学术共同体,没有有价值的理论贡献。在中国学术体系的知识生产中缺席失语,无法承担相应的学术责任,也没能获得应有的学术地位与社会尊重。

造成这一现象的原因很多,其中政治的影响最大。民俗学以民众的知识和生活为研究对象,民俗学引入中国以来,知识界一直以流行的意识形态的眼光看待民俗,或将民俗作为民众愚昧落后的表现、或从民俗活动看到民众潜藏的生命活力、或视民俗为非物质文化遗产。而除了这些随意识形态的沉浮产生的流行认识之外,我们很难看到基于知识兴趣的独立的科学思考与追求。

如何达致对民俗的科学理解和全面把握?进入的渠道可能多种多样。首先,我们摒弃社会政治的影响,以纯粹追求知识的目的冷静客观地对民俗作一番本体论的剖析。先从内容上说,民俗,英语为"Folklore",无论在汉语语境还是英语语境,都是民众的知识与智慧的意思,属于民众日常生活中的精华部分。从内容的角度说,就有了两个研究探讨的方向,一个是将民俗当作认识特定文化的特质,或追寻人类文化规律和通则的材料,这是社会科学取向的研究,现今的人类学就是这个理路。但是人类学并非只研究民俗,整个基层社会和文化都是它研究的范畴;另一个是依照民俗的内容特点,进行知识论方向的探求,发掘民众独特的文化观念及其文化创造,致力于民族文化的价值与人类文化多样性的追求,现在的非遗保护研究就是这个理路。

---

① 吴效群,博士,河南大学文学院教授。

再从民俗的传承方式看,民俗主要以口头语言的方式口耳相传,基于口头传播、接受和记忆的特点,许多民俗采取艺术化的表达方式,有故事性或韵律,因此,就有了对民俗进行审美关照的民间文学研究。

我们再从知识体系的完整性看民俗学应该是什么。现代学术体系是现代社会体系的反映,人类理性的需要造就了对生活各个领域进行科学研究的学科。中国历史悠久,在文化的传承发展方面一直是书面语言与口头语言并行。相对于书面语言传承系统,学术研究对口头语言传承的文化系统的关注更少。这其中,人类学对以口头传承为主的基层文化从社会科学的角度进行研究,追求把握中国文化的特质,或探讨人类文化的通则;民间文学研究对口头传承文化进行审美观念和特点的研究;但是,对民俗进行知识论探讨和总结的研究一直阙如,民俗所传递的知识和服务生活的意义无法彰显出来。

民俗所具有的知识特性,所蕴涵的文化特质和通则特性、审美特性应该造就民俗学三个研究方向出现。

知识论方向的民俗学:目的在于探讨民众独特的文化观念及文化创造,进行知识论意义上的总结,以使民俗在今天被更好地理解或更好地推广。知识论方向的民俗学大体说来属于人文学的范畴,与史学研究有相似之处,但从文化推广的意义上讲,又与社会学、人类学研究交叉。这是一个亟待发展且大有作为的方向。时代在发展,但生老病死这些人类的基本问题却永恒不变。不能说今人在这些问题上的表现就比古人聪明、西方人的创造就比东方人的好。随着世界交流日趋紧密,人们发现在日常生活领域各个民族都有不少非凡独特的发明创造,并非只有西方的好。这些文化创造在今天被称为非物质文化遗产。它们为人类文明的进步发展提供了动力与源泉,为人类的幸福提供了保障。中华民族在日常生活领域有着极其优秀的文化创造,举世公认,全球化提供了世界各国非物质文化遗产互相交流和借鉴学习的机会,中国优秀的非物质文化遗产的广泛传播有可能成为中华民族对人类文明的又一次伟大贡献。这项事业是中国民俗学的职责所在,但在民俗学界,仍有不少人视非遗保护研究和参与非遗保护活动是旁门左道,我们或许正错失专业发展的大好时机。

社会科学取向的民俗学:目的是提炼民俗现象背后的本质,生产民间文化领域的普遍性知识。寻找中国文化的特质,或参与人类文化通则的讨论,采取实证的科学研究方法,人类学就是这个理路。社会科学的民俗学研究在这个地方与人类学重合,应该遵守社会科学研究的普遍规则,参与社会科学的知识生产讨论。现在的问题是,一些民俗学者运用人类学和社会学的理论进行实际上的社会科学方向的研究,但同时强调民俗学与人类学的不同,强调民俗学的主体地位,却又在学科属性、学术目的、学术规范方面提不出建设性的认识。由于没有认识到在这个方向上民俗学与人类学实际上是重合的,就没有遵守社会科学研究的规范,不能遵从社会科学研究的目的。这样的研究成果不具备社会科学的意义,无法参与社会科学普遍性知识的讨论,也就不被主流学术界关注和认可。

审美方向的民俗学:目的在于探讨口头传承的民俗的艺术特点和美学风格,展示民众的艺术创造能力。以民间文学为主体的审美方向的民俗学研究一直独立成为一门学科,发育相对正常。

以上纯粹从本体论的角度对中国民俗的三种禀性的认识、对所造就的三个研究方向的区分、对中国民俗学三个方向实际表现的分析,言之成理,论据充分。它昭示了中国民俗学研究应该具有的格局和存在的问题,为中国民俗学的发展奠定了基础,指明了方向。

基于现象学的民俗四要素研究

王凤娟①

摘　要:现象学作为方法论资源和哲学基础多次为民俗学研究带来生机和活力。从现象学意向性理论出发,结合民俗意向性结构特征,将民俗意识、民俗场域、俗民个体、民俗事象作为民俗四要素进行现象学还原,以本质直观观照民俗四要素,以对民俗四要素进行先验还原为旨归,在此基础上对民俗四要素进行新的现象学界定,这对深入认识民俗的结构特征有一定的价值和意义。

关键词:现象学;民俗意识;民俗场域;俗民个体;民俗事象

现象学作为民俗学的方法论资源和哲学基础多次为民俗学研究带来新的生机和活力。在20世纪90年代中期以前,中国民俗学研究的主流范式一直是“超越民俗传承的具体时空、以民俗事象为中心的研究范式”②。到了20世纪90年代中期,高丙中先生的博士论文《民俗文化与民俗生活》引入胡塞尔现象学“生活世界”的概念,开创了中国民俗学新的研究范式——“语境中的民俗”的研究范式。户晓辉先生在《民俗学:从批判的视角到现象学的目光——以〈技术世界中的民间文化〉为讨论中心》中强调现象学作为民俗学研究方法的重要性。户晓辉认为德国著名民俗学者鲍辛格的名著《技术世界中的民间文化》采用的现象学研究方法为中国民俗学研究带来了深刻的方法论启示:“鲍辛格的可贵之处在于不满足于单纯的个案研究,而是勇于化解理论难题,并由此为民间文化的现象学研究开辟道路。可以说,如果

---

① 王凤娟,博士,池州学院讲师。

② 刘晓春:《从“民俗”到“语境中的民俗”——中国民俗学研究的范式转换》,《民俗研究》2009年第2期。

没有对理论的敏感和现象学方法论上的自觉,《技术世界中的民间文化》这样一部早熟之作很难在一个刚刚过了而立之年的青年学者手中诞生。"①1986年,鲍辛格在其《技术世界中的民间文化》第2版后记中不无谦虚地说,该书是民俗学从古文化研究转向批判的文化分析之路上的一个驿站或阶段。②

现象学作为民俗学研究的理论资源不仅具有理论可行性,而且还具有现实必要性。现象学的开创者胡塞尔在《欧洲科学的危机与超越论的现象学》中写道:"在19世纪后半叶,现代人的整个世界观唯一受实证科学的支配,并且唯一被科学所造成的'繁荣'所迷惑,这种唯一性意味着人们以冷漠的态度避开了对真正的人性具有决定意义的问题。单纯注重事实的科学,造就单纯注重事实的人。"③在西方,"伽利略在其从几何学出发,从感性上呈现的并且可以数学化的东西出发,对世界的考察中,抽去了在人格的生活中作为人格的主体,抽去了一切在任何意义上都是精神的东西,抽去了一切在人的实践中附到事物上的文化特征,通过这种抽象产生出纯粹物体的东西,但是这种纯粹物体的东西被当作具体的现实性来接受。它们的总体作为一个世界成为研究的主题"④。"在胡塞尔看来,科学的危机实质上是哲学的危机,这种危机根本就是人的危机。"⑤月盈则亏,物极必反,当人们长期流浪于精神的荒原,必然不满于这种异化单面人的生存状况。现象学的开创者胡塞尔针对这一状况,以"回到事物本身"、意识的意向性结构等现象学利器有

---

① 户晓辉:《民俗学:从批判的视角到现象学的目光——以〈技术世界中的民间文化〉为讨论中心》,《安徽大学学报》(哲学社会科学版)2013年第3期。

② Hermann Bausinger, Volkskultur in Gemengelage: Nachwort 1986 mit bibliographische Anhang, in *Volkskultu in der technischen Welt*, Reihe Campus, Band 1008, Campus Verlag, 1986。转引自户晓辉:《民俗学:从批判的视角到现象学的目光——以〈技术世界中的民间文化〉为讨论中心》,《安徽大学学报》(哲学社会科学版)2013年第3期。

③ [德]埃德蒙德·胡塞尔:《欧洲科学的危机与超越论的现象学》,王炳文译,商务印书馆,2001年,第15~16页。

④ [德]埃德蒙德·胡塞尔:《欧洲科学的危机与超越论的现象学》,王炳文译,商务印书馆,2001年,第76页。

⑤ 洪汉鼎:《重新回到现象学的原点——现象学十四讲》,人民出版社,2008年,第256页。

力地反驳了实证主义哲学文化思潮,抨击了“只见事实的科学”的观念,试图建立“既见事实也见人”的“严格科学”——现象学哲学。但是实证主义的力量过于强大,这种作为强势文化的西方观念化的“科学”文化仍然是当今世界文化的主流。实证主义哲学文化思潮也深刻影响着中国当代文化的每一个角落。受实证主义文化观念的影响,民俗学研究往往侧重基于实证主义的民俗状貌的描述和研究,而相对弱化了包括民俗意识在内的民俗意向性结构的整体研究。尽管民俗状貌的描述和研究是非常有必要的,但从现象学的角度来研究作为人的意识行为的民俗更能凸显“既见事实也见人”的科学旨归。

意向性是胡塞尔现象学除了本质直观还原以外很重要的概念。“在胡塞尔对意识行为的纯粹描述中,一个基本点就是所有的意识行为都可以区分为客体化的(即使客体显现)和非客体化的(即不使客体显现)这两种意识行为,而任何一种非客体化的意识行为都奠基于客体化的意识行为之中。这就是所谓的意识的意向性结构。”①按照此意向性结构,人类任何意识行为都是关于某物的意识,意识都是指向某个对象的,这个对象是意识对象,而非知觉对象。这也就意味着胡塞尔关于人类意识行为的意向性结构主要包括四种要素:一、意向性结构的主体——自我,此自我是先验的自我,是纯粹意识本身;二、意向性结构的方式——意向方式,即是意识行为中非客体化的意向、指向关系;三、意向性结构的客体——意向对象,即是意识行为中客体化的人或物;四、意向性结构内容,即是客体化的意向对象的行为内容或意向内容。② 民俗意向性行为是人类意识行为的重要组成部分,在意向性上具有同样的结构。因此,民俗意向性行为也主要包括四种要素:一、民俗意向性结构的主体,即先验的民俗自我,是纯粹民俗意识本身——“民俗意识”;二、民俗意向性结构的方式,即民俗意识行为的指向关系——“民俗场域”;三、民俗意向性结构的客体,即民俗意向性结构的对象——“俗民个体”;四、民俗意向性结构的内容,即客体化的民俗行为——民俗事象。从现

① 洪汉鼎:《重新回到现象学的原点——现象学十四讲》,人民出版社,2008 年,第 196 页。

② 张首映:《西方二十世纪文论史》,北京大学出版社,1999 年,第 210 页。

象学理论出发，分别对民俗四要素进行现象学还原，以本质直观观照民俗四要素，以对民俗四要素进行先验还原为旨归，在此基础上对民俗四要素进行新的现象学界定，这对深入认识民俗的结构特征有一定的价值和意义。

一、民俗意识：民俗意向性结构的主体

每一位哲学家庞大的理论体系都是建构在其坚实的基础上的。"作为一个严格的科学至少要有两个条件，一个是要有坚实的基础，然后要有合理的逻辑结构。"①如笛卡尔的怀疑论怀疑一切，但是怀疑的人一定存在，怀疑的"我"就是"我思故我在"理论体系的基础。又如柏拉图唯心主义的哲学体系是建立在理式概念基础上的，康德主观唯心主义哲学体系是建立在不可知的物自体或自在之物基础上的，黑格尔客观唯心主义哲学体系则是建立在绝对理念基础上的。现象学作为庞大的哲学体系也不例外，它是以先验的自我意识作为它坚实的立论基础的。民俗意向行为作为人类意识的重要行为之一，必然在先验的自我意识中占有重要位置，又因为具有民俗特征，所以可以将先验的自我意识中的民俗先验自我部分指称为"民俗意识"。民俗意识是指现象学意义上"民俗先验自我"。"先验自我"与"俗民个体"的概念容易混淆，为了区别两者，采用"民俗意识"来指称"民俗先验的自我"。"民俗意识"区别于一般意义上人们头脑中关于民俗事象的观念或印象的涵义，具有现象学色彩的内涵。结合民俗意向结构特征，对民俗意向性结构主体"民俗意识"的内涵作如下界定：

首先，民俗意识的先验性内涵。民俗意识的先验性是指民俗意识是由先天形式产生。法国现象学美学家米·杜夫海纳认为"先天性分为三种：存在性的先天性、思想的先天性和情感的先天性。存在性的先天性使人的实际生活成为可能，思想的先天性使人的知识成为可能，情感的先天性使人的深层交往成为可能；这三种先天性分为呈现、再现和感觉三个阶段"②。"在

① 洪汉鼎：《重新回到现象学的原点——现象学十四讲》，人民出版社，2008 年，第 214 页。

② 张首映：《西方二十世纪文论史》，北京大学出版社，1999 年，第 213 页。

每个阶段主体都呈现出不同的面貌，在呈现阶段，他是肉体；在再现阶段，他是非属人的主体；在感觉阶段，他是深层的我。”①民俗意识的先验性同时具备这三种先天性。首先，民俗意识存在性的先天性是指人先天具有了民俗意识的基因，通过集体无意识不断累加强化而成为民俗意识主体先天存在；其次，民俗意识思想的先天性是指意识具有再现民俗意识内容的先天性，这不仅为形成民俗知识提供了可能，也为重构民俗意识内容提供了可能；最后，民俗意识情感的先天性是指意识具有感受民俗意识内容的先天性，这不仅为俗民个体形成俗民群体提供了可能，也为民俗传承和传播提供了可能。

其次，民俗意识的主体间性内涵。主体间性由胡塞尔首创，他从先验主体性现象学、认识论意义上来理解主体间性，主要用来解决认识论上先验自我如何成为可能。“具体的完全的先验主体性，是一个由许多我所组成的开放的共同体的总体，一个从内部而来的被纯粹先验地统一起来的，并且仅仅以这种方式才是具体的总体。先验主体间性是绝对的并且是唯一自足的存在地基，每个客观事物都从那里获得其意义和有效性。”②胡塞尔用主体间性解决了个体自我意识如何具有普遍性的问题。民俗意识的主体间性是由俗民个体间通过主体间的交往形成的。民俗意识的主体间性成就了民俗自我的普遍性，同时也确立了先验民俗自我的合法性。

最后，民俗意识的流动性内涵。胡塞尔现象学认为自我“既不是单纯的意识行为的‘总和’，也不是单纯的‘空’的同一极，而是一种构成性的意识统一体，这个统一体处于不断发展之中，因为意识流不断从一行为到另一行为。这就是说，自我构成自身为暂时固定的‘个人自我’”③。胡塞尔现象学的先验自我不是僵化的不变的自我，而是不断充盈具有流动性意识流的统一体。民俗意识作为流动性自我的支流，自然也是不断充盈具有流动性民俗意识流的统一体。因此，民俗意识呈现出动态的流动性。

---

① ［法］米·杜夫海纳：《审美经验现象学》，韩树站译，陈荣生校，文化艺术出版社，1996 年，第 484 页。

② ［丹麦］丹·扎哈维：《胡塞尔现象学》，李忠伟译，上海世纪出版集团，2007 年，第 118 页。

③ 洪汉鼎：《重新回到现象学的原点——现象学十四讲》，人民出版社，2008 年，第 258 页。

二、民俗场域:民俗意向性结构的方式

场域(Field)概念是法国著名社会学家皮埃尔·布迪厄(Pierre Bourdieu)首先提出的。布迪厄将场域定义为位置间客观关系的网络或形构,但布迪厄的场域概念不能单纯地理解为物理意义的领地,也不能片面地理解为地理意义上的领域,而应该全面地理解为各种文化形态意义的场域。布迪厄研究了许多场域,如美学场域、法律场域、宗教场域、政治场域、文化场域、教育场域等。① 场域概念一般认为是社会学的概念,殊不知这是人类学出身的布迪厄借鉴人类学的研究方法而创立的社会空间研究方法,而人类学与民俗学研究方法又有诸多关联和类似,因此,借用场域研究方法来研究民俗具有良好的基础。从现象学理论出发,借用场域研究方法,结合民俗意向结构特征,对民俗意向性结构方式"民俗场域"的内涵作如下界定:

首先,民俗场域的格式塔内涵。"格式塔"是德文"Gestalt"的音译,主要指完形,即具有不同分离特征的部分构成的有机整体。格式塔理论一方面强调经验和行为的整体性,认为整体不等于部分之和而是大于部分之和,另一方面认为在知觉行为中,在作为对象的物理现象与作为认知主体的意识现象之间存在着某种同构关系,也就是说,意识现象与物理现象虽然具有不同的本质,但却具有同样的结构。因此,民俗场域的格式塔内涵,一方面强调民俗场域的整体性,另一方面强调民俗意识与民俗场域虽然具有不同的本质,但却具有同样的结构,这为民俗意识与民俗场域之间的意向关系的有效性提供了心理学依据。

其次,民俗场域的非客体化意识行为内涵。意识行为分为客体化(即使客体显现)意识行为和非客体化(即不使客体显现)意识行为。民俗场域作为民俗意向性结构的方式,是非客体化意识行为。民俗场域作为民俗意识的非客体化意识行为意味着民俗场域区别于一般社会学意义上的场域概念,具有非物质化的特征,更像我们说的氛围或者气氛等非实体化的观念

① 李全生:《布迪厄场域理论简析》,《烟台大学学报》(哲学社会科学版)2002年第2期。

行为。

最后,民俗场域的意指关系内涵。虽然,民俗场域具有非物质化、非客体化特征,但毕竟不是先验的民俗意识,而是先验的民俗自我的具体化,具有明确意指关系的空间场域。民俗场域的意指关系内涵,一方面意味着每一个民俗场域都要体现民俗先验自我的指向和意愿,另一方面也意味着每一个民俗场域一定会对应着一个个具体的俗民个体。没有无俗民个体的民俗场域,也没有不存在于民俗场域中的俗民个体。从民俗场域的角度来思考民俗行为,意味着从一个意向空间关系、意指关系结构中考察民俗行为意义的生产。民俗场域由许多空间及其相互关系形成,具备不同特征的俗民个体既受民俗场域的影响和控制,也在民俗场域中获得人生的价值和意义。

三、俗民个体:民俗意向性结构的客体

"俗民个体"是乌丙安先生在《民俗学原理》第一章民俗主体论中提出的概念。在传统意义上,"俗民中的个人,或组成俗民的那些个人,俗民群体中的个体连起来可称为'俗民个体'。这种个体在特定的群体中常常分担着一定的民俗角色,承载着一定的民俗文化"①。从现象学理论出发,结合民俗意向结构特征,对民俗意向性结构对象俗民个体的内涵作如下界定:

首先,俗民个体的对象化内涵。在民俗学研究中,一般把俗民个体当作民俗意识行为的主体来看待。如乌丙安的《民俗学原理》中,"俗民个体"是在第一章民俗主体论中出现的概念。又如高丙中在《民俗文化与民俗生活》中也毫不怀疑地认为"民"是作为"民俗主体"②而存在的。既然认定俗民个体是作为民俗意识行为的主体,那为什么俗民个体是"被"习俗化"养成"的呢?显然,这具有逻辑上的矛盾。而从现象学意向性理论维度来分析民俗意识行为的话,很明显,俗民个体只能作为民俗意识行为的对象或客体而存在。民俗"以一种人类群体一致的共同感和行为模式,积年累月、潜移默化,

---

① 乌丙安:《民俗学原理》,长春出版社,2014 年,第 55 页。

② 高丙中:《中国人的生活世界:民俗学的路径》,北京大学出版社,2010 年,第 10 页。

规范、左右人类个体在社会中的言行活动”①。在习俗化和再习俗化的过程中,个体逐渐被养成俗民个体。被养成的俗民个体在民俗意识行为中是作为被支配的客体对象而存在的。例如在婚俗意识行为中,新郎、新娘作为婚俗意识行为最重要的俗民个体,他们的民俗意识行为基本上都是不自主的,甚至可以说是被婚俗场域所制约和控制的。又如在民间信仰中,每一个信徒都是按照某一民间信仰的场域规则来完成信仰意识行为的。因此,参与民俗意识行为的俗民个体不是民俗意识行为的“主体”,反而是受民俗场域影响和支配的民俗意识行为的对象。

其次,俗民个体的相对独立性内涵。俗民个体作为民俗意识行为的对象和客体,为什么会被那么多专家和学者涵括在民俗意识行为的主体部分呢?这主要是因为俗民个体在民俗意识行为中尽管作为受民俗场域限制和支配的客体对象,但是它却具有相对的独立性。民俗先验自我通过民俗场域为民俗意识行为提供最具倾向性的方案,为俗民个体提供现成的、倾向性的建议,甚至向俗民个体施压,迫使俗民个体按照民俗场域的方式完成民俗意识行为。但面对最具倾向性的方案的俗民个体不一定会“就范”。违背民俗场域规范的“伤风败俗”之举并不少见。违背民俗场域规范的原因是多样的:一方面,既有不能完成民俗意识行为的现实制约因素,例如在战乱时期的俗民个体因现实条件不允许往往将民俗行为简而化之,甚至完全取消;另一方面,也有俗民个体主观意愿的因素,例如在祭拜神灵时,理应跪拜,但不少俗民个体则站着向神灵默念心愿以求成全。

最后,俗民个体的客体化意识行为内涵。现象学意向性理论认为任何意识都是关于某物或某人的意识,意识都是指向某个对象的。在民俗意识行为中,民俗意识一定指向某一俗民个体。俗民个体的客体化意识行为意味着在民俗意识行为中,俗民个体一定有具体的形象,但这一具体的形象不一定是可感知实在的个体形象。因为每一个意识行为都指向某个对象,但一个对象能以不同的方式被指向,对象既能按照现前化的直接被给予,例如在某一婚俗行为中的新郎、新娘;又能按照现前化的间接被给予,例如文学作品中塑造的新郎、新娘形象或者作为回忆中的新郎、新娘。这为研究艺术

① 陈勤建:《文艺民俗学》,上海文化出版社,2009年,第79页。

作品中的俗民个体提供了理论依据。

四、民俗事象：民俗意向性结构的内容

传统意义上的民俗事象是指“民俗本身在时间、空间以及发展活动中显示出的外在形态和特征，即民俗的外观”①。从现象学理论出发，结合民俗意向结构特征，对民俗意向性结构内容“民俗事象”的内涵作如下界定：

首先，民俗事象即意识内容的内涵。现象学意向性理论认为意识内容和知觉内容有着本质的区别。意识内容是先验意识自我通过意向性结构作用获得的直观现象，属于意识的内存在，而知觉内容则是外在于意识的可感受可触摸的外在实在，相对于意识内容的内存在性质，知觉内容则是意识的外存在。受主客二元对立思想的影响，传统哲学认识论一般认为意识内容和知觉内容是等同的，甚至是一体的。而现象学认识论认为意识内容并不等于知觉内容，两者具有本质区别。例如，我们看花园里的一棵树，我们视觉直接知觉的内容只能是花园里这棵树的侧面，但在我们的意识内容中，花园里的这棵树却是完整的，有根部、树干、树枝、树叶等完整的树的形象。再比如我们听一首曲子，我们在一个时间点内只能听到一部分旋律，但当我们听完这一整段旋律时，给我们的感受却是一整首曲子。我们听觉直接知觉的内容只是一个又一个的音符，但在我们的意识内容中，这首曲子是完整的曲子，而不是一个个独立音符的机械连接体。由上面例子我们可以更好地理解意识内容和知觉内容的区别。同样受意识内容等同于知觉内容思想的影响，传统意义上的民俗事象往往是指外在于意识的知觉内容，而从现象学认识论维度来看，民俗事象并不是外在于意识行为的知觉内容，而是内在于意识行为的意识内容，这即是民俗事象即意识内容的内涵。

其次，民俗事象即现象直观的内涵。传统哲学认识论一般认为“现象”要具备两个基本特征，一个是自身显示，另一个是显示他物。现象要自身显示，比如说脸的不同表情，或桌子上的书，一定要自身显明，大家才看得到是什么东西。但是仅仅看得到还不能称之为“现象”，它还必须要显示他物，比

① 张定亚：《简明中外民俗词典》，陕西人民出版社，1992年，第8页。

如说嘴角上翘，眼睛微眯的表情显示高兴的心情，泪水显示或激动或伤心的心情。总之，要现象显示某种不显现的东西，现象是作为形而下的感性材料而存在的。但现象学认识论却否认了这种观点，认为现象是于自身显示自身者，并不是为了显示他物而存在，现象本身就是为了显示自身。民俗事象作为意识内容的现象，并不是作为形而下的感性材料指涉显示他物，而是自身显示自身的民俗意识行为的直观形式。

最后，民俗事象即本质直观的内涵。传统哲学认为事物的本质必须透过作为感性材料的现象，经过理性的反思才能获得，这即是传统哲学“本质反思”的思维方式。现象学却认为事物的本质是通过“本质直观”获得的。所谓的本质直观是指事物的本质是通过直观现象获得的，而不是通过反思获得的。不同于感性经验直观提供个别对象，本质直观提供的是观念对象。本质直观虽与被给予之物发生联系，但并不指向具体对象，而是指向观念本质。认知本质不是通过反思获得的，而是通过多次例示直观个别事物而获得的一般本质观念的直观意识而获得的。民俗事象作为意识行为，其本质不是通过反思存在于意识内容之外的感性材料获得的，而是通过直观民俗观念的意指关系获得的。

结语

总之，民俗意识、民俗场域、俗民个体、民俗事象四要素之间并不是孤立的，而是具有密切关系的有机整体，这四个要素共同构成了民俗意向性结构，缺一不可。一方面，民俗意识以民俗场域的方式规范俗民个体完成民俗事象。民俗意识是民俗场域的先验源头，以民俗场域为中介，民俗意识与俗民个体构成了民俗意向性结构的主客体关系。俗民个体既受民俗场域的影响和控制，也在民俗事象中获得人生的价值和意义。另一方面，民俗事象以例示的方式不断充盈强化流动的民俗意识，而存在于民俗场域中具有相对独立性的俗民个体则不断冲击、更新流动的民俗意识。

日常生活转型与民俗学研究范式转换

周全明①

摘　要:民俗学自二三十年代发展以来,在不同时期,研究范式有所转换。这种转换与民俗学的研究对象生活文化所在的公众日常生活转型有着密不可分的联系。日常生活转型促使着民俗学研究范式的转换,在此过程中,民俗学实质上已经确立自己关注的主体即公众主观世界、自己学科的研究对象即生活文化、自己学科的研究方法即日常生活研究法。民俗学是一门立足公众日常生活、感受公众生活世界、解释公众生活文化的社会科学。

关键词:民俗学;日常生活;生活世界;生活文化

还记得2003年笔者决定考研时,由于对老百姓的日常生活及其中的知识和智慧颇为熟悉而又有诸多困惑,于是便查找是否有一门专门研究民众的日常生活及其文化的专业。结果一查,果然有一门就是民俗学,而北京师范大学又是全国实力最强的,凭着一腔热血当机立断报考北京师范大学的民俗学。很幸运,2004年入得北京师范大学门庭,得以有机会聆听诸位师长教导。笔者在学习中一直对民俗学研究存有疑惑,在看到高丙中老师的《民俗文化与民俗生活》②之前,先已看到衣俊卿教授翻译的《日常生活》③。在当时的笔者看来,高丙中老师所论述的“生活世界”就是衣俊卿教授所翻译后又进行论述的“日常生活”,但民俗学界随后对“生活世界”的讨论使笔者觉得越来越悬,从而使年轻的初入门者对民俗学的研究对象无所适从。今借此会议之机,仅将民俗学边缘之不知名小辈的一点看法就教于民俗学界

① 周全明,博士,信阳师范学院历史文化学院讲师。

② 高丙中:《民俗文化与民俗生活》,中国社会科学出版社,1994年。

③ [匈牙利]赫勒:《日常生活》,衣俊卿译,重庆出版社,1990年。

师友同仁。因为对老百姓的日常生活颇感兴趣,所以就从日常生活说起,在思考当中发现,民俗学的研究之变与民众日常生活转型有着密不可分的联系,试论之。

一、日常生活中的"生活世界"与"生活文化"

(一)生活世界:公众的主观世界

"生活世界"的概念在国内民俗学界的讨论是从高丙中老师的《民俗文化与民俗生活》开始的。高丙中老师根据胡塞尔的"生活世界"是"作为唯一存在的,通过知觉实际地被给予的,被经验着并能被经验到的世界,即我们日常的生活世界"①这一观点,认为"生活世界是具体的、实际的、直观的,所以,可以说它是人周围的世界,是人们日常的世界"②。在笔者看来,高丙中老师所论述的"日常的世界"就是公众的日常生活。在高丙中老师之后,吕微老师和户晓辉老师都对"生活世界"作了深入的研究,用力至勤,但吕微老师从胡塞尔又到康德等,后学实在难懂,现仅就户晓辉老师所论的"生活世界"分析之。户晓辉老师通过对中外民俗学者普遍关注民间文学开始对民俗学进行考察,指出"民间文学的活的源头并非客观的生活,而是活生生的生活世界。民间文学或民俗永远是人的主观的直接创造和直接体现。生活世界是人的主观生生不息、绵延不绝的构造过程"③。在户晓辉老师看来,"生活世界"是主观世界,"生活世界不是人周围的'客观'世界,而是人纯然为自己构造起来的主观世界,而且这是一个'……在'的世界,而不是一个'是……'的世界"④。王杰文老师从德国民俗学的研究实际考察,认为"他

① [德]胡塞尔:《欧洲科学危机和超验现象学》,张庆熊译,上海译文出版社,1988年,第58页。

② 高丙中:《民俗文化与民俗生活》,中国社会科学出版社,1994年,第129~130页。

③ 户晓辉:《民俗与生活世界》,《文化遗产》2008年第1期。

④ 户晓辉:《民俗与生活世界》,《文化遗产》2008年第1期。

们所谓的'生活世界'就是我们中国人理解的现象层面的'当下的日常生活'"①。邵卉芳对高丙中老师"生活世界"的论述可谓逐条进行了分析,但她非常认可户晓辉老师"生活世界"是"主观世界"的理解。②"生活世界"的确令人困惑,所以高丙中老师似乎折中了一下,他以商量的口吻说:"我们是不是可以做这样一个表述,生活世界是日常生活的哲学概念,日常生活是生活世界的经验研究概念。当我们说经验研究就用'日常生活',当我们讲方法的哲学思考就用'生活世界'。"③

笔者在此提出一个问题:如果当初高丙中老师的《民俗文化与民俗生活》没有引入胡塞尔的"生活世界"概念,而直接用我们所经验的"日常生活",结果会如何?说实话,当时在北京师范大学读书时,笔者就有疑问,为什么高丙中老师不用似乎更为本土和熟悉的"日常生活",而要用外来和陌生的"生活世界"?笔者对哲学无甚研究,但从高丙中老师的论述里可以看出,胡塞尔"生活世界"是相对于"科学世界"而言的,其提出"生活世界"的目的是为了更好地理解"科学世界"。但"生活世界"已经属于过去,只能通过"还原"这种"先验"的世界来观照"科学世界"。"生活世界"的认识从而具有了方法论的意义。按照中国学者的哲学思考,过去的"生活世界"是通过"民间文学或民俗"记录和描述的,因而这种"还原"的"先验"生活世界无疑是主观的世界。但笔者认为,胡塞尔所谓的"生活世界"和"科学世界"都是人的主观存在于其中的世界。以"法律"存在的世界为例,胡塞尔所谓的"生活世界"其实就是习惯法存在的世界,而"科学世界"则是法典和制度存在的世界。无论"生活世界"还是"科学世界",笔者认为都是主观存在于客观的世界。从我们研读习惯法与法典和制度的文本出发,以文本表现出来的习惯法的世界与法典和制度的世界无疑是主观世界,但文本所处的世界及文本描述的对象发挥现实功能的世界无疑是客观世界,或曰日常生活。

就民俗学研究而言,是不是可以这样理解:文本(民俗)所处的世界是客

---

① 吕微、高丙中、户晓辉、王杰文、宣炳善、彭牧、韩成艳:《定位于现代社会日常生活的民俗学——"国际比较视野下的民俗学前景"笔谈》,《民俗研究》2013 年第 4 期。

② 邵卉芳:《"生活世界"再认识》,《民俗研究》2012 年第 6 期。

③ 吕微、高丙中、户晓辉、王杰文、宣炳善、彭牧、韩成艳:《定位于现代社会日常生活的民俗学——"国际比较视野下的民俗学前景"笔谈》,《民俗研究》2013 年第 4 期。

观生活世界,这个生活世界从古代到现代乃至将来都会客观存在着,形成文本(民俗)的并以文本(民俗)来表现的世界是包含着主观的生活世界,这个生活世界一直伴随或超越客观生活世界而存在。笔者认为,客观生活世界其实可以用“日常生活”来表述,不再用“生活世界”,而主观生活世界就用“生活世界”来表述,主观之主体就是公众,包括形成文本者及“还原”文本者,所以这里的“生活世界”也可以视为公众的主观世界。民俗学研究什么?当然是研究既包含着主观生活世界、又存在于客观生活世界即日常生活之中的民俗,也就是生活文化。

(二)生活文化:公众的文化传承

生活文化即上文笔者拿来的喻体“文本”,也就是民俗。民俗作为一种生活特别为地方行政人员所重视,所以中国社会一直就有采风问俗的传统。所谓“采风问俗”其实就是探访和体察民众生活。民俗作为一种文化为民众或官员、学者所记录和描述也成为一种传统。以至于20世纪二三十年代,诸多在国外修习人类学的学者回到国内也积极倡导“民俗学”,杨成志先生便是如此。民俗其实就是生活与文化一体化,它存在于具体日常生活,同时又实践于具体日常生活,所以它就是一种生活文化。钟敬文先生20世纪30年代就认为民众教育者必须要了解民众生活模式,并且认为民众的生活模式是“具体的、活动的、复杂的”,“它因时因地因人而异形,同时又在旷远的时间空间等上面保持着一种关联的线索”①。80年代,钟敬文先生明确指出民俗是“一个国家或民族的广大民众创造、享用和传承的生活文化”②。高丙中老师则在《民俗文化与民俗生活》中对民俗作为一种“生活文化”进行了透彻翔实的精彩阐释,从此,“生活文化”成为民俗学者的共识。尤其在非物质文化遗产保护背景下,民俗依然是公众在日常生活中的一种文化传承。

(三)日常生活:思与行的过程和情境

如上所言,如果将“生活世界”视为日常生活中公众的主观世界,“生活

---

① 钟敬文:《民众生活模式和民众教育》,《民众教育》1937年第9、10期。

② 钟敬文:《民俗学概论》,上海文艺出版社,1998年。

文化”视为日常生活中公众的文化传承，显然，可以将日常生活视为“生活世界”即“思”和“生活文化”即“行”的依托或载体。从时间的角度，日常生活是一个过程；从空间的角度，日常生活是一种情境。作为一个过程，日常生活如钟敬文教授所言是“具体的”，因为时间总是连续和确定的；作为一种情境，日常生活如钟敬文教授所言是“复杂的”，因为空间总是涉及人、事件，甚至时间等。日常生活在时间空间等上面保持着一种关联，因此，日常生活也是“活动的”。思考需要时间，行动需要空间，“生活世界”和“生活文化”都存在于一定的过程和情境即日常生活。日常生活是“生活世界”和“生活文化”的承载者，没有日常生活就不存在“生活世界”和“生活文化”；“生活世界”和“生活文化”是日常生活的表现者，不透过“生活世界”和“生活文化”就无法理解公众的日常生活。日常生活存在于一切社会中，任何社会都存在着日常生活，因此，日常生活的表现者“生活世界”和“生活文化”不会消失，即使是在现代社会。日常生活的变化会引起“生活世界”和“生活文化”的变化，同样，“生活世界”和“生活文化”的变化也表明了日常生活的变化。在列斐伏尔看来，日常生活是现代性的动力学而不是静力学的范畴。日常生活固然有其顽固的习惯性、重复性、保守性这些平常的特征，但同时也具有超常的惊人的活力与瞬间式的无限的创造能量。① 因此，日常生活是要转型的，而日常生活中的“生活世界”和“生活文化”则伴随着日常生活的转型，呈现出不同的形态，推动着中国民俗学学术范式的转换。

二、中国公众的日常生活转型

如上所述，日常生活虽然表现出列斐伏尔所谓的“习惯性、重复性和保守性”，但也表现出如钟敬文先生所谓的“具体的、活动的、复杂的”。具体、活动和复杂正是不同时期不同社会具有不同日常生活的原因。

---

① 刘怀玉：《列斐伏尔与20世纪西方的几种日常生活批判倾向》，《求是学刊》2003年第5期。

(一)二三十年代:传统依然

20世纪二三十年代的中国社会,政治经济形态上资本主义、封建主义等交织存在,文化上则是传统文化受到欧风美雨的冲击,普通民众还受到战争的纷扰。这时期中国的社会呈现出复杂多样的特征,但公众的日常生活还是表现出对传统的坚守。陶孟和在《中国乡村与城镇生活》①、李景汉在《定县社会概况调查》②、费孝通在《江村经济——中国农民的生活》③等书中都对当时中国公众的日常生活有所涉及和描述。概而言之,当时的中国公众日常生活在日常生产活动上,城镇仍然以传统小作坊为主,广大的农村依然是传统的耕作方式;在日常生活观念上,祖先崇拜、仁义道德依然是为人处世的准则,就是宣扬平等、博爱、自由的国民政府对渗透于公众日常生活的"礼义仁智信"也表示充分肯定。在日常生活交往中,日常消费依然是自由消费、自由买卖。如庙会之庙市,无论城乡,庙会之庙市依然还是公众日常生活交往的集中时间和空间。二三十年代的公众日常生活依然表现出传统社会的特征。

(二)五六十年代:集体一律

新中国成立后,由于政治经济文化等国家意识的增强,中国社会总体表现出同质性的特征,中国公众的日常生活也发生了巨变。在日常生产活动中,虽然依然是传统的生产工具,如广大农村还是牛耕,但生产的组织发生了变化,集体组织共同生产;在日常生活观念上,集体主义、理想主义成为统一的思想意识,渗透公众日常生活的方方面面;在日常生活交往上也表现出集体主义的特征,如城乡庙会改成了集体统一组织的物资交流大会,"同志"成为公众日常交往的一种统一称呼。五六十年代公众的日常生活表现出集体一律的特征。

---

① 巫宝三:《纪念我国著名社会学家和社会经济研究事业的开拓者陶孟和先生》,《近代中国》,上海社会科学院出版社,1995年。

② 李景汉:《定县社会概况调查》,上海人民出版社,2005年。

③ 费孝通:《江村经济——中国农民的生活》,商务印书馆,2001年。

（三）八九十年代：走向现代

八十年代，被“文革”压抑的情感得以释放，思想解放，集体狂欢。公众的日常生活随着对传统的自由唤醒而生机勃发，这种勃勃生机随着九十年代商业原则的绽放更加激情开放。在日常生活生产上，经商、打工逐渐成为公众的选择而有别于农业及传统作坊式的生产方式；在日常生活观念上，人们更加崇尚机会、开放、价值，市场价值观念逐渐深入人心；在日常生活交往上公众更加自由，“同志”不再是一种统一的称呼；商品多样化，娱乐成为追求，公众的日常生活日益现代化，八九十年代也是公众的日常生活发生剧变的时代。

（四）新世纪以来：个性绽放

新世纪以来，随着中国社会互联网及手机通讯的发达，中国社会也迈入信息社会。信息爆炸，平台绽放，面对诸多的信息，公众选择时的个体意识增强，面对诸多的平台，公众的才华得以尽情展现；在日常生活生产上，市场运行开放有序，公众的生产作业方式多样，传统的民间乡土艺术借助现代科技摇身一变成为公众生活的新贵；在日常生活观念上，无规则甚至也成为一种规则，丑也成为一种美而流行，公众的日常生活观念符号化、瞬间化；在日常生活交往上，个人空间越来越多的同时个人秘密也越来越少，公众喜欢借助网络等各种方式晒自己的私密，分享成为一种时尚；各种各样的称呼更让人惊讶公众的想象力。总之，新世纪以来，公众的日常生活也发生了翻天覆地的变化，个性通过各种途径、各种样式的表达成为这一时期的主要特征。

三、中国民俗学研究范式的转换

民俗形成并表现着公众的日常生活，伴随着日常生活的转型，产生、存在和传承于公众日常生活的民俗将必然发生变化。民俗在不同时代的日常生活中表现出不同的特征，这足以引起学者的深切关注。随着学者的关注、考察、讨论，中国民俗学研究开展起来，其研究范式也伴随公众的日常生活转型及民俗的形态表现而转换。

(一)二三十年代:国故知识

新文化运动的一个显著特征就是士大夫享有的经典文化被打倒,全盘西化又不现实,礼失求诸野历来是中国上层的一个传统,这个传统同样在"五四"时期被拾起了。于是,民众生活走入学者的视野,一般民众的知识引起学者的兴趣。1918 年歌谣运动开始了,征集歌谣其实就是从老百姓的日常生活中征集老百姓的知识。民众的知识成为新文化建构的一种新鲜血液般的力量。在 1922 年《国学季刊》第 1 卷第 1 号的发刊宣言中,胡适针对作为国故材料的历史进一步阐明:历史是多方面的,单记朝代兴亡,固不是历史,单有一字一派,也不是历史,过去种种,上至思想、学术之大,下至一个字、一支山歌之细,都是历史,都是国学研究的范围。在这里胡适把国学研究的范围大大扩展了,开启了对平民历史的关注,歌谣成为国学研究的对象。胡适还进一步勾勒出理想中的新国学研究的总系统,就是包括十种专史在内的中国文化史:民族史、语言文字史、经济史、政治史、国际交通史、思想学术史、宗教史、文艺史、风俗史、制度史。① 民俗学成为一门新国学,歌谣、风俗从为士大夫阶级所鄙视而不登大雅之堂的东西,变为一门可供专门研究的知识,这是整理国故运动的一个巨大成果。这个时期虽主业为史学研究的顾颉刚,对同样可以作为国故知识的民俗研究表现出极大的兴趣。他就关注的民众生活中的歌谣、故事、香会(信仰、组织)、小戏(皮影戏)等民众的知识表现进行了学术探究,尤以《孟姜女故事研究》②奠定中国民俗学研究的流行范式。作为一种国故知识的民俗已经被学者意识到它应该成为公众需要了解的一门知识。这时期的民俗研究是知识上的一种总结。

(二)五六十年代:口头文学

新中国成立后,公众的日常生活受到国家意识形态的影响,集体主义、理想主义充斥公众的日常生活,民俗学研究也开始转向。民间文学以其口

---

① 陈以爱:《中国现代学术研究机构的兴起——以北大研究国学门为中心的探讨》,江西教育出版社,2002 年。

② 顾颉刚:《孟姜女故事研究》,《现代评论》1927 年第二周年增刊。

头性在革命时期的贡献受到推崇。1950 年成立了中国民间文艺研究会，重新组织了民间文艺学的研究队伍，开始搜集、整理和研究中国的民间文学。随着学习苏联的热潮，苏联口头文学理论成为当时民间文学研究学习的对象。在苏联口头文学创作理论的指导下，当时的民间文学更加充分认识到民间文学的人民性特征及其地位，以及口头文学与作家文学之间的关系。1958 年新民歌运动的兴起也推动了对中国民间文学范围界限及搜集整理问题的探讨。直到 60 年代中期，民间文学研究仍然持续进行。这一时期，中国民间文学研究虽然受到意识形态的强大影响，但民间文学研究并没有中断，且因为苏联口头文学创作理论的指导，民间文学研究保持了理性的科学研究态度，诸多学者在这一时期积蓄了精锐的思考成果，“文革”之后得以爆发。但这一时期的民间文学研究由于“偏重民间文学的政治性主题，片面强调其直接的教育作用，而忽略了其内容的多样性与民间生活的深厚联系”①。张紫晨先生敏锐地觉察到了民间文学与民间生活的“深厚联系”，脱离了民间生活(日常生活)的民间文学研究同时也失去了为民俗学研究提供经典范式的机会，不过却奠定和成就了民间文学作为审美对象的文艺学科身份。民间文学得以在中国语言文学之林保持自己具有独特文学审美特征(生活美)的不可或缺的地位。

(三)八九十年代:生活文化

民俗无法脱离公众的日常生活而单独存在，我们也无法脱离公众的日常生活去研究民俗。从顾颉刚先生对民众生活探究的倡导、钟敬文先生对民众生活模式的考察、张紫晨先生对五六十年代民间文学研究民间生活的重视，日常生活其实一直伴随着民俗学者的思考，八九十年代终于走向民俗生活属性的总结和确立。钟敬文先生明确指出民俗是一种生活文化。从此，关于民俗生活属性的探讨成为民俗研究关注的走向。高丙中老师则通过《民俗文化与民俗生活》，彻底确立了民俗研究生活层面的方向。从此，从日常生活出发研究民俗(民间文学)成为民俗学者普遍关注的视角和方法。“生活文化”以其与“文化生活”的显著区别，从字面到实践都明确了民俗

---

① 张紫晨:《民间文艺学原理》，花山文艺出版社，1991 年。

(民间文学)的特征,作家创作、画家写生也是他们自己的一种日常生活,同时也是为外人看来的一种"文化生活",但他们的"创作"、"写生"却非"生活文化"。生活文化具有了"生活"与"文化"双重合一的身份,也使民俗学具有了独特的调研对象。这一时期民俗学研究硕果累累,经典侧面和个案研究不乏其例,但影响之大者,恐怕还是民俗学理论研究的范式——《民俗文化与民俗生活》。但该书研究的路子也略略显示出有时"他山之石"可能带来的自我观察的本土缺失,以致高丙中老师现在不得不辨识而作出哲学意义上的"生活世界"与经验意义上的"日常生活"的区分。笔者认为后来刘宗迪老师的"山海经"的研究路子恰恰是对民俗学理论研究范式的回应和补充。而在民俗学研究的实践研究范式层面,新世纪之初,刘铁梁老师则通过民俗志书写方式研究、万建中老师通过民间文学生活属性研究进行了有益探索。总之,八九十年代民俗学研究对象"生活文化"的明确及大量的研究实践,也确立了民俗学与人类学、社会学、民族学等同样作为社会科学的地位。

(四)新世纪以来:非物质文化遗产

民俗学诞生以来便与民族主义和民主主义相关,这种相关性是由民俗作为公众日常生活文化的地位决定的。民俗在公众的日常生活中具有公共性的特征,共享的故事不知道作者、共享的节日不知道首倡者,民俗从一开始便是日常的、公共的。"五四"之前人们对民俗没有一种文化自觉的态度,因为民俗就像鱼儿生活的水,鱼儿只有离了岸才能感受到水的存在。新文化运动经典被"打倒",人们才明白生生不息的文化传统就在自己的日常生活中而之前却浑然不知,所以顾颉刚先生的《孟姜女故事研究》具有了"霹雳"的效应。新世纪以来,民族民间文化保护的兴起,特别是联合国教科文组织非物质文化遗产保护的推动,民俗从民间文化成为公共文化,"民俗"摇身一变成为"非物质文化遗产","民众"也成为"公众"。"非物质文化遗产"以公共文化的显著特征成为"民俗"在新时期的代名词。高丙中老师从公共文化的角度定位当前作为非物质文化遗产的民俗,延续了新文化运动以来民俗之民族主义和民主主义的自然使命,可以与当前及以后国家文化安全战略和公共文化服务战略实现对接,发挥民俗研究对社会建设的功能,具有长远的学科发展战略意义。诚如吴效群老师所言：非遗保护研究和参与非遗保护运动并非旁门左道，而是专业发展的大好时机。从文化创意产业发展和文化走出去的角度，如果民俗学者能够做到使世界范围内的公众提起“中国非遗”就像提起“美国好莱坞”、“日本动漫”一样，则民俗学者于国家、于人类功莫大焉。作为民俗的非物质文化遗产研究还需要深入进行，研究范式也有待形成。

四、民俗学：立足日常生活、感受“生活世界”、阐释“生活文化”的学问

笔者在上文中辨识了“日常生活”、“生活世界”、“生活文化”的概念，概略考察了中国社会的日常生活转型，总结了民俗学研究范式的转换，民俗学到底是一种什么样的学问？笔者认为日常生活并非民俗学研究的对象，日常生活提供了民俗学研究的一种独特方法。民俗是日常生活中的文化，具有生活属性，这是民俗学研究对象的独特性，正是因为民俗的生活属性，立足日常生活，研究生活文化，是民俗学研究的独特方法。因此，民俗学研究者从此可以名正言顺地说民俗学科拥有自己的研究方法，那就是日常生活研究法，只有立足公众的日常生活才有研究民俗的可能，否则就是闭门造车。按照本文第一部分的论述，笔者将“生活世界”视为公众的主观世界，可能较为贴近、符合胡塞尔及国内“哲学民俗学”者的看法。刘铁梁老师提出感受生活的民俗学，笔者认为民俗学者感受生活的目的是感受公众的主观世界，即感受日常生活中创造、享用和传承生活文化的公众的主观世界，也就是创造、享用和传承生活文化的公众之间、包含研究者在内的局外人与创造、享用和传承生活文化的局内公众之间，能够理解他人的理解，交流相互的理解。这样我们也见到了“民俗”之“民”。包含民俗学在内的诸学科其实都是解释学，民俗学就是要解释公众创造、享用和传承的“生活文化”。比如七夕本来是中国传统的乞巧节，但现在却成了公众的情人节，为什么？解释。如何解释？那就先进入现在公众的日常生活，立足公众日常生活，感受现在公众主观的“生活世界”，从而对公众现在的这样一种生活文化即七夕情人节作出解释。如果民俗学者还想做一个实践者，那么在解释之后，还可

以根据感受到的公众的主观生活世界，对公众的这种生活文化进行合理的创意策划设计，为公共文化建设和文化产业发展服务，如此，或许还能产生“设计民俗学”等民俗学研究分支呢。

笔者学力浅薄、学识浅陋，聊表鄙见，见教方家。好在民俗学本身就是眼光时常向下的学问，钟敬文先生也有过非常耐心地听田传江一个地方兼有老农身份的人的声音的经历，故笔者也不以为耻，权作无知者无畏吧。

“生活转向”的解释学意图

胥志强①

摘　要：当代中国民俗学研究的一个重大趋向是从关注“民俗”转向关注“生活中的民俗”，但目前学界对这个范式转换的理解主要是从方法论角度着眼的，没有注意到其中的价值论意图及实践意向。全面地看，这一转向的本质实际上是“解释学”性质的，它包含着“如其所是地理解生活”或民俗的这一解释学式的任务，而语境或生活整体研究的方法论同样来源于现代解释学，学界近年对这一转向的“哲学”反思可以看作正是对其解释学意图的确认。

关键词：生活转向；解释学；生活；语境

一、“生活转向”的本质问题

20世纪八九十年代以来的中国民俗学、民间文学研究的主流范式发生了重大的转换，这已得到了学界的普遍认可。譬如，作为这一范式转换的重要参与者与代表性学人，刘晓春与杨利慧的总结具有相当程度的代表性。刘晓春在发表于2009年的论文《从“民俗”到“语境中的民俗”——中国民俗学研究的范式转换》中认为：

> 20世纪90年代中后期以来，中国民俗学学者开始从单纯的民俗事象研究，转向在语境中研究民俗，强调田野调查，强调在田野中观察民

① 胥志强，博士，华中师范大学文学院博士后研究员。

> 俗生活、民俗表演的情境、民俗表演的人际互动、民俗表演与社会生活、社会关系、文化传统之间的复杂关联等，呈现出民族志式的整体研究取向，时空、人、社会、表演、变迁、日常生活等系列关键词，表明在语境中研究民俗的学者具有共同的问题、方法以及学术取向，初步具备学术范式的意义。①

杨利慧同样认为，自20世纪80年代中期以来，以表演理论为代表并在其“间接或直接的影响与推动下，当代中国民俗学的研究范式出现了一些重要转变……长期占据主导地位的‘向后看’视角（Backward-facing）逐渐为‘向当下看’所取代，对当下各种语境中发生的民俗实践（the Doing of Folklore）的考察和探究已成为当代民俗研究的主流”②。

可以看出，两位学者对当代民俗学研究主流的概括基本是一致的——考察“语境中的民俗”或从语境考察民俗。这也是学界的一般看法，虽然不同的学者在选取标志这一范式的关键词时会有所侧重，如整体研究、生活研究、表演研究、语境研究等。同样获得普遍认可的是高丙中的博士论文《民俗文化与民俗生活》（1991年通过答辩）在这个学术转型中的重要意义与影响。如杨利慧所言，“整体研究”的主张在该著中得到了“全面、深入的论述”，“对中国民俗学的当代转型起到了一定的启蒙作用”③。吕微也认为，在高著出版（1994年）以来，“它已经成为民俗学研究生的专业必读书，尽管没

① 刘晓春：《从“民俗”到“语境中的民俗”——中国民俗学研究的范式转换》，《民俗研究》2009年第2期。

② 杨利慧：《语境、过程、表演者与朝向当下的民俗学——表演理论与中国民俗学的当代转型》，《民俗研究》2011年第1期。

③ 杨利慧：《语境、过程、表演者与朝向当下的民俗学——表演理论与中国民俗学的当代转型》，《民俗研究》2011年第1期。

有人这样硬性规定过。15年来，中国民俗学经历了从传统的文本研究、文化研究、事象研究向当代的语境研究、生活研究、整体(事件)研究的学术转型，在这样一个学术范式的大转型过程中，《民俗文化与民俗生活》发挥了关键性的引领作用"①。在笔者看来，高丙中对这一民俗学新范式的相关命名如"民俗生活"具有更高的理论总结意义，其他诸如得到学界广泛响应的"整体研究"、"语境"、"表演理论"等概念、方法都是服务于这一对"民俗"的全新理解的：民俗是"生活"而非"文化"。而这一理解实际上又是对钟敬文先生80年代初对中国民俗学根本任务之命题——"民俗学的记述和研究，是以国家民族社会生活中活生生的现象为主要对象的"②的展开。因此，本文选择"生活转向"来指认中国当代民俗学、民间文学研究的这一范式转换。如果我们做一更细微的划分，这一转向实际包含宽泛与严格两种理解。在当代，民俗的"生活属性"获得了普遍的认可，"生活"成为理解民俗的重要参照系，这可以看作是宽泛意义上的生活转向之表现；而对采用语境、表演诸理论进行的民俗及民间文学研究，可以看作严格意义上的生活转向之表现，前引刘晓春及杨利慧文中指出的代表性著作可以归入这一类。值得注意的是，这

---

① 吕微：《民俗学的笛卡尔沉思——高丙中〈民俗文化与民俗生活〉申论》，《民俗研究》2010年第1期。

② 钟敬文：《〈民俗学入门〉序》，见[日]后藤兴善(等)：《民俗学入门》，王汝澜译，中国民间文艺出版社，1984年，第7~8页。钟敬文在为《民俗文化与民俗生活》所写的序言中重提了这一论点，参见高丙中：《民俗文化与民俗生活》，中国社会科学出版社，1994年，第5页。

个书目几乎囊括了国内绝大部分活跃的中青年学者的博士论文或代表作。①

但在这里值得提出一个更为基础性的问题:如何总结人文科学的范式转变?范式是一个被广泛采用但含义并不明朗的概念,诸如研究领域的转移、主题兴趣的变迁、解释模式的提出,以及某种方法的突出运用,都有可能被看成研究范式的转换。② 不过,新的研究范式最引人注目之处,往往是其方法方面。但如果仅仅从方法的角度理解、运用某种范式,就远离了科学尤

---

① 杨利慧列举的博士论文或著作仅限于口头叙事研究方面的,计有:

朝戈金:《口传史诗诗学》,北京师范大学博士学位论文,2000 年。

祝秀丽:《辽宁省中部乡村故事讲述人活动研究》,北京师范大学博士学位论文,2002 年。

尹虎彬:《河北民间后土信仰与口头叙事传统》,北京师范大学博士学位论文,2003 年。

陈岗龙:《蟒古思故事论》,北京师范大学出版社,2003 年。

陆晓芹:《乡土中的歌唱传统》,北京师范大学博士学位论文,2006 年

郑长天:《瑶族"坐歌堂"的结构与功能》,北京师范大学博士学位论文,2007 年。

刘晓春列举的涉及民俗研究的更广泛领域,计有:

刘晓春:《仪式与象征的秩序》,商务印书馆,2003 年。

黄涛:《语言民俗与中国文化》,人民出版社,2002 年。

安德明:《天人之际的非常对话》,中国社会科学出版社,2003 年。

巴莫曲布嫫:《史诗传统的田野研究》,北京师范大学博士学位论文,2003 年。

叶涛:《泰山香社研究》,北京师范大学博士学位论文,2004 年。

郑土有:《吴语叙事山歌演唱传统研究》,上海辞书出版社,2005 年。

吉国秀:《婚姻仪礼变迁与社会网络重建》,中国社会科学出版社,2005 年。

刁统菊:《姻亲关系的秩序与意义》,北京师范大学博士学位论文,2005 年。

张士闪:《乡土社会与乡民的艺术表演》,北京师范大学博士学位论文,2005 年 。

徐霄鹰:《歌唱与敬神》,广西师范大学出版社,2006 年。

王杰文:《仪式、歌舞与文化展演》,中国传媒大学出版社,2006 年。

詹娜:《农耕技术民俗的传承与变迁研究》,北京师范大学博士学位论文,2006 年。

林继富:《民间叙事传统与故事传承》,中国社会科学出版社,2007 年。

岳永逸:《空间、自我与社会》,中央编译出版社,2007 年。

西村真志叶:《日常叙事的体裁研究》,北京师范大学博士学位论文,2007 年。

② 库恩(Thomas S. Kuhn)的"范式"(Paradigm)概念含义比较混乱,既是对科学理论的内部归纳,也是对科学活动的外部描述,有研究者指出其包含世界观、价值观与方法论三个方面。这也带来了使用上的随意性。参见杨怀中、邱海英:《库恩范式理论的三个功能及其人文意义》,《湖北社会科学》2008 年第 6 期。

其是人文学科的根本性质及原则。对于一般的科学研究而言,研究方法并不是孤立的、核心的要素,实际上,真正具有典范品质的研究范式,必须包含两个层面:即价值论层面与方法论层面。通俗而言,方法论解决“怎么研究”的问题,价值论要回答“为何研究”的问题。但需要注意的是,人文学科的价值论又有更具体的规定,它指的是这种研究人类自身的学问对我们的存在所具有的价值或意义:用伽达默尔的术语,是区别于“方法”的“真理”;而用中国传统哲学的术语,这是区别于“术”的“道”的层面。因此,人文学科的价值论并不是可有可无的,也不是可随意规定的研究目标;而是对学术工作及研究方法的一种内在的、根本的要求:一项研究对于我们自身(价值、目的或天命)的意义。因此,如果一种研究方法缺乏价值论层面的规定,或对这一规定没有清醒的自觉,那么这种研究方法就是盲目的或无用的。对于前人学术的评价,同样要着眼于其价值论层面,抛开价值论来讨论研究取向存在的理由甚至学术的进步与更替,就是一种盲目的臆想,而这正是当前民俗学研究中的某种习惯性做法。譬如,在民俗研究中对语境因素的一体性要求。实际上,正如有学者指出的,不考虑语境而收集民俗事象或民歌的研究方法,一旦放回寻求民族认同、构建民族国家的时代要求下,自然是正当的、必要的。只有当“时代的需求改变了,曾经最有价值的民族认同在一些有‘社会良知’的民俗学者看来不再是社会生活的紧迫问题,现在,时代的迫切需求是要解决作为个体的每一个人的人生问题……对于从来都以集体性、传统性、文化性研究为基本诉求的民俗学来说,就陷入了自诞生以来最大的困境”①。

从这个角度来看,前引两文对当代民俗学研究范式转换的总结,恰恰是局限于方法论层面的。语境、表演、生活整体、立体性、民俗志、田野调查等这些涉及研究概念、方法,甚至工作方法的表述,都是对“如何研究”的说明,但对使用这些方法究竟要做什么、这样做对我们自身及研究对象有何意义的问题,并没有得到有意识的、清晰的说明。实际上,这与其说是总结者的问题,毋宁说是生活转向范式自身突出的问题。毋庸讳言,当代中国民俗学、民间文学研究中的显著特征,就是对方法论的过度重视与对价值论的过

① 吕微:《民俗学的笛卡尔沉思》,《民俗研究》2010 年第 1 期。

度忽视。正是出于这一深层考虑,笔者选择了包含价值论倾向的“生活转向”来命名这一范式,而没有使用“语境”与“整体研究”等仅属于方法论层面的概括。

因此,对于这一被学界普遍认可的范式,我们还面临一个根本性、前提性的任务:追问“生活转向”的价值论目标究竟是什么。这篇文章的任务,就是澄清当代中国民俗学三十年范式转换中潜在的价值论追求(我称之为“解释学意图”)。经过一番正本清源的工作,我们才能决定生活转向在当下的意义与局限。

二、“生活转向”的解释学意图

虽然当代民俗学“生活转向”中的大多数实践者缺乏清晰的价值论意识,并不意味着“生活转向”范式本身没有价值论层面的意图。实际情形是,以高丙中为代表,生活转向的倡导者具有相当自觉的价值论追求。但这一理论层面的吁求并未得到众多实践者的积极回应,反而是对方法论的热情淹没了对价值论的思考。而且,在高丙中的理论建设中存在一定的问题,这也为价值论的被遗忘与方法论的独行埋下了伏笔。

但高丙中的工作,尤其是《民俗文化与民俗生活》中对民俗研究新范式的构想与论证仍然是卓越的。虽然他并不是“生活转向”的提出者与开启者,也不是相关方法的重要阐释者,甚至不是实践者。但正如前引杨利慧与吕微对该书的中肯评价,《民俗文化与民俗生活》中的工作是一种“启蒙”或“引领”。因为生活转向中涉及的重大问题都在其中得到了讨论。后来被学界广泛采用的方法及其意义,书中也有简要介绍及论述。而最为重要的是,作者是在价值论与方法论的全面视域中讨论学科问题的,这是相对于诸多具体研究者的优越之处。① 因此,本文作为对“生活转向”的理论研究,不拟针对诸多重要的具体研究作品进行讨论,而只以高丙中及《民俗文化与民俗

① 用高丙中本人的话即是要“在理论高度上解答”民俗学界流行的“个案研究”与钟敬文对民俗学“现代性”地位的要求之间的“南辕北辙”。高丙中:《民俗文化与民俗生活》,中国社会科学出版社,1994 年,第 4 ~ 5 页。

生活》为核心做分析。

在笔者看来,高丙中的《民俗文化与民俗生活》的首要功绩,便是为“生活转向”设定了价值论上的目标。澄清这一点,是我们今天全面评估与继承“生活转向”的关键与基础。我将这种价值论的目标称为一种“解释学意图”。要澄清这一点,我们首先需要对“解释学”的含义作说明。

(一)解释学意图的内涵

我们可以从两个层面界定解释学这个术语的含义,即作为本体论意义上的解释学与方法论意义上的解释学;但需要特别指出的是,解释学的根本特征正在于其本体论与方法论的一体性。

解释学(Hermeneutics)一词来源于希腊语动词 Hermeneutica,意思是大声表达、说明、解释及翻译,拉丁语翻译为 Interpretatio,即英语 Interpretation 的词源。作为一门学问,解释的理论发端于古代法律,圣经是注解实践;在文艺复兴时代,解释学也扩展到古代经典的注解方面。但诚如洪汉鼎先生建议的,在谈及解释学时,我们还需要区别诠释学学科与诠释学哲学。① 作为一门有着漫长历史的学问,解释学在 19 世纪之前主要是古文献、经典(如圣经)的理解方法之学。19 世纪出现的两个关键人物推动了解释学向哲学迈进的步伐。其一是 19 世纪前期的施莱尔马赫(Friedrish Schleiermacher,1768 ~ 1834),他在理解不同性质文本的“局部解释学”之上,提出了一门“普遍解释学”的要求和构想。对他而言,解释学是一门理解口头及书面文本的艺术。另一个关键人物是狄尔泰(Wilhelm Dilthey,1833 ~ 1911),他在施莱尔马赫奠定的基础上,将理解的对象从文本扩展到了历史社会领域——理解整个人类的“生命表达”,同时力图将解释学构造成实现这一任务的“精神科学方法论”。

狄尔泰的解释学在本体论与方法论这两个相互关联的维度上推进并启发了当代解释学。狄尔泰思想的持续主题,是寻求一种能在“原初状态”中

---

① 洪汉鼎主编:《理解与解释——诠释学经典文选》,东方出版社,2001 年,第 7 页。

把握生命之本质的方法①,因此,他也是在方法论上,期望解释学能成为这个“精神科学方法论的基础”②。因为,狄尔泰经历的是一个实证主义与经验主义盛行的时代,而作为德国浪漫主义的后裔,他认识到对生命的科学或客观理解实际上严重扭曲了生命之本来面目。因此,重要的是能在原初状态中把握生命的本质——“依据生命本身来理解生命”③。而要完成这个任务,就要求对生命之本质进行恰如其分的分析,因此狄尔泰的解释学就同时是一种生命哲学。④ 这一点刺激了海德格尔(Martin Heidegger,1889 ~ 1976)的解释学构想。⑤

狄尔泰恰如其分地把握生命的理想,与胡塞尔现象学“面向事情本身”

---

① 狄尔泰说:“我们必须超越对生命所作的自然科学式的解释,而在其原初的状态中把握生命。”转引自田方林:《狄尔泰生命解释学与西方解释学本体论转向》,西南交通大学出版社,2009 年,第 29 页。

② [美]理查德·E. 帕尔默:《诠释学》,潘德荣译,商务印书馆,2012 年,第 61 页。

③ 帕尔默说:“依据生命本身来理解生命的设想,推动理解的历史方面之深化,对蔓延于人文研究中的科学主义的尖锐批判——所有这些,在自狄尔泰以来的诠释学中扮演着重要角色。”参见[美]理查德·E. 帕尔默:《诠释学》,潘德荣译,商务印书馆,2012 年,第 138 页。

④ 帕尔默对此总结为:为一种适用于理解人类表达——即社会的和艺术的表达——的科学之方法论寻找基础的任务可被视为“(1)一个认识论问题,(2)一件深化我们的历史意识的观念之事,(3)一种从‘生命本身’来理解表达的需要”。参见理查德·E. 帕尔默:《诠释学》,潘德荣译,商务印书馆,2012 年,第 130 页。

⑤ 海德格尔认为狄尔泰思想的“目标在于把‘生命’带向哲学的领会,以及从‘生命本身’出发为这种领会保障诠释学基础”;即使其思想是以心理学为名,这种心理学也“是要在生命历史的发展联系与作用联系中把生命同时领会为人借以存在的方式、人文科学的可能对象与这些科学的根本。诠释学是这一领会的自身澄清;它也是历史性的方法论”。参见[德]海德格尔:《存在与时间》,陈嘉映、王庆节合译,生活·读书·新知三联书店,2006 年,第 449 ~ 450 页。关于海德格尔对狄尔泰生命解释学的接受,可参见朱松峰:《狄尔泰为海德格尔“指示”了什么——关于生活体验问题》,《江苏社会科学》2006 年第 3 期。

的要求①,共同启发了海德格尔"作为此在的和存在论的理解之现象学"②的解释学。③ 这是一个相互关联的思想过程,如有论者指出,海德格尔"将胡塞尔的先验现象学改造为此在分析论……这种改造基本上受到了狄尔泰的生命存在论的启发"④。因此可以说,这种解释学的核心仍然是对理解生命这一问题的更彻底探索。⑤ 这种解释学的突出成就,是指出理解与解释活动不是解释文本的规则,而是人类存在的基本方式,是我们在生活中对自身未来的"筹划",因此奠定了解释学的本体论转向。

伽达默尔(Hans-Georg Gadamer,1900~2002)在《真理与方法》中具体地发展了海德格尔《存在与时间》中对理解的分析,自称为哲学解释学,因而推进了解释学的本体论方面。在他看来,"理解和解释并不是从方法角度训练的与文本的关系,而是人类社会生活的进行形式","是人类生命本身原始的存在特质"⑥。通俗而论,《真理与方法》中重点关注的不是"如何"理解文本,而是人类与文本的接触究竟意味着什么或发生了什么,如同《真理与方法》的书名显示的,伽达默尔的哲学解释学研究真理的发生过程,而不是捕

① 我们可以将胡塞尔的现象学同样理解为一种彻底地理解生活本身——"事情本身"或"最原始的事情"的欲求,但从海德格尔的立场看来,"胡塞尔把纯粹意识看作终极目标,其现象学还原也就停止于纯粹意识本身,但纯粹意识还不是最原始的事情,最多只能说接近了最原始的事情","为思而有的最初的和最末的事情本身"是存在者之存在本身。李章印:《解构—指引:海德格尔现象学及其神学意蕴》,山东大学出版社,2009年,第71~72页。

② [美]理查德·E.帕尔默:《诠释学》,潘德荣译,商务印书馆,2012年,第61页。

③ 狄尔泰的研究者穆尔说,在其代表作《存在与时间》中,基本上是在于胡塞尔现象学的批判性对话中、在原始地占有狄尔泰的释义学生命哲学的过程中发展其释义学现象学的。参见[荷]约斯·德·穆尔:《有限性的悲剧:狄尔泰的生命释义学》,吕和应译,上海三联书店,2013年,第318页。

④ [荷]约斯·德·穆尔:《有限性的悲剧:狄尔泰的生命释义学》,第322~323页。

⑤ 虽然海德格尔严格区分了他的存在论与生命哲学(柏格森)的异同,但我们仍然可以在一般意义上将他的哲学理解为一种对生活的解释。如费尔曼所说,海德格尔的"存在哲学的思想被看作是生命哲学的继续"。

⑥ [德]伽达默尔:《真理与方法》,洪汉鼎译,上海译文出版社,2004年,第355页。

捉真理的方法。①

但伽达默尔对解释学作为本体论的坚持并不是解释学的终点。实际上,解释学要求成为方法的呼声从未停歇。② 对我们当前的研究具有重大意义的是保罗·利科(Paul Ricoeur,1913～2005)的解释学。利科肯定了海德格尔与伽达默尔对解释学的本体论分析,但他重申了解释学作为方法论的地位与必要性。在他看来,“人们只有通过自己的行为、通过他生命的外化和它们对他人产生的效果来认识自己。他只能通过永远是一种解释的理解来间接地逐渐地认识自己”③。因此,理解不能靠沉思,而只能是一种狄尔泰指示的道路,通过对“生命表达”的分析来迂回地理解——“理解的存在论涵蕴在解释的方法论之中”④。当代解释学某种意义上又回归到了狄尔泰为之勾画的视野与任务之中。

通过以上这番简要的概述,我们可以将解释学的本质与核心概括为:在其“原初状态”中理解生命、如其所是地把握生命。在理解生命之一般本性的基础上,它是哲学或本体论;用于理解具体的生命之表达时,它是精神科学的方法论。而关键是,这一“理解”不是客观地看,而是生命之内地看、作为生命(实践)本身地看——理解是生命本身的“原始的存在特质”、“人类社会生活的进行形式”。因此理解及解释也是一种生命“内部”的活动——来源于生命,服务于生命。

以此为参照,我们会发现,在高丙中的《民俗文化与民俗生活》中对民俗研究提出“生活转向”的意图,可以说即是“解释学”(式)的——它内在地包含一个理解(“活生生的”)生活及民俗的意图(本体论方面),并为此构思了

---

① 伽达默尔说,《真理与方法》“所阐述的诠释学不是精神科学的某种方法论学说,而是这样一种尝试,即试图理解什么是超出了方法论自我意识之外的真正的精神科学,以及什么使精神科学与我们的整个世界经验相联系”。参见伽达默尔:《真理与方法》,洪汉鼎译,上海译文出版社,2004 年,第 5 页。

② 海德格尔、伽达默尔的哲学解释学,实际上已经超越了哲学,而在文学批评、神学、社会科学等领域产生广泛影响,成为这些学科重新理解自身的新视野或方法。

③ [法]保罗·利科:《解释学与人文科学》,陶远华等译,河北人民出版社,1987 年,第 50～51 页。

④ [法]保罗·利科:《解释的冲突》,莫伟民译,商务印书馆,2008 年,第 21～22 页。

相应的研究方法（方法论方面），而这一研究本身包含了内在的实践意向。如前文所说，“生活转向”范式的实践者对此的理解是局部的、零碎的，但在这些思想碎片中，仍然呈现了一个解释学意图的轮廓。我们下文仍以《民俗文化与民俗生活》为核心做分析。

（二）解释学意图的实践意向及本体论表现

概而言之，“生活转向”的解释学意图的表现——也即这一范式转换的根本方面在于，它将当代民俗学研究置于了“生活”这个“参照系”中。① 但需要特别注意的是，“生活”概念在其中的意义，不能仅仅在方法论维度来理解，虽然在本书及大多数生活转向实践者看来，将民俗理解为“生活”意味着对民俗研究提出了新的方法上的要求，“生活”被当作了新范式的核心“理论”、“概念”，但实际上“生活”一词同时指示了前述本体论、方法论与实践意向三个维度，也即“生活”同时是“作为研究对象的本质”（本体论）、“作为学科研究方法”（方法论）及“作为学科内在使命”（实践意向）。

我之所以称高丙中提出的“生活转向”规划隐含“解释学意图”，是因为他是在相互联系的整体中构思上述三方面的。虽然全书最突出的仍然是学科研究方法即方法论层面的思考，但这一出自对当时民俗学研究取向之“失望”的反思性工作，实实在在地包含着来自“民俗生活”本身的要求，以及对民俗学回应民俗生活之要求的要求。这一要求的扼要表述即作者所言：民俗学研究者“必须转向生生不已的现实人生而使它充满活力”②。这是整本书着力论证的“生活整体研究”方法的最终目标，如作者所说：“民俗生活是民俗的现实展示，是人对民俗的具体参与或操作，因而是我们开展整体研究的对象。当代中国民俗学家可以通过研究民俗进而关心国人的人生，关心在传统向现代的大转换过程中显得异常艰难、异常困苦的人生。”③因此，绝不仅仅是研究工作对“生生不已的现实人生”的观照问题，更是“使它充满活

① 高丙中：《民俗文化与民俗生活》，中国社会科学出版社，1994 年，第 161 页。
② 高丙中：《民俗文化与民俗生活》，中国社会科学出版社，1994 年，第 6 页。
③ 高丙中：《民俗文化与民俗生活》，中国社会科学出版社，1994 年，第 146 页。

力”的实践责任问题。①

正是出于这一实践意图,作者才能发现钟敬文先生对学科构想的只言片语的意义,才能将“生活作为研究对象(民俗)的本质”这一命题提上研究日程,使之成为学科的急迫问题。由之而来,一次朝向“生活”的学术解构之旅开始了。虽然,这一问题是在民俗学科的独立性及系统性建设这一任务下设定的。如作者所说,“这个学科缺乏基本的概念体系”、“没有形成自己的理论系统”以及“没有自己独立的和完整的研究对象”,而最后一个问题“最为关键”、紧迫,是“火烧眉毛”的事。② 但回过头来看,学科的独立性及系统性建设并不是必然的任务。只有系统化成为一种要求时,方会成为亟待解决的任务。为什么要从对学科的一个特定理解再出发,这是通过对学科史的“解构”过程实现的,但从根本上说这不是一个仅能从学科角度提出的问题,也不是一般研究工作的必然要求——否则那些研究不会长期存在。因此,必须从质疑者的“主观意图”理解这一要求,或者说,学科系统化要求背后的价值论视野才是最后的根据。因此,学科的体系化努力是表象,研究对象的统一也是表象,实质则是民俗理解变革的要求。

从这个角度出发,我们就能理解《民俗文化与民俗生活》朝向学科独立与系统化中的某些令人疑惑之处。假如本书的核心任务是寻求民俗学“独立和完整的研究对象”,论述行进到“民俗生活”可算大功告成了。因为通过萨姆纳对民俗的分析,作者给出了本书唯一的民俗之定义:“具有普遍模式的生活文化”③,也给出了相应的民俗学“可操作的研究对象”及“研究单位”。我们这里要提出的问题是:作者为什么还要引入有关“生活世界”的论

① 高丙中个人对《民俗文化与民俗生活》之实践意向在本书出版十多年之后有一些直接表述,如在《日常生活的现代与后现代遭遇》中,将直接从实践意向的角度对中国民俗学的百年历程的反思与批判(见《民间文化论坛》2006 年第 3 期);而近十年来兴起的“非物质文化遗产”实践(同时作为实践范式与学术范式)实现了作者理想中的民俗生活之形态。(见高丙中:《中国的非物质文化遗产保护与文化革命的终结》,《开放时代》2013 年第 5 期)当然,这不是“生活转向”的其他实践者的共识。

② 高丙中:《民俗文化与民俗生活》,中国社会科学出版社,1994 年,第 8~9 页。

③ 高丙中:《民俗文化与民俗生活》,中国社会科学出版社,1994 年,第 144 页。

述？换句话说，“生活世界”对于作者构想的学科体系意味着什么？①

一方面，“生活世界”是民俗学的“学科位置”，用我们眼下的思路，可以理解为民俗学的实践意向，一如欧洲民俗学曾经参与的民族主义这一作为政治实践的“学科位置”。但另一方面，作者也称“生活世界”为民俗学的“领域”，这一词的含义并不是非常清晰的。具体而言，作者主要将“生活世界”理解为“普通人的(非专家的)、具体直观的(非高度概括的)、生活性的(非理论性的)”“人类精神现象”。作者援引的三种理论(萨姆纳、胡塞尔及普列汉诺夫)都指向这一点。② 作者认为，“有了‘生活世界’这个完整的概念，民俗学的领域再也不显得零碎了”，也即对“民俗”本身有了整体性的界定，而不是“一会儿文艺，一会儿巫术，一会儿物质生活，一会儿习惯法”③。那么，我们是否可以认为，本书对民俗提出了两个不同的理解，一个是“具有普遍模式的生活文化”，一个是“专家现象之前和专家现象之外的生活领域”？相应地，对于民俗学之独立、完整的研究对象问题也提出了两种不同的统一方式？

要澄清这个疑点，我们不妨思考一下达成研究对象之独立和完整的具体路径。作者的路径，即是对学术史上种种研究对象——民、俗之理解的重新统一。统一是从民与俗两个方面着手的。对于民，是外延的“扩大”，从乡民、野蛮人、种族、农民、平民、劳动人民扩展到了“一切人”。对于俗，是内涵的“收束”，但这一收束实际上包括了两个进路，一个建基于萨姆纳经验科学的行为论；一个建基于胡塞尔现象学的生活世界论。这两个进路的结果是不同的。概而言之，萨姆纳式的收束指向“具有普遍模式的生活文化”(“民俗文化”)；胡塞尔式的收束指向前文所说的“生活世界”(“民俗生活”)。如我们看到的，这两种对民俗的理解是冲突的，虽然作者作了挽救——将“民

---

① 这是笔者导师吕微教授在评论《民俗文化与民俗生活》时提出的一个相当深刻的问题(见后文“四、解释学意图的确认”的相关分析)，相当程度上启发了本文的分析思路，特此说明。同时，对于“生活世界”理论的引入对高丙中理论体系的意义，笔者的看法有些许差异。

② 高丙中：《民俗文化与民俗生活》，中国社会科学出版社，1994年，第136页。

③ 高丙中：《民俗文化与民俗生活》，中国社会科学出版社，1994年，第138页。

俗生活”看作“用普遍模式建构的活动过程”①,但这依然是对“生活世界”这一内涵的牺牲——“用普遍模式建构的活动过程”并不包含“非专家”、“直观”等内涵。

从逻辑上讲,通过内涵的收束来重新定义民俗,这是一个“一般化”(Verallgemeinerung)的过程,也就是将一个东西归属为一个种类的过程。但前述两种一般化实际上是不同的。海德格尔据胡塞尔的术语,区分了两种不同的一般化操作,即普遍化(Generalisierung)与形式化(Formalisierung)。海德格尔说:

> “普遍化”指的是与种属相应的一般化。例如,红是一种颜色,颜色是一种感性性质;或者愉快是一种情绪,情绪是一种体验。看起来人们还能进一步说:一般性质、一般事物是本质;红、颜色、感性性质、体验、属、种、本质是种种对象。但在此立即就出现了这个问题:从“红”到“颜色”或者从“颜色”到“感性性质”是普遍化的过渡,与从“感性性质”到“本质”和从“本质”到“对象”的过渡,这两者是一种同样的过渡吗?显然不是!在此存在着一个断裂:从“红”到“颜色”和从“颜色”到“感性性质”的过渡是普遍化(Generalisierung),而从“感性性质”到“本质”的过渡是形式化(Formalisierung)。②

区别在哪呢?有研究者解释为:“如果说,普遍化是在外部对象性意义层面去观察事物内容上的什么,那么形式化则要发现这种‘什么’是在一定形式中被给予和安置的。”③就是说,普遍化涉及的是“事物领域”(Sachgebiet/Material Domain),是根据事物的层级秩序经过一系列的抽象概念化获得的。比如,通过不断寻求共同点,从红色之物中抽象出红;再从红色、蓝色、绿色中抽象出颜色;从颜色、触觉性质、听觉性质中抽象出感性性质(sinnli-

---

① 高丙中:《民俗文化与民俗生活》,中国社会科学出版社,1994年,第144页。

② [德]海德格尔:《形式化与形式显示》,欧东明译,《世界哲学》2002年第2期。

③ 张一兵:《构形与构序:现象学表象的秘密——海德格尔〈形式化与形式显示〉的构镜论解读》,《社会科学辑刊》2011年第5期。

che Qualität)。① 但是,如海德格尔指出的,感性性质对颜色的规定不同于“对象”(Gegenstand)这个“形式规定”对于任意一个“对象”的规定。因为“对象”的含义不是从一切“对象”的共同点中抽象而来的,“对象”没有事物领域与之对应,因此也无从抽象。因此,形式化脱离了事物领域,不再直接从事物的什么内容(Wasgehalt)出发,也不需经历较低的一般性以达到最高的一般性。但我们在知道任何对象之前,就知道了“对象”的含义。何以知道呢,凭借的是对象与认知者之间相对而立(Gegen-Stand)的安置关联。② 海德格尔说:“形式述谓不受事物内容的限制,但它却需以某种方式得到启动(Motiviert Sein)。它是如何受到启动的呢?它起源于安置关系(Einstellungsbezug)的意义本身。从对象那里,我看不到其内容上规定的是什么(Wasbestimmtheit),而是在一定程度上看‘出’它的规定性(Bestimmtheit)。我必须忽视事物内容的什么而只关注这一实情:对象是一个被给予者,是以切合姿态的方式被把握的。因而,形式化起源于纯安置关系本身的意义,而不是源于‘一般事物内容的什么’(Wasgehalt)。”③形式化起源于一种安置关系(Einstellungsbezug)——事物的实现(Vollzug)。④ 通俗地讲,普遍化适合于描述事物世界,而形式化涉及对这个事物世界的理解与把握,因此涉及的是人的存在方式。

因此,两种对民俗学之对象的一般化过程,其实质是不同的。对照普遍化与形式化的区别,将民俗界定为“具有普遍模式的生活文化”实际上是一种“普遍化”,民俗是被放置在“文化”(无论文化是指一般的“属于人的现象”还是萨姆纳所谓的行为方式、行为模式)这个属中得到一般化的。但将“生活世界”用来界定民俗并不是普遍化的结果,因为生活世界的内涵,如直观的、非专家的、非理论的等规定并不属于一个事实领域。我们并不是通过

① 张祥龙:《海德格尔的形式显示方法和〈存在与时间〉》,《中国高校社会科学》2014 年第 1 期。

② 张祥龙:《海德格尔的形式显示方法和〈存在与时间〉》。

③ [德]海德格尔:《形式化与形式显示》。引文中的“安置关系”原译为“姿态关系”,此处据张一兵所译统一为“安置关系”。

④ 张一兵:《构形与构序:现象学表象的秘密——海德格尔〈形式化与形式显示〉的构镜论解读》,《社会科学辑刊》2011 年第 5 期。

寻求共同点来抽象出民俗作为生活世界的直观的、非理论等规定的。因此，将生活世界当作民俗学的领域，是一种形式化的过程。这个形式化的过程，指向的不是作为事实领域的民俗，而是事实的被把握、在与民的关联中被安置、被实现的。总之，它涉及民俗本身的存在方式。

发现一般化过程中的普遍化与形式化之别，是现象学的一大功绩。西方思想长期将形式化过程误认为是普遍化，这样带来的结果，概而言之，就是将属于人的存在方式混同为事物世界。海德格尔著名的"存在不是存在者"这一命题，实际上就是要将人的"存在"方式的独特性及首要地位彰显出来。据此看来，将民俗看作"具有普遍模式的生活文化"或民俗文化，仍然停留在普遍化的操作中，因此仍然没有将其中属于人的独特存在方式彰显出来。这是高丙中未及澄清的。但本书的卓异之处正在于没有停留于此，而是重新引入了形式化的操作思路，将民俗放在生活世界来领会，看作"民俗生活"。这么做的潜在意图正是为了彰显对民俗作为人的存在方式的别具一格特性。

回过头再看全书的思路，原本经由萨姆纳的行为论，民俗概念已经实现了统一。作者并没有止于此，因为仅有"普遍模式的生活文化"完全可以解决学科的独立与系统问题，却无法完成作者对民俗生活的价值层面的要求。因此，在萨姆纳之后，他重新引入了胡塞尔的生活世界论述，甚至不惜因这一新的思路导致了全书理论体系的裂隙。

因此，我们称高丙中的生活转向规划包含解释学意图，其本体论方面的表现或根据就在于：通过引入"生活世界"理论，他为民俗学提出了"朝向事实本身"来理解生活的任务。他对生活世界及民俗生活之内涵的把握，显示了这一点。

在本书中，高丙中对"生活世界"主要是在相对于"科学世界"的意义上理解的。① 而生活世界在"普通人的、具体直观的、生活性的"意义上是民俗学的领域。我们在此不拟对此作过多具体分析，而只想指出这一点：围绕反思近代科学来揭示人的独特本质，属于解释学的核心主题。在这个意义上，高丙中对胡塞尔生活世界理论的援用，正是参考了这个解释学传统。前文

---

① 高丙中：《民俗文化与民俗生活》，中国社会科学出版社，1994 年，第 131 页。

已经提及，正是出于对实证科学对人之解释的不满，狄尔泰走上了从解释学重建精神科学或人文科学（Human Studies）方法论的思想之路。而这一点，正如高丙中正确地把握到的，也是胡塞尔思想的追求。我们还可以补充的学术史信息是，胡塞尔和狄尔泰的思想是在相互影响中形成的。胡塞尔现象学还原的方法启示了狄尔泰把握人类精神生命之目的的解释学。① 而当胡塞尔构思他“先于”科学世界的生活世界概念时，海德格尔也在思考如何捕捉“前理论的实际生活经验”②。我们同样需要指出的是，《民俗文化与民俗生活》并没有将这一思路贯彻到底，而是将“民俗文化”与“民俗生活”都看作民俗的两种“存在形态”③。实际上，只有民俗“生活”才是民俗的“存在”形态；民俗“文化”不过是理论眼光或现象学所谓的“自然态度”误认民俗本身的结果。虽然高丙中在本书中同等地看待了这两种形态，因此书名是“民俗文化与民俗生活”而非“从民俗文化到民俗生活”这一表述，但学界一边倒地走向“生活研究”，却从侧面显示了“生活”对于民俗的“存在”才是根本性的，甚至是唯一的形式。

但是，我们也要看到，本书对于民俗之生活本性的分析，仍然是比较单薄的、零碎的。生活的性质究竟如何？除了“生活世界”概念呈现的，生活还有哪些关键的内涵？这些不仅是高丙中未完成的，也是生活转向的实践者未留意的方面。

三、“生活转向”的解释学方法

高丙中的《民俗文化与民俗生活》对生活转向进行了本体论与实践意向方面的解释学构思，也积极地探索了服务于这一新思路的研究方法。虽然作者同等地看待“民俗事象研究”与“生活整体研究”，但作者着力强调、能代表作者“解释学意图”的实则是“生活整体研究”。实际上，这种研究取向的

---

① 田方林：《狄尔泰生命解释学与西方解释学本体论转向》，西南交通大学出版社，2009年，第43页。

② 此即他所谓的“实际性的解释学”构想，这一方法构成了后来更为全面的“此在”分析的基础。

③ 高丙中：《民俗文化与民俗生活》，中国社会科学出版社，1994年，第169页。

基本精神,也正符合解释学方法论的要义。

作者所谓的"生活整体研究"包括下面五个方面的特征:

> 第一,它看中的不是被挤干了生活汁液的民俗事象,而是活生生的民俗事件;不是作为文化现象的民俗,而是作为生活事实的民俗。
>
> 第二,既然民俗整体研究以生活过程为取向,它就必须在理论上把被事象研究所遗留的民俗发生的情境找回来,把曾经备受冷落的活动主体邀请回来。那么,民俗学在这里不再只是看到静态的民俗,而且把握了民俗与民俗主体和发生情境所构成的活动整体。
>
> 第三,如果民俗学家着眼于生活,那么他必然要关心民俗的现实性,因为生活的就意味着此时的、正在发生的。
>
> 第四,要保证我们的研究面向生活、面向人的活动,面向现代,我们就必须通过田野作业去获得相应的资料。
>
> 第五,整体研究特别关注民俗主体问题。主体是生活整体的一部分,同时又是一个很特别的部分。①

其中,第一条、第三条和第五条是对民俗在本体论上的说明,真正的方法论说明是第二条和第四条。如果我们把"田野作业"看作研究的"工作方法"而不是"理论方法",实际上生活整体研究方法论的核心与重心只有第二条,即找回"情境"及"主体"。生活转向之所以能以"语境研究"为名流行,与此内在地相关。

当前国内民俗学界对"语境(情境)"之因素的界说林林总总,范围不一,但概而言之,其内涵并不出常用的"背景"概念的范围。② 譬如高丙中书

---

① 高丙中:《民俗文化与民俗生活》,中国社会科学出版社,1994年,第109~101页。

② 语境(Context)是来源于语言学的概念,但语境研究者所谓的语境超出了语言学的领域。本文此处目的在于指出语境方法的解释学内涵,不拟对语境概念及各家用法做细致辨析与界定,这一任务将留待他处。

中提及的几处国外研究者使用“情境”概念的例子，基本都可以作背景解。①前引刘晓春文章中认为语境除“上下文”等语言学内涵外，也扩展为“事物的前后关系、境况，或者扩展到一个特定的‘文本’、一种理论范式以及一定的社会、历史、政治、经济、文化、科学、技术等诸多要素之间的相互作用和相互联系”②。孟慧英指出“语境意味着民诉事项深嵌其中的社会或历史的条件”③。

正如高丙中的思路显示的，在民俗学研究中强调情境或语境，为的是呈现活生生的民俗事件而不是被榨干了生活汁液的民俗事象，换句话说，要理解整体的民俗，寻回语境或情境是必由之路。笔者这里不拟对这一思路的限度进行分析，而只想指出：这一强调情境、语境的“理解”方法正源于解释学。

新教学者维特斯泰恩(Johann Jakob Wettstein, 1693 ~ 1754)在讨论历史理解问题时已经强调了联系背景关联来理解对象的重要性。随后，赫尔德也指出了理解作品时应注意所处的背景领域。而施莱尔马赫更是明确提出了理解的背景性要求。④他就理解历史中的话语问题解释到：“因为每一话语作为讲话者的生命环节只有通过他的一切生命环节才是可认识的，而这只是由他的环境整体而来，他的发展和他的进展是由他的环境所决定的，所以每一讲话者只有通过他的民族性(Nationalitaet)和他的时代才是可理解的。”⑤可以看出，在这里已经出现了当代的语境之因素的诸多方面：个人生

---

① 如作者重点介绍的美国表演派理论代表鲍曼(R. Bauman)强调表演“总是发生在额定地区的文化观念和情境中”(第112页)，情境的含义与“背景”相同；又提到如美国学者C. W. 乔依纳倡导研究“应当把表演者(人)、表演(活动)和处境(政治、经济、自然等条件)的历史背景考虑进来”。(第116页)

② 刘晓春：《从“民俗”到“语境中的民俗”——中国民俗学研究的范式转换》，《民俗研究》2009年第2期。

③ 孟慧英：《语境中的民俗——美国表演理论述评》，周星主编：《民俗学的历史、理论与方法》，商务印书馆，2006年，第677页。

④ 田方林：《狄尔泰生命解释学与西方解释学本体论转向》，西南交通大学出版社，2009年，第137 ~ 138页。

⑤ [德]施莱尔马赫：《诠释学讲演》，洪汉鼎主编：《理解与解释——诠释学经典文选》，东方出版社，2001年，第51页。

活史、文化背景、时代背景等。狄尔泰继承并发展了施莱尔马赫的这一思想,他说:“我们对每一个特殊的精神状态都只有从它们所出自的那些外在环境中理解”,“环境(Das Milieu)对于理解必不可少。”①

理解活动中对背景的考量,显示了解释学对部分与整体关系的思考。狄尔泰对这一关系进行了生命本体论层面的解说。要理解部分,必须关涉整体来进行,因为生命本身就以那种把整体与部分关联起来的确定方式而存在。何谓整体?何谓部分?人类历史、文化的种种现象,都是人类精神生命的表达,因此两者之间是种表达与被表达的关系,这就是一种部分与整体的关系。而我们若要理解生命之表达的意义,就必须把它们置于作为其产生之源泉的人类精神生命这个“整体”中去理解②。狄尔泰说:“从根本上说,有意义性乃源于部分与整体的关系,而这种关系又植根于生命体验的本性之中。”③

生活即是整体,或者说,生活是一种形成整体的趋向,而“意义”则是这种相关于生活本身的部分与整体间的关系。行文至此,我们便可明了何以高丙中将其为生活转向构思的研究取向命名为“生活整体”研究,何以这种研究需要一种回到语境的方法,也可明了我们何以称生活转向在方法论层面亦包含一种解释学意图。虽然,生活转向对于整体的内涵并非如此清晰,对语境的理解也并不是都能服务于此种目标,而且其对解释学方法的领会也存在重大的缺陷,这些都是生活转向遗留给我们的问题。④

---

① Wilhel Dilthey, Addenda from Manuscripts, in *Selected Works*(ⅳ), Princeton University Press, 1996, p. 253. 转引自田方林:《狄尔泰生命理释学与西方解释学本体论转向》,西安交通大学出版社,2009年,第138页。

② 田方林:《狄尔泰生命理释学与西方解释学本体论转向》,西安交通大学出版社,2009年,第94页。

③ [美]帕尔默:《解释学》,第156~157页。

④ 本文这里只拟呈现生活整体研究基本解释学的方面,对其与完整的解释学方法之间的差距,不拟做重复论述。这里只提示一点,解释学理解的语境与对象、部分与整体是一种“解释学循环”的关系,即不仅理解部分/对象需要联系整体/语境,理解整体/语境同样需要联系部分/对象,语境研究者尚未注意到这一原则。

四、解释学意图的确认

如本文开头所言，生活转向中的大多数实践者并不是在全面的意义上理解这一范式的。学界主要从方法论层面接受了诸如语境研究、表演研究之类的方法，但对价值论与实践意向层面的澄清，则自《民俗文化与民俗生活》出版后数十年间一直没有有力的呼应。虽然少数学人在此期间进行着持续地反思，但真正出现重大的转机不过是近年的事。我把 2010 年当作一个标志性的年份。因为这一年，随着吕微的论文《民俗学的笛卡尔沉思——高丙中〈民俗文化与民俗生活〉申论》的发表和户晓辉的论著《返回爱与自由的生活世界——纯粹民间文学关键词的哲学阐释》的出版，对于生活转向的思考达到了一个新的高度。我们可以称之为生活转向之解释学意图的确认。

初看之下，吕微与户晓辉的思考无论从形式到话题，都与国内民俗学有相当的差异，这也导致了学界对其的误会。但抛开这些表象，我们会发现，他们的思考仍然内在于生活转向这一当代学术范式中，实际上是这一范式内在所需的思想步伐。我以为吕微在《民俗学的笛卡尔沉思——高丙中〈民俗文化与民俗生活〉申论》一文中呈现的立场与思路是个充分的证据。吕微在该文中说：

> 本文肯定高丙中《民俗文化与民俗生活》对于民俗学从文化形式研究的取向转向生活整体研究的取向，以及民俗学的社会科学化转型所作出的奠基性理论贡献；并从学科基本问题意识、“从抽象（文化）上升到具体（生活）”的经验—实证的社会科学方法论等方面具体论述了《民俗文化与民俗生活》，通过对民俗生活的经验直观以重新发现“个体主体性”的工作为民俗学转变为真正意义上的现代学科所阐明的学术方向。本文认为，尽管民俗学的社会科学化在重新发现了“个体主体性”的同时却无法思想人的自由存在的生活意义，但通过引进胡塞尔“生活世界”的概念，《民俗文化与民俗生活》为民俗学将自身开启为人的自由进行存在论辩护进而“拯救生活世界”、“保卫日常生活”、“建构公民社

会”的人文学术赢得了理论可能性。①

虽然该文是对高丙中《民俗文化与民俗生活》一书的“申论”,实际上却是以此书为焦点对整个“生活转向”的评论。笔者以为,我们完全可以从眼下的解释学思路来说明该文对生活转向的判断②,具体而言就是:

第一,肯定了生活转向(“肯定高丙中《民俗文化与民俗生活》对于民俗学从文化形式研究的取向转向生活整体研究的取向”)及其理解生活的意图(“重新发现‘个体主体性’”);

第二,但是并没有彻底完成领会人自身的任务(“无法思想人的自由存在的生活意义”);

第三,原因在于生活转向所采用的经验—实证的“社会科学”方法论;

第四,因此,新的方法论必须是能更彻底地认识人及其生活、并能服务于生活(“为人的自由进行存在论辩护进而‘拯救生活世界’、‘保卫日常生活’、‘建构公民社会’”)的“人文学术”。

首先要引起注意的是,该文对生活转向的申论,始于重提学科价值论,这是对当前过分强调方法的学术工作的一大反拨。正如我们一再强调的,没有价值论的标杆,方法论层面的习用是没有意义的。而且与高丙中一样,学科价值论的重省实际上又是对学科的实践意向的自觉。作者说:“如果民俗以及以民俗为研究对象的民俗学学科与人自身的存在根本就是无关痛痒的学问和学问对象,那么所有为民俗和民俗学的辩护都将不再有意义和价值,即使你通过确定民俗学独立、完整(统一)的研究对象而最终拯救了民俗学。”③当然,仅有“价值阐发和意义申诉”还不够,因为“没有民俗学的概念和理论,对人自身存在的辩护就是空的;而没有对人自身存在的关心与关

① 吕微:《民俗学的笛卡尔沉思——高丙中〈民俗文化与民俗生活〉申论》,《民俗研究》2010年第1期。

② 笔者梳理生活转向的思路以及前文对高丙中的分析,正是在导师吕微先生该文章的启发下进行的。

③ 吕微:《民俗学的笛卡尔沉思——高丙中〈民俗文化与民俗生活〉申论》,《民俗研究》2010年第1期。

爱，为民俗学的辩护则是盲的”①；价值论还要落实在方法论的建构方面。在这个意义上，作者认为这正是高丙中引入“生活世界”理论的意图所在：

> 民俗文化作为非官方（非专家）的现象（第127页）、民俗生活作为前理论理性（前“社会诸意识形态”）的世界，多尔逊（第64页）和萨姆纳（第86页）的论述已经提供了比较充分的资源，特别是萨姆纳民俗学经验论的生活视野，已足够让高丙中力主“呈现‘社会事实’”的学术取向甚至部分“知行合一”的学术理想在其中游刃有余。因此，我想，除了“自由”这一人的存在的根本意义，再没有什么理由能够解释“生活世界”之于《民俗文化与民俗生活》的“通向‘先验现象学’的通道”意义了！②

可以看出，“申论”背后包括一个全面反思当前民俗学事业的工作规划。用户晓辉的话说，是思考“学科的根基、本源和普遍基础的问题”③。在这个意义上，户晓辉的思考是与吕微相呼应的。抛开具体论述上的差异，他们的思考在根本精神上都处在这一规划之内，都可以看作生活转向之解释学意图的确认及深化。譬如，从本体论层面来看，户晓辉在《返回爱与自由的生活世界》中通过对学科对象“民”的存在论解释，及对“生活世界”概念的现象学本义的探索④，深化了对（民俗）“生活”之本性的本体论探索工作。这一思路采用的是现象学及海德格尔存在论的视角，也即解释学传统的视角。而从方法论层面看，吕微对实证研究范式的反思与批评⑤、户晓辉对现象学方法对于民俗学研究之意义的探讨⑥，都是对生活转向之解释学意图的深化。

---

① 吕微：《民俗学的笛卡尔沉思——高丙中〈民俗文化与民俗生活〉申论》，《民俗研究》2010年第1期。

② 吕微：《民俗学的笛卡尔沉思——高丙中〈民俗文化与民俗生活〉申论》，《民俗研究》2010年第1期。

③ 户晓辉：《返回爱与自由的生活世界》，江苏人民出版社，2010年，第2页。

④ 户晓辉：《返回爱与自由的生活世界》，江苏人民出版社，2010年，第一章、第四章。

⑤ 吕微：《民间文学实践形式研究的“强论证”》，未刊稿。

⑥ 户晓辉：《返回爱与自由的生活世界》，江苏人民出版社，2010年，第四章。

中国民俗的特征及研究范式

王小块①

民俗是一个国家、民族、地区集居民众在生产生活过程中所创造、共享和传承的一系列风俗生活习惯，体现着特定时期内物质和精神文化的状态。中国民俗具有文化知识性（一定时期的民俗体现一定时期的知识体系，也是一定时期社会审美意识的体现）、神异性、通则性、普遍性、传承性、变异性（外在影响因素所致：传承者的意识选择、官方、物质文化水平的发展程度等），以及或多或少的官方影响性。民俗的这些本质特性，不仅决定了民俗这一学科领域的宏大性、华彩性和远大发展前景，也决定了其研究范式的综合性（各学科研究理论、方法的交叉和研究内容的广博）、深入性（民俗事象的历史沿革性；文化内涵的体现；民众意识形态的选择动机；文本、神圣空间、器物等的建构；现实状态）。

一、民俗的特征

作为一个有着悠久历史的文明古国，从其肇始之初，境内不同区域的集聚民出于各种原因和目的，在创造人类文明的同时，也创造了体现自身文化特点的习俗。这些习俗涉及生产生活的方方面面，虽有区域差异性，但本质特征却是相同的。

（一）民俗的文化知识性

任何区域、任何时期的民俗事项都体现着其所处时代的文化知识水平状况，犹如上古时期浓厚的鬼神观念充分体现在原始先民们狩猎、收获等诸

① 王小块，商丘师范学院历史与社会学院副教授。

多的祭祀活动中一样，一直存在的丧葬习俗，随着上古、中古、近代、当今的知识、技术水平的不同，在器物、仪式、行为观念上也有诸多的差异。再如婚姻习俗中，古代曾用雁作为聘礼，而现在用金银、宝石、钱币等充当。因此，每一时期的民俗都体现着当时的文化知识水平，是民俗时代性的反映。

（二）中国民俗的神异性

中国的民俗事项中有着明显的神异性表现。这里所说的神异性，并非自始至终都在一个事项中体现，有可能是体现在其中的某些环节。如举行婚礼的时间不能过正午，否则就会受到鬼怪的干扰。而丧葬仪式中自始至终都体现着这一观念，任何一个环节出现问题，都有可能不利于逝者，有碍于生者。这也可能是“文革”中破四旧那么声势浩大，但对丧葬的冲击却很小的原因：讲究入土为安。在这里，安的不仅仅是逝者，也包括生者。中国民俗的神异性特征其实是中国广泛存在的鬼神信仰的反映。更毋庸提及拥有广大信众的女娲、伏羲、火神、水神、灶神、观音、妈祖等信仰了，自始至终彰显的就是神异性。

（三）中国民俗的通则性

中国的每个民俗事项都有一些禁忌，遵循一定的规则，这些禁忌、规则是民众意识形态、伦理道德观的直接展现。如春节北方一定要放鞭炮、吃饺子；中秋节吃月饼，讲求家人团聚等；端午节吃粽子，南方地区会举行赛龙舟活动；清明节上坟、扫墓等；正月十五闹花灯诸如此类。这里面的核心通则体现了中国人的鬼神观念、宗族观念、尊老敬贤、崇宗敬祖等一系列传统伦理道德观，体现了民众的价值取向。

（四）中国民俗的普遍性

中国民俗的普遍性体现在两个方面，一是民俗事项涉及的内容非常广泛，并且随着社会的发展演变，不断有新的民俗事象产生。中国民俗涉及的内容有：生产劳动民俗、日常生活民俗、社会组织民俗、岁时节日民俗、人生仪礼民俗、游艺民俗、民众信仰及巫术、婚丧嫁娶等几大部分。目前所存在的民俗事象几乎已经囊括各个领域。

中国民俗普遍性的另一个表现则是其波及的范围比较普遍,一般一个民俗事象在一定空间内被当地民众普遍认可和接受,甚至延伸至全国及海外。如妈祖信仰、观音信仰、元宵节、春节,等等。

(五)中国民俗的传承性

几千年无中断的中国历史演变进程,使得很多民俗事象通过口耳相传、言传身教、神圣空间、器物、仪式等途径被传承、沿袭下来,有着非常厚重的历史延续性。而这种历史的延续性与民俗事象本身的可传承性和社会需求紧密联系在一起。需要是存在的合理性解释。仍以中国的丧葬为例,通过守灵、头七、二七等的一系列环节不仅让想象中的魂灵顺利渡入另一个世界,并进入安定状态,而且在这一系列的禁忌、规则的遵循过程中,无形中也凝聚了家族、邻里、帮群关系,确定、加强了相互间的亲疏、尊卑、长幼等秩序,使得原有的社会道德伦理观得到直观的展示和巩固,有利于家族、社群等的稳定、和谐。

(六)中国民俗的变异性

任何事物都是一定社会生产力的产物,具有传承性的民俗在被民众广泛传播、展示的进程中不能不受到客观条件的限制而发生或多或少的变异,与原初状态完全一致的民俗事项几乎是不存在的。不仅客观条件会促使民俗发生或多或少的变异,处于不同时期、不同环境下的传承人主体由于自身能力、认识水平、自主意识、价值选择等因素对民俗事象中的一些非核心因素加以改造也是时有发生的,这些都会造成某项民俗的变异。如古代结婚新娘一般是坐花轿,而五六十年代中国的年轻人结婚用的是自行车,近二三十年则已改用小汽车。这是不同时代在同一民俗事象中发生的一些变异。当然婚礼有繁简、规模有大小之别,这可以看作是传承者本身对某一民俗事项具体环节、情景的选择,而使其相对于过去某一阶段而言发生了某些变异。因此中国民俗的变异性特征是非常明显的。

(七)中国民俗的官方影响性

中国的很多民俗事项在其传承和变异过程中染有或多或少的官方意志

和思想。作为社会意识形态的一种表现,民俗自古受到统治者的重视。《礼记·王制》记载:“岁二月,东巡守至于岱宗,柴而望祀山川。觐诸侯,问百年者就见之。命太师陈诗以观民风。”这里的王者巡守之礼,即为国君深入民间,对民情风俗进行调查研究。并设专司——太师专门负责搜集民间歌谣,借此“观风俗,知得失”,制定或调整国家方针政策。《诗经》中的《风》,就集中反映了古代各地民众的风俗习惯,包含有大量的民俗事象,不仅对研究我国古代民俗有重大价值,也是统治者重视民风民俗的一种见证。官方对民俗的影响在中国节庆民俗上体现得尤为明显。《汉书》说:“冬至阳气起,君道长,故贺。”《晋书》亦有“魏晋冬至日受万国及百僚称贺……其仪亚于正旦”。中国每年的第一个节气“立春”,通常叫“打春”,这一称号的起因即与官方有关。相传这一天,人们穿上节日的服装,抬着一头纸糊的大耕牛,载歌载舞上街游行。游行后,把纸糊的耕牛抬到县衙的公堂上,由县官亲自执鞭打三下,寓意:大地回春,赶紧耕种。因此又把立春叫做“打春”。再如我国的元旦,夏朝是正月初一,商朝在十二月初一,周朝在十一月初一。1949年9月27日,中国人民政治协商会议第一次全体会议通过使用“公元纪年法”,将公历1月1日定为元旦。古代的春节指农历二十四节气中的“立春”时节,南北朝以后将其改在一年岁末,并泛指整个春季,把它作为新的一年的开始。民国初年,改农历为公历后,将正月初一定为春节。

目前影响较大的火神信仰、妈祖信仰、关公信仰、清明节等都与官方的态度有着莫大的关联。可见,中国民俗中的官方特征是不容忽视的。

二、中国民俗的研究范式

中国民俗的上述特征,不仅决定了民俗这一学科研究领域的宏大性、华彩性及其远大发展前景,也决定了在研究的过程中应该充分考虑其综合性和深入性。

研究中国民俗应该遵从综合原则,即在研究的过程中要注意各学科研究理论、方法的交叉使用,涉及什么领域就要运用什么领域的理论和方法,这是由民俗本身内容的广博性决定的。比如研究女娲信仰,既要运用历史学科的理论、方法关注其历史沿革,发掘其文化内涵,也要关注地理环境、气候条件等因素在仪式过程、器物使用等方面所造成的影响，利用气候环境、地形地貌、水文特征等自然科学的知识分析区域差异性；既要从文学的角度考量神话传说等文本的演绎，也要从心理学的立场探索信众的价值取向；还要注意政治因素在其中起到的推动、阻碍作用；同时从建筑学、美学的角度追究神圣空间在建造、重构中的运用与取舍，也不排除以社会学的视角探寻不同时期社会伦理道德对其造成的影响。因此，民俗学的研究是一个综合性的研究过程，它不附属于任何一个已有的学科门类，而是游离其上，另成一道美丽的风景，这是由民俗自身所特有的宏大性、华彩性所决定的，这也决定了中国民俗学有着广阔的发展前景。

研究中国民俗还应遵循深入性原则。作为一个文明古国，中国的很多民俗事象自其生成之日起至今，已经历了几百上千，甚至几千年的历史。这期间，生产力的发展、社会文化的变迁、种族或区域间的冲突和交融、王朝的更迭、自然环境的变化、天灾人祸的降临等诸多因素无不影响着民俗事象的传承与变异。这就决定了在研究中国民俗的过程中必须奉行深入性原则，才能对一个民俗事项作出真实、详尽、全面地分析、梳理，而不是仅仅停留在对民俗事象的现状描述。必须竭尽所能地对民俗事象的历史沿革、文化内涵、意识形态、选择动机、文本表达、神圣空间建构、器物的使用、仪式的展演、禁忌规则等加以深入的剖析。

二、当代中国民俗研究中的致命弱点

在这里，我还想就中国当代民俗研究中存在的问题谈一些自己的看法。在我看来，这些问题有可能会对中国民俗学的未来带来致命的打击，使其走向一条不归路。

其一，中国民俗研究者受西方理论和方法的毒害太深，不能脱离西方的影响来研究中国民俗。这一点从中国学者念念不忘、不厌其烦地讨论“Fork-lore”一词就可以明显地看出来。其实在几千年前的中国《诗经》中就已经有了类似于民俗的词语，对民俗的关注更是由来已久。而很多学者不知是出于东西对话的目的还是其他原因，谈到民俗则“言必称希腊”，严格以西方的理论、方法为圭臬，把它套用到中国身上，无视中国自身的文化成果和特点。

研究中国民俗的学者只有跳脱西方的影响,从中国民俗的产生、演变过程着眼,才能对中国的民俗有一个客观和直接的感受,也才能形成正确的或者说形成更加适合中国国情的民俗观念、研究思路及方法。不要总是想着与国际接轨,只要研究好了中国的问题,搞清了中国的民俗产生演变的机制,才能研究好中国的民俗,只有研究好了中国的民俗,也才能与国际接轨,否则只能是对西方理论、方法的照搬、复制,犹如拿西方的宗教观念和理论来衡定中国的信仰,其结果只能说中国的宗教不伦不类、中国没有真正的宗教,其实质是沿袭了“西方中心论”,把中国置于被动的框架中,主动放弃话语权,这种状况只能说是中国学者的自我贬低,沦为西方理论的跟屁虫、西方理论的看护者。这不是与西方的接轨,而是散播西方理论。“只有民族的才是世界的”,只有独立了,建构起中国民俗研究的理论、方法,才能以真正平等的姿态与西方对话,但绝不能接轨,接轨对双方都会造成伤害,使民俗丧失独特性。

西方民俗的出现源于对故事、传说等的搜集,而中国对民俗的关注则是源于统治者对国家治理的需要。就是这一点,造就了中国民俗极大的特殊性,这种特殊性不仅表现在许多民俗产生的原因上,也表现在民俗的演进过程和民俗在中国社会、政治生活中的影响和表现上。很多民俗事象都或多或少的具有官方制造的痕迹、受到统治者支持或规范,具有很强的官方文化色彩。这些都需要中国的民俗研究者走出西方理论、范式的窠臼,用中国的思维方式来对待。

其二,应对民俗学有个正确、合理的定位,不应把中国的民俗附着于任何一门学科之下,民俗学至少应该是一门像历史、哲学这样的大学科,它不仅研究民俗表象下所代表的特定的文化特质,同时也追寻着人类的文化发展规律和通则;它不仅是对文化和社会研究的一种视角,也是探求知识、发掘民众认识和创造多样文化内在机制和发展演变规律的一项重要途径,而中国的诸多民俗事象,能够经历千年风雨留存下来,并仍在发挥其全部或部分功效,自然应该成为当代人重视和保护的对象。作为这一“华彩乐章”(田兆元教授语)的研究者,中国民俗学者应当理直气壮地站起来捍卫和建构中国的民俗学。

按社会语境界定民俗之“民”

黄　涛①

摘　要:谁是民俗之“民”,在中外民俗学史上是一直引起争议的问题,近年来尤为引人关注。作者提出从区分社会语境的角度来界定“民”的范围。社会语境分为两种类型:生活语境和公务语境。生活语境中的任何人都是“民众”的成员,生存在民俗模式之中;而在公务语境中,人会自觉地调整自己的行为方式,以契合自己此时的公务人员身份。生活语境可进一步划分为文化背景与现场处境两部分。语境分析法也是一种很有解释力的民俗研究方法。

关键词:民俗之“民”;民间;社会语境;生活语境;公务语境

Defing the “Folk” of the Contemporary Chinese Folklore in Social Context

Huang Tao

(Guangxi University of Nationalities, Guangxi. Nanning 530006, China)

Abstract　The question who is the “folk” of folklore is a long-term problem that arouses disputes in Chinese and foreign folklore history, attracting more attentions in recent years particularly. The author puts forward that we should define the composition of “the folk” by distinguishing social contexts. Social contexts can be classified into two kinds: unofficial context and official context. Any person in unofficial context is the member of “the people” and lives in folklore patterns.

① 黄涛,博士,温州大学人文学院教授。

Everyone can adjust his behavior way voluntarily when in official context so as to make his behavior way suit to his identity of official worker at this situation. The unofficial context can be divided further into two parts: the cultural background and the on-the-spot situation. The way to analysis contexts is also a very effective methods for folklore studies.

Keywords "the folk" of folklore; the people; social context; unofficial context; official context

一

谁是民俗之"民"或什么是"民间",也就是怎样确定民俗主体的范围,是近年来被中外民俗学者普遍关注,并引起广泛讨论的问题。在这一民俗学基本问题上,主流观点随时间变迁,至今已取得较大共识,但争议犹存。在西方民俗学史上,随着人类文明的演进和社会生活的变迁,作为民俗学研究对象的"民"的概念外延经历了由窄到广的演变过程。英国民俗学研究的先驱、创用"民俗"(Folklore)一词的威廉·约翰·汤姆斯(William John Thoms)认为,"民"是以承载"大众古俗"(Popular Antiquities)的乡民为主的"民众"(the People)。随着西方强国在世界范围内建立、拓展其殖民地,许多人类学家将他们的研究视野专注于欧洲之外的一些欠发达部族所谓的"野蛮人"(Savage)身上,这样在人类学派的民俗学家那里,"民"意味着乡民(Country Folk)和野蛮人。到现代社会,在发达国家,随着城乡差别的显著缩小,承载着传统"古俗"的乡民或农民群体逐步减少以至消失,如果还固守传统的限定,民俗学就面临着失去研究对象的危机。于是一些国家的民俗学家的研究视野也逐渐转向城市生活和城市人,美国印第安纳大学的理查德·多尔逊(Rechard M. Dorson)认为"民"是趋向传统的匿名群众(Anonymous Masses),包括乡下人和部分城市人,后者指流入城里的乡下人和他们的后代,这一"民"的范围扩展到了城市人,但还是很有限制的。美国加利福尼亚大学的阿兰·邓迪斯(Alan Dundes)则将"民"的范围无限扩大,认为"民"可以是任何人组成的任何群体,只要这个群体至少有一个共同点并有自己的传统,例如工人、教友、军人、教师、学生、科学家等群体。① 按他的“任何群体”的说法,政府官员群体也应属于“民”之列,(虽然他并没有举出这样的例子)。他对“民”的界定显然更适用于现代社会,但是如果不从某个角度加以限定,按这种对“民”的理解去研究民俗,会使“俗”的概念与传统概念有质的差异,也可能使民俗学的研究对象变得模糊不清,或与其他学科混淆,而事实上他的关于民俗现象的清单,所列举的基本都是传统形式的“俗”。

在我国,“民”或“民间”的内涵也经历了一个演变的过程。民俗学运动的“五四”北大时期(1918~1925)与中山大学时期(1927~1930),“民”指与贵族、圣贤相对的“平民”或“民众”,重点指下层平民。新中国成立后的一段时期,“民”按严格的阶级观点,指“人民”或“劳动人民”,是与“反动统治者”、“剥削阶级”相对的一个群体,是以农民、工人为主的直接生产者、被认为富于革命性的阶级群体。在改革开放以后的新时期,“民”的内涵又悄然变迁,一般民俗学者逐渐用“广大群众”、“民众”的说法取代了“劳动人民”,如被称为“中国民俗学之父”的钟敬文先生认为:“从数量上说,民众是国家人口的多数,实质上民俗的创造者和传承者,也大都是广大民众,这一点是肯定的。可是,如果因此就认为上层社会没有民俗,或者认为它完全没有和广大民众共同的民俗,这似乎就不好讲了。中国过去有许多‘岁时记’,讲述岁时风俗。许多年节风俗,从农村到朝廷差不多都要奉行,尽管活动的具体情况不一样。这就是说,一个国家大部分风俗是民族的(全民共有的)。当然,民族里面又包含一定的阶级内容。同样的过年,喜儿、杨白劳的和黄家地主的就很不一样。但是他们都要在同一天里过年,这也是事实。所以重要的民俗,在一个民族里具有广泛的共同性,它不仅限于哪一个阶级。”②这番论述打破了很长时期以来的关于“民”的阶级论,甚至说皇帝、地主的生活也有民俗。这就是实事求是的说法了。他在另一处讲到:“人的衣食住行、婚丧、观念、伦理等,都离不开民俗。不能认为民俗只存在于普通人之中,其

---

① 高丙中:《民俗文化与民俗生活》,中国社会科学出版社,1994 年,第 10~27 页。

② 钟敬文:《民俗学的历史、问题和今后的工作》,《钟敬文文集·民俗学卷》,安徽教育出版社,1999 年,第 71 页。

实高级知识分子身上也体现着民俗”。① 这种说法目前在民俗学界有很大的代表性。

这样,民俗之“民”的范围就很宽泛了,它渐有包容任何种类人群的倾向。但是,民俗学的学科特点决定了它必然有明确的符合自己学科属性的研究对象,不可能不加选择、不加限定地研究一切人群的一切行为。如果将封建社会的皇帝、地主,现代社会的官员、高级知识分子等都看作民俗之“民”不加任何限定,也会使什么是“俗”变得难以界定,从而使民俗学的研究对象模糊不清。但也不可否认,上述几种处于社会较高层的人群也确实有他们的民俗生活。怎样解决这种矛盾呢?本文认为,可以从社会语境的角度对现代民俗学的研究对象——民俗之“民”予以界定。

二

所谓社会语境,就是指特定文化传统规约下与具体时空条件中的社会处境。语境是历史传统与现实场景的交汇。历史传统储存在特定群体的意识和记忆之中,它制约、规范着人们的活动,而现实因素又调整修改着历史传统,两个方面的会合、交融就是影响实际发生的社会行为的主要语境因素,它有易于把握的两个基本方面:时间或历史的纵向规定和空间或现实的横向规定。社会语境可以分为两部分:公务语境和生活语境。公务语境指正式的官方或类似于官方的公务活动的场景。生活语境指官方公务活动之外的语境,它以居民区的日常生活场景为主,并包括工厂、商店等单位的生产经营活动场景,以及其他类似风格的场景。生活语境是民俗语境,实际上就是指日常生活场景或类似风格的场景,这种界定符合民俗学界近年来影响广泛的民俗文化就是生活文化的主张。以区分社会语境来确定民俗之“民”的做法,与邓迪斯从美国现代社会生活出发对“民”的界定是不同的。邓迪斯所说的“民群”指任何身份的两人以上的群体,但没有关于社会语境的区分和限定。

① 钟敬文:《话说民间文化》,人民日报出版社,1990年,第161页。

按社会语境来界定民俗存在的人群的范围，对于居民的“阶层性”没有限定，即在生活语境中的任何人都是民俗之“民”。可以说，在当代中国社会，所有人都是可以传承民俗和民间文学的“民众”的一员。但“民间”也应该有相对的一面，这就是“官方”。“官方”一般指政府，这里可以将之扩大，指所有正规的郑重的公务场合，如政府办公的场合、公司的公务场合、企业的公务场合等。在这些场合里，讲话、做事一般要符合公务规范，比较随意的民间习惯是不适宜的，比如在大街上可以叫岁数大的人“大爷”，但是在公务场合，就不能叫年长的领导、同事为“大爷”。而官员、职员等走出公务场合回到生活场合中，一般也就遵从民间习俗，进入“民间”。公务人员或官员在公务语境中遵行官方文化模式，说的语言是官方公务语体，而在生活语境中他可以“混同于百姓”，遵行民俗文化，讲生活乃至俚俗的语言。以称谓习俗来说，一个“干部”身份的人在政府机关或科研机构内部，习惯了以职务或职称来称呼其同事，在单位以外，他却经常使用民间称谓。所以我们不把这位官员排除在“民”之外。另一方面，任何一个人处于公务语境中，他都可以暂时脱离“民”的身份，成为一位公务人员。如一个农民做了支书，在随便的场合他以普通村民的身份出现，但在村民大会上他就会“打官腔”。电影《渡江侦察记》中，一位老农民给解放军侦察员带路到江边观察地形，侦察员称农民为“老大爷”，老农民很不高兴地说：“我也是个民兵呐！”说明“民”的角色受语境的规定，可以随语境的不同而变换。

在20世纪后半期，我国的社会制度从主体上说是非私有化的，这使上层社会集团与中下层社会集团之间的隔离造成的群体文化差异不如高度私有化的社会那样显著。这里以各社会集团之间的语言差异情况为例。1981年，一些语言学者为了分析各种社会因素对语言使用的影响，就不同职业的北京人说“姆末（我们）”“胰子（肥皂）”“且（从）”“伍的（什么的）”的频率做了调查和统计，发现保留土话土音的多少和职业相关的程度并不大，如说“姆末”的职业分布为：科教人员52.0%，行政干部50.0%，职员66.6%，工人55.5%；说“伍的”的职业分布为：科教人员40.0%，行政干部50.0%，职员33.3%，工人50.0%。所以带队调查的胡明扬先生得出结论：“至少在目前，北京还没有形成依职业区分的社会集团和与此相适应的社会方言……在这种情况下，很难形成按不同职业区分的相对隔绝的社会集团，也就不容易产生相应的不同的社会方言。”[1]由于社会制度以公有制为主体，社会财富实行按劳分配，在这段时期内很难划分出地位和文化上差异悬殊的社会集团。在工作环境中同一职业的人聚集在一起，但在生活环境中不同职业的人通常是混居在一起的，并无明显的隔绝状态。这突出表现在一个家庭中的成员往往从事不同的职业，比如父母是干部，儿女可能是工人，或者父母是工人，儿女是干部或知识分子，这种不同职业者混居一家的情形是很常见的。按此状况，就不好限定某一阶层是民俗文化的承载者，某一阶层不是。这样，要确定民俗文化的存在范围，从人所处的语境着眼就是一个可行的办法。

近年来，一些社会学者致力于调查研究当代中国的社会分层与阶层差异，并取得了值得重视的成果。从中可以看出，改革开放以来，中国社会各阶层的区分和差异逐步分明和加大，但到目前为止这种分层还在形成和发展之中，局面尚不稳定，各阶层在生活方式和文化风习方面的差异尚待观察和研究。将来我国因职业、社会地位、家庭财富等因素导致的阶层分化是否会更鲜明，以致造成生活上的集团对立，从而引起生活方式和文化风习上的巨大差异，尚不好断言。

三

下面我们对“生活语境”即民俗语境的内涵以及运用该概念来分析民俗主体和民俗现象（客体）的方法做进一步的简要说明。

毋庸置疑，任何民俗活动都发生于具体语境之中，脱离时空、场合等环境因素的抽象的民俗活动实际上是不存在的。古语说“一方一俗”，“十里不同风，百里不同俗”，都在讲风俗因语境而异。而“入乡随俗”这一成语则提出了语境对“民”的规约，要求“民”尊重俗的语境性，遵行特定语境中的俗。民俗因不同的时空条件而变异，就是因不同的语境而变异。民俗的形式、意义和功能也为语境所规定。可见人们对民俗的语境性的关注是由来已久

① 胡明扬：《北京社会调查》，《语言学论文选》，中国人民大学出版社，1991 年，第 208 ~ 209 页。

的。只不过前人研究没有对民俗语境作出严格界定,也没有明确地用此标准来衡量民俗研究的对象、范围。“生活语境”与前人研究中曾提出的“生活世界”是基本一致的概念。高丙中已有过从生活世界来界定“俗”与“民”的探讨,他说:“民俗是具有普遍模式的生活文化和文化生活”,“从生活的角度来看民俗之‘民’,任何群体的人都是‘民’,因为他们都有自己的生活世界。”①不过有些问题,比如生活世界如何界定,和它相对的世界是什么,各个群体的生活世界有何不同,等等,他还没结合我国的实际情况予以阐释。

在运用语境概念来分析民俗现象时,可将生活语境的内容进一步划分为文化背景和现场处境两部分。文化背景指民俗事件发生之前在特定生活环境中业已存在的关于这个民俗事件的文化规约。现场处境指民俗事件发生、发展过程中的在场因素,如行为动机、行为人之间的关系、行为发生的场所、当场进行的活动等。现场处境是导致民俗事件发生的直接因素,并且决定着民俗事件的体现形态和实施效果。② 我们可以从“哥们儿”称谓习俗着眼对生活语境概念以及以之限定民俗主体的方法做一个较为具体的说明。在“哥们儿”称谓的调查中,我们看到这一称谓在城市里是为各阶层的人们所使用的,只是在使用人数和使用频率上有阶层分布上的差异,但这差异也并不悬殊。而在使用语境上,“哥们儿”称谓的分布却呈现出显著的规律性。这一称谓使用语境上的最大差异是城乡差异,在城市语境与乡村语境里,“哥们儿”称谓有质的不同。在城市内部,各阶层群体在“哥们儿”称谓使用语境上表现出一致性,即人们都把这一称谓用于随便的场合,如家里、大街上等,而不用于办公地点,尤其不用于上下级关系中。③ 显然,从语境角度来确定“哥们儿”称谓的使用范围比从社会阶层角度有更大的可行性。若考察使用这一称谓的“民”,则各社会阶层的人在适宜于该称谓的语境下都可成为这一语言民俗之“民”。“哥们儿”称谓的使用语境事实上分为两类:一类是生活语境;一类是公务语境。这种语境分析方法也适用于其他民俗现象,

---

① 高丙中:《民俗文化与民俗生活》,中国社会科学出版社,1994年,第11、13页。

② 黄涛:《论语言民俗情境的构成与功能》,《北京师范大学学报》(人文社会科学版)2000年第4期。

③ 黄涛:《“哥们儿”称谓的使用状况与文化内涵》,《北方论丛》2001年第3期。

具有普遍意义。认为生活语境中的所有人都是民俗之“民”，并不排斥从职业、年龄、性别、区域等角度将民众划分为各类社会群体并研究群体间的民俗差异。从语境角度研究民俗，正有利于从具体语境中考察群体文化差异对民俗的影响。

从生活语境角度来看，最显著的民众群体文化差异是乡民文化与市民文化的差异。这种差异自然包含职业差异的因素，但并不全是由职业差异造成的。这种差异主要是村落语境与城市语境的差异造成的，两种语境分别是在特定地域内的特定人群与各种文化要素（包括职业因素）凝为一体的结果。

乡民是村落文化的承载者。虽然村落文化整体上已有很大的变迁，但农村生产经营与日常生活一体化的特点依然未变。这一方面使一般村民的活动全部处于生活语境之中；另一方面使村民成为一个内部同质性很强的群体。一村之民的内部文化差异很小。他们的职业相同，只有极少数人在务农之外，兼营或主营他业；文化程度基本相同，即使有小学、初中、高中等学历的差别，由于农村很少用到文字，从学校出来之后摸上几年锄把子，大家在文化程度上的差别也就被共同的生活模式磨没了，也有个别的戴副眼镜显得文气，或讲话爱“掉文”，这是被众村民嘲笑的“异类”，是不够格的农民；村民也基本上没有官民之分，村里没有专门的行政部门，村长、书记等首先是农民，其次才是干部，教师从学堂回到家也要脱下制服换上同村汉一样的衣服下地干活。影响村民的文化素质，造成语言运用差别的因素，主要是性别和年龄。传统文化重视“男女有别”，故有村民在文化品质上的性别差异；当前年龄差别大的村民经历过不同的社会环境和文化模塑，因而有文化品质的年龄差异。这是研究乡民文化应考虑的两个因素。村干部只在极少数情况下处于公务语境之中，摆出有别于日常行为的样子，比如村支书平时也遵照村落称谓制与村民交际，但他在召开干部或村民会议，或者通过喇叭向村民讲话时即摆出“国家干部”的姿态，他的用语超出了村落的日常语言体系，在称谓上打破辈分制，直接以姓名称呼别人。这种场合可算作村落的公务语境，但这种情况在村落的整体生活中所占的位置是极小的，可以忽略不计。诸如此类的差别只是个别现象，不致影响到村落文化的内部一致性。

城市社区之“民”是一个成员庞杂、内部异质性很强的群体。由于社会分工的发达,城市的社会工作划分为各种职业和部门。由于不同职业和部门之间的相对隔绝,城市人群形成文化各有差异的职业集团。在生活领域,人们也会将与其职业或职务有关的文化特征带入他们的语言运用。特定的职业往往又与特定的文化程度大致适应。所以考察城市的民间语言,说话人的职业和文化程度是需要重点考虑的因素。其他需注意的因素还有性别、年龄、交际双方关系等。

城乡文化背景的差别使得市民与乡民的民俗知识有着显著差异,也使城市的民间语言与农村的民间语言有着相当大的差距,差距大到二者分处于同一现象联结体的两极,形成鲜明的对照。

除了城市与村落之外,还有一种语境是小城镇。小城镇语境从整体而言是城市语境与村落语境的混合,这里的活动语境也可分为公务语境与生活语境两种,其民俗之“民”与“俗”也为内部的语境差异所分隔。例如位于胶东半岛西部的寒亭镇,由城区中心和周围的八个自然村组成。城区中心是县级区政府(潍坊市所辖)驻地,自然村里住的是农民。这样一种特殊的社会语境造成了内部称谓习俗的显著差异。在机关单位内部,形成公务语境,工作人员相互称谓受职务级别影响,不能以拟亲属称谓相称,连机关工作人员向机关工作人员问路,也称“同志”。而在周围的自然村中,则是生活语境,人们遵循村落拟亲属称谓制,每人都有自己的世袭辈分,即使在外地工作的人当了官,回村后人们仍按辈分称之,绝不称他的头衔。① 寒亭镇的两种称谓状况的鲜明反差说明了语境对民俗主体有显著的限定性,在小城镇这样一个不大的空间范围内,其语言环境竟被语境明显地分隔为两部分。同一个人,在机关大院的公务语境里使用官方称谓,出了机关来到民间生活语境里,马上采用民间称谓,说明从语境角度来限定民俗主体是很有效的。

四

通过以上考察,我们看到用区分语境的方法来更确切地说明民俗主体

① 郭展:《寒亭称呼语规则试说》,《民俗研究》1996年第3期。

问题是可行的。这种做法一方面肯定了一个民族的全体成员对本民族主要民俗文化的共享性,另一方面也不否认不同阶层的人在享有民俗文化的程度、方式等方面有各种差异,我们可以通过考察他们在生活语境(或者在生活语境这个大类下的各种具体语境)中的行为方式研究这种差异。在现代社会不同阶层的人文化隔绝程度逐渐缩小的情况下,从语境角度来界定民俗主体将是一种越来越合乎现实状况因而越来越具有解释力的民俗研究方法。

民俗与民族主义
——基于民俗学的考察

刘晓春①

摘　要：本文从背景、内容、影响等三方面，依次考察德国的民俗复兴、芬兰史诗《卡勒瓦拉》、日本的“一国民俗学”等具有代表性的民间文艺学/民俗学现象，探讨民俗与民族主义的关系。上述三国的民俗学史显示，当一个民族/国家迫于外来压力时，本民族/本国的知识精英会从自身的文化传统中，发现维系民族认同/国家认同的民间文化资源，寻求民族/国家振兴的力量源泉，作为传统文化的民间文化，成为民族主义兴起的重要条件；民族主义将民族、文化、国家、国民等现代理念赋予民间文化，使之成为具有现代性本质的公共文化，这些超越地方的公共文化，由于其生成过程的建构性特征，促使人们反思其本真性。

关键词：民俗；民族主义；自然诗；卡勒瓦拉；一国民俗学；本真性

民族主义，作为近现代发展起来的意识形态与社会政治实践，其与地方性的传统文化、民间文化有着密切的关联。无论是民族主义塑造的民族认同，还是民族主义进行的社会政治实践，都需要借助、征用本土的传统文化资源，根据不同时代社会语境的需要，通过发掘、梳理历史谱系，重新阐释民族传统的神话、英雄人物、象征物、历史记忆，复兴民族传统的生活方式，同时将这些经过重新阐释与复兴的传统塑造成为民族本真的文化形象，通过实施民族的教育和制度，以培育本民族区别于他民族的独特个性，建构本民

①　刘晓春，博士，中山大学中国非物质文化遗产研究中心教授。

本文为国家社科基金项目《民俗与民族国家认同探讨》(项目编号 08BMZ024) 系列成果之一。

族的认同。英国学者安东尼·史密斯发现,在这一过程中,知识分子通过历史学、考古学、人类学、社会学、语言学、民俗学等学科来追寻民族的“根源”与“特性”,这些学科为发现“我们是谁”、“我们从何时起源”、“我们如何成长”以及可能还有“我们将往何处去”等,为民族主义强调民族个性提供了工具与概念的框架。①

由此可见,民俗学的发生发展与民族主义的意识形态、社会政治实践密切关联。如果说19世纪英国的海外贸易与殖民扩张催生了以进化论为代表的英国民俗学,那么19世纪中期的浪漫主义和民族主义则催生了以民族主义为代表的德国民俗学。② 以浪漫主义、民族主义为观念的德国民俗学派(尽管其在德国本土的纳粹时期有着一段不光彩的历史③)随着1848年欧洲革命开始掀起的民族主义浪潮波及世界各地,④民俗学为民族主义论证民族的历史脉络、文化独特性、建构民族认同等提供了学术支持。民族主义作为影响、支配民俗学学科形成、发展的重要观念与社会实践,在民俗学领域形成了诸如集体性、本真性、民族精神等一系列关键概念,民俗学也为民族主义的发展和影响推波助澜。20世纪初期,中国现代民俗学在“五四”运动中诞生,并且也受到德国民俗学的影响。有学者发现,周作人在日本留学期间通过学习森鸥外、柳田国男等人的著作,受到德国学者赫尔德(Johann Gottfried Herder,1744~1803)的深刻影响,从而对民俗学、人类学产生了学术兴趣;周作人论著中所使用的“民族”概念,与国民性话语的历史语境以及赫尔德的文化民族主义之间也有着密切联系。⑤ 由此看来,民族主义对中国民俗

---

① [英]安东尼·史密斯:《民族主义:理论、意识形态、历史》,叶江译,上海世纪出版集团,2006年,第29页。

② [挪]弗雷德里克·巴特等:《人类学的四大传统——英国、德国、法国和美国的人类学》,高丙中等译,商务印书馆,2008年,第7~15页,第90~91页。

③ Hannjost Lixfeld,1994,Folklore and Fascism:The Reich Institute for German Volkskunde,edited and translated by James R. Dow,Bloomington & Indianapolis:Indiana University Press.

④ [英]厄内斯特·盖尔纳:《民族与民族主义》,韩红译,中央编译出版社,2002年,第92~93页。

⑤ 陈怀宇:《赫尔德与周作人——民俗学与民族性》,《清华大学学报》(哲学社会科学版)2009年第5期。

学的形成与发展产生了重大影响。深入考察民俗与民族主义的关系,对于理解民族主义形成与发展的特征以及民俗学学科传统都有重要意义。在世界民俗学领域中,德国、芬兰、日本等国民俗学的兴起、发展与民族主义的关系密切,具有代表性。本文拟以上述三个国家的民俗学为对象,考察民俗与民族主义的关系。

一、德国的文化民族主义与民俗的复兴

从世界民俗学传统来看,18～19世纪的早期民俗学,形成了以泰勒、弗雷泽为代表的英国进化论民俗学传统,此外还有以赫尔德为代表的德国浪漫的民族主义民俗学传统。在人类学、民俗学史上,与理性主义、普遍主义和启蒙的法国式文明概念并存的,还有浪漫主义、相对主义、民族主义的德国式文化概念。① 正是这一德国式的文化概念,催生了德国浪漫的民族主义民俗学传统。

17～18世纪以法国为中心的启蒙运动席卷整个欧洲,启蒙运动信仰理性的统一性与不变性。② 但是,对启蒙运动核心观念的抵抗,与这场运动本身一样古老。③ 早在18世纪70年代,特别是在德国,针对启蒙运动的理性主义聚集了一批狂飙突进的反叛力量。狂飙突进运动的年轻人谴责古典主义的理性化规则压制了人的感情、个性以及天才的灵感。④ 同时,由于法国对德意志的占领,狂飙突进运动中的德国浪漫主义就成为反对法国人的思想武器⑤,浪漫主义者把理性主义的主张看作是法国的文化霸权⑥。浪漫主

---

① [挪]弗雷德里克·巴特等:《人类学的四大传统——英国、德国、法国和美国的人类学》,高丙中等译,商务印书馆,2008年,第7～15页,第76～77页。

② [德]E·卡西尔:《启蒙哲学》,顾伟铭等译,山东人民出版社,1988年,第4页。

③ [英]伯林:《反潮流:观念史论文集》,冯克利译,译林出版社,2002年,第1页。

④ [英]阿伦·布洛克:《西方人文主义传统》,董乐山译,生活·读书·新知三联书店,1997年,第111～112页。

⑤ [美]科佩尔·S·平森:《德国近现代史:它的历史和文化》,范德一译,商务印书馆,1987年,第63页。

⑥ [英]阿伦·布洛克:《西方人文主义传统》,董乐山译,生活·读书·新知三联书店,1997年,第112页。

义者不仅强调热情与情感的极端重要性，而且从极端的个人主义转变为对有机社会的崇拜，从对自由人的赞颂转变为承认只有在集体的民族个性中才能有真正的个性，而民族的个性可以在中世纪找到最纯粹的、未受外来影响污染的民族传统，普通人民是民族创造力的健全核心和储藏地。因此，浪漫主义者崇拜人民，重视民众创造的民间故事和民歌。① 赫尔德正是这些观念及实践的先驱人物，他的文化民族主义主张开启了德国民俗学的传统，推动了18～19世纪德国民俗的复兴。

第一，赫尔德在其论著中，充分阐释了他的文化民族主义主张，表达了他对启蒙理性进步史观之霸权的反叛精神，认为历史发展是多样的统一，强调“传统”是历史发展过程中的有机力量。

赫尔德承认各民族存在人性普遍法则——小异而大同——的前提下，认为每一个民族都是独一无二的。他否弃了启蒙哲学家依理想而渐臻完美的、直线有序的进步史观，而代之以多样之中的总体历史观②，即历史是“一个有着千万种变化，却充满唯一之大义的寓言③。”他指出，传统、有机力是历史哲学的原则。所有的教育，都是依靠模仿和训练的手段，从模范者传递到效仿者，这就是传统。同时，效仿者必须有能力接受传递的东西，经过消化吸收，转化为自身的本性，这就是有机力。④ 他特别强调，只有注重“传统之链”(Kette Der Tradition)的历史哲学，才是人类真实的历史。⑤

第二，在现实社会的思考与实践方面，他致力于使德意志文学和思想摆脱对法国亦步亦趋的模仿，进而创造一种以民间传统和民间灵感为基础的、

---

① [美]科佩尔·S·平森：《德国近现代史：它的历史和文化》，范德一译，商务印书馆，1987年，第66～73页。

② [德]约翰·哥特弗雷德·赫尔德：《反纯粹理性——论宗教、语言和历史文选》，张晓梅译，商务印书馆，2010年，第12页。

③ [德]约翰·哥特弗雷德·赫尔德：《反纯粹理性——论宗教、语言和历史文选》，张晓梅译，商务印书馆，2010年，第14页。

④ [德]约翰·哥特弗雷德·赫尔德：《反纯粹理性——论宗教、语言和历史文选》，张晓梅译，商务印书馆，2010年，第19～20页。

⑤ [德]约翰·哥特弗雷德·赫尔德：《反纯粹理性——论宗教、语言和历史文选》，张晓梅译，商务印书馆，2010年，第23页。

有独创性的本国文化①,强调民间诗歌对于重建德意志民族精神的重要作用。

赫尔德深刻认识到,健康、持久的德意志文化必须建立在本土文化的基础上。而在德国,从中世纪末期就已经开始丧失其民族精神。为了重建失落的民族精神,德国人必须回到中世纪,恢复从中世纪开始的文化发展。1765 年,英国出版了珀西主教的(Bishop Thomas Percy,1729 ~ 1811)的《英诗辑古》(*Reliques of Ancient English Poetry*)和麦克菲森(James Macpherson,1736 ~ 1796)的《莪相之歌》(*Poems of Ossian*)。1771 年,赫尔德从歌德那里看到英文版的《莪相之歌》,深受刺激。在他看来,正是《英诗辑古》、《莪相之歌》以及莎士比亚等伟大的文学作品,造就了伟大的英格兰民族,②而反观德意志民族,自我文化消失殆尽,民族精神失落。

他指出,民间诗歌是重拾民族精神,弥补历史与现在裂缝的唯一途径。赫尔德认为,搜集自然诗(Naturpoesie),重建关于自然诗的记忆,是民族自我更新的基础。记忆过去,不仅意味着忧郁的怀乡情结,也是一个民族从自我的"生活资源"中积聚力量,是充满活力的新行为的开始。③ 自然诗提供了一个民族孩童时代的线索,在这个时代,民众的自然天才从民族共同体的经验中创造了他们自己的歌声,正是这种凝聚了民族共同体经验传统的个人天才创造,保持了民众创造灵感的活力。

第三,赫尔德认为《莪相之歌》以及其他民间传统蕴含了深厚的德意志民族精神,是拯救失落的德国文化,建构日耳曼民族认同的重要资源,亟须

---

① [美]科佩尔·S·平森:《德国近现代史:它的历史和文化》,范德一译,商务印书馆,1987 年,第 30 页。

② William A. Wilson, 1973, "Herder, Folklore and Romantic Nationalism," *Journal of Popular Culture* 6.

③ 按照赫尔德的理解,Naturpoesie 这个词不能简单地翻译成"自然诗"。一方面,可以看作是狭义的民俗,即表现在民歌、民间故事、神话、传说当中的普通民众的口头传统;另一方面,也包含大量"民间天才"的作品,比如《荷马史诗》、索福克勒斯和莎士比亚的戏剧、古梵语文学、《莪相之歌》以及《圣经》。赫尔德选择 Naturpoesie 这个词,是因为它与本质、自然相连,意味着不受人工的限制。——参见 Christa Kamenetsky, 1972/1973, "The German Folklore Revival in the Eighteenth Century: Herder's Theory of Naturpoesie", *Journal of Popular Culture* 6.

搜集记录整理，加以保护。

在他看来，《莪相之歌》不仅表现了古代自然诗的特点，其独特的语言特征与古代北欧日耳曼民族性格亦非常契合，这种言语特性排除了《莪相之歌》与苏格兰传统的认同。他还撰写了系列论文，论证《莪相之歌》的语言与古代北欧日耳曼语言的一致性。尽管上述观点在今天看来几乎是站不住脚的。他批评德国诗人长期以来模仿古罗马的贺拉斯，而忽略寻找他们自己的表达方式。如果要将德国诗歌从其厄运中拯救出来，必须寻求德国诗歌的自我认同，而《莪相之歌》以及其他民间歌谣即蕴含了强大、坚定的日耳曼民族精神。① 他认为，德国也有类似于《莪相之歌》那样的伟大作品，只是不受重视，未被发现，"无疑地，它们曾经存在，或许仍然存在，但是它们淹没在泥沼之中，不为人识，并为人所蔑视"。这些伟大的作品必须引起重视，因为它们蕴含了民族个性与民族精神，"我的兄弟们，伸出你的手，看看我们的民族究竟是什么，不是什么，我们的民族过去是如何思考和感觉，今天又是如何思考和感觉的"②。赫尔德身体力行，开始搜集民歌。1778～1779 年，在其著名的《民歌集》(*Volksliede*)中，出版了其中的部分民歌。赫尔德不断呼吁人们应该保护民族古老的文学，并且付诸实践，最终使反对者们不再鄙视民歌以及民歌搜集工作。③

赫尔德的自然诗理论及实践，影响了德国的浪漫主义，人们开始强烈地关注农民、关注风景、关注来自过去的传统遗产。其中影响最大的是格林兄弟。他们来到乡村记录农民的故事与歌谣，希望从历史传统中吸取文化创新的滋养。在赫尔德的影响下，欧洲的许多国家如芬兰等国，通过搜集记录古代的民间歌谣、故事，赋予其真实的历史价值，最终重建民族曾经的黄金时代以及民族精神，建构民族的认同。

---

① Christa Kamenetsky, 1972/1973, "The German Folklore Revival in the Eighteenth Century: Herder's Theory of Naturpoesie", *Journal of Popular Culture* 6.

② William A. Wilson, 1973, "Herder, Folklore and Romantic Nationalism", *Journal of Popular Culture* 6.

③ William A. Wilson, 1973, "Herder, Folklore and Romantic Nationalism", *Journal of Popular Culture* 6.

二、芬兰的民族主义与隆洛特的史诗编撰

1809 年，芬兰摆脱了与瑞典长达七百年之久的联系，成为附属于俄国的芬兰自治大公国(Grand Duchy of Finland，1809 ~ 1917 年)。这意味着芬兰需要借助文化创造一种新的凝聚民族认同的感情，此后，芬兰从文化独立到政治独立，整整走了一百多年。① 此外，这一民族认同的需求还有另外一个重要原因。11 ~ 12 世纪，基督教和天主教先后进入芬兰的东部和西部，外来的闪米特神话、美索不达米亚和巴勒斯坦神话对芬兰人民固有的传统神话意识带来了灾难性的影响。这一灾难性影响的后果，反而刺激了芬兰爱国知识分子复兴芬兰民族的神话传统。②

首先，在赫尔德的文化民族主义思想影响下，芬兰爱国知识分子重视民歌在民族认同中的价值，"土尔库浪漫主义者"(the Turku Romantics)是其先声。

在芬兰人民复兴民族文化、追求民族政治独立的过程中，赫尔德的哲学成为一些爱国知识分子的指路明灯，他们担忧自己的语言与文化"被瑞典化"、"被俄罗斯化"，于是转向历史，从历史中寻找未来的力量。赫尔德的自然诗理论与实践对他们产生了莫大影响。芬兰赫尔辛基大学的教授戈特兰德(Carl Axel Gottlund，1796 ~ 1875)就宣称，没有民歌就不可能存在独立的民族，诗歌可以反映民族自身的特性，诗歌是民族精神的真正源泉。假如芬兰能够搜集自己的民歌，其结果可能是新的《荷马史诗》、《莪相之歌》和《尼伯龙根之歌》。③ 芬兰爱国知识分子的民族文化独立道路，以"土尔库浪漫主义者"聚集的一批具有强烈民族文化自觉意识的知识分子为代表。

---

① [芬]劳里·航柯:《民间文学的保护——为什么要保护及如何保护》，中芬民间文学联合考察及学术交流秘书处编:《中芬民间文学搜集保管学术研讨会文集》，中国民间文艺出版社，1987 年，第 13 页。

② JOHN B. ALPHONSO – KARKALA，1986，Transformation of folk narratives into epic composition in Elias Lonnrot's Kalevala，*Jahrbuch für Volksliedforschung*，31，Jahrg.(1986)，pp. 13 ~ 28.

③ William A. Wilson，1976，*Folklore and Nationalism in Modern Finland*，Bloomington and London：Indiana University Press，pp. 32—33.

早期的"土尔库浪漫主义者"中最具论辩性与政治性的人物是阿维德森(A. I. Arwidsson,1791 ~ 1858)。在他看来,民族幸存的唯一希望是这一民族返回到其自身的语言、文学和历史的基础,芬兰的母语必须是返回到芬兰最原初的诗歌,因为它们是民族获得活力和滋养的源泉。同时,文学同样要保持其真实。他认为,纯粹的爱国文学从来都不是生长于外国的土壤的。因此,他指出要果断地搜集古老、纯粹的民间诗歌,以便我们能够在本土的基础上为祖先的艺术创造新的殿堂。每一个希望忠实于自身特点的民族,必须返回到本土的力量和能量的最深刻的根基,返回到本土诗歌的真实源泉。①

其次,隆洛特编创的《卡勒瓦拉》,在芬兰人民中产生了巨大影响,成为芬兰人民认同的民族史诗。

在阿维德森的思想刺激下,民族主义者开始搜集和出版资料。其中代表人物就是隆洛特(Elias Lönnrot,1802 ~ 1884)。② 1827 年,在土尔库大学就读的时候,在老师范 · 贝克尔(Reinhold von Becker,1788 ~ 1858)的指导下,隆洛特在他的学术论文《万奈摩宁——古代芬兰人的神》(*De Vainamoine*)中,首次将已出版的古代民间英雄材料集中在一起。1828 年,隆洛特前往芬兰的卡勒里亚地区(Carelian)旅行,搜集了大量的歌谣,发表在《Kantele③,古代与近代芬兰民歌》(1829 ~ 1831)一书的第四部分。他希望通过这些古代歌谣,芬兰人民能够从他们的遥远祖先那里学到更多的东西,那些他们曾经珍视的记忆。④ 1832 年,隆洛特跨过边境,进入东卡勒里亚地区。1833 年 7 月,他再次来到东卡勒里亚,在沃金涅米(Vuokkiniemi)地区一个民歌储量非常丰富的村庄,搜集了大量有价值的歌谣。

在沃金涅米地区,他发现优秀的歌手不仅将大范围内同一个英雄的歌

① William A. Wilson, 1976, *Folklore and Nationalism in Modern Finland*, Bloomington and London: Indiana University Press, pp. 34—35.

② William A. Wilson, 1976, *Folklore and Nationalism in Modern Finland*, Bloomington and London: Indiana University Press, p. 35.

③ Kantele,一种类似于筝的芬兰古老传统乐器。

④ William A. Wilson, 1976, *Folklore and Nationalism in Modern Finland*, Bloomington and London: Indiana University Press, pp. 35—36.

谣结合在一起，而且也将不同英雄的相同叙事情节的歌谣组合进来。他运用这种编创的模式，将搜集到的部分民歌编辑为一个史诗的整体。1833年12月，他完成了《万奈摩宁》的编撰，称之为*Proto-Kalevala*（《初本卡勒瓦拉》）。1834年4月，他又一次来到东卡勒里亚搜集民歌，他将新搜集的诗歌再次整合进史诗中。1835年，《卡勒瓦拉》（*Kalevala*）（第一版）由芬兰文学学会（赫尔辛基）出版。① 全诗凡32篇，共12078行。此后他继续采集工作，1849年印行了聚集更多新材料的《卡勒瓦拉》，凡50篇，共22795行。②

《卡勒瓦拉》一经出版，人们就将它看作是一个史诗整体，远在古代既已存在，隆洛特只是将其零散的部分恢复到原初的形式。③ 隆洛特认为，他的作品中保留了历史整体的真实。④《卡勒瓦拉》的出版，对于芬兰年轻的民族主义者具有神奇的影响。他们看到的不仅是一个民族高贵的英雄的历史，也是他们的祖国未来可以效仿的模式。就像隆洛特一样，将一个被认为曾经统一的史诗碎片恢复到原初的形式，民族主义者的责任是恢复为外族统治者所损毁的芬兰人民的民族性格和文化价值。⑤

复次，隆洛特将大量搜集得来的民歌，按照一个历史的逻辑，将它们整合在一起，编创成为长篇史诗《卡勒瓦拉》，其民俗本真性遭到人们的质疑。

美国民俗学家邓迪斯认为，《卡勒瓦拉》完全是一个伪民俗的典型，它对可能是或可能不是最初口头讲述的情节进行了文学修饰甚至重写。⑥ 虽然大多数芬兰人愿意承认隆洛特将许多零散的叙事诗歌组合在一起编创了

---

① William A. Wilson, 1976, *Folklore and Nationalism in Modern Finland*, Bloomington and London: Indiana University Press. p. 37.

② ［芬］艾里阿斯·隆洛特：《卡勒瓦拉》译者序，孙用译，人民文学出版社，1981年，第3页。

③ William A. Wilson, 1976, *Folklore and Nationalism in Modern Finland*, Bloomington and London: Indiana University Press. p. 40.

④ William A. Wilson, 1976, Folklore and Nationalism in Modern Finland, Bloomington and London: Indiana University Press. p. 40.

⑤ William A. Wilson, 1976, *Folklore and Nationalism in Modern Finland*, Bloomington and London: Indiana University Press. p. 42.

⑥ ［美］阿兰·邓迪斯：《伪民俗的制造》，周惠英译，《民间文化论坛》2004年第5期。

《卡勒瓦拉》,同时他们声称构成《卡勒瓦拉》的单个诗篇是真实的民俗,隆洛特很少改动它们,而且它们反映了芬兰的民族精神;但是,真实的情况却是,隆洛特在采录过程中发现,有的歌手唱的是零星的鲁诺(Runo,芬兰语:诗篇),而有些歌手又将零星的诗篇连缀成更长的组诗。他从口头诗人的演唱实践中得到了启发。隆洛特效仿鲁诺歌手的编创方式,将采集到的诗篇加以编创,通过添加、移植、修改、重组等方式,将个别的鲁诺集合成一部首尾连贯的大史诗,使之成为统一的整体。如此设计出来的史诗是隆洛特自己的文本,与他从口头叙述中搜集而来的原初材料有很大的差异。① 其结果是,《卡勒瓦拉》的整体美学效果也许非常完美,但以现代的学术标准衡量,却不能算是一个本真的民俗创造。②

据研究者的考察,隆洛特编创《卡勒瓦拉》,也借鉴了麦克菲森处理莪相民歌的方法。隆洛特重写原初文本的动机,在许多方面与麦克菲森类似。隆洛特认为,芬兰史诗传统的零散片段诗歌与苏格兰盖尔人的传统一样,其接受与传承依赖于听众在故事背景基础上所积累的英雄和神话逻辑的传统知识。因此,对于歌手来说,在表演过程中无需讲述一个完整的故事,听众就能够理解故事的意义。民歌作为《卡勒瓦拉》的基础,除了其传统的表演区域之外,在其他地方并不为人所知,麦克菲森的《莪相之歌》也是如此。一如麦克菲森,隆洛特改变民俗传统,通过整合表面看起来零散的故事,添加故事缺失的背景知识,其目的是为了使那些不了解《卡勒瓦拉》的人们也能够接受。一如《莪相之歌》,《卡勒瓦拉》的编创过程类似于被单的制作,将不同来源的材料片段编织为一个统一的整体。麦克菲森与隆洛特之间的区别,不在于麦克菲森是一个骗子,而隆洛特是一个芬兰史诗的忠实搜集者和编辑者,而在于麦克菲森从盖尔人英雄史诗开始,最终却并不完全以民歌为基础写作故事,而隆洛特则是并不完全依据传统材料编撰同一主题诗歌的

---

① [芬兰]艾里阿斯·隆洛特:《卡勒瓦拉》,孙用译,人民文学出版社,1981年,第5页;JOHN B. ALPHONSO-KARKALA,1986,Transformation of folk narratives into epic composition in Elias Lönnrot' s Kalevala, *Jahrbuch für Volksliedforschung*,31,Jahrg. 1986,pp. 13—28.

② William A. Wilson,1976. *Folklore and Nationalism in Modern Finland*, Bloomington and London:Indiana University Press. p. 40.

文本。到1849年版的《卡勒瓦拉》,隆洛特就很少保留传统材料的风格与形式,已经完全成为他自己的创作了。①

尽管如此,还是有学者为隆洛特辩护。阿方索-卡(JohnB. Alphonso-Karkala)认为,无论民俗学家如何评价,一旦这些民歌被记录写定之后,文学批评家就可以与民俗学家一同讨论其文本。《卡勒瓦拉》是隆洛特在大量民歌材料基础上编撰的书面文本,与他自己搜集的民间口头传统决然不同。因此,需要将隆洛特编创的史诗《卡勒瓦拉》作为一个文学作品进行考察,而且适用于某种特殊文类的文学批评原则。他认为,隆洛特的《卡勒瓦拉》跨越了正在日渐消失的口头传统和书面文字的分野。他的搜集记录与编创,使口头传统以另一种形式呈现出来,超越其传承群体与自然空间,使之在更大的范围内得以传播,在口头传统和书面文化之间搭建了桥梁。在此过程中,必须承认编创者的个人天赋、诗性视野及美学建构。正是隆洛特的美学建构能力,驱使他完成了一般民俗学家不敢完成的事情,他使自己从一个普通的民歌记录者转换为一个史诗的编创者。而在这一转换过程中,隆洛特的功能类似于其他口头诗人或其他的文学家与艺术家,为了使原始素材服从于主题结构、艺术框架和艺术整体,他对原始素材进行了创造性的自由替换、改变以及添加。②

芬兰著名民俗学家劳里·航柯(Luari Honko)关于史诗与认同关系的论述,启发人们不再纠缠于因文本在不同传播媒介之间的转换而产生的本真性问题,而从文化认同、民族认同的心理及社会实践层面去认识隆洛特史诗编创的意义与价值,进而确认其政治与文化认同的本真性。在《史诗与认同表达》一文中,劳里·航柯探讨了作为历史的传统如何运用于作为实践的文化之中,并最终成为群体认同符号的过程。他认为,史诗的主要功能就是为认同的表达提供可以理解的符号。群体间出于认同的需要,会不断激活潜在的传统,其意义与价值不断地再生产、再解释,为不同的群体、地方社会、

① David E. Gay, 1997, The Creation of the Kalewala, 1833 ~ 1849, *JahrbuchfurVolksliedforschung*, 42. Jahrg. (1997), pp. 7—63.

② John B. Alphonso-Karkala, 1986, Transformation of folk narratives into epic composition in Elias Lonnrot's Kalevala, *Jahrbuch für Volksliedforschung*, 31, Jahrg. (1986), pp. 13—28.

民族和国家创造整体意识，史诗就是这类认同符号的丰富的文化储备库，是最初的源泉。他注意到史诗从遥远的过去派生为今天的认同符号，经过了被特别“编撰”的过程，其间所经历的传统承继，史诗中的符号被赋予了新的形式、意义和价值，成为多义的符号，发挥着新的功能，广为人们所接受。他特别强调，民俗应该反映一个文化群体的文化和社会认同，应该从活态的传统社会生活中研究民俗。①

从这一意义看，隆洛特将原本传承于不同地方的芬兰歌谣，重新赋予其表达民族精神的意义，使这些地方性的文本超越地方的限制，成为芬兰民族共同的精神财富，其中从口头传统到书面文本的艺术加工不可或缺。关键在于，编撰的文本是否获得传承母体之外的人们的广泛认同，从而成为民族的公共文化。一百多年来，《卡勒瓦拉》成为芬兰民族精神的象征，属于芬兰民族文化的典范，是一个活态的传统。《卡勒瓦拉》获得了芬兰人民广泛持续的认同，其作为政治与文化认同符号的本真性，则是毋庸置疑的。

三、日本的“一国中心主义”与柳田国男的“一国民俗学”

日本民俗学也是在近代背景下产生的学问，其观念、方法和材料等均为近代社会的历史特质所规定。② 日本思想史家子安宣邦认为，近代国家所共有的一国中心主义意识，是成为近代日本人意识的先验存在，而且日本的一国中心主义与“脱亚入欧”的历史意识同时形成。③ 日本史学家信夫清三郎指出，至明治维新时期，日本国家意识建设课题有两点：就是创建“日本”和形成“日本人”。为此，其一是必须实现政治权力的一元化，构建起现代国家的制度框架；其二是必须实现民众的一体化，消除国家与人民之间的中间环节，打破横向的地域割据和纵向的身份隔离，使人民无差别化（同一化），从

① ［芬］劳里·航柯：《史诗与认同表达》，孟慧英译，《民族文学研究》2001 年第 2 期。

② ［日］岩田重则：《民俗学与近代》，王晓葵、何彬编：《现代日本民俗学的理论与方法》，学苑出版社，2010 年，第 21～22 页。

③ ［日］子安宣邦：《东亚论——日本现代思想批判》，赵京华编译，吉林人民出版社，2011 年，第 2 页。

而凝聚一体。在此基础上,构筑作为日本人和日本国的认同意识和归属意识,完成"日本人"与"日本",即民族(国民)与国家的一体化。① 尽管在天明三年(1783),被后人称为日本民俗学始祖的菅江真澄便开始了他在日本东北地区的探访之旅,从天明至幕末时期,菅江真澄与其他日本学者留下了大量的民俗记录,初步具备近代学术的基本科学精神,被誉为今天日本民俗学的开端;②但只有到了1927年,柳田国男运用方言周圈论发表的《蜗牛考》,提倡"一国民俗学",日本的现代民俗学才真正成立。③

柳田虽然深受英国实证主义的影响,但他其实更心仪德国文化民族主义传统的民俗学。他在比较了英国和德国的民俗调查范围之后,更推崇德国将调查对象扩大到全体国民,并力图从整体上了解自身的国家这一学术取向。④ 柳田的"一国民俗学"是通过"民俗"进行研究,其目的是建构统一的日本国民文化。日本国内的思想史家子安宣邦、文艺批评家柄谷行人以及民俗学家岩本通弥等都强调柳田将民俗看成是方法,而并不将民俗当作客观材料。他们的观点都不约而同、一针见血地点明了柳田国男研究民俗的目的。

子安宣邦指出,柳田强调冲绳之旅乃至发现冲绳对于"我们的学问"是一件划时代的大事,其实质不是对冲绳的发现,而是对"大和"的发现。无论柳田在冲绳发现的是古语还是祭祀形式,柳田将这些材料运用于推理和重构的,永远是已经失去的"大和"。⑤ 柄谷行人从"风景"⑥的视角考察日本

---

① 李寒梅:《日本民族主义形态研究》,商务印书馆,2012年,第126~127页。

② [日]岩田重则:《民俗学与近代》,王晓葵、何彬编:《现代日本民俗学的理论与方法》,学苑出版社,2010年,第22~24页。

③ [日]岩田重则:《民俗学与近代》,王晓葵、何彬编:《现代日本民俗学的理论与方法》,学苑出版社,2010年,第25页。

④ [日]柳田国男:《民间传承论与乡土生活研究法》,王晓葵、王京、何彬译,学苑出版社,2010年,第12页。

⑤ [日]子安宣邦:《东亚论——日本现代思想批判》,赵京华编译,吉林人民出版社,2011年,第118~119页。

⑥ 柄谷行人所说的"风景"不同于被视为名胜古迹的风景,而是从前人们没有看到的,或者更确切地说是没有勇气去看的风景。柄谷行人:《日本现代文学的起源》,赵京华译,生活·读书·新知三联书店,2006年,第1页。

“现代文学”的起源。在他看来，在昭和时代（1926 ~ 1989），柳田称之为“常民”的，绝不是“Common People”，而是作为民俗学得以成立之对象被柳田发现的。这一发现经历了一个价值颠倒的过程——即以前看似重要的，现在却被忘记了，以前看似无关紧要的，现在却成为“难忘的”了——这一过程柄谷行人称之为“风景的发现”。只有经此过程，才能从以往被人们看作是平凡的、无意义的东西中，见出其深远的意义。① 柄谷行人认为，柳田如此广泛深刻地谈到“常民”，却与知识分子为发现自我意识而创造的“大众”概念无缘，其意在暗指柳田的“常民”并不是一个实体性的存在，只是作为方法论意义的概念。作为民俗学家的岩本通弥则明确指出，柳田民俗学并不将民俗作为客观材料，而是作为方法。岩本通弥认为，柳田追求的民俗学不是研究“民俗”，而是通过“民俗”进行研究的学问。②

那么，柳田民俗学又是如何实现这一目的的？

首先，以民俗研究为手段，了解日本人的过去；“民俗学之于柳田，也是历史研究的一种方法”③。柳田指出：“我们的乡土研究是为了了解日本人的过去，了解日本人的本质的研究，不是限于某个地方的狭隘的知识。”④带有古老特征的乡土知识不应该仅仅局限在原有的地方，而应该变成一般性的知识被共享。⑤ 具体个别的乡土研究需要对整体的研究有所贡献才有意义。⑥ 在柳田乡土研究目标的指引下，柳田民俗学“并不是为了研究乡土，而是在乡土之中进行研究。研究什么？那就是日本人的生活，尤其是作为一

---

① ［日］柄谷行人：《日本现代文学的起源》，赵京华译，生活·读书·新知三联书店，2006 年，第 22 ~ 23 页。

② ［日］岩本通弥：《以“民俗”为研究对象即为民俗学吗——为何民俗学疏离了“近代”》，王晓葵、何彬编：《现代日本民俗学的理论与方法》，学苑出版社，2010 年，第 42 页。

③ ［日］福田亚细男：《日本民俗学方法论序说——柳田国男与民俗学》，於芳等译，学苑出版社，2010 年，第 41 页。

④ ［日］柳田国男：《民间传承论与乡土生活研究法》，王晓葵、王京、何彬译，学苑出版社，2010 年，第 59 页。

⑤ ［日］福田亚细男：《日本民俗学方法论序说——柳田国男与民俗学》，於芳等译，学苑出版社，2010 年，第 61 页。

⑥ 福田亚细男：《日本民俗学方法论序说——柳田国男与民俗学》，第 62 页。

个集团的大和民族过去的经历”。“了解各处乡土的生活只是手段。”①“在柳田的影响下,日本民俗学的前提是将整个日本视为一个乡土。”②

柳田国男的历史研究认为,社会现象都是不断变化着的,变化一定有其原因,而且各个现象的变迁过程是单系的展开,各个乡土正为我们展示着同一时间下同一条发展道路上的不同风景。建立在这一认识基础上的资料操作法便是“重出立证法”、“方言周圈论”。③ 柳田以其深邃的洞察力赋予混沌的民俗现象以相互关联,尽管还只是柳田的假设,但他还是以丰富的内容提示了日本人生活文化的历史。④

其次,将民俗材料分为三类,强调通过民族自我的内省理解民族深层次的文化,诸如生活观念,也称之为心意现象,从中发现日本民族的特质。三类材料可分别为体碑、口碑、心碑,也可以用生活样式、生活解说、生活观念来标志。⑤ 他特别强调,言语中的独特意味只有本民族的人才能品尝到。民间文艺虽然是个人代表,但是它表现的是被代表者的共有的东西。⑥ 比如西洋的俚语谚语用卑俗的词语表达高深的哲理,日本的俚语谚语充满了讽刺,突出人性的弱点,还带有调侃的味道,多机智、滑稽逗笑的成分,可以从中看到一些类似国情、国民性的东西。⑦

柳田民俗学以上述记录作为全新学问的基础资料,其背后潜藏着一个推想,即“日本人具有日本人的长相与体格,使用日语,住日式房屋。那么同样,乡土中每个人的每个极细微的行为表现或内心感受之中,也必然遗留有若干历史的痕迹,遗留有其身为乡土居民之后裔而保有的生活特征吧”⑧。

---

① 福田亚细男:《日本民俗学方法论序说——柳田国男与民俗学》,第 98 页。

② [日]佐野贤治、福泽昭司:《民俗学的研究方法》,王晓葵、何彬编:《现代日本民俗学的理论与方法》,学苑出版社,2010 年,第 151 页。

③ 福田亚细男:《日本民俗学方法论序说——柳田国男与民俗学》,第 37 页。

④ 福田亚细男:《日本民俗学方法论序说——柳田国男与民俗学》,第 94 页。

⑤ [日]柳田国男:《民间传承论与乡土生活研究法》,王晓葵、王京、何彬译,学苑出版社,2010 年,第 84 ~ 85 页。

⑥ 柳田国男:《民间传承论与乡土生活研究法》,第 114 ~ 115 页。

⑦ 柳田国男:《民间传承论与乡土生活研究法》,第 116 页。

⑧ [日]柳田国男:《民间传承论与乡土生活研究法》,王晓葵、王京、何彬译,学苑出版社,2010 年,第 187 页。

由此可见，柳田民俗学以全国性的资料搜集为前提，最终要建构的是日本人、日本文化、日本国民性。自柳田开始，随着学科独立意识的日益增强，日本民俗学设定以探究日本民族的民族性、民族文化为独特目标，在今天已经成为一般常识。①

总之，柳田及柳田之后的日本民俗学，将民俗现象作为探究历史的材料，使之升华为日本人的集体表象。这种类型化的记述，使地域被归结为日本，个人被归结为日本人，不同地方人们的特点被归结为日本国民性。在近代媒体变革的背景下，在国家或国民逐渐成为"想象的共同体"的建构过程中，民俗学为日本国民文化的形成作出了贡献。② 经柳田之后的民俗学家不断阐释发展，柳田民俗学、日本民俗学深深地打上了近代国家的烙印，带有强烈的"日本"国家意识，高唱民族主义。③ 有学者认为，日本战后民俗学形式主义的科学性追求与民俗文化遗产、故乡振兴、祭礼法等相辅相成，而这种研究取向又与战后日本民俗学实质上是在维护近代天皇制的文化统一有关。④

---

① [日]福田亚细男：《日本民俗学方法论序说——柳田国男与民俗学》，於芳等译，学苑出版社，2010年，第52页。

② [日]铃木正崇：《日本民俗学的现状与课题》，王晓葵、何彬编：《现代日本民俗学的理论与方法》，学苑出版社，2010年，第3～5页。

③ [日]岩田重则：《民俗学与近代》，王晓葵、何彬编：《现代日本民俗学的理论与方法》，学苑出版社，2010年，第26页。

④ [日]岩本通弥：《以"民俗"为研究对象即为民俗学吗——为何民俗学疏离了"近代"》，王晓葵、何彬编：《现代日本民俗学的理论与方法》，学苑出版社，2010年，第46页。

首先,德国、芬兰、日本的民俗学史显示,当一个民族或者国家感受到来自外来的压力的时候,本国或本民族的知识精英便由外而内,由今及古,从民族自身的文化传统中发现维系民族认同的民间文化资源,寻求民族振兴的力量源泉,作为传统文化的民间文化,成为民族主义兴起的重要条件。德国知识精英反对法国的政治统治与文化霸权,以狂飙突进精神反对理性主义、张扬个人主义,进而崇拜集体的民族个性,从中世纪的歌谣、民间故事等传统中寻找未被污染的民族个性。赫尔德的自然诗理论以《莪相之歌》为范本,发掘德意志民族自己的“自然之诗”,其目的是为了追溯民族的历史,重拾德意志民族自中世纪以来就已失落的文化,建构民族本真的形象。摆脱瑞典长期统治的芬兰人,继而附属于俄罗斯成为自治大公国之后,开始寻找维系自己民族独立的情感认同符号。隆洛特编撰的史诗《卡勒瓦拉》既集芬兰民族历史文化传统之大成,也体现了隆洛特个人的美学建构能力。隆洛特运用美学手段,将众多的民间口头传统统一起来,整体呈现了芬兰人民热爱生活、热爱自然、热爱和平的民族传统,塑造了区别于瑞典人、俄罗斯人的芬兰民族形象。《卡勒瓦拉》的出版极大地激发了芬兰人民的民族自信,他们骄傲于拥有民族自我的语言、历史和文化,成为芬兰人民争取民族文化与政治独立的精神力量源泉。在日本建构现代政治意义的“国民国家”以及实现民族与国家一体化的过程中,柳田国男的“一国民俗学”构想,通过历史的探究表明日本民族统一的文化与国民性。无论其学问的目的、取向,还是方法论的实际操作,都显示出柳田的“一国民俗学”对于建构日本人的本质、日本文化、日本国民性的执着探索与追求。

其次,民族主义将民族、文化、国家、国民等现代性理念赋予民间文化,使之成为具有现代性固有本质的公共文化;而这些超越地方的公共文化,由于其生成过程的建构性特征,促使人们反思其本真性。厄内斯特·盖尔纳认为,民族主义的奥秘在于,社会产生了一种遍及整个社会并且界定着整个社会的高级文化,而且该文化得到了政体的支持。① 民族主义通过以文字传播为主要手段的现代教育制度,培育了国家的公共文化,这种公共文化将原来松散的、由许多不同族群构成的地方共同体连接起来,形成了一个毫无个性特征的非个人化社会,从而取代了以多样的民间文化为基础构成的地方共同体的社会结构。然而,盖尔纳发现,吊诡的是,民族主义通常是以某种假定存在的民间文化的名义进行征服的。民族主义的象征来自农民、民众那种健康、纯朴、充满活力的生活。② 民族主义通过复兴本土文化传统,以抵御外来高级文化的侵略,并在此基础上形成一种由本土知识分子创造的、通过文字传播的高级文化。盖尔纳认为,民族主义实际上创造了一个捍卫民间社会与民间文化的神话:它声称捍卫民间文化,而事实上,却在建构一种高层次文化;它声称保护着一个古老的民间社会,而事实上,却在为建立一个没有个性特征的大众社会推波助澜。③ 受赫尔德的影响,由格林兄弟采录整理出版的《儿童与家庭故事集》(《格林童话》)在由众多细小的王国和公国形成统一的德意志民族国家的过程中,成为民众的一个重要偶像以及新兴资产阶级的道德指引,有教养有文化的资产阶级将本真的民俗转变成为高贵的过去。为了使本土语言的历史和独特性合法化,由本土语言传承的民间歌谣、民间故事,被同样是语言学家的格林兄弟认为是建构德意志民族语言与文学本真性的主要材料。④ 然而,经后人考察发现,故事集中许多故事的口述材料经过被重写、被修饰、被详尽描述之后,最终以纯粹真实的口头传说的身份示人;格林兄弟甚至伪造故事提供者的材料,将一个母语是法语的具有文学修养的中产阶级妇女,转换为凭记忆讲述古老黑森林故事的德国妇女。⑤ 其目的是为了创造一种本真的德意志民族民间文化特质。隆

---

① [英]厄内斯特·盖尔纳:《民族与民族主义》,韩红译,中央编译出版社,2002年,第24~25页。

② 厄内斯特·盖尔纳:《民族与民族主义》,第76页。

③ 厄内斯特·盖尔纳:《民族与民族主义》,第163页。

④ Regina Bendix, 1997, *In Search of Authenticity: the Formation of Folklore Study*, Madison, Wisconsin: The University of Wisconsin Press, p. 51, p. 67.

⑤ [美]阿兰·邓迪斯:《伪民俗的制造》,周惠英译,《民间文化论坛》2004年第5期;[美]罗伯特·达恩顿:《屠猫记:法国文化史钩沉》,吕健忠译,新星出版社,2006年,第4~5页。

洛特在编创《卡勒瓦拉》的过程中，运用美学的手法，对民间口头传统进行了再创造，因传播媒介的转换，其民俗本真性虽然遭到了人们的质疑，但它作为芬兰民族认同之象征符号的文化和政治本真性，却得到了芬兰民众的广泛认同，并成为芬兰民族国家的立国之基。在战后的日本，研究者们认为，柳田民俗学以“重出立证法”为方法进行的全国性的地方民俗调查，其目的是为了了解民俗在全国范围内的变迁过程，其意义便在于提供分类比较的资料，而这样的资料在被纳入与地域相割裂的某种类型的过程中，失去了其生长的根基，“乡土”也随之消失。地域社会被完全抹消，最终解答的是所谓日本人的变迁过程，并且这一解答再也不会还原到保持并传承着民俗现象的传承母体即地域社会之中。① 他们认为，这种割裂传承母体的历史探究，其研究成果其实是一种“虚构的历史”。②

此外，从德国、芬兰、日本三国的民俗学发展过程看，虽然有其各自不同的语境，但民族主义催生了民俗学的产生与发展，现代民俗学的生成，为现代民族主义的发展和壮大起了推波助澜的作用，这一相互间的关系，却是共同的。上述三国的民俗学发展史表明，民族主义正是从本民族的地方文化、民间文化中选取符合民族主义需求的文化要素，将它们提升为民族或国家的公共文化，将这些地方文化、民间文化塑造成为民族或国家具有悠久历史的、本真的文化象征符号，以区别乃至抵御、抗衡外来的文化。而民俗学正是在民族主义呼声高涨的时期，通过田野调查与历史文献的梳理，从对于民间文化和地方文化的研究中，生成了一系列民俗研究的基本范畴与理论方法，这一客观化、科学化的过程，使民俗学逐渐从“在野的学问”发展成为符合现代学术体系的规范学科。

最后，需要指出的是，虽然民俗学在民族主义建构民族/国家认同的过程中具有重要的作用，但是，正如民族主义是一柄双刃剑一样，德国民俗学在德国纳粹时期曾经是纳粹主义表现其思想意识最为强有力的阵地；柳田在“一国民俗学”的理念下进行的研究，高扬日本民族主义的旗帜，将与标准

---

① [日]福田亚细男：《日本民俗学方法论序说——柳田国男与民俗学》，於芳等译，学苑出版社，2010年，第76页。

② 福田亚细男：《日本民俗学方法论序说——柳田国男与民俗学》，第100页。

的日本国民相对的少数族群排除在外，是一门不承认差别和多元性的学问。因此，在战后的德国和日本民俗学界，都致力于打破民俗学以往建构同一性的静态研究。以汉斯·莫泽尔（Hans Moser）和卡尔西·吉斯蒙德·克拉莫尔（Karl Sigismund Kramer）为代表的“慕尼黑学派”，以及海尔曼·鲍辛格（Hermann Bausinger）为代表的倡导关注“技术世界的民俗学”，提倡历史民俗学，将民俗地方化和历史化，在社会和文化变迁的过程中关注具有传承性的民俗。日本民俗学则以福田亚细男为代表，指出民俗是活的材料，民俗学应该在传承母体中分析相互关联而传承着的民俗现象，并提出关于历史发展过程的假设。①

原载《学术研究》2014 年第 8 期

① [德]沃尔夫冈·卡舒巴：《面对历史转折的德国民俗学》，吴秀杰译，《民间文化论坛》2007 年第 1 期；[日]岩田重则：《民俗学与近代》，王晓葵、何彬编：《现代日本民俗学的理论与方法》，学苑出版社，2010 年，第 26～27 页；[日]福田亚细男：《日本民俗学方法论序说——柳田国男与民俗学》，於芳等译，学苑出版社，2010 年，第 100 页。

现当代中国民间故事书写文本再现口头特征的历程

祝秀丽[1]

目前，许多故事研究者都认同一个事实：口头民间故事[2]不是从现实中抽离出来的干瘪的文本，而是深深根植于地方性历史和文化场景之中，伴随着日常生活流程，在讲述人和听众的话语互动中生成的叙事形态。与书面文学形态不同的是，民间故事是"说"、"听"的散文叙事性口头表演艺术，口头语言（及非言语的表演符号）作为叙事媒介，通过"讲述者与聆听者之间的协作关系构建了故事的世界"[3]。

这种认同来自于近年来故事研究者对国外理论方法的吸收、对本国研究历史和现状的反思，来自于民间文学界寻求学科独立和突破困境的艰苦努力，以及由此产生的学术理念和研究范式的转换。2000年《民族文学研究》增刊刊发了一系列西方学者研究口承传统的经典著述，揭开了我国民间文学界力图以新的理论视角推进研究步伐的新篇章。此后，口头程式理论、表演理论、民族志诗学等理论话语和框架被朝戈金、尹虎彬、杨利慧、安德明等精通英文的民俗学者陆续引介、评述甚至成功运用。我们得知，从人类学家博厄斯、萨丕尔致力于"民族语言学模式的文本"，语言学家雅各布森的言语交际理论奠基了言语民族志，到民族志诗学的开拓者泰德洛克侧重于对祖尼印第安人口传诗歌的"声音的再发现"，再到表演学派的代表人物鲍曼把表演作为艺术的交流方式，在西方民俗学六十多年来的学术演进中，口头

---

① 祝秀丽，博士，中国科学技术大学人文学院副教授。

② 本文使用的是广义的"民间故事"概念，包括神话、传说、故事等文类。

③ [日]武田正：《讲述的类型与功能》，林继富主编：《中国民间故事讲述研究》，中国社会科学出版社，2013年，第119页。

语言和表演行为逐渐作为口头传统的重要构成部分而得到系统的学术观照。不能不说，这为我国一直迟滞的故事口头性的研究注入了新的生机，由此也触发了学界对书面范式和口头范式的反思，发出了口头范式转向的呼声。有的学者指出从书面范式向口头范式的转换（刘铁梁、刘宗迪、贺学君①）；有的学者致力于民间故事的讲述活动过程（祝秀丽、林继富等诸多学者②）、表演事件（周福岩、江帆、杨利慧③等）或口头语言特点（万建中④等）的不断研究。至此，口头的、行为的、表演的、活态的、互动的、过程的研究，力图与在民间故事研究中长期占据核心地位的书面文本研究平分秋色。

学术思想的转变向学者们提出了新的要求，在关注口头范式的深入研究的同时，要加强更适当的田野作业技术，也要改进从音像录制形式转为文字书写文本形式的方法。在这种范式转换的背景下，深切关注田野中的口头文本，并努力探索再现田野中的口头文本成为一种必然之路。

但是，在继续前行之前，我们有必要回眸检视那些铸造中国民间文学发生和发展之根基的、采用传统记录手段和方法生成的书面文本，尽管尚未一如西方诞生出“民族志诗学”⑤这类系统记录口头文本的理论，但从中也可以发现记录者们在文本书写过程中再现口头特征的种种努力。类似的相关研

---

① 刘铁梁：《“民间文学”的概念与20世纪中国的民间文艺学》，《20世纪中国民间文学经典》，北京师范大学出版社，2003年；刘宗迪：《从书面范式到口头范式：论民间文艺学的范式转换与学科独立》，《民族文学研究》2004年第2期；贺学君：《从书面到口头：关于民间文学研究的反思》，《民间文化论坛》2004年第4期。

② 祝秀丽：《辽宁省中部乡村故事讲述人活动研究——以辽宁省辽中县徐家屯村为个案》，北京师范大学博士学位论文，2002年；林继富：《民间叙事传统与故事传承》，北京师范大学博士学位论文，2005年。另见林继富近年撰写和主编的多部故事讲述活动研究的书籍。

③ 周福岩：《表演理论与民间故事研究》，《鞍山师范学院学报》2001年第1期；江帆：《口承故事的“表演”空间分析——以辽宁讲述者为对象》，《民俗研究》2001年第2期；杨利慧：《表演理论与民间叙事研究》，《民俗研究》2004年第1期；杨利慧：《民间叙事的传承与表演》，《文学评论》2005年第2期。

④ 万建中：《论民间文学的口头语言范式》，《民俗研究》2006年第1期；万建中：《口头交流：民间文学的演说范式》，《广西民族学院学报》（哲学社会科学版）2006年第2期。

⑤ ［美］托马斯·杜波依斯：《民族志诗学》，朝戈金译，《民族文学研究》2000年增刊。

究仅见万建中、李琼对20世纪民间故事的书写研究评述，并且他们侧重于从学术理念中梳理20世纪书写原则的确立和发展，并没有文本案例的具体分析。① 在此，笔者尝试以"蛇郎"故事、女娲神话的书写文本为例，对比分析四个历史时期中记录者或编辑者的民间文艺思想、记录方法以及生成的文本样貌对口头特征的努力呈现。

一、二三十年代：首倡忠实、科学记录的理想

肇始于20世纪初的新文化运动，开启了对民间歌谣、故事征集和发表的活动，逐渐带动了有志者对民间故事的搜集、记录和发表。搜集、出版民间故事的第一次高潮出现在1930年前后，以广州中山大学的《民俗》周刊大量刊载的故事和北新书局发行的林兰编选的多部故事集为标志。②

此时的活动处于一种由非专业人士凭借文艺兴趣和爱国情怀自发地、散在地搜集、记录的状态。在记录方法和原则上，负责编辑、出版的学者们已经开始提出颇有见地的意见（如钟敬文、张清水、周作人等），以周作人为代表。安徽的雪林记下母亲讲述的《菜瓜蛇的故事》，是二三十年代民间故事征集文本中的佳作之一。发表该故事时，周作人在答复雪林的信中道出故事搜集者应有的记录方法和禁忌：

> 记述这类传说故事，最要紧是忠实，在普通话通行的地方最好是逐句抄写，别处可用国语叙述，唯原本特别注重，系用韵律语表出者，亦当照写，拼音加注，至于润色或改作最为犯忌。菜瓜蛇等写法甚是适当，可以为法，因原本之文艺的价值即在本身，记述者的职务只在努力保存其固有的色彩而已，——若有文人利用这些材料去做诗文，当然无妨自由改变，但那是另一件事，不是我们搜集者的范围内的问题了。③

---

① 万建中、李琼：《20世纪民间故事书写研究评述》，《广西民族大学学报》（哲学社会科学版）2009年第2期。

② 刘守华：《中国民间故事史》，湖北教育出版社，1999年，第738页。

③ 林兰：《渔夫的情人》，北新书局，1929年，第53页。

此信被全文刊发，想必或多或少影响了那些喜爱故事搜集并阅读此信的人了。周作人提倡记述的“忠实”，并看重“原本”，将润色或改写视为“犯忌”，因“记述者的职务只在努力保存其固有的色彩”。他还特别注意了故事讲述时使用的口头语言如何处理成文字的问题：由普通话讲述的故事，“最好是逐句抄写”，由地方方言讲述的故事，可改用国语叙述，而韵律语应照写。这是很有思想和眼光的倡言，直到80年代之后“逐句抄写”的理想状态才在录音机的帮助下实现。

现节选周作人称道“写法甚是适当，可以为法”的《菜瓜蛇的故事》中蛇郎妻被害后变成小鸟、树等向大姐复仇一段，以显示当时书写文本的风貌：

有一天早晨大姐坐在窗前梳头，忽见树上有一黑毛小鸟向她叫道：“梳我的梳子梳狗头！照我的镜子照狗脸！”大姐知道是三姐魂变的，心中恼怒，用手中梳子猛力向小鸟扔去，竟一下将那鸟掼死，跌下来，大姐拾起来，煮在一个罐里，菜瓜蛇回家，便一同吃。不意菜瓜蛇吃时，一口一口都是香喷喷的肉，而大姐吃的都成为骨头。大姐知道妹子作怪，将罐中余肉一齐泼去。次日那泼的地方，竟长出一棵枣树，渐渐成荫结实。大姐打下许多枣儿，与菜瓜蛇同吃。菜瓜蛇吃的都是又甜又香的枣，大姐一送进口变成狗屎。大姐怒极，将枣树斫去，却将干子做成一根捣衣杵。捣衣的时候，凡是大姐的衣服，都破成窟洞，大姐便又将那捣衣杵塞进灶里烧了。①

据雪林在信中说，这个故事是病中的母亲叙述后依照其语气记录下来的。文字干净、朴素，显然没有过多刻意编写的地方。雪林的家乡是安徽太平县，我推测其母应采用方言讲述，故按周作人的划分，应是第二种记录：“国语叙述”，即国语重述。文中明显有一些书面语：忽见、恼怒、手中、罐中余肉、成荫结实、怒极、同吃；以及关联词：竟、便、凡是、都、便又，这是记录者重述时的书面语言。

上述节文可看出二三十年代我国民间故事的书写文本以白话记述口头

① 林兰：《渔夫的情人》，北新书局，1929年，第48~49页。

故事的基本特征。针对当时大多不懂保存民俗学资料价值而各行其是的故事搜集记述者,特别是带着文学兴趣者常常以文艺的笔触改写搜集到的故事,周作人后来又强调故事记录的“科学”方法。在《潮州七贤故事集》序中,他将民间故事的记录分为三种情况(或等级):最好的是“照原样逐字抄录”;其次是“用翻译法以国语述之”;再次是“节录梗概”。他提倡用“科学的记录方法”,保存民间故事的“原来色相”,避免把它“文艺化”(“用了文艺的描写”)。①

显然,此时主要关注故事情节内容如何被忠实记录,而对于口头特征尚未提及。但已有了尊重民间故事本身,与作家作品的“文艺化”相区别的态度。周作人论及民间故事搜集方法的两个核心词:“忠实”和“科学”,区分了三种书写文本形态,非常具有前瞻性。虽然在民俗学尚未成为一个学科之前,科学记录的方法还只能停留在理想主义的建言中,但这些思想无疑为后来故事采集、文字再现确立了基本的原则和方向。

二、五六十年代:原始手记基础上的整理

五六十年代,是我国民间故事采集的第一个黄金期。传统文化尚未经历后来“文革”浩劫的断裂;翻身后的农民心情愉快,很配合故事采集工作。由于新中国对民间文艺发展的鼓励,当时出现了一批民间故事搜集家:孙剑冰、李星华、董均伦、肖甘牛等,他们所采集的故事的书写文本相继发表。此时,民间文学界展开对搜集整理的讨论。其中,刘魁立对“忠实记录”的理解很有深度,主张“通篇全记”,且要忠实记录每一次听到的“那一个”故事,因为虽然“每次我们听到的都不过是一个故事丰富多彩的生活历史的一个瞬间。但在每一个瞬间里却都是表现了这不断变化着丰富着发展着的生命的一般特点。我们要创造一切条件在这生命最丰富最旺盛的瞬间去记录”②。不过在当时录音技术有限的条件下,这一建议依然无法实现。

能代表这一时期故事搜集、整理水平者,首推孙剑冰及其所采集的故事

① 林培庐:《潮州七贤故事集》,上海天马书店,1936年。

② 刘魁立:《再谈民间文学搜集工作》,《民间文学》1960年第5期。

书写文本。在中国科学院文学研究所（现中国社科院文学研究所）任职的孙剑冰以民间故事调查、研究的明确目标展开记录工作，显示出更为专业的涵养。他先后深入内蒙古、云南、西藏等地从事民间文学调查研究，采录故事有四五十篇，大都具有较高的文学价值和一定的科学价值，并且发现了故事家秦地女。当时录音设备并不普及，他采用的也是心记、笔记。秦地女讲述的故事，经他处理成艺术气息浓郁的书写文本，为这一时期故事采录提供了典范。

下面节选孙剑冰 1954 年秋于内蒙古乌拉特前旗记录的、67 岁秦地女讲述的《蛇郎》中蛇郎妻被害后变成鹦哥复仇一段，以作对比：

> 蛇郎走了。二女子在梳头洗脸。鹦哥骂她：
> “奸奸奸，
> 拿我的镜子照狗脸；
> 丑丑丑，
> 拿我的梳子梳狗头！”
> 她恨得咬牙。
> 二天，蛇郎又走呀。她说：
> “你给我担上些水！”
> 蛇郎给她担下满满一瓮。
> 她梳头洗脸哩，鹦哥又骂她：
> “奸奸奸，
> 拿我的镜子照狗脸；
> 丑丑丑，
> 拿我的梳子梳狗头！”
> 她跳起来，一把捉住鹦哥，按到水里淹死了：
> “这可把你砍头的治了，看你再骂！”
> 蛇郎回来了，进门就问：
> “我的鹦哥呢，怎不听见说话啦？”
> “我说你少担些水吧，你担下满满一瓮；——它跌在水里呛死了！”
> 蛇郎直掉泪，没说话。

她把鹦哥杀了炖起；炖熟了，给她男人舀的骨头，给自个舀的肉。他男人不吃。她一吃，叫骨头卡住了。

她生气不吃啦，顺手倒在门边，掘个坑坑窖起。没隔一天，这地方长起苗酸枣树来，她往外走，袄也扯烂了，裤也扯烂了；往回走，树上飞起一群黄蜂，赶着蜇她。

汉子往外走，破袄成了新袄，上面长起一疙瘩金子；往回走，新袄成了缎袄，上面长起一疙瘩银子。

她生气把树砍了。砍了做成个板凳：

"我坐你一世，坐你一世！"

她男人往上一坐，又平稳，又光滑；她一坐，上面有刺哩，扎的她龇牙咧嘴。

她一气把板凳劈掉，填进灶下烧了。①

孙剑冰记录的故事，不仅情节十分生动，还体现出秦地女的口头话语韵味和讲述才能。对比雪林、张源记录的异文，可以发现，秦地女的文本中常见表达情感的虚词（呀、哩、呢、啦、吧）和地域方言（鹦哥、把你砍头的治了、掘个坑坑窖起、一疙瘩金子、袄、裤、汉子等），并且几乎不夹杂书面语常用的关联词，这标志着记录意识和方法的长足进步，一个不识字的秦地女婆婆的口语风格跃然纸上。一如巫瑞书评价说，就是一些"活灵活现、如闻其声的语气词"保持得好，令秦地女故事的语言生动传神。② 此外，在书写格式上，孙剑冰做了大量的分行处理，使民间叙事如"无韵之离骚"一般充满口述的节奏与诗意。这些记录特点已经向周作人所倡的"保存其固有的色彩"的记录标准迈进一步。

孙剑冰在记述搜集工作时，恳切地指出：讲述人和听众之间形成了不可分离的艺术效果，搜集整理工作点的，"搜集者把这个故事完整如实地记录下来，即使再占有同类故事的全部资料，是无法再现这一整理经过的，进入书面后，无论如何，那些生动的表演艺术（讲述者独特的声色、音调、手势与

① 孙剑冰：《天牛郎配夫妻》，上海文艺出版社，1983年，第129～130页。

② 巫瑞书：《民间文学名作鉴赏》，湖南文艺出版社，1988年，第110～111页。

面部表情等）和听众的反应，讲述者与听众之间感情的共鸣，是不会再现了”。而他能做的是通过自己的手和笔完善地记录和整理：前后两次访问秦地女，把第一次和第二次讲述比较，发现故事的内容、情节和讲述风格没有什么出入，但语句有些不同。在这样详尽的原始记录（尽可能不遗漏）的基础上进行整理，尽量保持原有细节和语言特色。用他自己的话说，搜集采录是“科学化的文艺工作”①。刘守华也评价其成就：“他使故事采录活动科学化，在中国民间文艺研究会成立初期，就提供了示范性的成果，对我国故事学发展作出了贡献。”②

孙剑冰记录的故事，字里行间都闪烁着贴近口头讲述形态的艺术光芒。尽管他声称故事讲述时的表演因素，没时间、也没方法在两次聆听时用笔一一记录，但在当时能记下完整的故事内容已是训练有素的笔记高手。并且，这些故事公开发行，已成为一种公共的精神财富，承担着让国人都能欣赏的民间文艺的大众传播功能，自然也就无法一字不漏地直录了，而以国人都能读懂的语言且适当保留口语风格来再现，是时代造成的唯一、合理的选择。

三、八九十年代：全国普查中录音机协助下的采录

八九十年代是全国性的民间文学普查、研究的大时代。自1984年起，在全国范围内开展的民间文学普查随着“中国民间文学三套集成”的编撰工作逐年推进，数以万计的民间故事作品不断被搜集整理出来，同一故事类型的大量异文在各地涌现，大批的故事家被发现、故事集被出版，著名的故事村也进入学人的视野。故事学随之空前繁荣，从文本到讲述家及听众（故事传承主体）、再到故事村（故事传承语境）以及彼此关系的研究，共时性和历时性的观照，宏观的和微观的视角以及相关著述等都不胜枚举。

这个时期也是民间故事搜集整理方法被技术化、科学化的自觉实践时期。忠实记录、慎重整理，成为三套集成编撰的基本原则。以钟敬文先生为

① 孙剑冰：《略述六个村的搜集工作》，《天牛郎配夫妻》，上海文艺出版社，1983年，第211～225页。

② 刘守华：《中国民间故事史》，湖北教育出版社，1999年，第775页。

首的专家们反复地在开展的《集成》工作会议等诸多场合解释和强调这些基本原则，以期确保故事记录的科学性。在录音机设备普及的条件下，学者开始关注如何科学记录民间故事口头特征（特别是口头语言），这其中便以张振犁、许钰为代表。

张振犁（1988）指出，要建立具有本国特色的民间文艺学，需要坚实的科学资料作基础，还应深入实际科学考察，并以先进技术（录音、照片、录像等）记录民间文学的全部信息，为该学科的建设储存科学资料样本。他赞成美国的巴斯科姆所言，口头流传是民间文学区别于其他文化的特点，要“准确保留民间口头语言艺术的风格特色和原始形态”，现代技术采风“不仅是保证得到活的民间文学珍品与整体科学资料的唯一（或极其重要）手段，而且是当前国际民间文学采录工作科学化、现代化的重要标志”①。

许钰（1996）将民间故事视为一种民俗活动，在民间故事田野作业的基本要求中，提出5点记录建议，都涉及如何更好地记录故事讲述时口头语言的特点：

第一，故事文本是一种特殊的、记录讲故事这一动态民俗的民俗志，要忠实记录讲述人全部讲述资料，特别是口头语言和现场情况。

第二，注意讲述人语言形象化特点，准确写定方言词汇，必要时加注解、做录音。

第三，口头语言表现了精神与感情，除实词外，也要记录虚词、感叹词、象声词和语调变化等口语的声音因素。

第四，保持讲述人的口语语法特点，不要对口语中的零句作补充，不要添加不必要的连接词，不使之书面化，确保口语的生动性和新鲜感。

第五，讲述中口头语言的很多声音因素、非语言行为以及直接相关的语境因素，另作题注、注解、附记等加以描述。②

显然，记录讲述的口头特点并进行适当文字转写，是所有口头故事记录者、研究者面临的一个重点和难点。如果说张振犁从学科建设的角度提倡

---

① 张振犁：《论科学考察与民间文艺学》，《民间文学论坛》1988年第4期。

② 许钰：《民间故事的讲述和记录》，《口承故事论》，北京师范大学出版社，1999年，第171～196页。

以先进技术手段实现口头语言的“忠实记录”，那么许钰则提出了具体可行的记录内容和方法。就学术史意义而言，他们的研究已不是以往常见的三言两语的宏观讨论，而是第一次切实地将故事的调查研究重点放在了“口头性”特征（特别是口头语言艺术）上，同时都以自己搜集的故事的文字化处理进行实践，创造了保持更多口语特色的文本新貌，当然也提出了新的课题（如声音因素、非行为因素及相关语境的记录等实际操作中的问题）。

除了上述理论和方法的建设之外，随着一大批学者对“忠实记录”的自觉践行，具有代表性的民间故事记录佳作逐渐面世。就故事家个人故事集而言，如湖北刘德培、孙家香、山西尹泽、河南曹衍玉、辽宁谭振山等。记录者的功力也尽显其中。

由张振犁、程健君、郑大芝录音采集的曹衍玉故事集，成为其中的经典。下面节选曹衍玉的蛇郎型故事《老扒子》中花狼妻变形为八哥复仇一段：

八哥去了，在那儿说：“妹站着，姐坐着，妹的丈夫姐占着。”光在那儿说。说哩大妮恼哩慌了，一下子把八哥打死了。咋弄哩，扔了，把它埋那儿了。

花狼喜欢它，八哥啥都给他说。八哥跟他说话。这天，花狼回去了，没得八哥了。听说八哥死了，死了就算了。

八哥埋到那个地下了，出来一个杏树。出来就长哩快。长，长，长多大了，结杏了。结哩杏，又面又甜又好吃。

花狼睡那儿凉快咧，做活回去，去那儿坐，嘴一张，掉一个面杏。又面又甜又好吃。

大妮心想：你还怪得劲儿哩！吃个面杏，也怪好吃。我也去睡那地方。一睡，嘴一张，“噗嗒”，屙一泡雀屎。屙到嘴里了，窝囊哩不得过。回回都是那个样儿。大妮恼得慌，把树砍了：“叫你吃！”做了一个棒槌。

用棒槌去槌衣服咧。槌花狼的衣裳咧，槌哩板正正哩，明霁霁哩，光铮铮哩！槌她哩衣裳哩，槌槌，槌个窟窿，槌槌，槌个窟窿，她恼哩慌了，又把那个棒槌烧了。①

因采用了录音机磁带录制的技术，与上述两个文本相比，曹衍玉的文本被记录得更加接近现场聆听的叙事形态。除了方言的忠实记录和加以注释之外，记录者还保存了口语中的零句（如咋弄哩，扔了，把它埋那儿了），不对其缺失的主语成分做补充，甚至河南日常口语中的儿化语（那儿、劲儿、样儿），感叹词（哩、咧、了），为了思维延续而重复的词句（在那儿说、光在那儿说；槌槌，槌个窟窿，槌槌，槌个窟窿；出来一个杏树，出来就长哩快。长，长，长多大了，结杏了。结哩杏，又面又甜又好吃），也一一呈现出来。每每读到这些故事，我都觉得有一个不识字的老婆婆正坐在面前用自己的方言不紧不慢地讲。

忠实记录讲述人的口语、再现其生动性和鲜活性，是曹衍玉故事集最闪光的地方。采录者拥有的民间文学专业的深厚学识是这本故事集成功的关键。采录者之一张振犁教授曾就读于钟敬文先生门下，长期从事民间文学的研究工作。除了上述提及的著述外，他还专门撰文论及曹衍玉讲述的故事，特别强调故事家的口头语言风格和记录保存，反对记录者"通过自己的笔，把不同人讲的故事加以'语言规范化'（或用自己熟悉的语言划一群众的语言）"。若用书面文字来要求口语艺术风格，会产生"不顺眼"的"异感"。而这种异感正是口头故事感染力的可贵之处。持有这一思想，他们的书写文本再现了曹衍玉口头艺术风采："古朴、细腻、动情、简洁，有时甚至有点'拙'。"②

相比而言，这一时期少数优秀的故事记录者更自觉地采用"忠实记录、慎重整理"的作业原则，用录音机保存了故事讲述的口头文本，并在转写成文字时更为重视和保存口头语言的特点。这为进一步研究故事讲述的口头性提供了较为科学可信的民俗学资料。

① 曹衍玉讲述，张振犁、程健君、郑大芝采录：《故事婆讲的故事》，海燕出版社，2000年，第38～39页。

② 张振犁：《从曹衍玉的故事谈起》，《民间文学》1986年第9期。亦为《故事婆讲的故事》序言。

当然，若应口头范式的故事研究之需来审视的话，还有相当多的故事文本被记录者加工较多，或删繁就简或添枝加叶，其口头特征的保存不尽如人意。因此，刘魁立中肯地指出："我们过去搜集民间叙事，有时并没有提供令大家满意的理想的忠实记录。有些记录的文本，失掉了太多的东西。这样一种记录给我们的东西实在太少，我们不仅看不到超文本层次的内容，就是在文本层次里也有许多遗漏，很不全面。口头语言是民间叙事交流的一个根本手段，如果连语言部分也未全面保留，被我们部分地弄丢了或者改造了的话，那我们接触到的这个具体文本就已经不是原来的文本，而是另外一个文本了。"①

四、二十一世纪初：民族志诗学记录故事讲述动态过程

新世纪以来，以民族志诗学的方法记录的口头诗歌、口头故事的转写文本穿插在这些西方学者的论文中，让我们耳目一新。在口头故事领域，对表演理论和民族志诗学研究较多且加以实践的是杨利慧。除了与安德明引介、翻译表演学派的理论和著作外，她还综述了美国民俗学流派之一——民族志诗学的理论与实践。这一学派"主要的学术追求，不仅仅是为了分析和阐释口头文本，而且也在于使它们能够经由文字的转写和翻译之后仍然能直接展示和把握口头表演的艺术性，即在书面写定的口头文本中完整地再现文本所具有的表演特性"。在介绍该学派的主要实践后，她引述道："民族志诗学的学者们为了在书面转写中呈现口头艺术丰富的表演特性，创造了大量新的符号形式。这些符号数量之多、内涵之丰富、体系之庞杂，是书写传统中有限的标点符号等所无法比拟的，因此，可以说它们大大增强了书面形式对口头艺术的表现能力。不过，不同的民族志诗学的学者在具体的实践中所采用的标记，却并不相同。这使得这一理论流派在具有一个核心理念的同时，在具体的方法上始终保持着一种开放的特性，而没有形成大家所公认的统一的标记方式。这一点，不能不说是这一理论在方法上显得繁琐

---

① 刘魁立：《民间叙事机理谫论》，林继富：《中国民间故事讲述研究》，中国社会科学出版社，2013 年，第 8 页。

和杂乱的一个负面因素。"①可见,她对民族志诗学的优缺点有着清醒的认识。

尽管民族志诗学有可待批评之处,但仍能为我国学者记录故事口头形态提供一种理论方法的借鉴。2005年,杨利慧参照民族志诗学结合表演理论的视角和方法,对1993年田野作业记录的女娲神话口头文本进行转写和研究,一种与此前全然不同的文本样貌呈现在我们面前。② 下面是杨利慧对河南淮阳58岁王东莲讲述的伏羲女娲兄妹婚神话的录音誊写:

王东莲(以下简称王):天塌地陷的时候,就没有人烟儿了,对不对?就有两个学生。这个{……}书单上可能有这些事。他就一天拿一个馍,这个——叫龟吃了,两天拿一个馍,{也叫龟吃了。}他是姊妹俩。撂{到}龟肚=嘴里叫龟吃了。天塌地陷了,哎,他俩咋弄哎?没有啥啦,就出来一个龟。叫龟驮住,驮住他姊妹俩,叫他姊妹俩渡过来。以后咧,人家说{……}我也是听故事听人家讲的,说这个龟叫馍衔到肚里啦,那是假的吧?(哈哈大笑)衔到肚里啦,反正这两个学生基本饿不住。这没有人咋弄哎?这过了几年啦??反正,天呢,也没有了;地,也陷了;{到处}成水了;没有啥啦。这咋办咧?没有办法。人家说是{……}到多少时候呢{……}这个——一天{……}长严了,地下咧有点草了,他俩就{从}龟肚里{出来了}。就龟肚里啦——。{在里面待了}三年吗??也不知道是多少??这个不详细。东北角人家说没有长严,东北角冷啊——。人家说,东北咧是掌冰凌茬住的。女娲掌冰凌茬住的,所以东北冷。

陈江风(以下简称陈):女娲掌冰凌茬住的?

王:哎。

//张玉芝(女,82岁):刮东北风冷,不刮东北风也不冷。

//听众三(老太太):刮东北风——

① 杨利慧:《民族志诗学的理论与实践》,《北京师范大学学报》(社会科学版)2004年第6期。

② 杨利慧:《民间叙事的传承与表演》,《文学评论》2005年第2期。

//听众四(老太太)：你别吭气儿啊,他在录像哩＝录音哩。

//听众三：怎么不让吭气儿呢?

//张玉芝(以下简称张)：他在录音哩。

//王:(对张)你老人家来讲吧?中不中?

//听众四：她讲的比你讲的详细。

杨利慧(以下简称杨)：您说完。

王：我这是胡说。

杨：(提醒地)女娲——

王：哎——这个——一刮东北风就冷,不刮东北风为啥冷哎?对不对?

杨：女娲就是那两个学生中间的一个?

王：哎——,对了。

//听众：——他姊妹俩。

杨：就是人祖爷和人祖奶奶吗?

王：哎。人祖姑娘,不能说"人祖奶奶",人祖爷就没有结亲。

//张：根本都没有结亲。

吴效群：那没有结亲怎么会有的人呢?

王：你听啊。他{姊妹俩}上到一座山上,人家说{??}这没有啥了,怎么办呢?姊妹俩不管结亲,姊妹俩咋结亲呢,是不是?山上人家说有一盘磨,有一盘磨咧,往底下推,合住{就结亲};要是散了,往两边分了的话,它就是为媒人的意思,咱姊妹俩就还是姊妹俩;要是一盘磨推下去合一块,那咱姊妹俩就成夫妻。推下去这盘磨,哪有不散的时候?那它就没有散!

//张：——哎,就是散啦,他才没有成两口子哩。

王：散啦?没有散!就是一盘磨推下去了,它没有散。那你不能那样说,对不对?因为啥咧?山下面有棵树,(磨被)挡在树上了,就是这样它没有散。

……(下略)

杨利慧指出,文本誊写的目的是"为了尽可能充分展示出特定语境下神话讲述的动态过程及互动交流,尽量保持其口语和方言特点”。为此,她采用9种符号(见表1)。

表1 杨利慧在两则兄妹婚神话的文本誊写中采用的符号

体现口头性的符号	符号的含义
粗体	表示讲述人的强调
{ }	表示在口头叙事中没有说但是按照故事逻辑应该有的内容
[ ]	表示讲述人或听众的表情或动作等
- - -	表示打断、插话
=	表示讲述人对讲述的修正
{……}	表示犹豫、不连贯
——	表示拖长声音
[……]	表示讲述中的省略
//	表示几个人同时插话

民族志诗学方法使得录音机记录下的特定表演时刻中听众与讲述人之间互动生成的文本被有意识地再现出来。从王东莲讲述活动来看,在听众较多且社会结构关系较复杂的情境中,口头故事充满了与熟人听众、陌生的采访者——听众的对话成分:例如提问句“对不对”、“他俩咋弄哎”、“那是假的吧”、“怎么办呢”、“姊妹俩咋结亲呢,是不是”、“哪有不散的时候”等,是关涉故事情节上下文的,更是指向听众的;再如“书单上可能有这些事”、“人家说”、“我也是听故事听人家讲的”等句,是求助于传统的表演策略等;还有不少讲述人自我修正或补充的语句,如“他是姊妹俩”是补充上文的;“合住”一词之后的那句关于磨合、磨散的假设对比,显然是对“合住”这个先从思维中跳出的词的及时修补。

对比鲍曼在《作为表演的口头艺术》①一书中转写的某些故事的文本,杨利慧没有采用民族志诗学的分行书写的形式转写两段神话讲述的语篇。是否采用分行处理,这是根据研究的需求而定的。我个人认为,若聚焦在故事的口头性的分析上,分行处理可以看出更多的口头讲述的特点,例如叙事的重复、平行等结构特征,讲述人评论话语与叙事话语的区分等。可以说,杨

① [美]理查德·鲍曼:《作为表演的口头艺术》,杨利慧、安德明译,广西师范大学出版社,2008年。

利慧更侧重展现故事讲述作为一次表演事件的口头演述特征,形成了一种再现现场言语交流活动的书写文本,为乐于利用口头故事音像记录、研究其口头特征的学者作出示范。

现在,我们回头总结一下四个时期口头故事的书写文本的特点。从记录者书写行为、讲述主体(讲述人、听众)出场与否、书写话语的特点等方面,可归纳为下表:

表2 现当代四个时期口头故事书写文本的特点的对比表

时代/代表故事	记录者书写行为	讲述主体出场与否		书写话语的特点
		讲述人	听众	
二三十年代 《菜瓜蛇的故事》	笔记与重述	不出场	不出场	国语重述 常见书面语
五六十年代 秦地女《蛇郎》	笔记与重述	半出场 具有故事家身份	不出场	尊重讲述人口头风格的重述
八九十年代 曹衍玉《老扒子》	录音与转写	半出场 具有故事家身份	不出场	口语故事讲述的转写
21世纪初 王东莲等讲述的女娲兄妹婚神话	录音与转写	出场 明确身份并与听众对话	出场,并参与对话	口语会话过程的转写

综上所述,从上世纪二三十年代至今,秉承着忠实、科学记录的理想,民间故事口头特征逐渐被发现,并在文字转写中逐渐得到越来越多的再现。特别是录音、录像技术的普及和新的理论方法的借鉴,在实践意义上为忠实记录、深度描写日常生活中故事讲述活动提供了技术支持和学术给养。尽管由音像转换成文字的书写,自然而然地携带了面对面交流的口头故事可能被习惯性阅读的研究倾向,但是任何转写技术的采纳,都不应改变讲故事的口头传统本质。只有成为合格的口头故事原始记录的转写者,才能合理再现和阐释口头艺术的魅力,才能有力推进我国民间故事口头范式的建立与拓展。

口头表演的诗学与政治学

——关于“表演”的批评与反思①

王杰文②

摘　要：在口头艺术研究领域，“表演”的研究方式既是在跨学科的历史语境中被提出来的，又是在跨学科的横向交流中被发展完善着的；置诸于“表演研究”这一多学科对话的学术语境中，口头表演的诗学与政治学研究清楚地显示了“表演”如何正在成为一种具有独特视角的研究方式。

关键词：表演；表演研究；认知；经验；情感

口头艺术的“表演研究”是当前国际范围内跨学科的、多元化的“表演研究”浪潮中的重要支脉。作为一个独特的研究领域，口头艺术的“表演研究”是在与人类学、社会学、心理学、语言学等领域有关“表演”的跨学科对话与反思中不断发展变化着的；其有关“艺术行为”、“艺术事件”之“表演”的“模式性”与“生成性”的讨论，直接参与了当下关于“实践、历史、文化与权力”③的国际性学术对话，并借助于这一学术对话反思、实践了“表演”、“表演研究”自身的生成性、多义性与可能性。

理解口头艺术的“表演研究”，至少需要注意如下几个维度：第一，历时

---

① 本文系教育部人文社会科学青年基金项目“表演理论——口头艺术的诗学与社会学研究”阶段成果（项目编号：11YJC760078）。

② 王杰文，博士，中国传媒大学艺术研究院教授。

③ 雪丽·奥特纳教授对于“实践、历史、文化与权力”的国际性学术潮流有相当精辟的论述，可参见：Sherry B. Ortner, *Anthropology and Social Theory: Culture, Power, and the Acting Subject*, Duke University Press, Durham and London, 2006, pp. 1—18.

的维度。口头艺术的"表演研究"至少已经有四十年的历史了①,在这期间,口头艺术的理论家——尤其以理查德·鲍曼、罗格·亚伯拉罕、查尔斯·布瑞格斯为代表——极大地丰富与发展了"表演研究"的形式与内容,因此,尽管《作为表演的口头艺术》一书是口头艺术的"表演研究"的奠基之作,但是,在当前国际范围内,口头艺术"表演研究"的理念却已经远远超越了这篇开山之作所界定的范围。所以,理解口头艺术的"表演研究",需要持有一种发展的眼光。第二,对话的维度。从一开始,口头艺术的"表演研究"就体现出明显的跨学科的性质②,在其后来的发展过程中,语言学、社会学、人类学以及心理学的研究成果极大地激发了其不断创新的动力。换言之,当下口头艺术的"表演研究"是多学科之间持续"对话"的结果。换言之,口头艺术的"表演研究"应该被置诸跨学科的、多向度的"表演研究"的洪流中予以理解。第三,反思的维度。"反思"的概念在"表演研究"的研究历史中具有极其重要的位置,它既是表演研究者关注形形色色的"表演"的原因,又是"表演研究"回馈给自身的重要学术思想,"表演研究"的理论家们都具有极强的"反思性"意识,他们对这种研究范式的利弊得失都十分敏感。我们站在学术批评与反思的立场上,既然知道"表演研究"是西方学术界——尤其是美国学术界——的流行话语,那么,深入了解其背后的哲学思想(或者"元理论")与现实需要正是深入理解该"一般理论"与研究方法的重要前提。

目前,"表演研究"是戏剧研究、人类学、社会学、语言学以及心理学等学

---

① 事实上,早在 1963 ~ 1975 年间,理查德·鲍曼已经在一些重要论文中显露了其"表演"的研究指向。比如:Richard Bauman, 1975, Quaker Folk-Linguistics and Folklore. *In Folklore: Performance and Communication*. Dan Ben-Amos and Kenneth S. Goldstein (Eds). Mouton. The Hague. Paris. pp. 255—264. 在该论文开头,鲍曼区分了两种类型的比较研究,一种是民俗学界陈旧的比较主义者的观点,他们持有两个相互关联的问题:"民俗为什么普遍地存在着?如何去解释民俗文本的变异性?"鲍曼认为,这两个问题基本上没有意义,都是一些书呆子提出来的问题。相反,新派的比较主义者的观点是:民俗为什么会呈现出不同的形式,服务于不同的功能,并在不同的文化中具有不同的重要性。回答这些问题,需要把民俗作为更大的社会文化及行为体系整体的一部分来调查研究。

② 罗格·W·舒依(Roger W. Shuy)在为《作为表演的口头艺术》一书所作的前言中明确指出,鲍曼的研究中至少包括了社会语言学、民俗学、人类学、语言学以及文学批评等学科的视角。

术领域“平行地”使用的研究范式，口头艺术的“表演研究”正是在这一跨学科交流的语境中发展出来的重要支脉。“表演研究”在上述领域中的发展“并行不悖”又“相互渗透”，在当前国际人文与社会科学界产生了广泛的影响。理查德·鲍曼是国际范围内口头艺术“表演研究”领域的领军人物，本文拟以鲍曼教授的研究成果为主要分析对象，从学术发展的视角来审视“口头艺术的诗学与政治学”逐渐形成与完善的过程，并在多元的“表演研究”语境中批评与反思口头艺术的“表演研究”的局限性与可能性。

一、“作为表演的口头艺术”的“焦点问题”

1975年，理查德·鲍曼在提交给《美国人类学家》杂志的论文《作为表演的口头艺术》一文的“摘要”中写道：

> “从以文本为中心的口头艺术观出发，（本文）提出作为表演的口头艺术的研究方法，这一研究方法源自民俗学、讲述的民族志、社会语言学以及文学风格学近期的成果。文中所讨论的类型、行为、角色以及事件中表演的模式性与生成性，体现于文本、事件与社会结构之中。”①

在这一“摘要”里，鲍曼把口头艺术“表演研究”的“焦点问题”都呈现出来了，分解开来看，大致可以归纳为如下三个问题：第一，“表演”的学术谱系；第二，“表演”的本质与形式；第三，“表演”的模式性与生成性。

第一，“表演”这一关键词（或者“分析性概念”）是如何成为口头艺术研究的组织性原则的？鲍曼追溯了以语言人类学家爱德华·萨皮尔、罗曼·雅科布森以及戴尔·海姆斯为代表的思想流变的学术谱系，换言之，至少就他个人而言，他所谓“表演”的概念主要是从美国“语言人类学”及其分支学

---

① Richard Bauman, *Verbal Art as Performance*, American Anthropologist, 1975, Vol. 77, No. 2, p. 290.

科"(交流)讲述的民族志"发展而来的①。在"讲述的民族志"中,"表演"指的是特定人类社区中,通过语言的使用所呈现出来的社会与文化生活的艺术性维度。"讲述的民族志"强调通过民族志的方式描述特定文化与社区中不同讲述模式被具体地使用的方式。显然,从"语言的使用"到"口头艺术的表演",鲍曼等人做出了双重的限定,一方面,从"语言"缩小至"口头艺术";另一方面,是从"(语言的)使用"缩小至"(口头艺术的)表演"。鲍曼在提出"作为表演的口头艺术"的主张时,除了直接并主要从"语言人类学"获得灵感之外,他同时承认如下两种学术传统的重要意义:第一,民俗学研究"口头艺术"的学术传统,这方面的成果主要被追溯到以威廉·巴斯科姆为代表的美国人类学学派民俗学家的成果;第二,语言学与社会学把"表演"作为一种"研究框架"的学术传统,这方面的思想被追溯到"经验语言学家"J. L. 奥斯汀②以及社会学家乔治·贝特森与欧文·戈夫曼的重要思想。

具体来说,在综合上述学术思想的前提下,理查德·鲍曼在双重意义上应用"表演"这一术语以指涉两个层面的含义:一方面,它指的是"艺术性行为",即"口头艺术"本身的呈现;另一方面,它指的是"艺术性事件",即表演

---

① 20世纪60年代初,戴尔·海姆斯发现,在语法研究与民族志研究中,"讲述的模式与功能"都没有被认真考虑到。1962年,戴尔·海姆斯发表了《讲述的民族志》,该论文标志着"讲述的民族志"研究方式的正式出现。两年以后(1964年),戴尔·海姆斯与约翰·古姆帕兹主编的《交流的民族志》出版,戴尔·海姆斯进一步发展了他所提出的"讲述的民族志"的框架,并且提供了大量的实证性研究。十年以后(1972年),许多学者都聚集在"讲述的民族志"的旗帜下从事研究,并积累了大量的研究成果。当时,戴尔·海姆斯感到非常有必要把大家召集起来召开一次研讨会,于是,1972年4月20~23日,在美国德克萨斯州奥斯汀召开了"讲述的民族志"的会议。理查德·鲍曼作为戴尔·海姆斯的学生与朋友,积极参与了研讨会,会后还负责编辑了会议论文集《讲述的民族志探索》,并为论文集撰写了序言、前言、再版序言以及研究性论文。鲍曼编辑的这本论文集,进一步总结、完善了"讲述的民族志"的主要理论主张,对于它的进一步发展与广泛传播具有极其重要的作用。

② 虽然理查德·鲍曼称J. L. 奥斯汀为"英国普通语言哲学家",但是,联系到奥斯汀对"分析哲学"处理语言模式的批判——他考察"辞令"的语境性使用以及语言(行为)与现实世界的相互关系——以及与"社会语言学"所保持的距离,显然他的研究工作毕竟与"哲学家"的工作不太相同,准确地说,他的工作更近似于"科学家"的工作,因此,笔者认为,他所谓"普通语言(Ordinary Language)"的研究其实应该说是一种"经验语言学",而非哲学。

的情境,包括表演者、艺术形式、观众、背景等因素。① 前者的学术谱系除了源自上述所谓"语言人类学"之外,口头艺术的研究传统(尤其是口头程式理论与民族诗学)、常人方法论、话语研究则是其另外的思想源头;而后者则与以人类学家米尔顿·辛格、维克多·特纳为代表的提倡"文化表演"或者"社会戏剧"的人类学研究传统相关。然而,在鲍曼早期的"表演研究"架构中,"文化表演"仅仅被当作口头艺术"表演"的传统性语境因素之一。

第二,什么是"表演"?什么是"充分的表演"?这是口头艺术的"表演理论"必须回答的问题。之前,戴尔·海姆斯曾经区分了"表演(Performance)"、"行为(Behavior)"、"行事(Conduct)"这几个术语,他把"行为"定义为"任何发生了的事件";而"行事"是指"在社会规则、文化规则以及共享的可阐释性原则的保护下的行为";"表演"则是指"任何对观众及传统负责的行事"。显然,在海姆斯的定义中,"行事"是"行为"的亚类型,而"表演"则是"行事"的亚类型。② 在主要由他构建的"讲述的民族志"中,"表演"与"暗示、取笑、模仿、翻译、引用"等都是"讲述(交流)"行为的诸多"框架"中的一种。如前所述,理查德·鲍曼直接继承并发展了戴尔·海姆斯的观点,并提供了"表演"的定义:"从根本上来说,表演是一种讲述性的口头交流的模式,表演者有责任向观众展示某种交流的能力。"③

鲍曼解释说,在表演者方面,他要具备特定社会所特有的、以恰当的方式讲述的知识与能力;在观众方面,表演者讲述的方式——表演者的能力所展现出来的技巧与相应的效果——会受到评价,有时甚至会因此借以提高自身的经验。总之,"表演"——作为一种"框架",一种文化的习惯化的"元交流"——是表演者与观众共同关注的"焦点"。

---

① 显然,鲍曼已经意识到了把"表演"作为"艺术性行为"与"艺术性事件"两个维度的观点在当时口头艺术研究领域的局限性,因为这样一种划分隐含着把"文本"与"语境"相对固化与相互对立起来的可能性。

② Dell Hymes, "Breakthrough into Performance". in Dan Ben-Amos and Kenneth S. Goldstein (Eds), *Folklore: Performance and Communication*, The Hague, Mouton, Paris, 1975, pp. 11—74(13 页).

③ Richard Bauman, Verbal Art as Performance, with supplementary essays by Barbara A. Babcock, Gary H. Gossen, Roger D. Abrahams, Joel F. Sherzer. 1977; Waveland Press, Inc. USA. p. 11.

为了尽可能清楚地说明“表演”自我呈现的方式，鲍曼不惮其烦地罗列了表演“键入(Keyed)”话语的方式——特殊的符码；比喻性的语言；平行式；特定的辅助性特征；特殊的程式；求助于传统；表演的否定①——但是，鲍曼也清楚地意识到，这些“方式”被“键入”的强度与范围是多变的。换言之，基于上述“键入”方式的差异，对于特定社区的观众而言，特定讲述行为会分布在“充分的表演”与“非表演”两个极端之间。

第三，“表演”如何在“传统”与“创新”之间寻找平衡？被表演的“传统”体现在其模式化的要素当中，鲍曼从分析性的角度枚举了特定的“类型、行为、事件以及角色”如何以高度结构化的、可预期的方式相互配合，共同构成“表演”的传统，但是，表演者、类型、行为、事件以及角色之间可能以多种方式组合，比如，表演者可能在非传统的语境中表演；或者非传统的表演者表演、模仿、嘲弄传统的类型等；在诸如此类的情况下，那些所谓结构化的、传统的表演体系被创造性地予以摆弄，这就是所谓“创造性的应用”。

“传统”与“创新”总是统一于特定语境的“表演”中的，鲍曼称之为“生成性”②，这是交流性资源、个体的能力以及参与者的目的之间相互关联的结果。在特定的口头艺术的“表演”中，不仅其“文本”与“事件”都是“生成性”的，而且通过口头艺术“表演”——或者更准确地说，恰恰是在口头艺术的“表演”中——社会结构与表演者本身也是“生成性”的。进而言之，正是由于“表演”内在地蕴含着转变社会结构的潜力，所以表演者既可能因为掌握着表演的技巧而成为观众爱戴的艺术家，又可能因此成为颠覆社会结构的煽动者。在这种“维护社会结构或者反抗社会结构”的二元性关系中，依据“传统与创新”的程度与强度，表演者建构着自我的身份认同。

---

① 在论文《作为表演的口头艺术》中，鲍曼所罗列的“键入”方式与论文集中所罗列的内容有所不同。本文引述内容可参见：Richard Bauman，1975，p. 295。

② 在论文《作为表演的口头艺术》的结论部分，鲍曼特别提到了“文化研究”的重要理论家雷蒙德·威廉斯，他认同威廉斯对“残留文化”研究的批判，赞同他所提出的“生成性的文化”——其中，新的意义与价值、新的实践、新的意指与经验被连续性地创造——的概念。在这个意义上，“表演”——作为“新民俗学”的奠基性概念——既把民俗学从面向过去的梦魇中解放了出来，又把民俗学引向了理解人类经验总体的新格局。换言之，至少在鲍曼的思想中，“新民俗学”已经被汇入“文化研究”的洪流当中了。参见：Richard Bauman，1975，p. 306。

二、口头艺术“表演研究”的“生成性”

理解理查德·鲍曼等人有关口头艺术的“表演研究”,应该持有一种发展的眼光,应该详细了解这一研究视角发生、发展、演变的轨迹,应该观察“表演研究者们”积极投身人文与社会科学的整体语境中不断进行对话与沟通的努力。那些试图把口头艺术的“表演研究”固定化的行为明显是不得要领的。

在过去的四十年里(1975～2014),鲍曼至少七次(1986;1989a;1989b;1992;2002;2005;2012)①撰写专文介绍口头艺术的“表演研究”,体现了口头艺术“表演研究”不断丰富与发展的轨迹。首先,其他一些相关学科及其代表性学者有关“表演研究”的成果被有层次地包容进来了,口头艺术“表演研究”的跨学科对话显得更加活跃;②其次,口头艺术“表演研究”固有的概念与研究方法被细致化、清晰化了,鲍曼等人借鉴并深化了诸如“类型间性”、“文本间性”、“去(再)语境化”、“文本化”等一些核心概念,由此提出并解决了有关“表演与非表演;表演与社会权力;表演与历史传统”三个不同维度的问题;第三,在口头艺术“表演研究”的范式趋于精细化的同时,其“自反性”意

---

① Richard Bauman,“Performance.”,*In E. Barnouw(Eds)*,*International Encyclopedia of Communication*, Oxford: Oxford University Press. 1989a, pp. 66—262. Richar Bauman, 1992,“Performance.”*In Folklore*, *Cultural Performances*, *and Popular Entertainments*: *A communications-Centered Handbook*. Edited by Richard Bauman. New York: Oxford University Press. pp. 41～49. 上述两篇论文内容相同,只是在参考书目部分稍有不同,1992 年版本的论文中添加了五篇参考文献,其中尤为重要的一篇是由理查德·鲍曼与查尔斯·布瑞格斯撰写的:Richard Bauman and Charles L. Briggs, 1990, Poetics and Performance as Critical Perspectives on Language and Social Life, Annual Review of Anthropology, Vol. 19, pp. 59—88.

② 鲍曼在《民俗、文化表演与流行娱乐:一本以交流为中心的手册》一书的序言中说:“这本书实际上是一场知识分子交锋的阵地,它把民俗学家、人类学家、历史学家、戏剧学者、文学学者、民族音乐学学者、语言学家以及自我认同为文化研究、表演研究(这是两个正在生成的、跨学科的研究领域)的学者集合在了一起。”Richard Bauman, 1992, “Performance.”*In Folklore*, *Cultural Performances*, *and Popular Entertainments*: *A communications-Centered Handbook*. Edited by Richard Bauman. New York: Oxford University Press. p. xix.

识也愈加明显，这为“表演研究”的自我发展提供了良好的基因。

（一）重新表述“表演研究”的学术谱系

1989 年，鲍曼特别强调了（在对比的意义上）美国语法学家诺姆·乔姆斯基与语言人类学家戴尔·海姆斯的学术主张。在前者的术语体系中，“表演”指的是“实际的交流行为”，而“能力”指的是“交流行为的潜力”，换言之，这一对术语都是在中立的意义上被区分与应用的。然而，在乔姆斯基等语法学家那里，语言学被简化并等同于语法学，“表演”几乎完全不在他们研究的范围之内。相反，戴尔·海姆斯则认为，社会功能赋予语言以形式；语言不仅具有指称的意义还具有社会的意义；语言在社会生活的建构中所具有的交流性功能是其根本性的特质。换言之，海姆斯强调使特定个体在特定社会中以恰当方式言说的一切知识与能力。总之，“表演研究”与“讲述（交流）的民族志”之间的思想联系，在鲍曼前述所有自述性文章中，一贯被予以强调。

2012 年，鲍曼又特别指出口头艺术的“表演研究”还直接受益于民间故事的早期研究者——尤其是那些直接从田野中搜集口头讲述文本的民间故事研究者，尤其是受益于他们对讲述行为与事件的经验性观察（尽管这些观察大多只是印象式的描述，而且，这些经验的观察并非早期研究者的重心所在）。在他们的田野报告中，口头艺术的表演者们被描绘成技艺精湛的表演者，他们的表演体现出丰富的戏剧性技巧与诗学技巧。① 尽管鲍曼也承认，早期的民间故事研究者们的思想仍然是片断的、零碎的、偶发的，但是，他仍然以后见之明的方式说明，这些材料预示了口头艺术之“表演研究”的产生。②

令人惊讶的是，在 2012 年撰写的介绍性论文中，鲍曼扩展了口头艺术

① Richard Bauman, 2012, "Performance." in *A Companion to Folklore, First Edition*. Edited by Regina F. Bendix and Galit Hasan – Rokem. Blackwell Publishing Ltd. pp. 94—97.

② 事实上，鲍曼显然更倾向于把口头艺术的“表演研究”的产生归功于“语言人类学”，而不是“民俗学”。相关论述可参见：Richard Bauman, 2002, Disciplinarity, Reflexivity, and Power in Verbal Art as Performance: A Response. Journal of American Folklore. Vol. 115, No. 455, p. 94.

“表演研究”理论先驱的名单，除了一贯强调米尔顿·辛格的“文化表演”观以及罗曼·雅科布森的“交流事件”理论之外，他还特别提到了布罗尼斯拉夫·马林诺夫斯基的“语境论”、梅尔维尔·雅各布的“风格论”、米尔曼·帕里与阿尔伯特·洛德的“口头—程式性创作论”以及威廉·休·詹森的“表演—接受”的观点。而曾经聚集在《走向民俗学的新观点》①周围的民俗学家——主要是丹·本-阿默斯、罗格·D.亚伯拉罕、理查德·鲍曼、戴尔·海姆斯以及丹尼斯·泰德洛克等——被称为倡导口头艺术的“表演研究”的急先锋。此外，修辞学家肯尼斯·伯克对于民俗学家（尤其是罗格·D.亚伯拉罕）与语言人类学家的深刻影响也被公开予以承认；而鲍曼本人则当然是从“讲述的民族志”走向口头艺术“表演研究”的关键人物。

（二）重新定义“表演”

尽管在“讲述（交流）的民族志”与口头艺术的“表演研究”之间存在着上述学术关联，但是，在鲍曼有关“表演”的定义中，所谓“表演”，并非“讲述（交流）的民族志”中所指的任何形式的交流性（Communicative）行为或者交流性事件，而是“一种被艺术地标定与强调的交流模式；是以一种特殊的方式‘框定’并呈现给观众的”②。鲍曼一如既往地强调“表演”作为一种特殊

---

① Richard Bauman. 1972, Introduction. In Toward New Perspectives in Folklore, ed. Americo Paredes and Richard Bauman, pp. xi—xv. Austin: University of Texas Press. 理查德·鲍曼在《走向民俗学的新观点》序言中说，本辑的总体意图是从作为“事象”的民俗研究转向作为“事件”的民俗研究。尤其强调要把“表演”作为研究工作的一个组织性原则，“表演”的概念性框架包含着“艺术性行为、表达性形式、美学反应”的整体，按照地方性的界定、文化的特殊性类型与情境予以理解。“新观点”反对普遍主义，而强调地方性的千差万别，强调描述的精确性以及阐释的重要性，因为民俗学的目的并不仅仅只是去描述，而是要把“形式、功能与表演”三个方面结合起来进行分析。

② Richard Bauman. 1989, “Performance.”, In *International Encyclopedia of Communication*, ed E. Barnouw, Oxford: Oxford University Press. Vol:3: p. 262.

的阐释性框架的本质特征①:表演的方式受到强调并成为关注的焦点;表演者有责任(有知识、有能力按照社会性地,以恰当的、可解释的方式讲述)向观众展演特定的技巧;观众有义务品评这些技巧及其效果。显然,鲍曼并不是全面研究特定艺术事件的整体,而是聚焦于表演者与听众之间的"表演关系"。

2005年,鲍曼还特别强调说:"作为一种互动性行为,观众的协作性参与是表演的完整的组成部分。"②"表演"行为内在的是邀请性的,是面向观众并要求不同观众多样化地品评、欣赏与提升经验的方式;此外,在谈到表演的效果时,鲍曼特别提到了表演者的性别因素可能导致表演失败的问题;至于在那些强调平等的传统社会中,"表演"则是另一种道德层面上的"越轨"。总之,"性别、阶层"的视角进入了口头艺术"表演研究"考察的范围③,"表演"中"责任"问题的复杂性已经引起他高度的关注。

借助于"交流"这一关键词,尤其是借助于由罗曼·雅科布森所提供的交流行为的"理想模型"④,鲍曼更加清晰地描述了由"充分的表演"与"突破进表演"两个极端构成的连续轴,所有的"表演"——依据其中所展示技术及其效果的强度与程度——都分布在这个连续轴的某个点上。然而,在自然的交流过程中,"表演"的框架是极不稳定的。鲍曼清醒地意识到,口头艺术的"表演研究"总是倾向于直接去考察那些"充分的表演",却相对忽视了日

---

① 至于表演研究的"框架"本身如何获得,或者说"框架"本身如何"键入"交流行为,鲍曼仍然强调乔治·贝特森与欧文·戈夫曼两位先驱先后提出"元交流"与"框架"两个术语的理论贡献。2012年,鲍曼又介绍了迈克尔·西尔弗斯坦所提出的"元语用的(Metapragmatic)"功能这一概念,它指"特定话语行为自反性地指向(无论是公开地还是隐蔽地)那一行为的语用功能的层面。"Richard Bauman,2012,p. 99。此外,鲍曼还在文中应用了"元符号(Metasignals)"的概念。但是,鲍曼终归是一位语言人类学家,他强调要通过民族志的方式来调查表演"框架"的多样性。

② Richard Bauman,2005,"Performance."In *Routledge Encyclopedia of Narrative Theory*,Edited by David Herman,Manfred Jahn,Marie-Laure Ryan. New York: Routledge Ltd. p. 420.

③ Richard Bauman,2005,p420;Richard Bauman,2012,p. 102.

④ Roman Jakobson,1960,Closing Statement:Linguistics and Poetics,in *Style in Language*,edited by Thomas A. Sebeok,THE M. I. T. PRESS,Msaaaachusetts Inistitute of Technology Cambridge. Massachusetts. pp. 353;357.

常生活中“突破进表演”的个案，相对忽视了“表演”的框架与其他“非表演”的框架（报告、排练、示范、翻译、广播、引述、摘录、嘲讽等）之间相互转化的机制。显然，鲍曼已经从口头艺术的“表演研究”转向了“表演”与其他“非表演”的“框架”间转换关系的研究了。伴随着“框架”的转换，表演者与观众之间“责任与义务”的类型也因此转变了。

除了强调“交流”这一术语之外，鲍曼显然还倾向于把表演看作是“符号体系（Sign System）”之间的转换——比如，戏剧家、音乐家把剧本、乐谱表演给观众欣赏，而戏剧研究者关注的是“脚本—表演”之间的关系以及从前者向后者转化的过程；而民间故事的讲述者表演的故事会被誊写下来；民族诗学的专家们关注的是“表演—文本”之间的关系以及从前者向后者转化的过程——在这一符号体系的“转换”过程中，艺术表演中“权威性（Authority）与创造性（Creativity），现成的（Ready-made）与生成的（Emergent）因素之间的相互权重以及相互影响，应该在表演本身的深度研究中给予经验性的判断”①。

当然，“表演”行为不只是“符号转换”的关系，鲍曼还强调特定表演形式（类型）中“现成的与生成的”因素之间的“转换”关系——其“现成的”一面主要体现为“明显地文本化的、类型化地固定的、方便记忆的、可重复的话语形式”；而“生成的”一面则强调没有任何两次表演是相同的——鲍曼由此提出了“互文性（Intertextuality）”与“去（再）语境化（De/Re-contextualization）”两个术语②，类型与表演同时被置诸一个绵延性的历史过程中，基于具体的“语境”性因素，特定表演者必然得在“传统与创新”两个极端之间的某个节

---

① Richard Bauman，1989，p. 263.

② 鲍曼显然赞同理查德·谢克纳所谓的表演意味着“从来都不是第一次”的观点，并肯定了谢克纳强调“再语境化”的重要性的论断（参见：Richard Bauman，2005，p. 420），但事实上，瓦尔特·本雅明早在上世纪40年代就已经提出了“去（再）语境化”的思想：艺术从传统中拔出或者脱位，导致了一种艺术的政治化；机械复制时代的艺术品被抽离了特定的传统语境，被更加广泛地重新定位。可参见：Walter Benjamin，The Work of Art in the Age of Mechanical Reproduction. In *Illuminations*. Edited by Hannah Arendt. Translated by Harry Zohn. New York：Harcourt，Brace and World，1968，pp. 221—224. 换言之，鲍曼应该把“去（再）语境化”的思想归功于本雅明。

点上作出选择，“表演的意识形态”由此得以呈现。①

从“文本”的角度来看，所谓“互文性”与“去（再）语境化”的过程就意味着“文本化（Entextualization）”②的过程。换言之，当特定“文本”③——口头艺术表演的研究者视之为“语境化的话语实践中生成的产品”，而不是独立的、传统的、民间文学作品——依据“类型”的标准被生产时，该“文本”必然与“前文本”建立了某种“互文性”的关系，从而成为该类型中的一个“异文”；依据“语境”的要求被创造时，该“文本”必然是“社会结构”的产物，也同时建构着社会结构。在“语境化的话语实践中”，“语境”与“文本”是二元一体的，不可分割的整体。

（三）受强调的“文化表演”

与之前把“文化表演”仅仅视为口头艺术“表演研究”中“艺术事件”的一个层面的做法不同，1986 年，鲍曼专门撰文把口头艺术的“表演研究”称为“口头表演的诗学（Poetics of Oral Performance）”，与“作为实践的表演（Performance As Practice）”④以及“文化表演（Cultural Performances）”三足鼎立，认为“口头表演的诗学可以充分地参与到格尔兹勾画的更大的知识工程（社会思想的重构）当中去”⑤。1989 年，鲍曼显然已经意识到并强调了艺术性“表演”中最突出的语境性标志——“文化表演”，并不惮其烦地罗列了“文化表演”的七种特征：（1）预定好的（Scheduled）；（2）时间固定（Temporally

---

① Richard Bauman and Charles L. Briggs, 1990, Poetics and Performance as Critical Perspectives on Language and Social Life, Annual Review of Anthropology, Vol. 19, pp. 59—88.

② Charles L. Briggs and Richard Bauman, 1992, Genre, intertextuality, and social power. Journal of Linguistic Anthropology , Vol. 2, pp. 131—72.

③ 鲍曼认为：一个“文本”即是“去情境化”的“话语”。Richard Bauman and Charles L. Briggs, 1990, p. 72.

④ 有关人类学与民俗学转向“实践”的重要论述可参见：Sherry Ortner, Theory in Anthropology Since the Sixties, Comparative Studies in Society and History, Vol. 26, No. 1, 1984, pp. 126—166。鲍曼认为，“作为实践的表演”理论是“文化表演”理论与“口头表演的诗学”理论的基础或者“元理论”。

⑤ Richard Bauman, Performance and Honor in 13th-Century Iceland, The Journal of American Folklore, Vol. 99, No. 392, 1986, p. 134.

Bounded)；(3)空间固定(Spatially Bouned)；(4)程序化的(Programmed)；(5)协调良好的公共场合(Coordinated Public Occasion)；(6)提高的场合(Heightened Occasion)；(7)自反性(Reflexive)。其中"文化表演"所谓"自反性"的特征尤其受到鲍曼的关注，它指的是"成为自身的对象"以及"指向自身"。在形式的意义上，"文化表演"的"自反性"就是指表演者对自身表演行为的自觉意识，把自身的文化符号与价值表演给自己与他人观看。然而，鲍曼特别强调说，这种所谓的"自反性"不同于传统意义上所谓的"反映(Reflective)"的观点，因为"反映"的观点认为"艺术反映生活"，文化表演反映现实生活，但是，依据当时"文化表演"的理论家——从爱弥尔·涂尔干到米尔顿·辛格，以及肯尼斯·伯克、罗格·亚伯拉罕、克利福德·格尔兹、维克多·特纳、理查德·谢克纳——的观点，"文化表演"本身就是一种话语模式，它并不诉诸语言，而是直接通过感官形式与表演行为传达出来的。显然鲍曼对此观点十分熟悉，而且这种观点对于民俗学的新颖性与重要性很早就使他产生了强烈的兴趣。比如，在考察从"文本"到"表演"的转变过程中，鲍曼曾多次引述并发展了理查德·谢克纳所谓"表演的整体序列"的观点。①

此外，在社会—心理意义上，"文化表演"的"自反性"意味着把表演中的自我作为自身与他者的对象，"表演"的框架就是通过扮演他者角色的方式，从他者的立场反观自我。以乔治·赫伯特·米德为代表的社会心理学家们的观点也直接导致鲍曼推崇"反思民族志"的思想，他说：

> "在民族志实践中，信息的获得与给予是被框架化与共同建构的——作为教学式的交换，作为表演，作为访谈或者作为其他互动性交换——对我们的学科产生了深刻的认识论蕴涵。"②

总之，当口头艺术的"表演研究"同时考察"艺术性行为"与"艺术性事

① Richard Bauman and Pamela, Ritch, 1994, Informing Performance: Producing the Coloquio in Tierra Blanca, The Albert Lord and Milman Parry Lecture for 1992, Oral Tradition, 9/2, pp. 255—280.

② Richard Bauman, 2012, p. 112.

件”;把“表演与非表演;表演与社会权力;表演与历史传统”联系起来加以考察时,表演的“诗学与政治学”问题更加清晰了;“意识形态”、“权力关系”等术语自然而然地突显于口头艺术“表演研究”的话语之中。正如鲍曼所说的那样:

> “基于启发的目的,在表演中,我们可以分辨出三种最主要的权力的维度:控制表演的组织与生产;控制表演的意义与阐释;控制表演的目标与结果。因此,表演的政治学正是与权力的各个层面被占有、分配、合法化、协商与竞争的方式相关。”①

在这个意义上,口头艺术的“表演”过程就是民众在“日常生活”中交往(话语)技术的习得、理解、品评与应用的过程——这是一个表演者与观众借助文本与类型从事角色扮演、身份认同与权力博弈的过程;也是一个多元性的符号体系(口头语言的、肢体的、物质的、数字化的等)与框架体系相互作用的过程。在这个层面上,口头艺术的“表演研究”已经汇入“文化研究”与“表演研究”的洪流之中了。

(四)“媒介表演”与“表演”作为一种分析框架

基于“实践论(作为实践的表演)”的共识,鲍曼清理出两种类型的“表演研究”,一种是“口头表演的诗学”;一种是“文化表演”。“口头表演”是一种艺术性的交流模式,它要向观众负责,承诺交流某种能力或者技术。“口头表演的诗学”强调在社区互动的语境中考察艺术性的交流行为,综合考察其“形式—功能—意义”之间的相互关系,同时关注个体的艺术性与社会的给定性之间的动态关系——一方面是口头表演的惯例性,另一方面是个体表演者的创造性与表演情境的独一无二性。“文化表演”是指那些能够引发集体共鸣的象征性公共事件,比如节日、景观、戏剧、集市、仪式、庆典等,其中,特定社会文化群体的核心意义与价值被公开展演。口头表演更多地关注小群体内面对面的艺术性的交流;而文化表演更多地考察的是规模更大、

---

① Richard Bauman, 2012, p. 102.

结构与符号体系更复杂的群体活动与公共展演。

面对社会变迁，鲍曼发现，渗透在“亲密的面对面互动”与“大型的公众事件”这一社会活动的连续体之间，还广泛地存在着另一种表演类型——“媒介表演”——它是“民间文化”在现代社会中的“形式”与“功能”的延续。关于“媒介表演”，鲍曼认为，我们首先需要捕捉文化中流行的表演形式；其次是要研究这些媒介化的纪录如何被当作活生生的表演的功能性的替代物；再次是要探索现代媒介如何为大众所熟悉之后，转而被用作自我参考的介质，成为一种可在文本间进行反思的工具；最后是要在复杂的自我参考的框架中，关注媒介纪录的表演与真实的表演之间的差异，研究“表演”如何基于媒介的变化而重构了自身。

尽管“媒介表演”以及相应的社会变迁引起了鲍曼的关注，但是，我们依然可以清楚地发现，鲍曼是把“表演”——作为一个一以贯之的分析性框架——当作分析民众文化与社会变迁的视角与方法。换言之，他集中关注的是表演的“形式、意义与功能”之间的相互关系，关注作为交流实践的民俗现象的适应性与生成性本质，它可以同时分析小型的面对面的互动，大型的公众展演以及媒介化的交流。一句话，“表演研究”给予民俗学家以高度生产性的、分析性的、反思性的观点来看待民俗学学科的研究方法与知识生产模式，最终把社会生活理解成为一种交流性的构成过程。①

三、在"表演研究"的"多声部"语境中

如前所述，最晚至20世纪70年代，至少在戏剧研究、语言学、人类学、社会学以及心理学等领域都有所谓“表演研究”的范式，口头艺术的“表演研究”正是这一“表演研究”的“多声部”大合唱中的一种声音。置之于这一跨学科对话的语境中，口头艺术“表演研究”的学术谱系与问题焦点会更加清晰，其包容性与局限性也在对话关系中更加明确了。

---

① Richard Bauman. American Folklore Studies and Social Transformation. Text and Performance Quarterly ,1989, pp. 175—184.

(一)"符号学"与"对话"

前文已经说明,口头艺术的"表演研究"是直接受到语言人类学(尤其是"讲述的民族志")的影响而产生的。鲍曼所谓"表演"的概念直接来自于诺姆·乔姆斯基有关"能力与表演"的区分以及戴尔·海姆斯有关"语法、规则、结构"与"表演、语境、事件"的区分。① 从整体上讲,"讲述的民族志"与"表演研究"的研究起点是"讲述的社区",考察的是社区成员共享或相互补充着的相关"知识和能力"、"讲述的手段"、"讲述与阐释的规则"、"讲述的目的"、"讲述的情境"等要素②,所有这些要素的关联点是"表演",即"话语资源"与"个体能力"在"特定情境"中的互动。"表演"因此而具有一种"生成性"的特质。

但是,在"讲述的民族志"之外,鲍曼至少还深受三位俄裔符号学家兼民俗学家的影响,他们是罗曼·雅科布森、佩特·波各特里夫以及米哈伊尔·米哈伊洛维奇·巴赫金③。在某种意义上,这些俄裔符号学家的思想与美国语言人类学家的思想殊途同归,但是从时间的先后关系及影响方向上来说,显然是后者在借鉴前者,而不是相反。

在诺姆·乔姆斯基之前,费尔迪南·德·索绪尔已经对"语言"与"言语"进行了区分,符号学家兼民俗学家罗曼·雅科布森首先从索绪尔那里借用了"语言"与"言语"的概念并应用于民俗学,他把外在于个体的"集体的系统"与"个体的行为"区分开来,认为民俗是集体的、社会的、传统的形式,是为社区创造与拥有的,是外在于个体的、潜在的、已经建立的、规则性的复合体,个体的创造性表演只有经过集体的检验,并且被认为是合乎规范的且能够成为后来表演的语境时才可能是民俗;而那些被抛弃不用的东西就不再是民俗了。雅科布森并不否认个体创造性的存在,但是,他认为这些东西

① 有关"讲述的民族志"的学术谱系与问题渊源,可参见:Dell Hymes,1989,Ways of Speaking,In *Explorations in the Ethnography of Speaking*. Edited by Richard Bauman & Joel Sherzer,Cambridge University Press. pp. 433—453.

② Richard Bauman and Joel Sherzer,1975,The Ethnography of Speaking,Annual Review of Anthropology,Vol. 4,pp. 95—119.

③ 下文中有关上述三位符号学家兼民俗学家的讨论,可参见:Richard Bauman,1982,Conceptions of folklore in the development of literary semiotics,Semiotica 39:pp. 1—20。

不属于民俗事象的范畴。他强调的是集体性、规则性的维度，认为民俗表演者是受这些传统束缚的。总而言之，在应用索绪尔的“语言学”思想来解释民俗时，雅科布森认为：语言是先在的、集体的、抽象的传统，是一套形式化的惯例、类型、风格与结构；而言语是表演中的个体性呈现，是在这些体系的限制之下生产的个体的文本。①

与罗曼·雅科布森不同，佩特·波各特里夫更感兴趣于表演者与观众之间的合作，强调民众艺术中传统的与即兴的因素之间的辩证统一：一方面，他看到了民间艺术表演者严格坚持传统的风格规范；另一方面，他也开始关注个体表演者的表演风格、观众的构成与参与、情境、类型、形式、即兴表演的元素等。他甚至认为，即兴表演不应该被视为异文，而最好被当作独立的作品，因为即兴性的革新是传统本身得以连续的必要情境——如果革新没有进入所有类型的民间艺术，传统将会成为一种简单的陈词滥调，作品将被机械化地呈现，从而丧失其基本的功能，即对于听众的影响，最终，它将不得不从民众的话语资源库中消失。正是从波各特里夫的思想里，鲍曼找到了与美国语言人类学家形成共鸣的思想，他们都把重心转向了“讲述”、“交流”、“表演”。

巴赫金的“社会语言学”思想的超前性是众所周知的②，他强调“言说（Utterance）”在本质上必然既是“个人的”又是“语境的”：

> “从对话的语境来说，既没有第一句话，也没有最后一句话，而且没有边界（语境绵延到无限的过去和无限的未来）。即使是过去的涵义，即已往世纪的对话中所产生的涵义，也从来不是固定的（一劳永逸完成

---

① 罗曼·雅科布森以及布拉格学派其他代表性人物（比如詹·穆卡洛夫斯基）有关语言形式与功能的分析深深地影响了理查德·鲍曼。相关信息可参见：Richard Bauman，2002，p. 94。

② 鲍曼早在20世纪70年代晚期至80年代初期就接触过“巴赫金小组”的思想，那时德克萨斯州立大学斯拉夫语系的同事们正热衷于译介他们的著作。但是，真正在美国“语言人类学”与巴赫金的“社会语言学”之间建立联系并用于推进“表演研究”的思想，则发生于90年代初。相关论述可参见：Richard Bauman，2005，Commentary：Indirect Indexicality，Identity，Performance：Dialogic Observations，Journal of Linguistic Anthropology，Vol. 15，Issue 1，pp. 145—150。

了的、终结了的)，它们总是在随着对话进一步发展的过程不断变化着(得到更新)的。"①

在巴赫金看来，"语言与言语"之间的二元对立并不存在，因为任何个体的话语都必然地是从把他人的话语据为己有开始，即个体意识发生"独白化"，然后再把与他人话语对话的初始关系忘掉，继而把他人话语作为佚名话语来充实自身。换言之，个体的"言说"行为必然是一种"(或隐或显地)引述"与"再语境化"的行为，必然是"被储存的行为"②，它是之前被应用的历史痕迹与当下的言说语境相契合的产物，是相互对话的文本(无论口头的还是书面的)的网络与链条中的一部分③。

从总体上来看，俄裔符号学家们在从"语言"研究转向"言语"研究的历史发展中起到了承启性的历史作用，从过去关注"语言"(口头艺术)的集体性、规则性，强调传统的与共同的力量与本质上的不变性转向关注"言语"(口头艺术的表演)的个体性、情境性、生成性的特质，他们始终在竭力澄清"传统与创新"在语言符号的社会应用中的辩证关系。而民俗(包括一切口头艺术)的特殊性恰好在于其表达性的形式与社会功能、个体的创造性与传统的稳定性、个人的行为与交流性的互动相互缠绕于艺术行为与艺术事件

---

① [苏]巴赫金:《人文科学方法论》,《文本、对话与人文》,白春仁、晓河、周启超、潘月琴、黄玫等译,河北教育出版社,1998年,第391页。巴赫金有关"对话"与"狂欢"的概念具有十分深远的影响力,在文学研究领域中,朱丽亚·克里斯蒂娃强调"文本间性",尤姆伯特·艾柯强调"开放的文本",巴巴拉·史密斯强调"叙事作为社会互动的一部分"等都与他的思想具有密切的关系。

② Richard Schechner, *Performance Studies: An Introduction*. London: Routledge. 2002, p.28.

③ 巴赫金所谓"语言的对话性组织"的概念深深地影响了鲍曼,最晚到20世纪80年代,鲍曼已经充分地关注了巴赫金的"对话"理论,并借鉴布拉格学派在形式方面的成果,补充了巴赫金在形式分析方面的缺失。相关论述可参见:Richard Bauman,1992,Contextualization,Tradition,and the Dialogue of Genres: Icelandic Legends of the Kraftaskild. In Rethinking Context: Language as an Interactive Phenomenon. Alessandro Duranti and Charles Goodwin,eds. pp.125—145. Cambridge: Cambridge University Press. Richard Bauman. 2004. A World of Others' Word: Cross-Cultural Perspectives on Intertextuality,Blackwell Publishing Ltd.

之中。符号学研究的是“社会生活中艺术性的创造”。从问题谱系与学术旨趣上来说,鲍曼所谓口头艺术的“表演研究”——关注的是“人类存在的审美维度”以及“研究与欣赏社会生活中的艺术性行为”①——显然首先是一种符号学的研究。

(二)“讲述行为理论”与“表演性”

当语言学、符号学把“语言与言语”、“能力与表演”、“文本与事件”、“传统与语境”等概念对立起来,从“普通语法研究”渐渐转向“讲述的民族志”,并从中发展出口头艺术的“表演研究”范式时,“讲述行为理论(Speech Act Theory)”却从另外一种学术传统出发,把问题的焦点放在“言语与行为”之间的关系上。

J. L. 奥斯汀是“讲述行为理论”的首创者,在奥斯汀的“经验语言研究”中,他首先区分了“描述性(Constative)”与“表演性(Performative)”②两个关键概念。所谓“描述性”言说,就是陈述事实或描述事态。对于“描述性”言说,人们可以判断其正确与否。而所谓“表演性”言说,就是通过言说来做事,或者言说本身就是行为的一部分,即所谓“以言行事”。对于“表演性”言说,人们只能根据一系列情境(比如社会规范、语境等)来判断它是否恰当,是否具有“功效”③。然而,奥斯汀本人也明确质疑过上述区分,“如果我们通常总是同时做这两种事情,那么我们的区分还怎么能站得住脚呢?”④因此,“一旦我们认识到我们必须研究的不是语句,而是在某个语境中说出某个话

---

① Richard Bauman,1977,preface. In *Verbal Art as Performance*. Waveland Press,Inc. USA.

② [英]J. L. 奥斯汀:《如何以言行事》,杨玉成、赵京超译,商务印书馆,2012年,第1~10页。杨玉成把“Constative”与“Performative”分别译为“记述话语”与“施行话语”,本文则分别译为“描述性”与“表演性”。

③ 此外,奥斯汀还就“语言的使用”区分了三种不同的意义和维度:一、“话语行为(Locutionary Act)”,即说出具有一定涵义和所指的某个语句;二、“话语施事行为(Illocutionary Act)”,即具有一定(约定俗成)力量的话语行为;三、“话语施效行为(Perlocutionary Act)”,即通过说某些事情我们实现或取得某些效果。参见J. L. 奥斯汀:《如何以言行事》,2012年,第103页。

④ J. L. 奥斯汀:《如何以言行事》,2012年,第123页。

语，那么，看不到陈述是实施一个行为的可能性就微乎其微”①。

在奥斯汀本人渐渐抛弃“表演性”言说与“描述性”言说的二分法并渐渐转向“讲述行为理论”时，话语的意图、目的、语境成为关注的焦点，完整的言语情境中的完整言语行为成为唯一实际的研究对象。在这一点上，“讲述行为理论”与“讲述的民族志”殊途同归。②

但是，终其一身，J. L. 奥斯汀语言研究的重心一直都只是在语法学的层面上区分“描述性”言说与“表演性”言说，并试图发现“表演性”言说的形式特征。然而，他的学生约翰·塞尔却认为，“表演性”并不是某些特定的讲述情境的特征，而是一切语言的本质。换言之，在塞尔看来，所有的“言说”都是“行事”；“语言理论”就是“行为理论”的一部分。因此，塞尔不再像他的老师一样通过寻找语言的结构模型与形式特征来界定“表演性”言说，而是去研究语言讲述者的“意图”，关注言说行为对于听众的“影响”，分析特定言说行为的特定“语境”③。从另一个方面，法国学者朱丽亚·克里斯蒂娃则认为，奥斯汀所谓的“描述性”言说，事实上，与“表演性”言说一样，也得依赖“惯例”才可以判断其正确与否，而“惯例”是先于、外在于言说行为的。换句话说，“描述性”的言说中存在着所谓的“互文性”的关系，内涵有 J. L. 奥斯汀所谓的“表演性”言说所具有的“话语施事”、“话语施效”的力量。正是从约翰·塞尔与朱丽亚·克里斯蒂娃开始，“讲述行为理论”把研究的重心转向“语用学（Pragmatics）”，重点考察“言说与行为”之间的关系。

---

① ［英］J. L. 奥斯汀，2013 年，第 128 页。

② Dell Hymes，1965，Reviewed works：How to Do Things with Words，by John L. Austin，American Anthropologist，Vol. 67，No. 2，pp. 587—588. 戴尔·海姆斯在评论 J. L. 奥斯汀的《如何以言行事》时，已经发现了“讲述行为理论”与“讲述的民族志”之间的亲密关系。他十分认同 J. L. 奥斯汀所谓的“在整个讲述情境中的整体讲述行为是唯一真正的现象，这是我们最后要澄清的地方”这一论断。他们都强调“长期的田野作业”。他说，“既然哲学家都已经动手了，民族志专家能落后吗？一个令人满意的讲述行为的分类学与理解需要两门学科的共同贡献”。

③ 与约翰·塞尔不同，另外一些语言学家坚持在语言内部寻找更精确的标准来区分“表演性”言说的特征。比如，艾米尔·本维尼斯特就认为，同时满足“现在时态、第一人称、由权威人物讲述以及恰当语境”的言说就是“表演性”言说；杰罗尔德·卡茨则虚构了言说的“理想模型”，即在不考虑具体的讲述人、听众与语境的情况下，“理想的”讲述人与听众在特定言说的语法结构中如何可能发现“话语施事”、“话语施效”的线索。

然而,约翰·塞尔与朱丽亚·克里斯蒂娃的研究,尽管在很大程度上消解了 J. L. 奥斯汀有关“描述性”言说与“表演性”言说之间截然对立的论调,但是,在最抽象的层面上来看,既然“描述性”言说主要是借助于“惯例”在起作用,那么,它就天然地具有维护、保卫既定规则的力量;相反,既然“表演性”言说本身即行为,那么,它也内在地具有游戏、超越既定规则的潜质。显然这是两种本质上不可化约为一的力量。因此,尽管“表演性”言说与“描述性”言说之间的共性可能要比 J. L. 奥斯汀所构想的要多,但是,它们之间的差别也不会比约翰·塞尔与朱丽亚·克里斯蒂娃所想象的要少。一旦注意到“描述性”与“表演性”,“维护、保护”与“游戏、超越”之间的对立,人们就不难发现,在问题意识的层面上,“讲述行为理论”与“符号学”十分相似了。

从总体上来说,“讲述行为理论”对于口头艺术的“表演研究”,至少在如下几个方面贡献了重要的思想:

> 首先,需要特别强调的是,奥斯汀的“经验语言研究”是建立在对所谓“正常与非正常”的言说进行区分的基础上的,他所谓“非正常的言说”指的是:“在这样的情境中,语言以一些特殊的方式被不严肃地使用,这种不严肃的使用寄生于语言的标准用法,可将其归入有关语言之退化(Etiolation)的原则。所有这类情形都被我们排除在考虑的范围之内。我们的施行话语,无论是否恰当,都被理解为是在正常的情境中讲出的。”①

奥斯汀对“退化的、寄生的、不严肃的、不完全正常的”话语使用的偏见,鲍曼早在撰写《作为表演的口头艺术》一文时就明确予以反对②。殊为可贵的是,他从奥斯汀所谓话语之“不严肃的使用”与“标准用法”的区分中推断出,奥斯汀这种所谓“不严肃的使用”意味着其中暗含了一种“阐释的框架”(比如“表演”),它暗示人们不要从“字面的”意义上去理解“话语”。

---

① [英]J. L. 奥斯汀,2013 年,第 24 页。

② [英]鲍曼:《作为表演的口头艺术》,杨利慧、安德明译,广西师范大学出版社,2008 年。

与鲍曼的批评相类似,在文学研究领域,许多学者都反对在“真实或严肃的话语”与“人为的或虚构的话语”之间进行区分;与J.L.奥斯汀的论调一起,形式主义者、结构主义者有关“普通语言”与“文学语言”的区分也被认为是错误的。批评者们认为:日常语言亦有其诗性的语言特征;相反,对于诗性语言的理解亦需要参照语境信息(包括参与其间的人物的信息)。比如社会语言学家威廉·拉波夫所研究的“个人经验的口头讲述”①,它显然只是“日常话语”,但是,当它被作为“个人事迹”讲述时,它也是被“有意识地、审美地”建构的,那不只是报告,而且是表演,它在召唤听众参与其间,对它进行思考、评价并作出恰当的反应,让他们想象性地、动情地介入事态之中。总之,尽管J.L.奥斯汀试图把自己的研究对象严格地限定在语言的“标准用法”之中,严格地排斥所谓“寄生的、不严肃的、非完全正常的”言说,但是,文学与艺术研究领域的学者们却很早就抛弃了他的这一信条,极具创造性地把“讲述行为理论”应用于各自的领域之中,单就鲍曼个人而言,如上所述,他是从批判奥斯汀的判断中推论出“表演”框架的存在的。

其次,戏剧表演与戏剧性的讲述行为。在戏剧研究领域,“讲述行为理论”的思考直接引发了有关“剧本与表演”间关系的思考:一方面,剧本作为符号、语言、象征的体系,它指向缺席的现实,它本身受到固定而抽象的结构与规则的控制;另一方面,身体的在场及其所提供的可触摸的现实,这个身体与现实只能在一个特定的、从来都不可能精确地复制的语境中予以理解。“表演”把剧本与身体结合在一起,“表演”中交流的不再是“剧本”中抽象而单一的思想内容,而是原始的运动、效果与力量。

同样,抛开J.L.奥斯汀所谓文学话语(包括剧本)之“寄生性”的思想,许多研究者认为,剧本本身(戏剧性的讲述行为)也可以被看作是一种“表演性”的话语,因为剧中人物通过话语进行互动时,这些戏剧话语本身就既是“施事行为”,又是“施效行为”,换句话说,剧中人物之间的语言互动,与其说

---

① 戴尔·海姆斯晚近出版的两本“民族诗学(Ethnopoetics)”领域的论文集,深入分析了日常生活中口头讲述的诗学特征。参见:Dell Hymes,2003,Now I Know Only SO far:Essays in Ethnopoetics,Lincoln and London:University of Nebrasks Press. Dell Hymes,2004,In vain I tried to tell you:Essays in Native American Ethnopoetics,Lincoln and London:University of Nebrasks Press.

是描述性的，不如说是表演性的，无论其风格化的、诗性的、普遍的艺术性功能是什么，它首先是一种“实践(Praxis)”的模型，它首要的任务是把戏剧世界不同个体的、社会的以及伦理的力量对立起来，形成戏剧性的矛盾与冲突。既然“戏剧性的讲述行为”应该被看作是“行为的语言索引”，那就意味着“戏剧性的讲述”要依据其“矢力(Force)”来理解，即按照戏剧人物的讲述行为如何相互影响着对方的讲述行为来理解。也就是说，从“功能”的角度来讲，戏剧性的讲述并不是“语言”的一部分，而是“行为”的一部分。在这个意义上，戏剧性的讲述就不仅仅是(或者主要不是)“语言”或者“符号”，其“意义”也不可能仅仅存在于(甚至不可能存在于)语言或者符号体系之中，“讲述行为”不是自成体系、自我独立于“讲述语境”的，离开“讲述语境”是无法理解“讲述行为”的。① 显然，如前所述，鲍曼关于口头艺术之“表演研究”中有“形式、意义与功能”的整体关注，其思想来源除了符号学的启示，也有来自讲述行为理论的启示。

(三)“表演研究国际(PSi)”与“体验”

“表演研究国际(PSi)”成立于1995年，其主要的理论来源是人类学、社会学以及戏剧研究，其中米尔顿·辛格提出的“文化表演(Cultural Performance)”的概念、阿诺德·范·根纳普提出的“过渡仪式(Rites of Passage)”的概念、维克多·特纳提出的“社会戏剧(Social Drama)”的概念是其中奠基性的关键词。米尔顿·辛格主要是从戏剧表演的语境性信息，即“框架”“标记”的维度把“文化”与“戏剧”联系起来，倾向于把“文化表演”作为一种“非常”状态，从而与“日常生活”对立起来；而维克多·特纳主要是从戏剧结构的维度在“文化”与“戏剧”之间建立隐喻性的关联，倾向于强调“表演”的“中间性(Between and Betwix)”状态及其“转化(Transition)”的功能。后来，由于维克多·特纳与理查德·谢克纳之间的亲密合作关系，后者最终在“社

---

① 当约翰·塞尔把“讲述行为理论”的研究重心转向“意图”、“影响”与“语境”时，研究者们发现，无论是口头讲述还是书面交流，理解讲述者或者作者的“意图”依赖的并不是他们自身，而是传统的“语境”。换言之，“讲述行为理论”所研究的“意图”并不是讲述者或者作者不完全为人所知的真实“意图”，而是这种“意图”在观众或者听众当中产生的“影响”或者“效果”。

会戏剧”与“审美戏剧”之间建立了联系，并为“表演研究国际（PSi）”的最后形成奠定了坚实的基础。

上述人类学家主要是基于“仪式”活动来考察“文化表演”的，但是，“文化表演”的概念显然还包括许多人类文化活动，“游戏”是其中最受关注的一种。胡伊青加有关“游戏”的研究成果，成为“表演研究国际（PSi）”另外一种重要的理论来源。胡伊青加说：

> “游戏是一种自愿的活动或消遣，这种活动或消遣是在某一固定的时空范围内进行的；其规则是游戏者自由接受的，但又有绝对的约束力；它以自身为目的并又伴有一种紧张、愉快的情感以及对它‘不同于’‘日常生活’的意识。”①

约翰·胡伊青加所界定的“游戏”，在某些维度上与维克多·特纳所描述的“仪式”十分相似，比如，它们都发生在特定的时空语境当中，都与日常生活有所区别，都具有明显的戏剧性质，都对日常规范与秩序构成某种颠覆，尤其重要的是，二者都特别注意到了参与其事的主体的“体验”，约翰·胡伊青加称之为“蛊惑感（Captivation）”，维克多·特纳则称之为“流（Flow）”，在这种“体验”②中，个体或者群体的行为与意识混沌不清，他们沉浸在某种当下的愉悦之中，自我感与目标感消失了。③

---

① ［荷兰］约翰·胡伊青加：《人：游戏者》，成穷译，贵州人民出版社，1998年，第34~35页。

② Turner, Victor W. and Edward M. Bruner (ed.) 1986, The anthropology of experience. Urbana: University of Illinois Press.

③ 理查德·鲍曼描述了一种称为“LSD”的崇拜行为，这是一种流行于德拉斯、德克萨斯的崇拜仪式，它是东方神秘主义的多种形式之一，尤其与瑜伽及禅宗相关。其宗教目的是为了获得一种神秘的洞察力与觉悟，它们经常使用的词汇是“空”与“无”。它追求自我与某些普遍的、统一的原则配合，获得一种“存在”的全新的、非理性的观点。鲍曼认为，“LSD”仪式与范·根纳普的“通过仪式”模式非常符合，也有“分离—转变—融入”的过程，也对应于维克多·特纳的“阈限状态”，即以自我与智慧的死亡作为宗教体验的前提。但是，从鲍曼的学术生涯的主体成就来看，他始终主要是一名文本主义者，他关心的重点从来都不是仪式本身。Richard Bauman and Neil McCabe, 1970, Proverbs in an LSD Cult, The Journal of American Folklore, Vol. 83, No. 329, pp. 318—324.

另一种颇受关注的文化表演形式是“节日”①,巴赫金关于“狂欢节”的研究成果与维克多·特纳有关“阈限”的研究惊人地相似。巴赫金说,在狂欢节期间,一切日常规范与禁忌都暂时地悬置起来,一种全新的人际关系开始起作用,一种自由而放纵的关系主导一切,一切日常生活中不被允许的言行获得了合法展演的机会,总之,狂欢节为人们反思日常社会秩序与思想方式提供了反思性的机会。

尽管米尔顿·辛格、维克多·特纳、约翰·胡伊青加以及巴赫金在研究对象、钻研的重点方面不尽相同,但是,他们却都比较一致地认为,仪式、游戏、节日行为都倾向于强化而不是颠覆社会秩序与文化传统,尽管这些“文化表演”中不乏“革命性的潜力”,但是,“文化表演”的社会效果始终是人类学家关注的焦点。此外,他们都有意无意间把“仪式、游戏、节日行为”与“日常生活”对立起来,把日常生活视为“基础性的、第一位的”,把“文化表演”视为“次要的、第二位的”,但是,在某些地方他们又都暗示了“仪式、游戏、节日行为”与“日常生活”的同等地位。他们都清晰地强调了“仪式、游戏、节日行为”中的“体验”与“情感交流”的层面,都意识到了这些内容的“不可言说性”。② 这一点在“表演研究国际(PSi)”受到来自戏剧研究领域专家的强调。正是由于人类学家们意识到特定个体与群体的知识并不完全呈现在其言语当中,而且也保留在其行为当中,“表演性的民族志(Performative Ethnography)”的浪潮才可能发生,既然人类学家不可能完全客观地呈现他者的知识,既然人类学的“在场”已经是事实,那么,具有反思意识的人类学家只能高度自觉地投入“参与观察、深入访谈(交流)”活动中去,他不得不设身处地

① 理查德·鲍曼早期的研究工作中也偶然涉及节日,尤其是对17世纪贵格派节日观念的研究。其中主要应用了艾德蒙·利奇的结构主义观点,可参见:Richard Bauman,1984,Observations on the Place of Festival in the Worldview of the Seventeenth-Century Quakers,Western Folklore,Vol. 43,No. 2,pp. 133—138。

② 台北艺术大学钟明德教授在跟笔者提及尤金尼奥·巴尔巴教授的《戏剧人类学辞典:表演者的秘艺》一书时指出,该书有一个概念“在(Presence)”,他说这基本上是一种难以言说或甚至不可言说的范畴,他把它翻译为“存在感”,根据上下文,亦可以理解为“魅力”、“能量”、“当下”、“在场”甚至“精神”等,钟教授有关“身体行动方法”的研究,证明了国际戏剧界对于文化表演中“有机的身心状态”的重视。详细论述可参见钟明德:《艺乘三部曲:觉性如何圆满》,台北远流出版公司,2013年。

地扮演“他者”的角色，在这个意义上，人类学家与当代表演艺术家殊途同归，他们的实践都是一种通过扮演“他者”的角色从而获得“自我教育”的过程。①

尽管从20世纪60年代开始，鲍曼一直都在十分娴熟地介绍并应用着“文化表演”的理论传统②，但是，在他集中精力从事“口头表演的诗学与政治学”研究时，他仍然诚恳地承认，他对于“除语言之外的其他交流性手段（肢体语言或者身体语言）关注不够；太过于强调审美的形式主义概念，而忽略了艺术表演的情感的、体验的动态性”③。这也是口头艺术的“表演研究”与“表演研究国际（PSi）”最大的差异所在。

（四）“社会表演”中的“观众”

在对自身理论进行“自反性”批评时，鲍曼同时承认自己对于口头艺术事件中“观众”因素的理论化不够充分，但是，如前所述，“意义”的交流显然离不开“观众”。鲍曼是从欧文·戈夫曼那里获得灵感强调“观众”对于“表演”的必要性的。戈夫曼强调表演必须有“观众”，并且要对“观众”产生影响。在他的定义中，“表演”是一种框架性的安排，“表演者”把一系列受限制的活动呈现在承担“观众”角色的人面前；“观众”的义务是长时间地观看“表演者”的活动，但并不直接介入那些活动当中。④ 从理论上讲，“观众”应

---

① 从“语境”到“语境化”的转化说明，鲍曼已经深刻地意识到表演者与观众在使用诗学模式阐释他们自己的话语结构与意义方面的复杂性；他也促使我们认识到，作为一名研究者，我们应该把我们的分析定位为（作为一名参与者）一种阐释性的努力。这对于“田野作业”具有深刻的意涵，它让我们自反性地意识到民族志遭遇中“表演”的动态性。参见：Richard Bauman and Charles L. Briggs，1990，p. 71。

② Richard Bauman, Patricia Sawin, Inta Gale Carpenter, 1992, Reflections on the Folklife Festival: An Ethnography of Participant Experience, Folklore Institute, Indiana University Bloomington, Special Publications, No, 2.

③ Richard Bauman, 2002, pp. 95—96.

④ Erving Goffman, 1974, Frame Analysis, Garden City, NY, Doubleday, pp. 124—125.

该具有两种能力①:一方面,他们应该拥有特定的社会知识,这些社会知识应该是为他们所在社区所有成员所共享的;以特定的方式交流即是从认知的角度把交流行为置诸特定文化的意义秩序当中。另一方面,观众应该具备积极交流的能力,他们不仅会应用必要的阐释性知识,而且会应用相应的阐释性策略——在这个意义上,观众本身也是被"生产"的,因为应用恰当的阐释性策略就是在表演某个特定的角色,即使这种表演只是临时性的——换言之,观众与表演者之间的关系是一种象征性的关系,这类似于路易斯·阿尔都塞所谓的"传唤(Interpellate)"机制②,观众作为主体——这是意识形态的效果——一方面,观众是被他们所观看的对象预设好了的;另一方面,被观看的对象在观众的凝视下被建构并被赋予意义。或者正如电影研究者劳拉·穆尔维所主张的那样,电影本身已经为观众预设了观影的角度与位置,设计好了观众的身份认同,它邀请观众站在它所提供的立场,③"传唤"观众并作为它们话语的主体,请观众接受它提供的世界观与价值观。问题的核心是:个体作为主体已经带着自身的意识形态的立场,在不同的理论家那里,他们可能是对自身文化传统与实践十分娴熟老练的行家里手,从来不会去质疑其合理性与合法性;也可能是已经被意识形态所"传唤"的不自知的、无动于衷的主体;还可能是具有颠覆自身主体性并采纳全新视角的具有创

① 现象学奠基人、哲学家艾德蒙·胡塞尔认为,意识总是关于某物的意识,是我们对于某物的认知,而不是对象自身,我们对于自身与世界的认识是建立在这一前提之上的。胡塞尔的学生,美学家罗曼·英伽登指出,艺术品只有在观众对它的观赏行为中才获得充分地存在,因为"作品(Work)"不只是"物质(Material Thing)",它是通过我们对它的阐释而产生的意义与体验构成的。接受美学家吴尔芙刚·伊塞尔也认为,文学作品是在文本与读者的互动中产生的。现象学与接受美学的基本思想对于考察"观众与表演"的关系具有重要的启示价值。

② [法]路易斯·阿尔都塞:《哲学与政治:阿尔都塞读本》,吉林人民出版社,2003年,第361~365页。阿尔都塞认为,人类从本质上来说是一种意识形态的动物;各种类型的主体都是由意识形态构成的,但前提是,一切意识形态都具有把具体的个体构造成主体的功能。

③ Laura Mulvey, Visual Pleasure and Narrative Cinema, Screen, Vol17, No, 3, 1975, pp. 6—18.

造性的主体。①

鲍曼承认自己对于“观众”因素关注不够，但是，正如他在界定“表演”时所意识到的那样，事实上，“观众”因素背后潜藏着许多有待讨论的问题。比如，在许多艺术事件中，表演者与观众的身份是可以互换的，尤其是像巴赫金介绍的那样，在狂欢节的场景中，表演者与观众轮流是话语的主体与听众，因此，二者的角色地位与身份认同可能是流动性的；与身份互换相配套的是语言本身的不固定性，以及“讲述行为”与“社会权力”的建构性与生成性②。换言之，“权力”并不是固定在任何一方的，而是在通过讲述行为建构着的，处于流动与斗争的过程中；表演中可以产生或者创造“权力”，而不仅仅是强化或者颠覆那种被假想为“压制与服从”的权力格局；像所有建构主义者所强调的那样，表演大多数情况下是“突破进表演”的，而不是“完成了”的表演；在“表演”的框架与其他交流框架转换的过程中，表演者与观众角色身份的多元交往可能会产生矛盾与尴尬，表演中所谓“责任”与“义务”的问题比表演研究者们预想到的更加复杂了。

置诸“表演研究”的大合唱中，“口头表演的诗学与政治学”的问题意识、学术谱系、利弊得失就更加明显了。作为人类学与民俗学分析的一种路径，“表演”的吸引力是多方面的，但是从整体上来看，正如鲍曼本人所清楚地意识到的那样，“表演”——作为一种研究方式——的魅力来自如下四个特征，即艺术性的、反思性的、表演性的、呈现中的，简言之，“表演”是洞察艺术、意

---

① Colin Counsell and Laurie Wolf, *Performance Analysis: a introductory coursebook.* NY: Routledge. 2001, p. 178.

② 皮埃尔·布迪厄曾反对以奥斯汀为代表的“讲述行为理论”的形式主义倾向，因为他们过于强调“表演性”的力量来自于历久以来建立起来的稳定的语言学的传统机制，他认为，仅仅在语言形式中寻找“表演性”产生“效果”的机制是荒谬的，因为，在许多情况下，语言之所以起作用是来自于语言之外的社会的权力，语言只不过表征或者象征了这一“权威”。总之，作为一名社会学家，布迪厄强调语言的“社会维度”，反对过分强调语言的“语言学维度”。Pierre Bourdieu, 1991, Language and Symbolic Power, ed. John B. Thompson, trans. Gino Raymond and Matthew Adamson, Cambridge, Mass., Harvard University Press, p. 190。

义、价值、社会有效性、传统与创造的动态性的源泉①。显然，鲍曼始终只是在认识论的层面上应用“表演”，几乎没有在实践论的层面上去考察“表演”可能具有的理论可能性。

原载《民间文化论坛》2005 年第 1 期

① Richard Bauman and Pamela, Ritch, 1994, Informing Performance: Producing the Coloquio in Tierra Blanca, The Albert Lord and Milman Parry Lecture for 1992, Oral Tradition, 9/2 pp. 255—280.

民俗学研究范式的转换与南方史诗类型研究

杨杰宏①

摘　要：始于20世纪中后期的南方史诗的类别研究呈现出不断扩大化的趋势，先后提出了“神话史诗”、“原始性史诗”、“创世史诗”、“迁徙史诗”、“英雄史诗”、“复合型史诗”等不同概念类别。20世纪80年代以前的史诗类别研究主要受到社会进化论及马克思主义文艺观的影响，80年代后主要受到了民俗学理论流派的影响，并导致了南方史诗研究从“资料取向”转向“学科取向”的范式转换，南方史诗不再仅仅视为与作家文学相对的“民间文学”，而是重新定位为与民众生活世界密切相关的口头传统，成为“范例的宏大叙事”，从而极大地开拓了南方史诗类别研究领域。

关键词：南方史诗；神话史诗；原始性史诗；创世史诗；迁徙史诗；复合型史诗

20世纪初，西方的“史诗”概念传入中国，南方史诗的类别研究受到特定历史时期的意识形态及价值观的深层影响，呈现出不断扩大化的趋势，先后提出了“神话史诗”、“原始性史诗”、“创世史诗”、“迁徙史诗”、“英雄史诗”、“复合型史诗”等不同概念类别。20世纪80年代以前的史诗类别研究主要受到社会进化论及马克思主义文艺观的影响，80年代后主要受到了民俗学理论流派的影响，并导致了史诗研究从“资料取向”转向“学科取向”的范式转换。②

---

① 杨杰宏，博士，中国社科院少数民族文学研究所副教授。

② 巴莫认为，中国史诗研究的前二三十年是“资料学取向”，学者们着力于史诗遗产的抢救，文本的搜集及基础环节的研究，而不甚关心学理问题和理论界定，后二十年才出现“学科取向”。参见钟敬文、巴莫曲布嫫：《南方史诗传统与中国史诗学建设——钟敬文先生访谈录》，《民族艺术》2002年第4期。

从国内史诗研究状况而言，北方史诗研究成果及影响明显大于南方史诗研究，这除了与众多学者深入调查研究，吸纳国内外学术成果，进行跨学科、跨领域、跨机构的多年持续研究的诸因素密切相关外，还和北方史诗类型多为与《荷马史诗》类型较为相近的长篇英雄史诗有关。

相形于北方民族的史诗研究，南方民族的史诗研究为历史学、宗教学、文学、神话学等学科所覆盖的局面仍未打破。在这些问题中，南方史诗的类型界定一直是个纷争不已的学术悬案，这一个“老大难”问题直接影响到南方史诗研究的本体认识论及研究走向等重大学术课题。笔者希望通过对这一研究课题学术史的梳理，探讨研究中存在的一些问题，以期推进南方史诗研究的可持续发展。

一、南方史诗的类型诸说

回溯南方史诗类型研究历程，学术界对南方史诗类型界定主要有“神话史诗”、“原始性史诗”、“创世史诗”、“迁徙史诗”、“英雄史诗”、“复合型史诗”等六种。

在这些南方史诗类型中，“创世史诗”的提出较早。据李子贤研究，“创世史诗”这一学术概念最早出现于1927年，开明书店印行黄石著的《神话研究》。该书第二章《巴比伦神话》中的第二节《创世纪》中提到：“巴比伦的创世神，以史诗的形式，歌唱传诵，称为创世史诗（The Epic of Creation）。”① 1924～1928年，黄石在广州白鹤洞协和神科大学读书，跟随校长龚约翰博士（Dr. John S. Kunkle）研究宗教史，翻译了很多西方民俗学理论的文章，并应用于对国内民俗现象的分析中，这些文章在1923年陆续发表于《晓风周报》上，后由开明书店于1927年集成《神话研究》单行本发行。② 黄石的神话研究对我国早期民俗学研究产生了重要影响，在30年代他还约钟敬文撰写有

① 李子贤：《从创世神话到创世史诗——中国西南地区产生创世史诗群落的阐释》，《百色学院学报》2010年第2期。

② 许定铭：《被遗忘的民俗学家黄石》，http://www.chinesefolklore.org.cn/web/index.php?NewsID=8171.

关民俗的文章,对钟敬文从文学创作转向民俗学研究起了重要作用。需要说明的是,“创世史诗”这一概念并非是黄石本人所创,而是译自西方民俗学论著,且所指对象也是限于巴比伦神话中的创世内容,并未涉及国内的创世史诗。“创世史诗”这一概念的明确提出及广泛应用应是在20世纪80年代以后。在1980年7月出版的由钟敬文主编的《民间文学概论》中第一次明确提出“创世史诗”的学术概念,并认为此概念内涵与“神话史诗”是一致的。“创世史诗又称为神话史诗。它主要讲述一个民族在远古与自然的争斗和成长壮大过程,诸如开天辟地、人类生成、祖先的创造业绩。”①据段宝林回忆,“创世史诗”这一概念应是由当时参加钟敬文主持的《民间文学概论》编写组中的李惠芳提出的,而这一概念又源于“创世神话”这一原初概念。②

“神话史诗”是在20世纪60年代初期由段宝林提出的。据他回忆,60年代初期,北大中文系师生在共同编写《民间文学概论》讲义时,就发现过去的西方“史诗” 概念不能概括中国的史诗实际。西方只有英雄史诗,而中国南方少数民族中还有许多描写开天辟地、创造万物、洪水之后人类再生以及民族迁徙等内容的史诗,它们比英雄史诗更加古老, 并且主要以神话的幻想故事为主,因此在民间史诗中,除英雄史诗外又新加了一类“神话史诗”。③在1981年出版的《中国民间文学概要》中,对“神话史诗”的概念内涵作了这样的阐释:“史诗是反映历史题材的长篇叙事诗,也是口头的历史课本。史诗中有以远古神话为题材的神话长诗,如《苗族古歌》、《阿细的先基》、《梅葛》、《勒俄特依》(彝族)、《创世纪》(纳西族)、《密洛陀》(瑶族)、《布伯》(壮族)等,歌唱世界的开辟、人类的诞生,包含着丰富的远古神话故事,是珍贵的历史文献。”④

“神话史诗”这一概念与“创世史诗”、“原始性史诗”存在着概念重叠交叉的情况,有些学者把三者同等观之。如刘守华把西南民族中流传的“神话

① 钟敬文:《民间文学概论》,上海文艺出版社,1980年。

② 段宝林:《神话史诗〈布洛陀〉的世界意义》,《广西民族研究》2006年第1期。

③ 段宝林:《神话史诗〈布洛陀〉的世界意义》,《广西民族研究》2006年第1期。

④ 段宝林:《中国民间文学概要》,北京大学出版社,1981年。

史诗”或“创世史诗”合称为“神话史诗群”①。李子贤认为“创世史诗是一个民族最早集体创作的长篇作品,它描绘了这个民族最初的社会生活图景,以及对宇宙万物、人类社会的种种解释和看法,所以又称作是原始性史诗或神话史诗”②。

国内学者中,李子贤、刘亚虎两位学者倾向于把南方史诗界定为“原始性史诗”,这一概念涵盖了南方史诗中的不同主题。李子贤把南方民族原始性史诗类型分为创世神话型、创世—文化发展史型、战争描写型、迁徙型等四种。第三种类型类似于“英雄史诗”,但因“与通篇描写战争的起因、发展和结局着力塑造崇尚武功的英雄人物的英雄史诗”存在着显著差异,所以并未定义为英雄史诗。而第四类“迁徙史诗”既不涉及“创世”过程,也不以浓缩的情节内容去反映人类早期的文化发展而只追忆先民迁徙的情景。③ 这四种不同史诗类型并不是单独存在的,而是都属于原始性史诗的概念范畴,且呈现出不同时期的逻辑发展关系。刘亚虎也把南方民族的史诗界定为“原始性史诗”,并把创世史诗、迁徙史诗、英雄史诗纳入原始性史诗的范畴内。④

“迁徙史诗”这一概念出现于20世纪80年代。从史军超发表于1985年的论文《哈尼族迁徙史诗断想》一文来看,“迁徙史诗”是从钟敬文主编的《民间文学概论》中的“英雄史诗”脱胎而来的,它有一个从“英雄史诗”的内部分类到单独成立的过程。在《民间文学概论》中史诗分为创世史诗和英雄史诗两大类,迁徙史诗被归入英雄史诗类中,“英雄史诗的主要内容是反映民族之间频繁的战争还有与之相联系的民族大迁徙”⑤。史军超从风格、主题、产生时代三个方面对英雄史诗与迁徙史诗的差异作了比较分析,认为

---

① 刘守华:《〈黑暗传〉:汉民族神话史诗》,《广西民族学院学报》(哲学社会科学版)2003年第3期。

② 李子贤:《略论南方少数民族原始性史诗发达的历史根源》,《民族文学研究》1984年第1期。

③ 李子贤:《略论南方少数民族原始性史诗发达的历史根源》,《民族文学研究》1984年第1期。

④ 刘亚虎:《南方史诗论》,内蒙古大学出版社,1999年,第16页。

⑤ 钟敬文:《民间文学概论》,上海文艺出版社,1980年,第290页。

"将二者合为一类是不恰当的,迁徙史诗应当与创世史诗、英雄史诗并列成为史诗的三大门类之一"①。这应该是国内学术界第一次把南方史诗划分为创世、英雄、迁徙三大类。从中可以看出,南方史诗中的"创世史诗"与"迁徙史诗"皆从"英雄史诗"中脱胎而来,应该说是把西方史诗理论与南方史诗的实际相结合取得的学术成果。

20世纪90年代以来,南方史诗的"三分法"(即创世史诗、英雄史诗、迁徙史诗)在学术界得到了广泛应用,当下国家层面的非物质文化遗产中的"民间文学"项目中也参照了这一分类法。相形于之前的"神话史诗"、"原始性史诗"、"创世史诗"等比较笼统的划分,这一"三分法"更准确地揭示了南方史诗的多元形态,有利于对纷繁复杂的南方史诗的内涵进行深入剖析。但因南方民族众多,不同民族的历史发展、社会形态、宗教信仰、地理环境等存在着不同程度的差异,所以并不是每个民族的史诗都可以依照上述分类"对号入座",譬如"三分法"侧重了"分"而忽略了"合",南方史诗中还存在着不少无法照此分类的史诗。如纳西族的《祭天古歌》中就包含了《崇般突》(人类繁衍记,又译为"创世纪")、《崇般绍》(人类迁徙记)两部创世史诗、迁徙史诗的内容,其间也融合了祖先英雄崇仁利恩洪水逃生、向天神求婚、破解天神设下的难题、人间迁徙、生儿育女、定居生产等系列英雄壮举,明显带有"英雄史诗"的色彩;英雄史诗《黑白之战》中前半部分主要叙述开天辟地、创生万物的"创世"过程,其间的英雄并不是单个的,而是一个群体英雄形象为代表,这些群体英雄中不只包括了代表正义的白部落成员,也涉及对立面的黑部落英雄,由此而言,《黑白之战》的内容应涵盖了"英雄"、"创世"两个主题。"在中国多民族、活形态的史诗长廊中,南方诸多民族的叙事传统实则兼容并包着'创世'、'迁徙'、'英雄'这三个基本主题和传统程式,彼此难分畛域,如彝族的《勒俄特依》、土家族的《摆手舞》、壮族的《布洛陀》,以及苗族的《亚鲁王》等,在时空上呈现出巨大的历史跨度,以贯古通今的气势和纷繁披复的铺张,高度集中地映射着一个民族探索人生、寄托理想的精神世

① 史军超:《读哈尼族迁徙史诗断想》,《思想战线》1985年第6期。

界和历史观，生动地折射出人类口头文化及其表达形式的纵深光谱。”①基于南方史诗的这一复杂性，国内学者提出了“复合型史诗”的概念。

朝戈金认为近年发现的苗族史诗《亚鲁王》属于“复合型史诗”的鲜活案例。“从史诗内容上看，《亚鲁王》具有在中国境内流布的创世史诗、迁徙史诗和英雄史诗三个亚类型的特征，其中‘创世纪’部分用大量篇幅讲述宇宙起源、日月星辰形成等内容，其后又生动叙述了亚鲁王为避免兄弟之间手足相残而率众远走他乡的筚路蓝缕，其间伴随着艰苦卓绝的战争杀伐，故而兼具迁徙史诗和英雄史诗的叙事特征。”②巴莫曲布嫫根据对彝族史诗《勒俄特依》的田野语境研究，认为彝族“勒俄”史诗是一个复合型的史诗，“创世”、“英雄”、“迁徙”等各个方面的内容彼此渗透，而非壁垒森严；“勒俄”史诗“公本”与“母本”的划分有一条中介线，创世之前的神话均归属于“公本”，创世之后的神话则归属于“母本”；此外，“勒俄”史诗还可据仪式语境与场域划分为“黑勒俄”与“白勒俄”，前者主要出现在丧葬礼仪之中，后者则主要出现在婚礼等喜庆礼仪之中。③

关于南方史诗类别研究，除了上述的概念外，还有“婚姻史诗”④、“山地史诗”⑤等不同分类，但因这些分类的概念内涵及外延的界定仍存在诸多疑义，在学术界并没有得到广泛应用，在此不作赘述。

二、社会进化论对南方史诗分类研究的影响

“史诗”作为一个文类概念传入中国不过百年历史，而在中国发现史诗也不过半个多世纪的时间，其中真正从学科意义上对史诗的研究也只是在

---

① 朝戈金、尹虎彬、巴莫曲布嫫：《中国史诗传统：文化多样性与民族精神的博物馆》（代序），《国际博物馆》（全球中文版）2010 年第 1 期。

② 朝戈金：《〈亚鲁王〉：“复合型史诗”的鲜活案例》，《中国社会科学报》2012 年 3 月 23 日。

③ 巴莫曲布嫫：《叙事语境与演述场域——以诺苏彝族的口头论辩和史诗传统为例》，《文学评论》2004 年第 1 期。

④ 罗义群：《中国苗族诗学》，贵州民族出版社，1997 年。

⑤ 杨义：《口头传统研究与“重绘中国文学地图”》，《文艺争鸣》2004 年第 1 期。

20世纪80年代才起步的，可以说南方史诗的类型研究基本上是在这30多年的时间段里进行的，其中可以看出南方史诗类型划分受到特定历史时期的意识形态及价值观的深层影响，这些影响既深化了研究者对南方史诗的认识，也不可避免地带上了时代的烙印，同时也存在着诸多值得探讨的遗留问题。

（一）社会进化论与史诗分类研究

1859年，英国自然科学家达尔文的《物种起源》出版后，其生物进化理论在欧洲产生了广泛而深刻的影响，这一理论引入社会历史和文化研究领域，导致了社会进化论的产生，成为19世纪中叶到20世纪初影响最大的理论观念，孔德、斯宾塞、摩尔根、泰勒是早期社会进化论者的代表，他们认为，同生物有机体一样，社会制度的发展也存在着某种有机规律，它决定着这些制度变化的渐进性和持续性。社会进化论也深刻影响了马克思的社会动力发展和变革理论，成为历史唯物论的基本理论来源，形成了经济基础决定社会发展的“社会历史发展规律”。

19世纪初期，早期社会进化论哲学家孔德提出社会的发展经历了原始阶段（或神学阶段）、过渡阶段（或形而上学阶段）和实证阶段（或科学阶段）的观点。西方神话学家埃里克·达代尔认为，人对于世界的解释可以看作是经历了三个连续的阶段：神话阶段、史诗阶段和历史阶段。“当人们把自己的行为和世间万物建立在‘楷模’人的重复出现之上，建立在对古代英雄的崇拜之上时，就从神话时代进入了史诗时代。”①上述观点明显受到了18世纪意大利哲学家维柯的影响，他在《新科学》中指出：“在荷马之前有三个诗人时代。首先是神话诗人的时代，这些诗人自己就是英雄，歌唱的是真实的严肃的神话；第二是英雄体诗人时代，这些诗人改变了、歪曲了原先的神话故事；第三才是荷马时代，他所接受的是那些神话故事的改变和歪曲了的

---

① ［美］阿兰·邓迪斯：《西方神话学读本》，朝戈金等译，广西师范大学出版社，2006年，第279页。

形式。”①维柯指出，三个阶段对应人类社会不同的时代。神话阶段对应的是神的时代，史诗阶段对应的是英雄时代，历史阶段对应的是人的时代。这三个阶段彼此之间具有时续性和连贯性，每一个阶段都能够通过各类叙述建立起联系。俄国著名文艺批评家别林斯基的看法也与维柯类似，他把史诗的历史分为三个时期：一是宗教时期或称神话时期；二是英雄时期；三是世俗生活和家庭生活时期。别林斯基所说的“宗教时期”是指人类社会初期的原始宗教，而原始宗教、原始思维与神话有着密不可分的关系。马克思与恩格斯的有关史诗的诊断与早期社会进化论观点是有承接关系的。马克思认为《荷马史诗》成为人类童年时期产生的“一种规范和高不可及的范本”②，“就某些艺术形式，例如史诗来说，甚至谁都承认：当艺术生产一旦作为艺术生产出现，它们就再不能以那种在世界史上划时代的、古典的形式创造出来，因此，在艺术本身的领域内，某些有重大意义的艺术形式只有在艺术发展的不发达阶段上才是可能的”③。由此恩格斯说：“荷马的史诗以及全部神话——这就是希腊人由野蛮时代带入文明时代的主要遗产。”④

（二）社会进化论对南方史诗分类研究的影响

“原始性史诗”、“神话史诗”、“创世史诗”的提出与社会进化论的观点有内在的逻辑统一性。这些社会进化论观点为中国南方史诗类型的界定提供了思想指南与理论武器，国内学者把这些思想、理论应用到对南方史诗的研究中，从史诗内容中反映的社会形态来界定史诗产生的历史时期及艺术特点，同时为作为意识形态的社会发展规律理论提供了学术证据，这一研究取向在“文革”前后的两次民间文学“生产运动”中体现得更为突出。这一时

---

① ［意］维柯：《新科学》（卷三附录），伍蠡甫：《西方文论选》（上册），上海译文出版，1979年，第59页。

② 马克思：《〈政治经济学批判〉导言》，《马克思恩格斯选集》（第二卷），人民出版社，1972年，第114页。

③ 马克思：《〈政治经济学批判〉导言》，《马克思恩格斯选集》（第二卷），人民出版社，1972年，第113页。

④ 恩格斯：《家庭、私有制和国家的起源》，《马克思恩格斯选集》（第四卷），人民出版社，1972年，第22页。

期的学者大多从马克思主义的历史唯物主义的社会发展理论出发，根据史诗内容来分析所处的社会发展阶段，由此来界定史诗的类型及性质。他们普遍认为南方史诗大多是在原始社会时期产生的，是在原始思维（神话思维）、原始宗教观念支配下形成的。李子贤认为原始性史诗渊源于原始社会的原始意识、神话思想、原始宗教观念及反映其心理特点的神话思维，在这种社会及心理结构的背景上当然不可能在大多数民族那里产生英雄史诗而只可能大量地产生原始神话。“原始性史诗在其产生的时候就与原始宗教结下了不解之缘——它与祖先崇拜是紧密结合在一起的。原始性史诗的产生从某种意义上说就是祖先崇拜的产物。”①刘亚虎也持类似观点，“原始性史诗主要反映一个民族原始社会生活的情景，主要展示一个民族在远古时代顺应潮流，征服自然的历程”②。段宝林认为壮族神话史诗《布洛陀》中保存着许多原始文化遗存，从中可以看到原始人的思想、信仰的发展情况，如许多非常原始的思想信仰与社会情况的反映，作为神话史诗所反映的人类社会文化历史的一般情形，具有普遍的世界意义。③

虽然“原始性史诗”、“神话史诗”、“创世史诗”之间存在着概念内涵重合交叉的情况，但这些不同称谓的概念所指也存在着差异。段宝林并不认同“原始性史诗”的称谓，认为“原始性史诗”突出的是神话史诗的原始性，但“原始性”的概念太抽象、空泛，不如“神话史诗”具体、明确。“弄不好会和原始性英雄史诗混淆起来。所以我以为还是叫它‘神话史诗’更确切些。”“原始性英雄史诗”指原始社会时期产生的以氏族复仇、部落征战、族群迁徙为主要内容，歌颂神话英雄人物为主题的史诗，表现出英雄诗歌的某些特点，与原始社会解体后出现的英雄史诗存在着诸多本质区别。④ 另外，“神话史诗”并不等同于“创世史诗”，因为神话史诗的内容除了创世神话之外还有造人神话、补天射日神话、供水神话、降魔伏妖神话、迁徙神话、图腾神话等

---

① 李子贤：《略论南方少数民族原始性史诗发达的历史根源》，《民族文学研究》1984年第1期。

② 刘亚虎：《南方史诗论》，内蒙古大学出版社，1999年，第23页。

③ 段宝林：《神话史诗〈布洛陀〉的世界意义》，《广西民族研究》2006年第1期。

④ 段宝林：《神话史诗〈布洛陀〉的世界意义》，《广西民族研究》2006年第1期。

内容,用“创世史诗”的概念概括不了“神话史诗”的内容。①

但“神话史诗”的称谓也存在着概念混淆之弊病,神话与史诗属于两种不同的文类,史诗作为一种消化了神话、故事、传说、咒语等诸多文类后深沉生成的“庄严的文学体裁”,本身涵盖了神话的内容,可以说史诗中有神话,但神话并非皆为史诗,史诗在韵文体、文化体积、宏大范例等方面皆有严格限定,二者不可以等观。神话的概念范畴比史诗要广泛,不管是原始性史诗,还是后期的英雄史诗,都不能脱离神话而单独存在,神话始终作为史诗的表现内容及宏大历史背景而存在。也就是说,“神话史诗”不仅混淆了神话与史诗两种不同文类,也把不同时期的“原始性史诗”与“英雄史诗”混为一谈。

“原始性史诗”、“神话史诗”是从史诗发生论来界定史诗文类,“创世史诗”、“迁徙史诗”、“英雄史诗”是从史诗的主题来说的。在后三个史诗类别中,“创世史诗”的概念最先提出,因为创世主题在南方史诗的内容中占了主体,“创世”主题中涵盖了迁徙、英雄主题,因后期在南方史诗中陆续发现了创世主题并不突出,主要是以族群迁徙、氏族复仇、部落争战为主题的史诗,所以在创世史诗基础上又提出了迁徙史诗、英雄史诗。从中也可看出社会进化论对这三类史诗界定的影响:一般来说,创世史诗产生时间较早,依次为迁徙史诗及英雄史诗。“创世史诗之所以又称为原始性史诗,是因为它形成于英雄史诗之前,具有初始的意味。”②

整体而言,“原始性史诗”、“神话史诗”、“创世史诗”三个类别之间都强调其产生的历史时期——原始社会,内容——神话,观念——原始思维,主题——创世、迁徙、文化英雄。三种不同的类型界定并没有本质的区别,不过突出了这些共性中某一方面的特点。从史诗发生学上来说,南方史诗应该说产生于人类社会初期,明显带有“人类童年时期”的文化特质,但作为一种活形态文化,这种特质并非在几千年的历史长河中是固定不变的,我们也不能说现今拥有着这些活形态史诗的传承者、受众者仍在扮演“原始人”的

① 段宝林:《〈苗族古歌〉与史诗分类学》,《贵州民族研究》1990 年第 1 期。

② 李子贤:《从创世神话到创世史诗——中国西南地区产生创世史诗群落的阐释》,《百色学院学报》2010 年第 2 期。

角色，他们所处的社会仍是原始社会。如壮族史诗《布洛陀》内容中反映出稻作文化已经发展到了较高水平，长子继承制带来了财产权争夺，也出现了掠奴、畜奴的情形；纳西族《创世纪》的内容中很少出现采集、狩猎的原始经济生活情况，透露出的是大量农耕文明的文化信息，甚至出现了祭祀对象由原来的“天舅”转变为“皇帝”的文化事实；云南彝族的史诗《梅葛》、《阿细的先基》从创世主题一直延续到近现代社会，后者还出现了“蒋介石”的名字。这些例证说明了南方史诗绝非可以以“原始性”来概之的。同时，南方诸多民族的史诗中融合了不少佛教、道教的神灵及文化因子，这些外来文化的影响使原生宗教发生了相应的文化嬗变，已经不再是一成不变的原始宗教，如纳西族的东巴教、壮族的摩教、彝族的毕摩教都有着完备的经籍、神灵体系、传承机制、传统祭司、地域流派、宗教仪式，且这些民族宗教至今仍活在当地民众的生活世界中，这不是所谓的原始宗教、原始思维的简单定义可以概括的。杨义对此也提出了质疑，“过去说史诗和原始文化是相联系的，现在我们的史诗在文明发展的各个阶段上都有。要重新思考史诗发生学的问题。因为藏民族、蒙古民族、柯尔克孜民族发展到现在，史诗还在那儿传唱，能说史诗完全是氏族社会和奴隶社会之间的吗？历史应该怎么看这个问题呢，可以提供很多解释的可能。而且史诗类型学也发生了很大的本质性的拓展”①。

三、口头传统视野下的南方史诗类别研究

（一）国内史诗研究范式的转换

进入20世纪90年代，随着政治意识形态对史诗研究的干预逐渐减弱，国外史诗研究成果也大量译介到国内，一些学者对以前史诗研究进行了总结与反思，民俗学、人类学、民族学、语言学、宗教学等诸多学科也介入史诗研究中，促使国内的史诗研究发生了范式转换。“中国史诗研究进入了一个

① 杨义、邵宁宁：《重绘中国文学地图：杨义学术访谈录》，《甘肃社会科学》2004年第5期。

崭新的转型时期,转型研究的时机已经成熟。”①

这一时期,钟敬文对原来提出的“创世史诗”也进行了新的思考,他提出了“神话性的创世史诗”、“文化英雄史诗”两个新概念,并强调在西南民族史诗中,神话性的创世史诗只是其中的一部分,还存在主要叙述文化英雄的史诗,这些文化英雄包括了创造文化的人物及战争中的英雄。南方英雄史诗不限于战争,更主要的是文化创造英雄,有神话色彩,像造房子、发明农耕、创造两性制度等。北方以塑造征战英雄为主,南方以歌颂文化英雄为主。②他认为,中国史诗应从民俗文化学的视角——立足于口头传统来进行研究,并将史诗学与民俗文化传统有机地整合为一体。强调史诗研究不能止于抽象的一般原理上,还要转回到具体的史诗个案中去印证、去检验、去深化对史诗传统的理解,深入揭示史诗的口传本质,辨明史诗传统在当今民间社会生活中发展、演变的规律,才能达到对史诗传统的诗学特征进行科学总结的研究目的。③

史诗作为“范例的宏大叙事”,往往是一个民族或一个国家文化的象征和文明的丰碑,它涵盖了神话、传说、故事、歌谣、民谚等多元文类形式,突出反映了一个民族的历史形态乃至文化成就,因而史诗成为口头传统中最有代表性的文类及主要研究对象,史诗研究成为口头诗学的学科基座。可以说,中国史诗研究范式的转移既是对多年研究成果的反思总结的结果,也是对国外的口头传统理论的批判吸纳的结果,这对南方史诗类别研究也产生了深远的影响。

(二)口头传统视野下的南方史诗类别研究

口头传统理论引入南方史诗类别研究中,有三大突出成果:

首先,巴莫曲布嫫与朝戈金提出了“复合型史诗”的概念。这一概念契

---

① 钟敬文:《口传史诗诗学:冉皮勒〈江格尔〉程式句法研究》序,朝戈金:《口传史诗诗学:冉皮勒〈江格尔〉程式句法研究》,广西人民出版社,2000年。

② 钟敬文、巴莫曲布嫫:《南方史诗传统与中国史诗学建设——钟敬文先生访谈录》,《民族艺术》2002年第4期。

③ 钟敬文:《口传史诗诗学:冉皮勒〈江格尔〉程式句法研究》序,朝戈金:《口传史诗诗学:冉皮勒〈江格尔〉程式句法研究》,广西人民出版社,2000年。

合了南方史诗的混融性特点，其混融性特点不仅体现在创世神话、族群迁徙、部族争战等史诗内容的交叉互涉、难分畛域上，也体现在史诗演述过程中的书面与口头文本、文本演述与仪式叙事、演述者与受众者、神灵与凡人，以及诗、歌、舞、画等多元艺术表现形式之间的和而不同的混融性上，这与原始宗教及原始艺术的混融性有着内在的逻辑统一关系。复合型史诗的提出，有效解决了以往原始性史诗、神话史诗、创世史诗、迁徙史诗、英雄史诗等诸多史诗类别之间因概念边界模糊带来的纷争。

其次，把南方史诗纳入口头传统的研究范畴，突出了其口头性特征，消解了以往把史诗视为与作家文学相对应的民间文学的弊病。不可否认，口头传统的概念范畴与民间文学存在着交叉重叠，但二者的关系范畴、概念能指、学术范式都存在区别：民间文学是口头传统中的有机构成，从属于口头传统的系统范畴；与取向于“文学”维度不同，口头传统以口头诗学、表演理论、民族志诗学等理论范式为学科支撑，从文本、表演语境和传统的实际出发来揭示这一传统的内在运作机制，以及族群文化与生活的深层文化意义。这一定位促使史诗研究从以往的“历史主义”“文学化”的外在研究取向转向着重于文本类型、故事范型、主题、口头程式、演述场域、演述者、文化语境等方面的内在研究，从而极大地拓展了史诗研究领域及学术生长空间。

其三，借鉴西方的口头传统文本研究成果，从文本角度重新审视史诗类别，深化了对南方史诗的完整性与多元性特征的认识。当代西方学者约翰·迈尔斯·弗里，劳里·航柯等学者借鉴了洛德的“表演中的创编”及鲍曼的“表演理论”，把史诗研究对象的文本划分为三个主要层面：一是口头文本（或口传文本），二是来源于口头传统的文本（或半口传文本）；三是“以传统为导向的口头文本”。这三类文本的划分悬置了社会进化论逻辑的史诗类别划分的做法，而是从文本本身的特定语境中予以分析比较，有助于更准确地理解南方史诗的多样性特点及文本的不同时代语境，譬如南方史诗大多数是以口传文本形式存在的，但也有傣族、彝族、纳西族、壮族、普米族等有文字经典的半口传史诗文本，同时涵盖了两次民间文学“生产运动”中产生的以传统为导向的口头文本。任何史诗文本都是应运而生的，即使是格式化了的“以传统为导向的口传文本”，也有其不可替代的文本价值，因为它体现了某一时期人们的“史诗观”。正如美国学者马克在研究彝族史诗《梅葛》时所提出的观点：无论是口头文本，或是与口头有关的文本，还是以传统为取向的文本，都应该纳入文本本身的特定语境中加以评价和鉴赏。这样才能在口头语境中区别表演与表演之间的不同，才能在与口头相关的语境中分析文本与文本之间的不同，才能在已出版的作品中考察版本与版本之间的不同。基于对文学传统的正确理解和客观评判，每一种文本的归类和界定都有一定的分类准矩和评价规范，并取决于文本本身的主体特质。①

（三）口头传统视野下南方史诗分类研究中存在的问题

每个概念的提出必然有其特定历史条件下的合理性，尤其是后期提出的概念理论基于对前人研究的成果及不足的批判吸收，可以有效修正以往概念中存在的时代局限性，但因其本身也是所处时代的产物，所以不可避免地存在着同样的时代局限。上述提及的口头传统视野下南方史诗类型研究所取得的成果中也存在着不可回避的诸多问题。如“复合型史诗”的概念主旨是就创世史诗、迁徙史诗、英雄史诗三种类型史诗的混融性特征而言的，这里就存在着一个问题：这三类史诗在文本中是否均衡分布？还是某一类占主体地位，其他处于附属地位？史阳通过对彝族、纳西族、普米族、羌族、傈僳族、傣族的英雄史诗的比较分析，认为中国南方民族英雄史诗常与本民族的创世神话、创世史诗紧密联系在一起，史诗中往往是先讲述创世的经过，紧接着就讲述英雄率领族人征战和迁徙，也就是说“这些英雄史诗已融入该民族的创世史诗集合之中，这与我国南方民族中创世史诗相对于英雄史诗要丰富得多是分不开的”②。同时，“原始性史诗”、“神话史诗”的概念中也包含了“创世”、“迁徙”、“英雄”等主题，客观上也符合“复合型史诗”特征。还有一个问题是，北方英雄史诗中也存在着“复合型史诗”，如在钟敬文主编的《民俗学概论》中把英雄史诗分为单一型、复合型两种类型③；仁钦道尔吉把整个蒙古英雄史诗归类为单篇型史诗、串连复合型史诗、并列复合型

① ［美］马克·本德尔：《怎样看〈梅葛〉：“以传统为取向”的楚雄彝族文学文本》，付卫译，《民俗研究》2002年第4期。

② 史阳：《菲律宾英雄史诗与中国南方少数民族史诗比较研究》，《东方文学研究集刊》（第六集），北岳文艺出版社，2011年。

③ 钟敬文：《民俗学概论》，上海文艺出版社，1998年，第279页。

史诗。① 由此带来一个问题——学术界在使用这一概念时会不会导致概念混淆？如何区隔这些虽名称相同但概念内涵不同的学术名词？

口头传统理论是基于帕里、洛德二人通过对南斯拉夫地区活形态史诗的田野研究来解决“荷马问题”的产物。需要指出的是，现存的《荷马史诗》以及南斯拉夫地区口头史诗生存形态与南方史诗不可同等观之，二者不仅在历史背景、经济基础、文化形态上存在着巨大差异，且研究对象也存在不同程度的区别，如帕里、洛德师徒二人关注的是歌手如何传承、创编口头史诗内部的规律，而仪式与史诗的复杂关系并不作为研究对象。南方民族中的壮族、傣族、纳西族、普米族等民族中口头传统是与保存完整、体例丰富的经籍文本水乳交融、密不可分的，口传文本与半口传文本的分类标准难以揭示这一史诗传统的深层内涵；另外，两次民间文学“生产运动”中产生的史诗整理文本是否可纳入“以传统为导向的口头文本”中也存在不少疑义，这些文本只是一种“文学读物”而非民俗学意义上的科学资料本，②同时这些“文学读物”不可能再回到活形态的演述场域中，它们已经失去了“口头性”的本质特征。

余言

从上述可以看出南方史诗的类别研究处于概念类别不断扩大化的趋势，这一趋势是与西方史诗理论研究进程相呼应的。芬兰民俗学家劳里·航柯通过对印度西里人（Siri）的口传史诗的研究，将史诗重新定义为“范例的宏大叙事”，提出了超级故事（Superstories）的概念，保留了史诗的文化体积、历史深度与重量、庄严性特征，摒弃了以往“韵文体”的史诗界定设限，从而拓展了史诗研究的范畴，这对南方史诗研究有着重要的启发意义。事实上，长期以来以《荷马史诗》为范例的史诗研究，以先验论的形式区隔了史诗的两种形态——典型性史诗与非典型性史诗③，由此也遮蔽了不同区域、民

---

① 仁钦道尔吉：《〈江格尔〉论》，内蒙古大学出版社，1994 年。

② 巴莫曲布嫫：《“民间叙事传统格式化”之批评（下）——以彝族史诗勒俄特依》中的“文本迻录”为例》，《民族艺术》2004 年第 2 期。

③ 吴晓东：《史诗的典型性与非典型性》，《国际史诗峰会论文提要》2012 年 11 月。

族的史诗传统的多样性特征。如何重新界定南方史诗的类型？笔者认为只有求诸于民间，辩证地看待这些南方史诗与长篇英雄史诗为代表的典型史诗之间的差异，从南方史诗的实际材料出发，深入把握南方史诗生成、发展的历史语境及内部构成，汲取国内外的口头诗学、语言学、人类学和民俗学的研究成果，切实解决重大学术问题，拓展学术生长点，才能逼近南方史诗的真实内涵，建构起与国内外学术界对话的话语体系。

20世纪上半叶通俗故事的文体特征及其现代性研究

侯姝慧①

摘　要:对通俗故事文体的研究,是在对20世纪上半叶文艺民族形式建构的问题中凸现出来的。通俗故事尝试创作、发展以“声音场”为中心的文学文体样式,目标是创作能够为大众读懂、听懂并起到社会启蒙作用的作品。该文体的创制是继承了“五四”新文化精神的作家、知识分子们为解救民族危亡,从书斋中的个人感悟式创作中走出来,走进民众,从民众的生活、群体艺术中获得生活、思想和灵感,又在艺术上得到升华和提高,进行文学发展的新路径之一。通俗故事主要包括“讲演文学”、“通俗故事”、“抗日英雄传奇”和根据民间传说故事编创的新故事等几种类型。文体具备在“语言—结构—主题”三个层面的“口头—书面”相结合的特征。通俗故事文体的创作试验是文学大众化发展过程中的重要线索,是文学资源现代转化过程中的有益尝试,它的发展切实推动了文艺民族形式的建构,并为新中国群众性新故事文学的发展奠定了基础。

关键词:通俗故事;民族形式;文体

“五四”新文化运动中,知识阶层认识到平民、大众是社会主体、社会发展的主要推动力量。抗日战争、新民主主义革命过程中,群众作为社会发展主体的理论得到深入探讨和具体实践。在这个过程中,知识分子与群众之间的关系由启蒙与被启蒙、教育与被教育发展到知识分子向群众学习,做群众的学生,要千方百计成为群众中的一分子。在这个过程中,知识分子掌握

---

①　侯姝慧,博士,山西大学文学院讲师。

的书面文字与文学不断调整其功能,追求“言文一致”,希望启蒙思想在群众中得到顺利传达。抗战过程中,文艺界从文学语言、结构形式等方面要求文学通俗化、大众化,以起到宣传和鼓舞群众奋勇抗敌的作用。在新民主主义革命过程中,通俗叙事文学逐渐与建设新型社会主义社会的革命理念相结合,这使得通俗叙事文学成为表达以群众为主体的社会理念的文体样式代表,整体上得到深入地发展。在20世纪三四十年代,大后方、解放区的文艺创作领域的知识分子们共同默认了这样一个名词——通俗故事。赵树理曾将自己的作品《小二黑结婚》标示为“通俗故事”,“通俗故事”的称谓由此得到关注。在赵树理看来“通俗故事”的文体特征是,语言注重吸纳群众口语,结构形式方面注重采取我国民众喜闻乐见、传统说唱叙事艺术的表现方法进行表述,行文通俗易懂,结构完整、情节曲折。但本文的通俗故事却并非单指这一类型,还包括“讲演文学”,新英雄传奇故事和对民间故事进行改编再创作后的通俗故事作品。这些类型都是民主革命时期由知识分子作为群众的代言人,在群众口头讲述传统的基础上创制的新型群众性故事文学样式。

一、“声音场”文学的试验:三四十年代通俗故事文体发展概况

抗战爆发后,知识分子积极组织创作通俗文艺作品。为了增强抗战宣传效应,迫切需要文学能够有从“文字场”中走出来,转化为“声音场”的能力。抗战初期,老舍曾提倡过写作讲演小说。随后,胡考、徐懋庸又提出“讲演文学”的名称。胡考致力于创作试验,代表作是《陈二石头》。他说:

> 《陈二石头》或者可以说是一篇新鲜的东西,因为它有些四不像:说它是小说又不是小说,说它是故事,与普通所写的故事又不同……小说的最初形式是讲故事,然而,这与自今的小说朗读却有出入,可供朗读的小说,往往还是“看的小说”。《陈二石头》是为讲而写的一篇故事脚本——或“讲的小说”。①

① 胡考:《写在〈陈二石头〉前面》,《文艺战线》总第1卷第2号。

从讨论中能够看到作者观念中对两种不同场域写作思路进行糅合沟通的愿望。到40年代中期,《新儿女英雄传》的作者袁静也提到她在创作过程中注重小说“读”出的效果。她说:

写成之后,我们曾经念给几个地方的群众和干部听,吸收他们的意见,做了几次补充和修改,后来又念给冀中区委的几位负责同志听,征求领导上的意见。①

面对内忧外患的形势,这个阶段文艺的功能更倾向于发动群众,而群众的文化水平极为有限,所以,群众熟悉的语言和喜闻乐见的形式受到格外重视。

1938年3月27日“中华全国文艺界抗敌协会”(下文简称文协)成立,周恩来在成立大会上强调“文艺的大众化,应该是全国文艺界抗敌协会最主要的任务”。茅盾提出:

我们的大众化问题,简单地说,应该是两句话:一是文艺大众化起来;二是用各地大众的方言、大众的文艺形式(俗文学形式)来写作品。②

即日《新华日报》发表题为《全国文艺界抗敌协会成立大会》的社论:

在目前,我们全国文艺界抗敌协会,正以集体的力量,推动和加强这个现实所造就的形式,改变作家的生活,采纳流行于大众间的旧的形式的长处,并且结合起旧的为大众所爱好的通俗作家,充实他们的意识,增加通俗作品的创造,印出千千万万的文艺小册子,输送到前线和

① 杨鹤龄:《〈新儿女英雄传〉创作经过——记袁静同志的谈话》,石韵、辛夷:《〈新儿女英雄传〉评论集》,海燕书店,1950年,第88~89页。

② 茅盾:《文艺大众化问题》,《救亡日报》1938年3月9日。

后方的各地各方面的大众中去，使每个人都沐浴于文艺的光芒，加强抗敌的情绪——这是我们在欢欣鼓舞之余，对文艺界抗敌协会的第一个希望。①

1938 年 5 月 10 日《抗战日报》第一卷第五期登载的“会务报告”中写道：

> 我们已写了十来种，将设法印出，送到前方。我们应当马上再作……内容要适合民众军士的生活与心理，形式——若用旧瓶新酒的办法——要真有把握，装龙像龙装虎像虎，而后才能读用双全——所谓“用”就是戏能上台，歌能上板，故事能上口。说到文字，更须俗而不土（特用土语写的另是回事），好而易解，以期收效广大。②

5 月 28 日第六期登载的“会务报告”中刘伯闵处长特别指出文字转化为“口头”的问题：

> 以前的宣传大半有名无实，未能深入民间。宣传的工具只靠标语文字，未能做到口头的。现在已注意到口头的，而动员太少，尚嫌力量微弱。③

此后，在抗战宣传的现实与明确的理论指导下，文学作品由“文字场”到“声音场”的转变从语言、形式到内容三个方面同时进行。

文协响亮地提出“文章下乡”、“文章入伍”的口号，作家们开始深入战地、深入农村，真正接触到了他们要启蒙的大众。他们努力运用通俗语言，迅速拿来“旧形式”进行创作，努力使自己的作品为抗战服务，与发动人民、鼓舞人民坚强斗争联系在一起。在这个过程中，作家们创作了一批“通俗故事”，通过报纸、刊物等媒介发表传播。比如文协的机关刊物《抗战文艺》，通

---

① 《全国文艺界抗敌协会成立大会》，《新华日报》1938 年 3 月 27 日。
② “会务报告”，《抗战日报》（第一卷第五期）1938 年 5 月 10 日。
③ “会务报告”，《抗战日报》（第一卷第六期）1938 年 5 月 28 日。

俗刊物《新工人》、《抗到底》、《救亡日报》、《人人看》等。代表作有何荣的《义训报国》①、艾芜的《法西斯的故事》②、老向的《光儿亭》③、陈志让的《拆铁道》④、河民的《魏二妈尸刀灭鬼子》⑤、胡兰畦的《大战东林寺》⑥、胡晨的《山东好汉》⑦、洒家的《渔夫巧计杀倭记》⑧、《三个兽兵的下场》、习征庸的《太行烈士》⑨、夏衍的《勇敢的广东兵》⑩、谢冰莹的《东北义勇英雄苗可秀》⑪等。作品中大众语言(方言土语)的学习、旧形式的利用、切近生活的内容选取、抗战意义的阐述正是当时文艺通俗化、大众化实施所需的要素。

"皖南事变"之后,内忧外患的局面使抗日根据地的形势变得十分严峻,战争的烽火激荡起了国人强烈的民族意识。统一革命内部的思想,构建新的文化精神成为关乎政治大局的重要内容。在文化领域,毛泽东提出要倡导"民族的形式,新民主主义的内容"⑫,指出"新民主主义的文化是大众的,因而即是民主的。它应为全民族中百分之九十以上的工农劳苦民众服务,并逐渐成为他们的文化"⑬。据此,文学的"民族形式"曾被理解为民间形式或传统形式,但延安文学界普遍认为它不是一种既成的事物,而是新生的尚待创造的东西。"民族形式"的建构既关联语言、形式,又涉及内容;既继承中国传统,也学习西方艺术;不仅具有民族性而且具有现代性。1942 年 5 月中央召开了延安文艺座谈会,会议形成了战时根据地执政党的文艺纲领和

---

① 何荣:《义训报国》,1938 年《抗战文艺》第十一、十二期合刊。

② 艾芜:《法西斯的故事》,《新工人》1942 年第 1 卷第 8 期。

③ 老向:《光儿亭》,《抗到底》1938 年第 8 期。

④ 陈志让:《拆铁道》,教育部民众读物编审委员会:《民众文库》,1940 年。

⑤ 河民:《魏二妈尸刀灭鬼子》,《通俗文艺》1940 年第 31 期。

⑥ 胡兰畦:《大战东林寺》,大众文化丛书社,1938 年。

⑦ 胡晨:《山东好汉》,教育部民众读物编审委员会:《民众文库》,1940 年。

⑧ 洒家:《渔夫巧计杀倭记》,《救亡日报》(副刊)1938 年 2 月 24 日。

⑨ 习征庸:《太行烈士》,教育部民众读物编审委员会:《民众文库》,1940 年。

⑩ 夏衍:《勇敢的广东兵》,《救亡日报》(副刊)1938 年 2 月 24 日。

⑪ 谢冰莹:《东北义勇英雄苗可秀》,《大风》1939 年第 26 期。

⑫ 1940 年 1 月,毛泽东在陕甘宁边区做了《新民主主义的政治与新民主主义的文化》的讲演。

⑬ 毛泽东:《新民主主义的政治与新民主主义的文化》,《中国文化》(创刊号)1940 年 2 月 15 日。

文艺政策——《在延安文艺座谈会上的讲话》,《讲话》指出:“文艺是整个革命机器的一个组成部分。”明确提出革命文艺要为人民大众服务,首先是为工农兵服务的口号,并在此基础上强调坚定不移地推行文艺大众化。其次,它确定了实现的路径,那就是要广大知识分子和作家们到群众中去,和群众一起生活,学习群众的语言。最后,使文艺形式直接服务于政治,当时最大的政治就是抗战。同时,毛泽东再次强调要形成“民族作风、民族气派”,认为只有这样才能创作出既为群众喜爱,又能宣传革命、号召革命的文艺作品。由于文艺“民族化”在深层上牵涉到民族复兴和民族国家构建的宏大叙事,文艺的改革得到“政治力量”的支持。自此,作家们被鼓励树立用群众自己的语言去“唤醒民众,救助国家”的崇高理想与严肃信念,而用文艺来凝聚民众与国家之间的责任与义务成为现代文艺的重要内容。

延安文艺座谈会以后,延安及各解放区的文艺工作者高举“文艺下乡”的旗帜,深入体验民众的革命斗争生活,结合农村特点,配合当时的斗争现实,创作了一系列表现农村的新生活和新人物、既具民族性又具现代性的通俗故事作品。1943 年,赵树理将他的作品《小二黑结婚》明确标示为“通俗故事”,在延安《解放日报》的“文艺”版刊发,此后,“通俗故事”逐渐成为一种类型。在 1942 ~ 1946 年的《解放日报》上还发表了一批抗日英雄传奇,英雄传奇故事是知识分子撷取生活素材创作的直接阐释政治任务的作品,如邵子南的《李勇大摆地雷阵》(后改名为《地雷阵》)、柯蓝的《抗日英雄洋铁桶》、马烽与西戎的《吕梁英雄传》①,束为、邵挺军的中篇故事《苦海求生记》②,李季创作的《老阴阳怒打“虫郎爷”》③等,这些抗日英雄故事反映了抗日战争的壮丽图景,被誉为抗战文艺中的一枝奇葩。与此同时,文艺工作者们还搜集、整理民间故事,并对其进行改编再创作。董均伦编创了故事集《半弯镰刀》和《刘志丹的故事》,束为等人搜集整理了《水推长城》,邵子南

① 抗战时期,这些作品是以单个小故事的形式在《解放日报》上连载,新中国成立后,又按照小说体例整理出版。

② 束为、邵挺军:《苦海求生记》,胡孟祥主编:《解放区说唱文学作品选》(下),中国民间文艺出版社,1989 年,第 963 ~ 1005 页。

③ 人民文学编辑部:《解放区短篇小说选》,人民文学出版社,1978 年,第 286 ~ 295 页。

搜集整理了《赵巧儿送灯台》。秦兆阳编创了《"俺们毛主席有办法"——老乡们关于毛主席的故事》,韦君宜编创了《龙——晋西北的民间传说》①。以上这三种类型都是在实践《在延安文艺座谈会上的讲话》精神——"知识分子有意识地吸取群众的语言,爱他们(群众)萌芽状态的文艺、在群众的基础上提高"——的基础上形成的。在主流意识形态强有力地干涉下,在适当引进欧化文风,重视深入民间文艺的过程中,现代性被知识分子们植入作品。

通俗故事中的"通俗"包含着对接受主体的重视,传达着一种新的社会理念,这就是继"五四"以来新文化所倡导的对构成社会的主体人群——平民、大众地位的肯定;还包含着文学发展的新方向,是文学以群众为中心创造民族形式的探索中的一次试验。对通俗故事文体的研究不仅是我国传统文论所关注的感觉层面的风格意义,同时是从语言体式、篇章结构到主题思想、文化内涵、功能诸层面相结合进行整体观照的理论研究。以上四种类型的作品被划归通俗故事文体,相互认同的基点包括:这些作品以讲故事为主,使用的语言是农民、士兵们能够读懂的;作品的结构形式能够与大众的文学审美习惯契合;作品取材于斗争生活,能够在群众中传讲开来,达到抗日宣传和教育的功能。按照从"文字场"到"声音场"的实现程度又分为三类:一类偏重"文字场",如"讲演文学";二是"声音场"与"文字场"结合的类别,包括"通俗故事"和"英雄传奇"故事,是知识分子以通俗易懂为创作指针,融会西方、古典、民间叙事的形式创作的作品;三是以"声音场"为中心,是知识分子整理和轻度创作的群众口头叙事作品,以董均伦编创的作品为代表。这三种类型的作品不同程度地从语言、结构和主题三个层面体现出对"声音场"叙事的探索。

二、语言—结构—主题:通俗故事文体的分层研究

(一)引入群众之"言":通俗故事的语体研究

谈一种文体的形成,必先谈及文体语言的特色。新故事之所以不同于

① 韦君宜:《龙——晋西北的民间传说》,延安文艺丛书编委会:《延安文艺丛书》(第二卷小说卷上),湖南人民出版社出版,1984年,第302页。

其他叙事文体,首先就是它有独特的语体。“通俗故事”属于语体文的范畴。所谓语体文是指按照人们日常说话的语言和结构句式的方式做出的文章。中国对语体文的倡导源于清末民初国家救亡图存的内在诉求,对语体的追求是践行让普通国民迅速识字以普及教育、启发民智、强盛国家的“言文一致”的现代语言的发展理念,实现方式是将这样的语言文学作品通过现代大众传媒——白话报的形式推广使用。“言文一致”的要求就是使书面文字话语符合日常生活中活的口语,使书面语言通俗易懂,“主要目的在于使知识能够普及于一般民众,通过现代新型国民的塑造以达到现代民族国家的建立”①。而对这种承载了社会政治理想的“言文一致”现代汉语书面语改革的文体实践是催动我国现代意义上的新文学建构的重要资源。在“言文一致”和国语运动中,知识分子的语言改革聚焦民间语言资源。“民间语言资源”的使用主要包括两个方面,一是采纳与利用方言土语、日常用语,二是发掘整理民间文学,形成了以声音场为主的语体基础和文体雏形。

首先,群众的口头活语言的采纳成为工作的重点。“通俗故事”在语言方面显示出从各个不同角度追求作品的通俗、准确和口语化的倾向,他们将口语直录,借鉴中国传统说唱艺术的语言表达形式,而且适当吸收欧化语体。“通俗故事”中口语的直录包括方言土语、日常会话语言和民谣俗谚等形式的使用。口语的直录最突出地体现在“对话体”通俗故事中。艾芜的《法西斯的故事》是用对话体创作的代表作,基本坚持了对口语秉笔直书的特征。故事开头第 句话是:“打下敌人一架飞机,里面有一个意大利人……”,这句话没有主语“我空军”,这种简省主语直接叙事是典型的口语体。口语有语境,主语可以省略。再如“他先前在中国航空学校当过教官的”一句,标准的书面表达应该是“他先前在中国航空学校当过教官”,并不需要在句后加“的”。“的”是口语中向别人讲述时常用的缀词。文中句读的使用也是依照口语中停顿的需要而安排。如:“刚才他先生,不是说三个一块,就是法西斯吗?”“那么,你们意大利,只有墨索里尼,才是真正的法西斯吧?”文中常使用中间语,类似“你知道……”,“我的意思是……”,语气词和停顿,比如嗯、呀、嗨、这么、那样等。而这样的语句只有在人们口头交流的

---

① 刘进才:《语言运动与中国现代文学》,中华书局,2007年,第24页。

时候才会出现。对话式故事中日常口语的秉笔直书成为故事语言最大的特征。此外,“通俗故事”讲究语言的形象性,常使用民谣俗谚活灵活现地塑造人物形象,讲述人情事理。在老向的《光儿亭》中,曾这样形容戚继光怕老婆:“一见床头妻子,便如老鼠见了猫,又如私塾的学生见了先生,脚不敢乱动,口不敢乱开,局局促促,不知怎样才好。”①

通俗故事的语言并非全是口语的直录,还继承了说唱文学的传统。河民的《魏二妈尸刀灭鬼子》以说书的方式开头,“却说广东广西交界地方,有某县所属的山王村……”,行文用通俗的口语式叙述:

> 这时,魏二妈就叫本村妇女,用贼军的刀,大家把贼杀掉,原来她的尸刀在绞香灰时就下了迷药,又将它在酒中画符,就将贼军迷着了呢。她魏二妈的迷药,平时是用来迷求神的,好叫她信是神仙来了,她对大家说了,还说:“这回真收了活鬼。”②

在使用口语的基础上,讲究韵律美,常使用排比、对句等语言模式。老向创作的《光儿亭》中使用了讲究韵律美的排比和对句,故事开头:

> 无数居民都被害得家败人亡,流离失所,悲惨之状,难以尽述,倭寇贪心无厌,得寸进尺,府州县城,多被攻破,杀人如麻,火光冲天,这才激怒了许多民族英雄,惹恼了无数爱国志士,风云际会,龙虎争鸣,大家保卫国土,共剿倭寇,大军所至,像是秋风扫落叶一般,把那些狠心倭寇收拾得干干净净。③

---

① 《抗到底》,老舍、老向与何容主编,是专门给工农兵看的。该刊宣称:“用民间体裁写民众读物,目的是为民众,为士兵。”老向创作了一批通俗作品,其中包括鼓词《油炸汪精卫》、《女兵选夫》、《贤母训女》、《割爱除奸》,快板《骂汪》,小调《灾童哭五更》,故事《光儿亭》,通俗小说《全家福》等。

② 河民:《魏二妈尸刀灭鬼子》,钟敬文主编:《中国抗日战争时期大后方文学书系第九编通俗文学》,重庆出版社,1989 年,第 814 页。

③ 老向:《光儿亭》,钟敬文主编:《中国抗日战争时期大后方文学书系第九编通俗文学》,重庆出版社,1989 年,第 794 页。

这些俳句节奏感强,朗朗上口。这些“通俗故事”在当时已流传开来,具有代表性。

另外,大后方的“通俗故事”作者们是欧化文学的倡导者或追随者,如果说“五四”时期欧化文学是不成功的,不够通俗,不能有效地达到启蒙效果,那么此时以“旧瓶装新酒”为主导的通俗文学创作反而为适度欧化,借鉴其精华发展新文学提供了机会和练兵场。在我们看到的“通俗故事”中,欧化的标点和句式的使用较多,效果很好。在《拆铁道》中,句法的欧化用法比较典型:

> “下雪也好,”杨队长点了点头,“反正天天拆铁轨,日本鬼子也可以天天修。他们吃亏太小……”①

当时通俗故事的写法参照小说,注重运用环境描写和人物描写:

> 夜深了,刮了一阵阵的风,什么也听不见。张队长的伤口渐渐好起来,正帮着杨队长计划工作。桌上一盏油灯,半明半暗的,墙上钉着地图,半新半旧的。外面风更大了,雪也更大了,雪落在地上,好像棉絮似的。②

典型的欧化句式常通过添加定语、状语等方法扩充句式,能够多层次、多侧面地修饰中心词,能表达出作者特有的细腻深邃的感受。通俗故事的描写吸收了欧式语言习惯使附加语如定语后置、状语后置,改变了汉语原来的面貌,读起来显然和日常的口语不一致,有明显的书面化痕迹。但同时又注意言语直白,讲究通俗。

1942年,解放区知识分子们认真学习领会《讲话》精神后,走向工农兵,主动向群众学习语言,使“言文一致”和国语运动在文艺界的乌托邦逐渐为

---

① 陈志让:《拆铁道》,钟敬文主编:《中国抗日战争时期大后方文学书系第九编通俗文学》,重庆出版社,1989年,第809页。

② 同上。

现实的社会政治规训,实现作家之“文”向群众之“言”靠拢。这一过程中,作家的语言观念发生了深刻转变,他们在创作中使用群众的语言,呈现出口语至上的特点。作家向群众学习语言的方法和途径大多数体现在对口语的采撷上,小说中所谓群众的语言还多指方言土语、俗谚歇后语等。这与晚清“言文一致”的主旨极为吻合。陕北群众耳熟能详的地方方言,如:婆姨、麻达、干大、疙蹴、怎价、尔后等经常出现在文学作品中。中篇故事《苦海求生记》①中就直接使用陕西、山西地方土语:“眼上戴一副黑二饼子。”②“属了我们村公所了,快给老子受吧,好活的日子过去了!”“山药蛋派”作家们主张作品要让识字的农民读得懂,不识字的农民听得懂。③ 作品的语言“要照着原话写,写出来把不必要的字、词、句尽量删去,不连贯的地方补起来。以说话为基础,把它修理得比说话更准确、鲜明、生动”④。其中,赵树理成功地借鉴农民口语,进行了筛选、提纯、改造,剔除了口语中那些生僻的、庸俗的字词,吸取了健康、活泼、生动、风趣的语言,使叙事语言、人物对话个性化、口语化。他“尽量用普通的、平常的话语,但求每句话都能适合每个人物的特殊身份、状态和心理。……同时他又采用了许多从群众的生活和斗争中不断产生出来的新的语言”⑤。如果说当时的文学存在寻求统一战线的问题,赵树理曾指出:“语言方面应做到两点:一是叫人听得懂,二是叫人愿意听。”⑥此外,在通俗故事的语言中,知识分子运用输入一些与意识形态密切相关的新名词和短语,如:生产、劳动、革命、统一战线、学习、教育、运动、进步、文化、公家、政府、边区等。作品以讲故事的方式流传、播布新语词,宣传新型

---

① 束为、邵挺军:《苦海求生记》,胡孟祥主编:《解放区说唱文学作品选》(下),中国民间文艺出版社,1989年,第963~1005页。

② 束为、邵挺军:《苦海求生记》,胡孟祥主编:《解放区说唱文学作品选》(下),中国民间文艺出版社,1989年,第969页。

③ 赵树理:《〈三里湾〉写作前后》,《赵树理全集》(第四卷),北岳文艺出版社,1990年,第281页。

④ 赵树理:《和工人习作者谈写作》,《赵树理全集》(第四卷),北岳文艺出版社,1990年,第393页。

⑤ 周扬:《论赵树理的创作》,《解放日报》1946年8月26日。

⑥ 赵树理:《语言小谈》,《赵树理全集》(第四卷),北岳文艺出版社,1990年,第444页。

社会意识形态。

总的来说,通俗故事的语体是以实现言文一致为宗旨,在秉承群众口语的基础上,删节口语的重复累赘,借鉴现代汉语的基本语法形成的,是工于叙述,擅长情节讲述的以"声音场"为中心的通俗语体。通俗故事注重对群众口语的秉笔直书和适当提炼,以及对方言土语、民谣俗谚的广泛使用,语言通俗易懂、形象生动、色彩感强。在故事的叙述部分,倾向于在借鉴群众语言的基础上的通俗化、大众化后的小说式欧化语体;在故事的对话语言方面,注重群众口语的吸收,包括方言土语、习惯用语、民谣俗谚、简单的韵白。民间语言资源是普通民众可以顺畅地理解、掌握的语言工具,对民间语言资源的倡导体现了知识分子对大众能够通过新文艺便利地接受新思想、新意识形态的希望。使用"大众语"的观念是同当时流行的语言欧化倾向相并置的选择,是更倾向本土化、符合语言文学民族化道路的选择。

(二)"口头—书面"的结合:通俗故事的结构研究

抗战时期,国难当头,知识分子主动担负起发动群众,保家卫国的宣传工作。抗战初期,他们积极利用"旧形式",参与群众文学的创作活动,同时又努力实践将文学尤其是小说等叙事艺术通俗化,尽量使作品满足口头宣传的需要,以求最快捷、最通畅地向农民宣传团结抗日主张,鼓舞抗日情绪。知识分子在向民间文艺学习的过程中,一方面逐渐了解了民众文艺的表现形式、审美旨趣,另一方面边学习边改造,创造新形式。这个时期通俗故事广泛借鉴以"声音场"为中心的古典章回小说和民间说唱艺术,如评话、快板、说书、相声、戏曲的结构方法并加以创造性地运用。具体表现是通俗故事在结构方面注重叙事的线状发展。作品往往按照事件发生时间、事件的因果关系顺序连接起来,从头到尾,从开端到结局叙述故事。赵树理的代表作《小二黑结婚》有头有尾,线索单纯。叙述中遵循先是开门见山,从头说起,交代人物的身份和事件的缘起,然后按照事件发展的先后顺序,一步步自然顺当地叙写;最后再交代事件的结局和主要人物的下落。为了保持故事情节的连贯性,通俗故事不做过多单纯的环境和景物描写,常将这些描写融化在故事进展和人物行动中,通过人物的眼或口表现出来。

为了使故事情节更加形象生动,作者有时会穿插一些生动幽默的快板

或者民歌。柯蓝创作的中篇故事《乌鸦告状》①中,使用当地民歌艺术形式“顺天游”:

“红格丹丹太阳照山崖,亮格哇哇的布衫穿出来。上穿白玉下穿兰,走开好似水推船。红鞋绿鞋扎花鞋,脑畔上招手你草窑来。山上桃花红艳艳,露水夫妻盛不厌。山上桃花开不长,露水夫妻没下场。”②

文末又用下述形式来点题:

大麻子上来一不溜溜灰,爱胡来的是二流子鬼。六月里麻柴长成材,越盛越热分不开。分不开来坏心肠,手拿钢斧把人伤。井里埋人埋不过,自己遭下杀人祸!山丹丹花开又败了,胡日鬼来坏事了。墙头上栽葱扎不下根,胡日鬼来一场空。③

他们还会在文章里埋一些“扣子”造成悬念,然后再适时解扣,起到引人入胜的效果。由于这些结构方法的运用,使通俗故事的故事性强,非常适合我国农民群众的欣赏口味,民族性突出。

解放区的文艺政策强调文艺为工农兵服务,因此,民间的(非作家文学)文学艺术形式得到广泛的使用。在通俗故事中,常常可以发现口头文学中典型的三段式结构形式。在通俗故事《拆铁道》中发展地运用了三段式,故事情节的设置是第一次拆铁轨,第二次拆铁轨上的螺丝钉,将螺丝钉换成木质螺丝钉,最后是“结果,这一条铁路上没有火车敢再从上面开过”。故事情节层层递进,体现出三段式结构的效果。韦君宜的故事《龙——晋西北的民间传说》中,分别讲述了老老村老人们运用三种不同的求雨方法求雨的过程,在故事的局部运用了三段式。通俗故事《“俺们毛主席有办法”——老乡

① 柯蓝:《乌鸦告状》,《边区群众报》1946年2月3日。转引自胡孟祥主编:《解放区说唱文学作品选》(下),中国民间文艺出版社,1989年。

② 同上,第947页。

③ 同上,第962页。

们关于毛主席的故事》从整体上运用了三段式。故事中讲述者三次使用“若要不着急，去问毛主席”，通过毛主席三次解决难题将情节推向高潮，是标准的口头文学三段式结构。另外，在《渔夫巧计杀倭记》中，金水和同伴三次卖鱼的情节设置同样是对三段式的运用和发展。第一次卖鱼，金水和同伴对战争的感觉是莫名其妙；第二次卖鱼，鱼市行情骤然下降，金水和同伴对战争的感觉是开始讨厌；第三次卖鱼，鱼市被破坏，金水和同伴准备抗敌，赶走侵略者。通俗故事对三段式的使用是对“声音场”为中心的创作原则的成功实践。

此外，作家们将书面叙事文学的元素加入对民间、传统口承叙事艺术的改造中去，自觉不自觉地实践着“口头—书面”相结合的通俗叙事文学之路。抗日英雄传奇故事是一个代表性的类型。英雄形象是形成故事英雄化传奇化的基础，英雄化写作确立的同时，文学就已经开始要求突破以往限制，扩大人物在故事中的分量，因此，英雄传奇故事能够比民间故事更擅长塑造人物形象。《吕梁英雄传》由单个的抗日故事组合而成。这些单个故事既有情节，又可塑造性格鲜明的人物形象。有的作品保留了较多的描写成分。洒家的《渔夫巧计杀倭记》用浪漫的笔调叙写了在一个近乎“仙境”的小岛上渔民们巧妙智慧的抗敌斗争故事。岛上的人世世代代平平安安，没有遭受过兵匪灾害。生活的环境基本是以“桃花源”为模本，对其封闭性和自得性给予了充分地叙述和描绘。开始岛上的渔民对外部世界的动荡感到莫名其妙，不懂上海打仗怎么会影响岛上的鱼市，直到他们邻近岛屿遭受日军血洗之后，才知道战争的血腥。故事中渔民战胜倭寇使用了诱敌深入，关门打狗，以己之长制敌所短的办法，使日寇大败而退。故事的结尾充满理想化，领头人金水说“如果下次再来，我们还是如法炮制”，而日本人也没有敢再来。战争似乎就因为这次战斗永远结束，整个故事的基调静谧而浪漫。故事中渔民居住的岛屿被想象和描绘得如桃花源一般，那正是文人诗意的栖息地。作家创作的通俗故事在风格方面的独特性，一定程度上寄托了作家对乡村生活浪漫化的理解，带有浓厚的文人气质。

在探索通俗故事之路的过程中，还曾经出现过用“元小说”的手法讲故事的代表作品《“俺们毛主席有办法”——老乡们关于毛主席的故事》。作品中，作者明确写出他们作为下乡知识分子的身份，有意交代了他所叙述的故事文本的来源——一个乡下老实巴交、言语甚少、呆若木鸡的农民的口述。讲故事的房东老汉“他成天里除了下地以外，一空下来就总是呆呆地坐在院子里或大门口，瞪着一双大眼珠子，挂拉着下嘴巴子——出神”。并借用房东老汉的口讲述了整个故事。这篇故事的目的不是将主席传说化或神化，而是通过生动的故事展现了根据地群众对政治形势的理解和对新政策制定者的理解和拥护。通过“统一战线”的形象叙事，反映出根据地农民在思想深处发生着深刻的思想变迁。作者通过交代他创作作品的来源，使这种对故事来源的叙述成为故事整体的一部分。这种形式的使用让作者成为用故事阐释现代性内涵的“元故事”的始作俑者。这则通俗故事看似自我拆台，表面觉得作者无用，而事实上作者对根据地群众的理解从这里生根发芽，其深意远大于故事本身。从结构的设计我们不难看出，新故事从一开始就是针对叙事文学的开放性学习，而不仅仅是对民间故事的学习，因此形成了它开放灵活地发展的有利环境。但同时，通俗故事注重以“声音场”为中心，以是否能够转化为“口头”有效地进行革命宣传、动员为文体的落脚点，这就促使通俗故事文体中“口头”与“书面”两种表现手法的沟通与融合。通俗故事在语体、结构形式以及创作态度上不断地向群众靠拢，新型文体初步得到认可。

(三)新民主主义文化的表达:通俗故事的主题研究

通俗故事是在新文艺建立民族形式过程中的产物，它的民族形式与新文化内涵相结合构成了文体意义之“新”。毛泽东指出，新文化在民主主义革命时期就是新民主主义文化，“就是人民大众的反帝反封建的文化；在今日，就是抗日统一战线的文化”①。抗战时期，通俗故事的主题集中反映了新民主主义文化。大后方的通俗故事多反映群众英勇抗战的内容；解放区的通俗故事既包括反映群众抗日的内容，还包括反映战时文化和新民主主义文化建设的内容。在大后方和解放区，民间文艺的形式与抗日主题相结合焕发出巨大的活力，二者共同建构了通俗故事在主题和类型上的“战时”特征。这批作品取材于工农兵火热的战斗生活、塑造革命的农民和士兵的形

① 毛泽东:《毛泽东选集》(第二卷)，人民出版社，1991年，第698页。

象,表现抗日斗争、锄奸反特、减租减息、拥军爱民和开荒生产等主题,几乎囊括了生产劳动、军民关系、减租减息、敌后斗争等各个方面,凸显了对新政权、新时代的赞美。这些崭新的题材和主题体现出浓烈的时代气息。

1. 抗击日寇,反侵略主题

群众对敌斗争是抗战时期大后方通俗故事的主要内容,反侵略是中心主题。代表性作品有老向的《光儿亭》、河民的《魏二妈尸刀灭鬼子》、胡兰畦的《大战东林寺》、胡晨的《山东好汉》、洒家的《渔夫巧计杀倭记》、习征庸的《太行烈士》、夏衍的《勇敢的广东兵》等。故事以英雄的惨烈书写战争的残酷,以英雄的智勇鼓舞战斗的士气。解放区的代表性作品有邵子南的《李勇大摆地雷阵》(后改名为《地雷阵》)、柯蓝的《抗日英雄洋铁桶》、马烽与西戎根据晋绥边区群英大会民兵斗争事迹写成的《吕梁英雄传》。《李勇大摆地雷阵》讲述了华北平原上智勇双全的爆炸英雄李勇和游击小队,在反扫荡中用"大枪和地雷结合",使侵略者尸横遍野的故事。《抗日英雄洋铁桶》讲述了一个外号"洋铁桶"的游击战士,带领他的小队在抗击侵略者、建立政权、捉特除奸、对伪军展开政治攻势中威名远扬的故事。《吕梁英雄传》通过一则则小故事塑造了一批抗日救国的英雄形象。反侵略主题还包含反内战部分,中篇故事《苦海求生记》中讲述了农民金锁与大家联合,积极为八路军积蓄粮食,预先侦查,里应外合战胜阎军的故事。战争锻炼了人民,人民创造了神奇,反侵略主题的通俗故事具有浓厚的革命乐观主义气息。

2. 群众觉醒主题

通俗故事的语体系统是源于口语的现代白话,因此与现代思想不可分离。尤其是从思想层面来说,科学、民主、人权等具有特定社会的、政治的、文化内涵的词汇构成了现代文学的主题词。通俗故事汇中反映"觉醒"主题的方面包括:首先是在科学思想引导下人的力量的觉醒。自"五四"运动以来,"科学"既是反封建迷信和礼教的有力武器,同时也是建设新文化、新文学的新型话语方式,通俗故事积极运用这一话语方式建构了新的话语体系。李季创作了《老阴阳怒打"虫郎爷"》,主题是反迷信。故事用对比式结构讲述了依靠、笃信神对蝗灾毫无作用,而依靠人的力量战胜蝗灾的故事,以艺术的真实倡导人要靠自己的力量改变生活,神是靠不住的。依照故事中木匠的话说:

好我的营长啦，哄别的人，咱还不清底——从哪里会来个虫郎爷？神牌位，是我拿木头一刀一斧砍出来的；那要是个神，我就成了虫郎爷的娘老子啦！①

故事结尾处王区长对老阴阳说：

神靠得住，还是人靠得住？两下比一比，哪个顶事，你老人家，自己思想思想。②

笃信迷信的老阴阳：

怒气冲天，拿将过来，三下五去二的，扯个粉碎。剩下几块木座座，老汉说："放到灶火洞里，烧了它！"③

故事通过群众主人公形象破除迷信来促进群众对自身力量的认识与觉醒。

其次是政治意识的觉醒。通俗故事反映了统一战线、民族独立等政治内容。秦兆阳的作品《"俺们毛主席有办法"——老乡们关于毛主席的故事》的主题是支持、拥护革命统一战线。故事的内容是：抗战爆发后，毛主席提议建立抗战"统一战线"。延安来了几百号人开会，会后，大家要在一张桌子上吃饭。但三四百口人怎么能在一张桌子上吃饭呢？毛主席的办法是让大家以地为桌。坐下之后，只有一锅肉放在地中间，给人们发了很长的筷子。筷子太长自己没办法吃，怎么办呢？毛主席的办法是大家互相帮助你夹上送到他嘴里，他夹上送到其他人嘴里，轮番吃。老百姓将生活中互相喂饭的事实艺术化，形象地阐释了抗日战争中的"统一战线"问题。故事借用"地府

---

① 李季：《老阴阳怒打"虫郎爷"》，武汉通俗图书出版社，1950年，第21～22页。
② 李季：《老阴阳怒打"虫郎爷"》，武汉通俗图书出版社，1950年，第26页。
③ 李季：《老阴阳怒打"虫郎爷"》，武汉通俗图书出版社，1950年，第29页。

故事”中“长筷子吃饭”的母题,阐释了“统一战线”的内涵。这个统一战线不仅仅是国民党与共产党的统一战线,更是全世界无产阶级对帝国主义的统一战线。这是从群众生活实感出发的政治思想启蒙。

再次是群众主体地位的觉醒。在解放区,农民是文艺的主要服务对象,革命文艺描写农民、教育农民,主要是为了促进他们的觉醒以推动革命的深入。毛泽东曾指出革命的文艺作品应该:

> 根据实际生活创造出各种各样的人物来,帮助群众推动历史的前进。例如一方面是人们受饿、受冻、受压迫,一方面是人剥削人、人压迫人,这是事实到处存在着,人们也看得很平淡;文艺就是要把这种日常的现象集中起来,把其中的矛盾和斗争典型化,造成文学作品或艺术作品,就能使人民群众惊醒起来,感奋起来,推动人民群众走向团结和斗争,实行改造自己的环境。①

故事集《半弯镰刀》中的民间故事正是对这一理论的呼应。作品写出了人民的力量,促进了群众的觉醒。故事中当农民用镰刀杀向剥削压迫他们的地主老财时,作者用恢宏的手法表现出农民作为一个阶级的力量。通俗故事集中表现了地主阶级对无产阶级的压迫,促进了群众作为社会主体的观念的觉醒。

3. 新英雄主义主题

抗战开始后,“英雄”书写进入抗战文艺并形成特有的主题和类型。当时有两种新英雄主义故事类型:一类是以民间故事为基础编创的革命英雄故事,注重叙事。代表作品有秦兆阳的《“俺们毛主席有办法”——老乡们关于毛主席的故事》、韦君宜的《龙——晋西北的民间传说》、《刘志丹的故事》。这几组故事不完全是知识分子、文艺家们的作品,而是他们以记录的民间文艺为框架的再创作,在这些创作中体现了清晰的革命逻辑,劳苦大众对老一辈无产阶级革命家的敬仰与崇拜以及团结一致的民族意识的觉醒。第二类是以新民族形式的创作理念为指导编写的新英雄故事,注重塑造人

① 毛泽东:《毛泽东论文艺》,人民文学出版社,1992年,第49页。

物。“皖南事变”后,边区政府面对国民党的经济封锁,开展了一次声势浩大的“生产自救”运动。与运动同步,文艺中涌现出大量对劳动英雄、生产英雄进行歌颂的作品。《解放日报》文艺版发表了一批以塑造觉醒农民形象,或农民中的革命英雄形象,如革命英雄刘志丹、工人英雄赵占魁、农民英雄吴满有等为主人公的通俗故事作品。书写英雄就是书写群众,通俗故事塑造了一批无条件服从群众利益、相信和依靠集体力量,为革命赤胆忠心、视革命高于一切的群众英雄。

解放区的通俗故事是“团结人民、教育人民、打击敌人、消灭敌人”的武器,反映的内容既有对工农兵英雄人物的由衷赞美,又有对阶级敌人的无情揭露;既有对革命战争的艺术再现,又有对土地革命的形象描绘;既有对艰苦创业、生产自救的战斗动员,又有对破除迷信、解放思想的热情宣传,是与革命战争和群众的现实斗争生活息息相关的。知识分子们熟知主流意识形态的内容,他们使用新形式对传统民间艺术形式中存在的封建主义或者资本主义的意识形态进行彻底改造,使故事传统进行了一番改造重回民间。回到民间的形式不为民众陌生,又传递着新鲜的精神文化血脉。在当时来说,形成了既具有鲜明的意识形态特征,又遵循民间文艺的传统,受农民大众欢迎的新型战时文艺类型。

三、“言”、“文”合一:通俗故事文体对文学民族形式的现代性表达

通俗故事文体中知识分子之“文”与群众之“言”结合践行了新文学民族形式构建的思路。在新文学发展的道路上,作家之“文”借鉴群众之“言”以传达新思想和意识形态的路径是有其必然性的。语言不仅是文学的语言,更是缔造社会观念的重要工具,是社会变革和哲学观、世界观整体变迁的首要工具。新的“言”代表新的哲学观、世界观和人生观。只有用新“言”立新“文”,才能将革命的观念播布到群众中去。新文化运动的倡导者们一直关注言文一致的问题。文振庭曾提出:“大众文学应该是大众能享受的文学,同时也应该(是)大众能创造的文学。所以大众化的核心是怎样使大众能整

个地获得他们自己的文学。”①在根据地，毛泽东发表《讲话》，明确了革命文艺的工作对象——工农兵及其干部；系统地提出了新文学的发展方向和路径，为人民群众服务必须首先要向人民群众学习，要爱他们的思想感情，爱他们的语言，爱他们的萌芽状态的文艺（墙报、壁画、民革、民间故事等）。明确指出语言、文学的群众化走向。《讲话》确立了建设以“无产阶级”为主体的新型社会的文化总方针。“群众”的主体地位决定了新文艺运动中由最初的知识分子作家们为群众立言，到群众自己为自己立言的新的群众文艺运动的发展总趋势。在抗战时期，通俗故事的作者们走进群众的生活，一方面与普通群众结合，了解他们的生活、学习他们的语言、文艺，知道他们的所思所想；另一方面是与群众中的艺人、民间文艺传承者的结合，从他们那里直接获得改造旧形式所需的继承与变革的方法。在中国知识分子的内心与“民间”结下了深厚的感情，对文艺与生活之关系有了最真切地体会，为现实主义和浪漫主义相结合的现代艺术审美取向奠定了坚实的基础。

通俗故事对文学民族形式探索的实现主要包括以下三个方面，一是群众口头语言包括方言土语、俗谣民谚的吸纳与书面化。由于通俗故事主要通过书面传播，因此在语言上自然具有了书面语与口头语相结合的特征，这是自白话文“言文一致”的新发展阶段的产物，是最早实践口语与书面语相沟通的文体之一。20 世纪 30 年代源自知识分子内部的学习群众语言的思想一方面是语言按照自身内部发展规律发展的必然性的显示，是对文学语言自身发展的内在逻辑的一种价值诉求；另一方面也是语言变革承载社会政治诉求的必然。二是在形式和故事结构方面，知识分子们有意识地继承我国古典叙事艺术和民间叙事艺术的传统，借鉴欧化创作理论和国外各类型小说在叙事方面的优势，成功地创作了“口头—书面”相结合的通俗故事作品。三是抗战时期，通俗故事利用为工农兵大众所熟悉的、传统的、通俗的、喜闻乐见的文艺形式来表达和宣传革命思想和社会理念。通俗故事创作的目的是为人民立言，不仅是知识分子为群众立言，还希望群众能为自己立言。从《讲话》精神提出之后，通俗故事创作被纳入无产阶级文艺的范畴，中国社会性质的变革不断促动通俗故事在本质上的群众化的道路，践行着

① 文振庭：《文艺大众化问题讨论资料》，上海文艺出版社，1987 年，第 15 页。

以工农兵为主体的群众文学的发展方向。

通俗故事文体是汲取民间文艺的品质与现代文艺的思想而形成的具有民族文化特色与新文化内涵的通俗文学样式，是文学民族形式发展的一次有益的尝试。通俗故事是现代新文学史上作家们学习民间文学和其他传统叙事艺术的基础上创作出的第一批“口头—书面”结合型故事文学样式。这个时期通俗故事还没有真正用来“讲演”，而只是做到了符合大众接受结构故事的艺术形式、结构形式和口语书面语的可亲近性。新文体注重对群众语言的吸收和采纳，讲究通俗易懂和形象性；对我国传统小说、说唱、民间口承叙事等艺术形式的语言、结构形式等文体特征的借鉴和吸收；主题集中于鼓舞抗战士气，发动全民抗日、促进群众觉醒、树立英雄典型。作品多为群众喜闻乐见，其中部分作品在当时已经有看后传讲开来的“口头—书面”转化型文体的品质。这种口语主导的通俗故事的创作在当时无论是语言形式还是内容、主题都是具有探索性的。通俗故事的作者站在群众的立场为群众立言，是当时最接近于群众自己为自己立言的艺术形式。民间既然已被唤醒，它本身已有的文化价值系统就不可能完全被政治所取代，也由此延伸出了民间与政治之间的复杂关系。随着政治对知识分子改造、对民间的统辖愈益加强，民间文化形态在文学中的美学意义愈益突出。这种以群众为主体，以“声音场”为中心的开放式的文学实验为新中国成立后新故事文学的发展搭建了宽广的平台。新中国成立后，这种文体得到了持续发展，形成了具有民族特色的、在群众中影响广泛的新故事文体。通俗故事的创作实践、理论建设以及与其相关的文化论争是新中国试验、实践形成民族特色的群众文学的重要组成部分。

原载《民俗研究》2014 年第 5 期

民俗学三分法和四分法

——瞿同祖和黄华节的论争

吴丽平①

民国时期,诸多学者广泛参与到民间的故事歌谣、风土人情等的搜集整理和学术研究中,但同时,也不乏不同专业学者对民俗学相关概念、理论、方法的研究和探讨。② 1933年四五月份,师从吴文藻攻读社会史专业的瞿同祖在《社会研究周刊》第32~35期连载《俗礼法三者的关系》,后来文章又发表在1934年4月25日、5月2日和5月9日《北平晨报》"社会研究"专栏中。③ 瞿同祖从社会学角度对俗、礼、法的研究引起了时任河北定县县政建设研究院礼俗调查之职的黄华节(笔名黄石)的兴趣。黄华节撰写专文《民俗社会学的三分法与四分法——论风俗礼制四者的关系》陈述不同观点。④ 针对黄华节的疑义,瞿同祖写作《论风与俗制与法的同异问题》一文加以回应。⑤ 瞿同祖和黄华节从各自学科背景出发,对风俗、礼俗、礼制、法制等概念和关系的辨析和争论,既让我们看到社会学者与民俗学者就同一问题的不同见解,也能从中感受到民国学人的学术氛围。目前学术界尚未见到上

---

① 吴丽平,博士,中国社会科学出版社副编审。

② 笔者并未对民国有关民俗学理论、方法的文章进行过统计,仅就通过"大成老旧数据库"用"民俗"二字检索,搜到以下几篇文章:何思敬:《民俗学的问题》,《民俗》1928年第1期;何齐《民俗学大意》,《东方杂志》1925年22卷第14期;叶德均:《民俗学底意义及其变迁》,《文学期刊》1935年第2期。

③ 瞿同祖:《俗礼法三者的关系》,原载于《社会研究周刊》第32~35期,后又载于《北平晨报》1934年4月25日;《北平晨报》1934年5月2日;《北平晨报》1934年5月9日。

④ 黄华节:《民俗社会学的三分法与四分法——论风俗礼制四者的关系》,《社会研究周刊》第52、53期。

⑤ 瞿同祖:《论风与俗制与法的同异问题》,《社会研究周刊》第55期。

述三篇文章的相关介绍和讨论。本文对这三篇文章的介绍旨在抛砖引玉，以期引起学术界对民国民俗学研究的关注。

瞿同祖论俗、礼、法

瞿同祖，1910 年 7 月 12 日出生于湖南长沙世宦之家，祖父瞿鸿机，父亲瞿宣治，他从小受到传统文史知识的训练和熏陶。1930 年，瞿同祖被保送至燕京大学，主修社会学、人类学、心理学和历史学。1934 年，他在吴文藻和杨开道的指导下，攻读社会史研究生。在其学位论文基础上修改而成的《中国封建社会》和在西南联大教授中国法制史课程时撰写而成的《中国法律与中国社会》是瞿同祖的两部重要著作。《俗礼法三者的关系》一文发表于 1934 年，应是他攻读社会史研究生阶段所写。

《俗礼法三者的关系》开篇是对“习惯”概念的厘定。瞿同祖依据西方达尔文生存竞争学说和斯宾塞适者生存理论，认为“习惯”的产生，是“人类的生存竞争着重在对社会环境的一种自觉、自动的调适”和“欲望的满足”。为了更好地解释“生存竞争”和“欲望的满足”，瞿同祖又援引了多位西方社会学者的观点，包括亚克·诺维科(Novicow)提出的“生存竞争为生理的、经济的、政治的和心智的四大类”，而奥尔波特(Alloprt)提到的人类两大动机“抗争及性欲”，以及孙末楠(Sumner，后来翻译成萨姆纳)的“饥饿、性爱、虚荣、恐惧(灵鬼的)”四大动机，得出生存竞争无非是“欲望的满足”。

那么，在竞争激烈的社会中欲望如何满足？人们就需要在实践中反复摸索，找到一种最有效的方法，时时学习，成为一种习惯，即“熟习成性”。瞿同祖认为，“习惯”是一种(经过学习的过程)能免除痛苦，以最简捷省力的手段得到快乐的方法。此处“习惯”的解释强调人类之初的“生物性”特征。

“习惯”是个人行为，那么“风俗”就是群体习惯，但两者关系密切。“风俗”的形成同样与“欲望的满足”和适应环境有关。在同一社会中，文化及物质的环境相同，各人所采取的对付环境的方法虽程度有别，但大致相同，因而，摸索出来的最为有效的个人习惯，经过其余人的“模仿”，成为一个社会整体的习惯，便成为“风俗”了。风俗特征如下：一、偶然的、无意识的发现，即挑选一种最适合于环境的方法而已；二、被某一群体认定的一项正确的行为,成为公共法则得到后世的遵从;三、风俗是文化的一部分,代代相传;四、与所生存的环境有关。风俗的功用原只在使人能适应其社会,满足欲望。

相对于"习惯"、"风俗"的原古意义,"礼"相对容易理解。瞿同祖认为:风俗为的是使人能以最简捷的方法获得欲望的满足,但依照着公共的行为法则,便可以很省事地适应于社会。等到风俗被加以哲学的伦理的观念,认为与社会的福利有关,便成为礼。礼是对风俗的哲学化、伦理化,周朝周公、隋朝牛弘、唐朝魏征、宋太祖赵匡胤等人所做的工作,就是把当时的风俗加以规定列为规律,加以理论化。"礼"之所以存在,在于人的自私的天性会让自身欲望无节制,甚至造成社会混乱,为了抑制这些欲望,要求"礼仪仁让",儒家的伦理教化和"修己救世"得以产生。关于"礼"以"合乎节度的欲望的满足为目的"、"礼是一社会用以满足人类的需要及欲望的行为的法则"的解释,是借用了萨姆纳的理论。

"礼"的特征有四:一、礼是从哲学和伦理的角度对风俗加以改造,并被看成真理的;二、礼本身无好坏之分,礼的好坏全在于能否适应其时的旨趣及环境;三、"礼"是经过儒臣的讨论,而成书面的形式流传;四、礼是文化的一部分,礼中包括的仪式、音乐、歌舞及礼器等文化,都是人类某种情感的发泄。

习惯、风俗和礼的讨论,最终指向法。萨姆纳认为,法律产生自礼。法律如何由礼产生?由于礼只能给人一种行为的形式、道德的约束,违反者只能受到社会的遗弃和道德的谴责。但是法律的制定,有相应的刑罚来惩治奸邪。因此,礼和法不但是不相违的,反而是相成的。这充分表明人因为欲望的满足而发生冲突及争夺礼俗不能止的时候,要求助于法的裁判。

法的特征如下:一、经过详细的考虑,逐条规定,为有意的、有目的地制作;二、经过正式公布的;三、法是有罚则的,违者必受刑,而"律均布也",法是一律平等的;四、法虽出于礼,但范围狭于礼,因为礼包含一切行为之方式,而法则只为禁乱止暴方面的言行而已;五、为文化之一部分:须读法律才晓得所在社会的法。法的功用在于使人获得欲望的满足时,不可危害社会上的秩序。法和礼俗的不同之处在于,当生存环境改变时,礼俗会随着生存环境的变化而有所改变,但是法是著于典章的,所以必须经过修改及重新颁布的手续。

瞿同祖提到，他纂写此文的目的在于以社会学的眼光来定义礼俗法，解释三者之间的关系，并指明由习惯演化到法律的程序。习惯—风俗—礼—法被视为中国传统社会整体秩序，四者之间层层递进。个人习惯到社会风俗，社会风俗的哲学、伦理化和形诸文字，惩治和维持礼俗道德的法律条文，在瞿同祖的陈述中，习惯、风俗、礼、法四者，层层递进、具有整体性，这也成为他对于中国法律和中国社会的理解，这一学术思路贯穿到他此后的著述中。

此外，还要提到瞿同祖对萨姆纳理论的借鉴。萨姆纳在有关民俗的论述中，指出民俗形成过程中的生存和欲望的满足，民俗的正确性、习惯的不断重复和满足到民俗的形成，德范是民俗的哲学和伦理，制度和法律出自德范。① 显然，诸多观点都来源于萨姆纳。然而，瞿同祖在结合理论的同时，汇集和重组大量的中国史籍资料来分析中国传统风俗、法律和社会，这种整体性的追求对我们现在是有借鉴意义的。

黄华节论风、俗、礼、制

黄华节，笔名黄石，广东人，生于 1901 年。1923 年前后，曾到暹罗，不久回国，进入广州白鹤洞协和神科大学，1924～1925 年，跟随该校校长龚约翰博士（Dr. John S. Kunkle）研究宗教史。② 1928 年前后，赴北京，在燕京大学研究院研究宗教和民俗。1934 年前后，黄华节于河北定县县政建设研究院任礼俗调查之职，同时也是国立中山大学社会研究所《社会周刊》的社员。在给杨庆堃的信件中，黄华节叙述了自己的学术旨趣和研究计划。他表示要在国内选择适当区域，做数年的田野调查，回到北平后，一方面整理田野资料，一方面深入故纸堆中，搜求史书记载的相关史料，以求与田野材料相印证。他的学术计划包括定县区域研究、编纂岁时礼俗史、中国婚姻礼俗

① 萨姆纳：《民俗：论惯例、风度、风俗、德范和精神的社会学意义》，高丙中：《民俗文化与民俗生活》，中国社会科学出版社，1994 年。

② 赵世瑜：《黄石与中国现代早期民俗学》，《北京师范大学学报》（社会科学版）1997 年第 6 期。

史、丧葬礼俗史、区域比较研究和礼俗与文化研究。①

民俗学的三分法和四分法是由黄华节提出的。如果说瞿同祖关于俗礼法的讨论最终指向习惯到法律的程序，那么，黄华节对风俗礼制则是从民俗的“正名学定义”来讨论的。黄华节对瞿同祖的质疑表现为两个方面：第一，风和俗两者适宜分开；第二，法改为制，法是独立的科学，是民俗学的研究范围，而制度研究更适合民俗学研究范围。因此，在黄华节的理论框架下，俗礼法三分法改成了风俗礼制，四者都是民俗学的研究范畴。三分或四分暂且不论，先来看黄华节关于风俗礼制的论述。

黄华节给出三种判别民俗种属和性质的标准：凝结度（Defininess）、强固度（Intenrity）和意识的明暗度（Brightness of Concionsness），三种属性被依次分成了若干个等级，用来辨别风、俗、礼、制的不同特征。

所谓“凝结度”，是针对民俗的产生过程而言的。民俗的产生过程为六个步骤，即民俗的产生之初，是人类为求适应环境、谋求生活，创作办法来应对环境，即“创制（Intiation）”；但因智力、经验、环境不同，纷然杂陈的办法均要在环境中应用，即“试行（Trial）”；各种办法相互比较，是谓“选择（Selection）”；选择一种大家公认的最为有效的办法，是为“仿效（Imitation）”；仿效要经过相当的时日，谓“熟习（Acquistion）”；等到熟习后，代代相传，成为一种公认的标准方式，是为“裁定（Ratification）”。创制和试行阶段，流动性强，可塑性大，为凝固第一度；在选择阶段，大致已有认同，但需要修缮、变更，即还有若干的可塑性，故为凝固第二度；在模仿与熟习阶段，变化已经十分微小，可塑性最小，是为凝固第三度；到了裁定的时候，完全顽固化，一点可塑性（Plasticity）都没有，是为凝固第四度。即凝结度分为四个等级。

所谓“强固度”，是指民俗的威势或约束力的程度。强固度为四级：第一度，一种共同习惯为大家所遵从，但没有“强人以必从”的力量；第二度，为社会所公认，而相当范围内容许有例外者；第三度，不容许有例外，但可以有考虑或讨论的余地；第四度，已成统一标准的定式，不容人持异议，达则加以有效制裁者。

所谓“意识度”，是指作为社会一分子的个人，对于其行为方式的反省程

① 黄石：《与杨庆堃君函》（通讯研究），《社会研究周刊》第70期。

度而言。反省之时所用的思考，就是意识度。由于很难有客观的测量，因而用最明、明、较晦和最晦之类的比较名词来表示意识度的等级。

接着按照凝结度、强固度和意识度来评价风俗礼制的四等级：

就凝结度而言，“风”是最流动的，变动率和可塑性都很大，恰相当于创制、试行两个阶段，凝固度为第一度。“俗”，经过比较和选择的作用，从流动变为凝固的状态，从可塑的软性变成不可塑的硬性，凝固度为第二度。“礼”，是经过意识的审虑和鉴定，加以理性的思辨，然后规定下来，再用教育的手段传授于他人及后代，使人人做有意的模仿及熟练的学习。民俗一旦成为礼，就不容或异，不容怀疑，凝固度为三级。“制”，执政者要创造及维持社会的秩序，特意制作系统的法度，明令颁布，令全体一致遵守，违则以刑罚制裁之。行为的规范，达到最顽硬的程度，是为第四度。

从强固度来分析，“风气”的强固度最为微薄，因为它尚未凝固为一致共守的定式，各人在一种风靡的风气之下，仍保有相当的自由，而不痛感于社会的制裁，它几乎没有“强人以必从”的力量。“礼”是俗的理性化，礼的责难，每诉于良心，而构成善恶的问题，故强固度要强于俗。“制”的强制力，相比于“礼”，要更强一筹。

从意识度来说，风的意识度最低，俗次之，礼、制最高。民俗的长成及传播的过程，多半依赖本能和反应，不需要很明确的意识。但是礼、制的意识度是很明显的，礼是经过理性缜密的考虑，然后组织成有条理的规例，故其结构更紧凑，凝固度也越高。制是权威者有意的制作，所以统一全社会行为的典型，其背后有刑赏与政治的威力来支持，益增其意识度。

在黄华节看来，风—俗—礼—制四者，关系密切。俗是风的凝固化，礼是俗的理性化，制是礼俗的系统化。类似“风气”、“时尚”、“嗜好”等这类民俗现象，因其流动性强、善变等特征，化及大众、熟习之后，成为恒久的、不容分歧、凝固的“俗”。礼是经过理性缜密的考虑，从中选择较为分散的风俗组织成有条理的规例，结构紧凑。制是权威者有意的制作，统一全社会行为的规范，其背后有刑赏与政治的威力来支持，增其硬性。反过来，制度的原料，取自民间现行的习俗和士大夫阶级所传授的礼，从中斟酌损益，使成条理井然的系统，故制是礼俗的系统化。

黄华节关于风俗礼制的讨论，除了有对民俗学萌芽时期含混概念的辨析,即“正名学定义”外,重要的一点在于改良风俗的需要。写作此文时,黄华节正在河北定县县政建设研究院任礼俗调查员,按照三度量来分类风俗礼制,来自于他的实地工作经验,即在移风易俗和改造民俗时需要有一种可以测量的科学方法。三度量的另一重要目的在此:因为明白了民俗的凝固度,就不啻知道哪一类民俗容易改变,哪一类民俗容易撼动。第二层测定了民俗的强固度而分别归类,就等于明白了它们在文化上,在生活上怎样发挥其作用。这样实行起来,假如改良家去推行一种善良的新风俗礼制,或革除一种旧的、恶的,他就晓得从何处着手,用何种手段。比方说有些民俗要运用政治、法律、道德或教育的力量,才建立得起,或改革得掉,有些却只需利用有声望威势的人,造成一种趋尚就得了。这样,要做移风易俗的工作,就不致走岔了道,劳而无功了。假如我们研究清楚了各民俗的意识度,我们就可以从意识上下指导的功夫,利用心理学的原理去移转人民的步趋,民俗改良和建设岂非更易成功。

用凝固度、强固度和意识度来区分社会现象和民俗现象,区分风俗礼制,找出其中的不同点,并找出相应的对策来移风易俗,正是当时礼俗调查和礼俗改革的目的所在。正如许地山所言,“改良一个地方的风俗和礼仪,就得先做调查的功夫,细细地把个中利弊分析出来才谈得到‘制礼作乐’和‘化民成俗’”①。

瞿同祖与黄华节的观点论争

关于黄华节提出的三分法和四分法,瞿同祖并不认同。无论是俗礼法三分法,还是风俗礼法四分法,甚至是风俗礼制法五分法,问题的关键在于如何定义和区分。黄华节质疑的“风俗分离”和“法律改为制度”两种观点,瞿同祖认为,第一,风和俗只是程度的不同,而不是种类上的差别,所以不应区分开来;第二,黄华节定义的“制”实则为“法”,黄本身对这两个概念不分,但同时他也承认制度和法律之间的联系和区别,所以有进一步区分的必要。

瞿同祖和黄华节关于俗礼法或风俗礼制的论争,并非完全对立,反而其

---

① 许地山:《礼俗调查与乡村建设》,《社会研究周刊》第65期。

中的核心观点和论证的方式基本相同。尤其是俗(风或俗)—礼—法(制)三者的层次关系,指陈出中国社会的礼制、法律源自习惯和风俗,而习惯和风俗是初民社会因由生存竞争和欲望满足而产生的。对于风俗、民俗来源的观点显而易见与当时民国学术界中的进化论思想、西方学科知识的引进密切相关。桑兵提到,自晚清梁启超倡导“新史学”以来,社会学、人类学等西方社会科学对中国史学的影响逐渐增强,史学界“眼光向下”,借助考古学、人类学来辅助史学,用民俗学印证古史。① 燕京大学社会学专业出身、擅长社会法律史的瞿同祖,在其《俗礼法三者的关系》一文中提到的达尔文进化论,以及对西方学者尤其是萨姆纳的观点的引用,可见在当时学术氛围中,他自觉地汲取和运用西方理论和方法来解释中国的传统社会。瞿同祖对俗、礼、法三者关系的辨析,与他所讨论的法律与社会的关系,以及《中国法律与中国社会》写作思路一致。

较为遗憾的是,目前还没有办法得知黄华节提出的“凝结度、强固度、意识度”三度量和各自等级,以及民俗产生的六个阶段为他个人理论还是引用西方学者理论,但我们知道的是,黄华节外语素养较高,对于西方人类学理论、民俗学理论、神话学理论等较为熟悉。② 在黄华节关于风俗礼制的讨论中,笔者认为,其提出的四分法的框架应该是采纳了瞿同祖的俗礼法,但从民俗学层面来说,他把“风气”、“时尚”和“嗜好”归纳入“风”和将“法改为制”的讨论,是有一定道理的。“一时”的风气和“代代相传”的风俗加以区分,有助于我们分辨社会上的民俗事象;而法律和制度两者,前者本身是一门独立的科学,而后者“为民俗发展成形的最高的形式,素为民俗学研究对象之一”,从民俗学角度探究人类早期不成文的制度、村落约定俗成的制度等,用“制度”更为合适。瞿同祖的否定,没有对错,更多的是体现了法律学者和民俗学者的差异。

另外,与瞿同祖书斋式的学术探索有所不同,作为中国早期的民俗学

---

① 桑兵:《从眼光向下回到历史现场——社会学人类学对近代中国史学的影响》,《中国社会科学》,2005 年第 1 期。

② 赵世瑜:《黄石与中国现代早期民俗学》,《北京师范大学学报》(社会科学版)1997 年第 6 期。

家，黄华节在民俗、礼俗的研究中，注重田野调查和具体实践。时任河北定县县政建设研究院礼俗调查员职务的黄华节，在礼俗研究会的指导下，“废除陋俗和冗礼，使民众在无形中节省许多浪费和少做些无意识的举动”①，如何定义和扫除“陋俗和冗礼”，则需要实地调查。基于此，黄华节提出三度量和相应等级法，可以具体运用到实地考察中。

应该说瞿同祖和黄华节对于礼俗的理论思考、调查和实践，让我们在了解民国早期社会学者和民俗学者的学术互动、学术旨趣之余，对于充实中国民俗史和民俗学史学科的理论建设，以及民俗学学科的当下责任具有借鉴意义。

① 许地山：《礼俗调查与乡村建设》，《社会研究周刊》第65期。

东方民间文学学科建设刍议

——以北京大学为例

陈岗龙[1]

东方民间文学是一个新兴的边缘学科，在教育部研究生招生目录中虽然目前只有北京大学设置有外国语言文学一级学科下亚非语言文学二级学科所辖东方民间文学博士生招生方向，但是国内不少高校的相关学科领域里已经有学者从事东方民间文学的研究，也有不少研究生选择东方民间文学范畴的研究题目撰写完成学位论文，由此可见东方民间文学是有较好的发展前景的。

东方民间文学从最初的作品（文本）翻译、零星研究发展到有学科意识的教学科研领域，经历了半个多世纪的历程，而且基本上是伴随着我国东方文学学科的建设和发展步伐的。可以说，东方文学从一开始就孕育了作为其重要分支和组成部分的东方民间文学的学科基础。从20世纪初开始译介阿拉伯、印度等东方国家的《天方夜谭》和《孟加拉民间故事》等故事作品开始，直至21世纪初，在将近一个世纪的时间内国内学者相继翻译出版了以《一千零一夜》、《五卷书》、《罗摩衍那》、《摩诃婆罗多》、《卡里莱与笛木乃》、《吉尔伽美什》、《列王纪》等名著为标志性成果的东方各国民间文学经典，其中各国口传民间故事的翻译更是不计其数。这些翻译成中文的东方各国民间文学经典文本，不仅是外国文学学科的科学研究资源，也是中国民间文学研究领域宝贵的共享资源。同时，许地山、季羡林、金克木、刘安武、张鸿年等老一辈的东方文学研究专家对《五卷书》、《罗摩衍那》、《列王纪》等东方代表性童话和史诗进行了开拓性的研究，接踵而来的黄宝生、郅溥浩、张朝柯等学者对《摩诃婆罗多》、《一千零一夜》和古代希伯来民间文学的翻译和

---

① 陈岗龙，博士，北京大学东方文学研究中心教授。

研究作出了突出贡献。但是,早期对东方民间文学的研究基本上还是侧重于东方文学史的角度,采用的视角和方法还是作家文学研究的眼光和书面文学研究的理论。值得强调的是,季羡林先生很早就认识到东方各国民间文学的研究要有民间文学和比较文学的双重眼光,他在《比较文学与民间文学》中的《五卷书》和《罗摩衍那》的研究就是遵循这两个学术原则的,这也可以说是东方民间文学能够发展成为一个新兴学科并日益受到青睐的预言性学科框架基础。进入新世纪以后,随着东方文学学科的进一步发展和研究理论的多样化,东方民间文学的学科概念在北京大学首先被正式提出来,并在十多年的时间内从学术成果到课程建设、研究生培养方案都有了初步的三级学科的清晰框架。张玉安、陈岗龙等所著的四卷本《东方民间文学概论》是国内首部系统论述东方各国民间文学的概论性著作。自 2006 年出版以来在东方文学和民间文学领域产生了良好的学术反响。张玉安、陈岗龙主编的"东方民间文学丛书"是国内第一次系统介绍东方各国国别民间文学的丛书,已经出版阿拉伯、印度、巴基斯坦、中亚、蒙古、泰国、菲律宾等国家的民间文学。2006 年,北京大学外国语言文学学科就设置了东方民间文学博士生招生方向,至今已招收四届博士生。但是,东方民间文学范畴的研究生论文则是很早就开始而且也不局限于北京大学。就北京大学来讲,近年来每年产生十来篇东方民间文学或者东方国别民间文学的研究生学位论文,这些论文集中展示了亚非语言文学学科框架内的研究生培养趋势。而且近年来,有意识地培养东方民间文学专业人才也成了我们的工作重点。如 2011 年通过答辩的博士论文《菲律宾阿拉安芒扬人的神话、巫术和仪式》被评为北京市优秀博士论文,论文作者史阳连续五年赴菲律宾山区进行山地土著民族芒扬人的民俗学田野调查,充分发挥菲律宾语和芒扬语等东方多语种优势,在丰富的第一手鲜活资料的基础上写出了系统而深入论述芒扬人神话观念、巫术仪式的博士论文。此外,亚非语言文学学科的其他研究生也在古代两河流域神话和史诗方面写出了语文学研究的扎实的毕业论文。这些研究生论文虽然都冠以亚非语言文学学科,但是研究范畴已经是很明确的东方民间文学(或者是古代东方民间文学,或者是现代东方民间文学)。亚非语言文学学科框架下的东方民间文学研究生论文的一个突出特点就是发挥语言优势,利用对方国家语言的第一手原典材料进行研究,在翻译和研究两个方面都有所收获,这是其他学科很难做到的。

从学科基础奠定开始,到学科框架雏形的形成,东方民间文学经历了半个多世纪的漫长历程,虽然今天我们明确提出"东方民间文学"的学科概念,但是我们心里清楚,东方民间文学的学科基础是东方文学领域几代学者共同努力的结果。只不过是到了新世纪,在新的条件下东方民间文学得到了进一步的体系化和学科资源的合理整合,并在东方文学的领域中凸现出来,也受到了更广泛的关注。而这种关注,则更多地来自于民间文学和民俗学学科对东方文学的跨学科观照。如果没有民间文学和民俗学理论与方法的引进和学科意识的强调,东方各国的民间文学依然被深埋在东方文学史的巨大河流中,得不到重视,体现不出她的民族传统文化价值。因此,可以说,如果没有民间文学和民俗学,就没有东方民间文学。

东方民间文学首先是用民间文学的理论考察和研究东方文学史上的各国民间文学和现代东方各国活形态的民间文学,这不仅是视角和理论方法的转变,更是学科理念和学科问题意识的转变。在过去的东方文学史研究中,很多本属于口头传统的民间文学文本(在文学史上更多地表述为作品)被一概当作一次性创作的书面文学作品,其研究和分析的结论和这些文本所属的口头传统的实际就有了比较大的距离。而东方民间文学学科概念的确立,首先在考察东方各国民间文学文本的时候明确了文本属性和文本形成过程中由口头传统到书面传统的转变等诸多问题。这样,民间文学文本就更多地保留了口头传统特质的信息,也恢复了其鲜活性。在东方各国民间文学的国别研究或者比较研究中广泛应用民间文学和民俗学的理论方法,不仅拓展了东方文学的研究视野,也促进了东方民间文学的整体性特征和民族性的探讨。同时,用民间文学和民俗学的视角和理论方法考察和分析研究东方民间文学丰富而鲜活的资料所得出的具体研究成果,也反馈到民俗学和民间文学学科领域里,引起国内民间文学和民俗学学者对国外尤其是中国周围东方国家民间文学和民俗学的关注。而且特别是因为东方民间文学中的很多国家的民间文学与中国民间文学之间有密切联系,东方民间文学和中国民间文学都有共同的交叉领域和共享资源。其中最明显的就是跨境民族的民间文学和民俗学将东方民间文学和中国民间文学自然而然地联系到一起来。譬如,越南民间文学、泰国民间文学、印度尼西亚马来西亚民间文学、韩国朝鲜民间文学、蒙古民间文学、中亚民间文学等都与中国民间文学有着源远流长的关系，东方民间文学和中国民间文学两个学科结合构成真正的东方民间文学学科，而这种结合首先需要打破外国语言文学和中国语言文学两个学科之间的界限，也需要我们重新审视民间文学在中国语言文学、外国语言文学和社会学三个一级学科中的特殊性和重要性，但过去民间文学一直被边缘化的做法实际上却并不符合民间文学贯通中外文学和文化的学科属性。而民俗学学科所关注的人类口头传统与非物质文化遗产的保护与研究中，东方各国的经验可以提供可供借鉴的资源，而这正好是东方民间文学近年来一直强调的。据 2007 年 6 月 8 日《光明日报》所载，联合国教科文组织“人类口头和非物质文化遗产代表作名录”中菲律宾的“兰瑙湖玛冉瑙人的达冉根史诗唱述”、“伊夫高族群的呼德呼德圣歌”，印度的“拉姆里拉——《罗摩衍那》的传统表演”，柬埔寨的“斯贝克托姆——高棉皮影戏”，孟加拉的“吟游歌师歌曲”，印度尼西亚的“哇扬戏”，韩国的“板索里说唱”，中亚吉尔吉斯斯坦的《玛纳斯》史诗、雅库特的“奥龙库——英雄史诗”，蒙古的“长调民歌”等，均榜上有名，无可非议地见证了东方各国优秀的口头传统在人类文化创造中的崇高地位。在全球化的今天深刻认识人类文化的多样性，认识我们身在其中的东方各国传统民族文化的多样性，都具有重要而深远的意义。而这是东方民间文学和民俗学所关注的共同的研究课题。

东方民间文学目前是外国语言文学一级学科下亚非语言文学二级学科所辖三级学科招生方向。但是因为东方民间文学本身的特殊性和一定程度上的重要性，也涵盖了中国语言文学、外国语言文学和社会学三个一级学科下面的民间文学与民俗学的研究内容和研究问题。

东方民间文学（含民俗学）是超越东方各国单一的国别民间文学（民俗）的学科概念。因此，东方民间文学（含民俗学）方向的研究生在专业学习和论文选题上应该具备整体东方文学和东方文化的视野，要有总体东方文学（东方文化）的研究理念。同时，又要和中文系的民间文学专业有所区别，最主要的就是要求研究生选修至少一门东方国家的语言，重点熟悉东方某一国家的民俗和民间文学。这就要求，东方民间文学（含民俗学）的研究生培养需要亚非学科各个语种之间的紧密合作、共享资源，培养出真正意义上的亚非语言文学专业综合型研究人才。

东方民间文学(含民俗学)同时又是涉及东方文学史、民间文学、民俗学、人类学等多学科研究领域的新兴学科,东方民间文学(含民俗学)研究生的培养涉及上述这些学科的理论和方法的专业训练。因此,东方民间文学研究生的教学必须打破纯语言学习的界限,让研究生接受研究东方民间文学(含民俗学)必须具备的多学科的专业训练。经过严格的多学科专业训练的研究生,其撰写的论文不仅会在外国语言文学学科中有影响,而且应该在民间文学和民俗学领域也会产生影响。

目前北京大学除了全校本科通选课"东方民间文学概论"之外,原东语系部分专业开设过蒙古民间文学、巴基斯坦民间文学、菲律宾民间文学、东南亚民间文学等民间文学课程。东方各国民间文学和民俗学的课程,不仅能够提高各语种本科生学习对象国语言和文化的兴趣,而且也为东方民间文学(含民俗学)的研究生培养奠定良好的基础。而如果没有这样的基础,研究生入学以后不仅要补民间文学理论和民俗学理论的课,更重要的是在研究生特别是博士生阶段补东方各国民俗文化知识方面的课,实际上直接影响研究生的知识结构。关键是各个语种应该认识到民间文学和民俗学在亚非学科语言教学中的潜在作用,学习语言的学生如果真正想了解对象国家的文化,除了政治、经济和国际关系等方面,还应该观察和学习对象国家人民的生活文化,而这正是民间文学和民俗学所要讲授的内容。因此,设置民间文学和民俗学的课程,不一定立竿见影,马上起作用,但是对一个在亚非语言文学专业学习的学生来讲,会在他整体的专业素养中产生长远的影响。

谁应是非物质文化遗产的认定者

张　勃①

摘　要:非物质文化遗产保护工作不等同于非物质文化遗产代表性项目保护工作,更不等同于政府主导的非物质文化遗产代表性项目名录体系的建设工作和对名录项目的保护工作。“非物质文化遗产”只是部分传统文化表现形式以及相关实物和场所的身份。非物质文化遗产的身份需要认定。文化持有者对其非物质文化遗产的认定理应是整个非物质文化遗产保护工作的起点。政府可以组织专家,秉承“助人自助”的理念,协助地方社会开展非物质文化遗产及其代表性项目的认定工作。政府应该尊重族群、社区或个人有关非物质文化遗产及其代表性项目的认定结果,并在其基础上展开国家层面不同级别的非物质文化遗产代表性项目保护工作。

关键词:非物质文化遗产保护;非物质文化遗产代表性项目;认定

一、认定是开展非物质文化遗产保护工作的首要环节

自我国开展非物质文化遗产保护工作以来,政府对非物质文化遗产这一概念有过不同的界定。但无论怎样界定,都充分肯定“非物质文化遗产”的正面价值。例如,2005 年国务院办公厅发布的《关于加强我国非物质文化遗产保护工作的意见》(国办发[2005]18 号)就明确指出:“非物质文化遗产既是历史发展的见证,又是珍贵的、具有重要价值的文化资源。我国各族人民在长期生产生活实践中创造的丰富多彩的非物质文化遗产,是中华民族智慧与文明的结晶,是联结民族情感的纽带和维系国家统一的基础。保护和利用好我国非物质文化遗产,对落实科学发展观,实现经济社会的全面、

① 张勃,博士,北京联合大学北京学研究所研究员。

协调、可持续发展具有重要意义。”同时又说：“非物质文化遗产与物质文化遗产共同承载着人类社会的文明，是世界文化多样性的体现。我国非物质文化遗产所蕴含的中华民族特有的精神价值、思维方式、想象力和文化意识，是维护我国文化身份和文化主权的基本依据。加强非物质文化遗产保护，不仅是国家和民族发展的需要，也是国际社会文明对话和人类社会可持续发展的必然要求。”①这样的宣称，事实是将传统文化表现形式进行了精华与糟粕的区分。非物质文化遗产是传统文化表现形式中的精华部分。换句话说，不是所有的传统文化表现形式都是非物质文化遗产，“非物质文化遗产”只是部分传统文化表现形式的身份。只有那些被认为具有价值、值得珍视的传统文化表现形式才是非物质文化遗产。因此，一种传统文化表现形式是否具备非物质文化遗产身份，需要经过认定。

认定是开展非物质文化遗产保护工作的首要环节。我国非物质文化遗产保护工作所针对的对象是非物质文化遗产，只有被认定为非物质文化遗产的传统文化表现形式才具有被保护的正当性。如此一来，认定者是谁就变得十分关键，因为正是他们决定着哪些传统文化表现形式应该得到保护。

那么谁应该成为非物质文化遗产的认定者？又是谁成了非物质文化遗产事实上的认定者？

二、非物质文化遗产认定者的应然与实然

关于非物质遗产认定者的应然，我们不妨从两个重要的相关文件进行分析。

其一，根据联合国教科文组织2003年通过、我国2004年加入的《保护非物质文化遗产公约》，非物质文化遗产“指被各社区、群体，有时是个人，视为其文化遗产组成部分的各种社会实践、观念表述、表现形式、知识、技能以及相关的工具、实物、手工艺品和文化场所”。在这里，“各种社会实践、观念表述、表现形式、知识、技能以及相关的工具、实物、手工艺品和文化场所”要获

① 中华人民共和国中央人民政府官网 http://www.gov.cn/zwgk/2005-08/15/content_21681.htm.

得非物质文化遗产身份的唯一条件,就是“被社区、群体,有时是个人”视为其文化遗产的组成部分。也即某种传统文化形式是否具有非物质文化遗产身份是由社区、群体或者个人认定的。

其二,根据2011年通过并实施的《中华人民共和国非物质文化遗产法》,非物质文化遗产是“各族人民世代相传并视为其文化遗产组成部分的各种传统文化表现形式,以及与传统文化表现形式相关的实物和场所”①。在这里,各种“传统文化表现形式以及与传统文化表现形式相关的实物和场所”若想获得“非物质文化遗产”的身份需要具备两个条件:条件之一是它们本身世代相传;条件之二是它们被各族人民视为其文化遗产的组成部分。条件之一与我们此处讨论的话题无关,暂且不论。根据第二个必要条件,某种“传统文化表现形式以及与传统文化表现形式相关的实物和场所”是否能够具有“非物质文化遗产”的身份取决于“各族人民”的认定。

从这两个法律文件的表述来看,非物质文化遗产的认定者理应是其持有者。持有者对非物质文化遗产的认定理应是整个非物质文化遗产保护工作的起点。

然而事实并非如此。

我国非物质文化遗产保护工作自开展以来,就格外强调政府作用的发挥。《国务院办公厅关于加强我国非物质文化遗产保护工作的意见》(国办发[2005]18号)中明确规定保护工作的原则是:“政府主导、社会参与、明确职责、形成合力;长远规划、分步实施、点面结合、讲求实效。”②《中华人民共和国非物质文化遗产法》中同样强调政府责任。比如第七条规定:“国务院文化主管部门负责全国非物质文化遗产的保护、保存工作;县级以上地方人民政府文化主管部门负责本行政区域内非物质文化遗产的保护、保存工作。”“县级以上人民政府其他有关部门在各自职责范围内,负责有关非物质

① 中华人民共和国中央人民政府官网 http://www.gov.cn/flfg/2011-02/25/content_1857449.htm.

② 中华人民共和国中央人民政府官网 http://www.gov.cn/zwgk/2005-08/15/content_21681.htm.

文化遗产的保护、保存工作。”①政府负责非物质文化遗产保护工作，这样的做法不仅有法律依据，而且有其优势。作为拥有大量资源的公共权威机关，政府可以动用各种资源，迅速有力地将这项工作落到实处。这也是我国非物质文化遗产保护工作虽然启动时间不长，却已经取得很大成绩的重要原因。但我们也必须注意到，在“政府主导，社会参与”的工作原则之下，在“文化主管部门和其他有关部门进行非物质文化遗产调查，应当对非物质文化遗产予以认定、记录、建档，建立健全调查信息共享机制”②等法律条文的规定中，我国的非物质文化遗产保护工作主要围绕国家、省、市、县等不同级别非物质文化遗产代表性项目的认定和保护来进行，只有向政府申报、经过政府组织的评审、由政府公示、批准、公布的传统文化表现形式以及相关的实物、文化场所才具有非物质文化遗产的身份，政府成为合法的和事实上的非物质文化遗产的认定者。而文化持有者对非物质文化遗产的认定这一基础性和关键性工作被忽略了。非物质文化遗产认定者的实然在很大程度上偏离了它的应然。

如果我们承认非物质文化遗产保护工作的目标在于“确保非物质文化遗产生命力”，那么对这一目标的实现而言，上述偏离至少造成了四种不利结果：

它将非物质文化遗产保护变成对进入各级名录的非物质文化遗产代表性项目的保护，那些具有价值、值得珍视但不能进入各级名录的传统文化表现形式就被排除在保护工作之外。

它忽视了持有者认定环节对于非遗保护的重要作用，不利于持有者自觉保护意识的形成。我国各种传统文化表现形式绝大多数是以不同族群、社区为背景，由族群、社区民众集体创造和发展而来的，非物质文化遗产在持有者中的认定过程实质上是族群、社区民众对族群传统文化、社区传统文化进行认知、理解、评价乃至再阐释的过程，通过族群、社区的认定，民众得

---

① 中华人民共和国中央人民政府官网 http://www.gov.cn/flfg/2011-02/25/content_1857449.htm.

② 《中华人民共和国非物质文化遗产法》第二章第十二条，http://www.gov.cn/jrzg/2011-02/26/content_1811128.htm.

以加深对既有传统文化的认识，能够对既有传统文化的价值、优劣进行判断，能够将自己珍视的传统文化从观念上转化为“我们的遗产”从而形成自觉保护的意识。而这种自觉保护意识是非遗真正得到保护并传承下去的关键。目前非遗保护工作中族群、社区认定环节缺失，它所具有的积极意义自然得不到发挥。

对政府保护责任的过分强调，使得《中华人民共和国非物质文化遗产法》本身存在着表述上的矛盾。众所周知，民族或族群与国家是不同的概念。但该法在将非物质文化遗产定义为“各族人民世代相传并视为其文化遗产组成部分的各种传统文化表现形式，以及与传统文化表现形式相关的实物和场所”的同时，却主张国家（政府）对非物质文化遗产进行认定。这是自相矛盾的表述。

三、厘清非物质文化遗产保护工作中的认定权利和责任

无论从法律规定方面来看，还是从纠偏的角度来看，在非遗保护工作的未来实践中，在非物质文化遗产的认定环节都需要更好地厘清政府与民众的关系以及政府作用发挥的重点和方向。

首先，应该从观念上和实践上明确中国非物质文化遗产保护工作所针对的对象是“非物质文化遗产”（Intangible Cultural Heritage），而不是“非物质文化遗产代表性项目”（Representative Items of Intangible Cultural Heritage），更不是政府认定的非物质文化遗产代表性项目（或者说纳入不同级别名录中的那些非物质文化遗产代表性项目）。

每个民族、每个社群都有自己的生活，都有自己的历史和现在，也都创造和享用着自己的文化。如果我们用下页图中的圈 1 代表该民族或社群所创造享用的文化的全部，那么作为其构成部分的传统文化可以用圈 2 来表示，传统文化中的非物质部分可以用圈 3 来表示。非物质文化遗产作为传统文化非物质部分中的精华，则可以用圈 4 来代表；圈 5 代表非物质文化遗产代表性项目；政府认定的非物质文化遗产代表性项目只能用圈 6 来表示。当然，在圈 6 内还可以划出圈 7、圈 8、圈 9、圈 10 等多个圈层，分别指代县、市、省、国家等不同级别的政府认定的非物质文化遗产代表性项目和世界级非

物质文化遗产代表性项目。对一个社群而言，可能永远都没有被政府认定的非物质文化遗产代表性项目，哪怕最低级别的，但一定有被本社群认定的非物质文化遗产代表性项目。

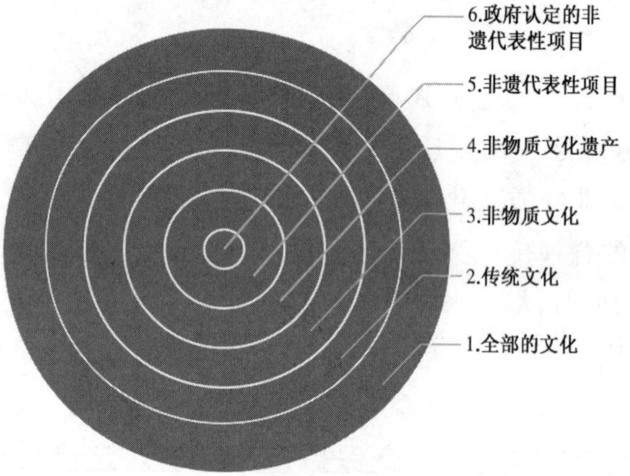

文化关系图

从文化关系看，非物质文化遗产代表性项目只是非物质文化遗产的组成部分，是被认为具有“代表性”的那一部分非物质文化遗产。因此，不能将我国的非物质文化遗产保护工作等同于非物质文化遗产代表性项目保护工作，更不能将其等同于政府主导的非物质文化遗产代表性项目名录的建设工作和对名录项目的保护工作。从上表的逻辑推演，政府发挥主导作用的范围应该局限于第 6 圈层。在这个圈层之内，不同级别的政府可以从自己的立场出发，运用自己的价值标准确定相应级别的非物质文化遗产代表性项目。

其次，同样从上面的文化逻辑推演，非物质文化遗产及其代表性项目的认定工作应该在族群、社区、地方社会内部开展，由族群、社区成员、地方社会的民众在讨论、协商的基础上形成关于那些传统文化表现形式是本族群、本社区乃至某些个体的非物质文化遗产的基本共识，开列本族群、本社区、本地方的非物质文化遗产项目清单及其非物质文化遗产代表性项目清单。鉴于非物质文化遗产保护工作在我国仅有十年左右的时间，一些族群、社区在认定意识、认定能力、清单整理等方面可能存在困难，政府可以组织专家，秉承"助人自助"的理念,协助地方社会在非物质文化遗产认定方面做一些事情,比如进行非物质文化遗产保护方面的公众教育,加强民众对开展认定工作重要性的认知,提升他们对既有文化的鉴别能力和认定能力,这也是引导民众介入非物质文化遗产保护工作的重要步骤。

再次,政府应该尊重族群、社区或个人有关非物质文化遗产及其代表性项目的认定标准和认定结果。非物质文化遗产及其代表性项目的认定归根结底是一种价值判断,但价值判断标准在不同主体那里并不相同。被文化持有者视为其文化遗产的传统文化表现形式,在政府看来可能并不值得珍视,有时非但不值得珍视,还被认为应该抛弃。在这种情况下,政府也不应以自己的标准去衡量,而应该充分尊重持有者自己的认定标准和认定结果。这其实是尊重地方社会文化选择的自由和权利。

最后,政府主导的国家、省、市、县四级非物质文化遗产代表性项目名录体系,应该以族群、社区、地方社会内认定的非物质文化遗产代表性项目为基础,不同级别非物质文化遗产代表性项目的申报主体都应该是该项目的持有者。地方政府可以根据已有的法律政策规定采取措施协助或代表持有者积极申报非物质文化遗产代表性项目或更高级别的非物质文化遗产代表性项目,并填报相应级别的申报书,以争取进入政府的名录体系或更高级别的政府名录体系,获得政府的支持和保护。如果某种传统文化表现形式为多社区、多族群所共享并被分别认定为本族群、本社区、本地方的非物质文化遗产代表性项目,地方政府可以促进多社区、多族群、跨地方的联合,使之达成共同申报的意愿。

民俗学与宗教社会学的关系

——从民间信仰变“非遗”谈起

甘满堂①

当下人文与社会科学研究领域还存在一些禁忌或“敏感”，但是这些禁忌与“敏感”如果纳入民俗学研究的学科话语体系，敏感度就会降八度。正如民间信仰，如果将民间信仰视为一种宗教信仰，从宗教社会学角度进行研究，其论文就很难在学术杂志上发表，但如果视为一种民俗，则敏感度消失。当下非遗运动正火热行进，民俗学界深度介入非遗运动，民间信仰转成“神明信俗”，则可以成为省级、国家级、甚至世界级非遗项目。民间信仰变“非遗”，能解决民间信仰的保护与传承问题吗？其实，民间信仰变“非遗”并没有从实质上改变民间信仰在城镇化过程中的“窘态”。因为，成为“神明信俗”代表的只是一些重点民间信仰场所的仪式活动，普通的民间信仰场所——村庙并不在列，而现在城镇化过程中，恰恰是那些村庙之类的普通民间信仰场所存在生存困境。因此，关乎民俗信仰方面的研究，我们应当引入宗教社会学的视角，多关注民俗信仰的宗教属性，给予它们合法的宗教场所身份，而不是仅仅停留在民俗信仰的仪式层面。

民俗学是研究民间风俗的一门科学。从研究方法来看，它是一门社会科学，主要有文献研究法与田野调查法，特别是关于当代的研究，多采用田野调查法。从研究内容来看，很多民俗学研究对象都具有信仰性质，从而历久不衰，成为社会文化生活中不可缺少的一部分。民俗学有四大对象，一是口头民俗学（口传文学），主要包括神话、传说、民间故事、童话、谚语、谜语、绕口令、民间歌谣、史诗等；二是风俗民俗学（仪式庆典），包括家族制度、社会制度、婚丧祭祀、迷信、游戏、民间舞蹈、民族音乐等；三是宗教民俗学（信

---

① 甘满堂，博士，福州大学社会学系主任、教授。

仰寄托)，包括民间宗教、佛教、道教、灵魂转世、妖怪、占卜、巫术、民俗疗法；四是物质民俗学(常民生活)，包括民间美术、民间饮食、民俗服饰、民间建筑。从以上四大对象来看，除第二与第三明确与宗教信仰有关外，第一与第四也是与信仰有关系，如史诗、民间建筑等。

社会学关注宗教问题，主要从宗教社会现象特征去把握宗教，宗教社会学认为宗教具有五个特征，一是宗教是一种群体现象；二是宗教与神圣和超自然的事物有关；三是宗教包含着一套信仰体系；四是宗教包含着一套实践活动；五是宗教包括道德的规定。从社会学角度研究宗教问题，主要是从社会群体角度，关注信仰背后的人群。而民俗学对信仰现象的关注，只注意到实践仪式，对于信仰与群体等关注较少。另外从研究方法角度来看，民俗学偏向于文献学，从文献中查找。而关注当代民俗问题，应当更多地采用田野调查法，通过参与观察与深度访谈等方式去收集资料。

近代中国民俗学的产生是与文化启蒙相关的，正如严复将西方社会学引入中国与社会启蒙相关。“五四”时期，民俗学者为了打破以圣贤历史为中心的旧文化，建设以民众历史为中心的新文化，发愿“要把几千年埋没着的民众艺术、民众信仰、民众习惯，一层一层地发掘出来”，但这个宏愿并没有完成。1949 年新中国成立后，民俗学与社会学一道，作为资产阶级学科被废除，直到 1978 年后才被允许恢复重建。民俗学与建设中国特色社会主义的大国相联系。一般认为，中国是一个多民族的国家，有悠久的历史和灿烂的文明与文化。当非物质文化遗产运动被介绍到中国后，为体现中国文化的多样性与悠久性，中国政府也积极申报世界非物质文化遗产项目。2005 年之后，民俗学者成了中国非物质文化遗产保护运动的主要学术力量，深度介入了该项工作。中国民俗学者普遍认为，参与非物质文化遗产保护运动是民俗学不可推卸的社会职责和学术职责，同时也是一次新的历史机遇。但面对这种机遇，民俗学所介入的“非遗”运动能否保护中国传统文化，特别是关于文化内核的有关民间信仰保护与传承问题?

闽台妈祖信俗在 2009 年成功申报为“世界非物质文化遗产”，应当有利于妈祖信俗的保护与传承。但如果从民俗学角度出发，仅停留在保护仪式层面上，则无法达到保护神明信俗的目标。因为代表“妈祖信俗”的一般是闽台两岸知名的妈祖庙，在福建方面代表性的妈祖庙有莆田湄洲祖庙、莆田厢城区文峰宫、莆田贤良港天后祖祠等，但实际还有很多村庙是以妈祖为主神，其“信俗”当然也是妈祖信俗。妈祖信俗成为“非遗”，是否所有妈祖庙都获得“非遗”传承载体的身份？答案是否定的。神明信俗成为“非遗”，为民俗信仰活动正常开展创造了政策环境，政府部门不再以“封建迷信”、“阻碍公共交通”、“引发治安事件”等名义干涉游神巡境等群体性仪式活动。但福建许多村庙并没有被登记为道教或佛教活动场所，它们并没有“合法身份”。“非遗”护身符不能保证开展神明信俗的民间信仰活动场所也具有合法性。在当前城市化浪潮中，征地拆迁所向披靡，许多村庙（群体性的社区神崇拜场所）因没有登记为法定的宗教场所而被认定为一般民宅，其拆迁补偿办法是“赔钱不赔地”。由于在城镇规划区内，土地价格都较贵；同时规划部门也不会准许新建村庙。这样村庙一旦被拆，其补偿的费用不足以购地重建村庙，使得村庙文化传承发生危机。整个“非遗”项目是一个生态系统，这个系统的核心是民间信仰，如果民间信仰场所得不到保护，很多民间文化将失去存在的基础。如福建村庙信仰的存在为传统民间艺术的传承提供了生存空间。为建设村庙，村民们需要泥塑、石雕为神明造像；为庆祝神明诞辰，村民们需要演戏酬神；为庆贺新春佳节，村民们需要游神巡境。福建是中国戏曲艺术大省，剧种数目居全国之冠，演出场次也居全国首位，如果没有村庙酬神演戏活动，许多民间剧团将失去生存的基础，传统戏曲艺术将有消亡的可能。其他民间艺术，如舞狮、舞龙、高跷、地上行舟等民间艺术的服务对象也以村庙游神巡境为主，如果没有村庙信仰活动，这类民间歌舞也将失去生存与发展的基础。中国北方地区民间艺术正在大量地消失，与其失去生存发展的土壤有关。

综上，我们在从事民俗学研究，介入非物质文化遗产保护时，需要结合宗教社会学理论与方法来进行研究与保护，这样才能抓住问题的本质。如果说民俗学与社会学联系较密切，具体而言，则是与宗教社会学联系密切。

能工巧匠必有故事可讲
——本雅明《讲故事的人》[①] 一文的读书笔记

刘宗迪[②]

一、经验与故事

讲故事的艺术即将消亡。我们要遇见一个能够地地道道地讲好故事的人,机会越来越少。若有人表示愿意听故事,十之八九会弄得四座尴尬。似乎一种原本对于我们不可或缺的东西,我们最保险的所有,从我们身上给剥夺了,这就是交流经验的能力。

这种现象有一个很明显的原因:经验已经贬值。经验看似仍在继续下跌,无有尽期。只消浏览一下报纸就可知经验已跌至新的低谷。因为经验从未像现在这样惨遭挫折:战略的经验为战术性的战役所取代,经济经验为通货膨胀所代替,身体经验沦为机械性的冲突,道德经验被当权者操纵。乘坐马拉车上学的一代人现在伫立于荒郊野地,头顶上苍茫的天穹早已物换星移,唯独白云依旧。孑立于白云之下,身陷天摧地塌暴力场中间,是那渺小、孱弱的人的躯体。

口口相传的经验是所有讲故事者从中汲取灵思的源泉。那些把故事书写下来的人当中,只有佼佼者才能使书写版本贴近众多无名讲故事人的口语。无名讲故事人有两类,即见闻广博的远行客和熟知本乡掌故的老成人,一则德国谚语说:"远行人必有故事可讲。"人们把讲故事的人想象成远方来

---

① 汉娜·阿伦特:《启迪:本雅明文选》,张旭东、王斑译,生活·读书·新知三联书店,2008 年。

② 刘宗迪,博士,山东大学儒学高等研究院教授。

客,但对家居者的故事同样乐于倾听。蛰居一乡的人安分地谋生,谙熟本乡本土的掌故和传统。若用经典原型来描述这两类人,那么前者是泛海通商的水手,后者显形为在农田上安居耕种的农夫。实际上,可以说每个生活圈子都会产生自己的讲故事族群,这些族群几世纪之后仍保持他们的特点。如果说水手和农夫是过去讲故事的大师,那么工匠阶级就是讲故事的大学。在这里,浪迹天涯者从远方带回的域外传闻与本乡人最熟稔的掌故传闻融为一体。

本雅明的经验显然是指那种世代相传的智慧,而不是经验主义意义上的经验,即单纯的所见所闻,由感觉器官所接受的经验。真正意义上的经验,其实恰恰是与这种现代意义上基于感觉的表层经验相对立的,是蕴含于一个民族的心灵深处,由老人向少年人世代相传的那种古老乃至秘传的知识。这种意义上的经验,相当于中国古代医书和本草书中的"经验方"意义上的经验,即经过先代医师或民间长期使用而验证了的行之有效的药方。经验,本义就是经过了验证的意思。在中国古代,这种经验就被称为"故事",如古书中常常出现的"如故事"这个词语所表明的,在中国人的心目中,所谓"故事"就是那些在历史上流传久远、行之有效、经受了时间考验、凝聚了先辈的智慧和经验教训因而具有长远的生命力和适应力、能够施诸当下和未来的制度和习俗。所谓"如故事",就是照着老经验办事,就是一如旧章、因循旧习的意思,也就是不折腾的意思。在古代人心目中,能够如此办事的官员,而不是那些锐意冒进或者擅自改作的官员,才是好官,这种人不无事生非,不劳民伤财,因此被称为循吏。前者如西汉的萧何与曹参,萧何崇尚无为而治,朝廷法度,除苛法严刑之外,基本因袭秦代之前朝旧章,萧何死后,推荐曹参为自己的接班人,而曹参上台之后,完全保留了萧何的一套章程,政事委于下属,而自己则整天待在自家后花园跟一班相公食客击筑饮酒泡美人,萧何、曹参因此而美名流传。至于后者的代表,则是北宋的改革家王安石,在古人看来,正是王安石的改革,导致北宋政治和社会的混乱,埋下了后来国家孱弱、偷安江南的祸根。当然,"如故事","不折腾",因循旧章,无为而治,只有在政治清明的时代才算得上一种优良品质,至于天崩地坼的乱世,则只有大刀阔斧、力挽狂澜的英雄才能治国救民。

二、讲故事的能工巧匠

趋向于实用的兴趣是许多天生讲故事者的特点。这个特点在哥特赫夫那里比之列斯托夫更为明显。例如他在作品中为农民提供农艺上的指导。这在很关心煤气灯祸害的诺迪亚那里也很可见出。赫伯把给读者的点滴科学知识塞进他的《小宝贝盒》里,也是这个路子。所有这一切点明了任何一个真正故事的性质:一个故事或明或暗地蕴含着某些实用的东西,这实用有时候可以是一个道德教训;另一情形则是实用性咨询;再一种则以谚语或格言呈现。无论哪种情形,讲故事者是一个对读者有所指教的人。

本雅明指出故事的实用价值,这一点往往被现代学者和作家所忽视,但他确实道出了故事赖以产生和流传的秘密。古人讲故事,当然有时候仅仅是为了逗笑娱乐,打发漫长的冬夜或饭后的光阴,但娱乐却非讲故事的唯一目的,更常见的是寓教于乐,而且在没有文字的族群中、在缺书少文的乡下,讲故事正是人们传播、传承、汲取知识的重要途径。很多故事的最初目的,也许就是为了实用和教育,有些故事即使本身没有实用和教育的目的,也可能会伴随着实用知识的传授而涌现出来,摆故事、讲瞎话,在乡下社会和工匠群体中,很多时候只是拉家常、叙掌故过程中的一些有趣的插曲。但随着识字率的提高和印刷书的传播,书本成了传布实用知识的主要途径和载体,因为书本显然比口头更可靠,口头故事的知识传播功能就逐渐被褫夺了,人们尤其是知识分子也就逐渐忘记了故事的实用功能和教育价值,口头故事就成了单纯的“民间文学”,而趣味性和文学性也就成为它最重要的乃至唯一的价值。但是,突出文学性和趣味性,淡化实用性和教育性,最终导致的可能不仅是实用性和教育性本身的丧失,而且也事与愿违地导致了文学性和趣味性的丧失,因为故事一旦与浪迹天涯的水手、蛰居乡间的老农乃至多才多艺的工匠们的生活世界和日常劳作相脱离,也就变成了无本之木、无源之水,因为讲故事的人正是从其熟悉的生活世界和日常劳作中汲取大量的素材、灵感和意象的。神农尝百草的故事肯定要民间郎中讲来才地道;鲁班师爷的故事肯定要木匠师傅讲来才精彩;赵州桥的故事肯定要石匠讲来才绘声绘色;牛郎会织女的故事肯定要江南劳苦的织妇一边缫丝织帛一边娓娓道来,肯定比七夕情人节之夜听电视台女主持瞎掰更感人肺腑。正是大量取自日常生活和劳动的地方性风物知识、地理知识、传奇掌故、草木鸟兽等方面的、唯有民间专业人士才熟稔的近乎“秘传”的知识,才给故事增添了为文人写作所没有的奇趣异彩,才使故事具有了丰满细密、婉转多姿、饶有趣味的细节,这些意趣和细节很多可能仅仅是讲故事人基于其熟悉的事物而触景生情、一时兴起的发挥,从而给原本单调干枯的故事情节添枝加叶、增光生辉,而离开这些具体的生活场景和即兴发挥,那些世代流传的故事又会重新枝叶零落、繁花落尽,重新蜕变回单调干枯的故事主干,大量的民间故事通常都是以这种单调干枯、索然无味的情节骨干的形式而流传的,而民间文学的采风者和调查者所能得到的往往就只是诸如此类的干巴巴的骷髅一般的故事骨架,因为离开了具体的生活情境和实用因缘,一个讲故事的人即使愿意给你一个外来的调查者打开话匣子,他也不可能像在自己的贴心贴肉的情境中面对自己的乡里乡亲、狐朋狗友那样的谈笑风生、意气风发。民间文学调查者和研究者已经为我们提供了大量的汗牛充栋的故事集成读本,而这些故事集大半是令人读起来索然无味的,无法让人体会到故事的魅力,一个重要的原因正在于这些故事集所提供的与其说是真正意义上的有血有肉的故事,不如说只是干巴巴的民间故事木乃伊。

于是,我们看到,当把讲故事变成“民间文学”,故事与生活过程脱节,首先丧失的是故事的实用性,随之丧失的是故事的趣味性,而最后丧失的就是故事本身。当讲故事的手艺与生活和劳动的手艺脱节之后,讲故事这种手艺也最终从我们的生活中消失了。

我们民间文学研究者所面对的往往就是这样一些故事木乃伊,而不是真正意义上的活生生的有血有肉的故事,因此,注定了我们的研究是隔靴搔痒、不靠谱,注定我们无法领略、理解和窥见民间故事魅力和生命力的真正奥妙,注定了民间文学只能作为一门纸上谈兵、闭门造车的伪科学。《格林童话》之所以脍炙人口、盛行不衰,一个重要的原因就是《格林童话》是人类有史以来第一本民间故事集,是在科学的民间故事田野作业方法尚未建立之前产生的。格林兄弟不是作为一个采集者,而是一个真正意义上的听众,从自己熟悉的保姆、女仆、家人和乡亲的嘴巴里聆听了这些有趣的故事,然后把它们记下了,格林兄弟的故事是直接来自生活本身,就像采撷自林间的新枝,还闪耀着露珠的晶莹光辉。因为《格林童话》是他们在日常生活中随机采撷的，没有遵守现代民俗学的田野作业规则，因此有些学者质疑这些故事的本真性，怀疑它们经过了格林兄弟的润色加工，已经不再是真正意义上的民间故事，因此不足为训，学术价值有限。格林兄弟所记载的故事肯定是经过了润色的，任何被记载下来的故事文本，在从讲故事人的口述转化为书面文本的时候，都不可避免地是经过了润色的。并且，任何讲故事的人在讲故事的时候，都会对他从别人那里听来的故事，或者是他以前讲过的储存于记忆中的故事进行修改、润色，这种修改、润色的另一个说法就是即兴发挥，这种润色或者是为了让故事听起来更合情合理，或者是为了让故事适应当下的语境和听众，或者仅仅就是因为故事家突发奇想，想给故事打上自己的印记而给老生常谈的故事添枝加叶、添油加醋。每一个伟大的故事家其实都和诗人或作家一样有自我表现欲和青史留名欲，他们希望自己讲的故事和别人的不一样，希望自己讲的故事能因为与众不同而被人家记住，希望自己的口才和见识得到同伴们或者姑娘们的青睐，即使自己的名字不会流传下去，至少自己的心思能够借故事的灵气流传下去。所以，在现实生活中，所有故事都是以具体的千差万别、各具异彩的异文或变体而存在的，不存在一个供人原原本本克隆而一成不变的真本或原本。就其不变者而言之，每一次讲述当然都是一次对传统故事的复制和重复；就其变者而言之，每一次讲述都是一次创作，这种创作贯穿于一个故事的整个生命史。格林家的保姆有权利进行即兴创作，格林兄弟在将故事记录下来时，当然也有权利创作，因为他们所感兴趣的是把故事变得更有趣、更像故事，而不是为后来的研究者提供一个似是而非的故事真本。

由于民间文学收集者和研究者，没有乡间老农、浪荡水手、木匠师傅等人那样的一技之长，没有他们那种对于某种手艺以及某一生活领域的丰富的知识、经验和掌故，因此当他在记录故事的时候，很可能因为他无法明白讲故事的老农、水手、木匠所讲述的内容是什么意思，或者他觉得这些细节和插话只是无关宏旨的没有文学性和故事性的节外生枝，而轻易地将大量为讲故事人和民间听众所珍视的知识、名物、掌故和细节给删落了。一个故事，在民间故事大师的口头原本是一棵枝繁叶茂、繁花盛开的“村上春树”，到了学者的文本中，可能就被变成删繁就简、光秃秃的“三秋树”。

其实，不仅民间的故事大师，就是书写时代以编故事为业的作家，除了过人一等的文字表达能力和世俗人生的见识，也仍然需要丰富驳杂的实用知识，但这一点往往是中文系的文学课堂和文学史课程所不讲的，作家不必成为某一方面的专家，也不必成为活着的百科全书，但必须是博闻强记、见多识广的杂家，叙事文学作品尤其是长篇叙事文学的整体结构固然需要强大的意匠来经营，至于其细节，则全凭驳杂丰富的实用知识来填充，正是那些源自广博知识和丰富经验的细节雕琢，才给一部文学作品赋予一种货真价实的响当当的质感，而所谓作品的真实性，其实在很大程度上就归结于这种响当当的质感，这种意义上的真实性不是取决于一件作品在多大程度上反映了某种外在的现成的现实生活，文学的真实性不是来自对外在事物的参照或呈现，而是在于作品本身的质地精良，这种质地精良的品质则全部来自作家高超的技艺。讲故事、写小说、乃至所有的艺术创作，其实都是一种手艺，是和任何手艺人本质上没有区别的手艺人。一部作品，正是因为其质地精良、精雕细琢的内在素质，才引人驻足观赏，令人心醉神迷，这样的作品，本身就散发光辉，这种仿佛天启一样的光辉照亮世界、呈现万物，而这种照亮世界的力量，才是本真意义上的真理。

三、讲故事是一种秘传技艺

讲故事的艺术行将消亡，因为智慧——真理的史诗方面——正在衰亡灭绝。然而，这种情形已经持续了很久，有意视其为“颓败的症候”是再愚蠢不过的了，更不消说视之为“现代的”病症。这种现象是历史世俗生产力的并发症。这症状逐渐把叙述从活生生的口语领域剥离出来，同时又造成于消逝之物中瞥见一缕新型美的可能。

长篇小说在现代初期的兴起是讲故事走向衰微的先兆。长篇小说与讲故事的区别（在更窄的意义上与史诗的区别）在于它对书本的依赖。小说的广泛传播只有在印刷术发明后才有可能。史诗的财富，那口口相传的东西，与构成小说基本内容的材料在性质上判然有别。散文的体式有神话、传说，甚至中篇故事。小说与所有这类文体的差异在于，它既不来自口语也不参与其中。这是小说与讲故事的不同。讲故事的人取材于自己亲历或道听途说的经验，然后把这种经验转化为听故事人的经验。小说家则闭门独处，小说诞生于离群索居的个人。此人已不能通过列举自身最深切的关怀来表达自己，他缺乏指教，对人亦无以教诲。写小说意味着在人生的呈现中把不可言诠和不可交流之事推向极致。囿于生活之繁复丰盈而又要呈现这丰盈，小说显示了生命深刻的困惑。

小说的端倪虽可见于古典时代，但仅数百年它就遇上了上升的中产阶级让它繁荣发达的因素。一方面，随着这些因素的出现，讲故事开始逐渐隐退而作古。虽然讲故事或多或少采纳新材料，但故事并不真正为材料所决定。另一方面，我们看到，随着中产阶级充分掌握实权，拥有出版业作为它在高度发达的资本主义中的最重要的工具之一，一种新的交流方式应运而生。这种新的交流方式就是消息。

从远方来的报道，无论空间上来自国外或时间上源于传统，都具有赋予自身合法性的权威，即使不经核实考证也可信。然而消息则声称能立即确证属实。最基本的条件是“不辨自明”。消息通常并不比先前世纪的报道更为准确，但早期的信息借助于奇迹，而消息则非得听来合情合理不可。由于这点，消息传播与讲故事的精神背道而驰。

我们每天早晨都关注全球的新闻，但我们却缺少值得注意的故事。这是因为事件传到我们耳边时都早被解释得通体清澈。事实上，讲故事艺术的一半奥妙在于讲述时避免诠释。

这正如古希腊时代神话或诗与哲学或逻各斯的区别，神话和诗是不需要证明核实的，它们本身就是真理，因为它们是来自遥远的年代和遥远的地方的故事，而哲学和逻各斯则是需要证明与核实的，并且是能够被证明为真实或虚假的，因为这时候有了文字记载可以作为凭据，有了逻辑可以用来辩护。从此之后，一切都要接受理性的检验和事实的核实，奇迹于是就从这个世界上消失了。只有到了中世纪，奇迹才重新回到这个世界，而启蒙主义和现代科学则再一次为这个世界驱除了奇迹和魅力。而后现代到来的一个重要征兆之一，就是奇迹的再次降临。奇迹的降临总是伴随着讲故事活动的盛行。希腊古风时期和中世纪的讲故事人是游吟歌手、史诗歌手，而现在这个后现代，从事讲故事这个职业的都是一些什么人呢？也许是那些不被主流文学这种中产阶级认可和欣赏的类型作家吧。

可以把现时代的作家分为两类，一类是以整个生活世界和现实社会为素材的全景观式的主流作家，这些作家骨子里相信自己是全知全能的，是什么都能写的，这种假设其实是基督教和现代二元论哲学的产物；另一类则是诸如写作侦探文学、科幻文学、魔幻文学、哥特文学、恐怖文学、流浪汉文学、色情文学、同性恋文学、耽美文学、吸血鬼文学等类型的文学作家，全知型作家把自己当成了能够眼观六路耳听八方无所不能无所不晓的千里眼和顺风耳，把自己当成了面对全部人类而发言的冒牌上帝代言人，对于这样的作家而言，世界是一个敞开的平面，世界没有秘密和奇迹可言，因此也就没有故事可讲。而类型作家则明白其作为手艺人的地位，他知道自己不过是一个继承了某种祖传技艺和素材的手艺人，他所能做的只是把这门手艺继续传下去而不至于失落，而他的读者或者顾客都是一些有专门需求和隐秘爱好的老主顾，这些手艺人和他们的顾客共同分享着一些世代相传的近乎秘传的知识和经验，有他们自己的俱乐部和地下小酒馆，在这些地方，讲故事的风俗和技艺仍得以流传。因此，讲故事这一行当的命运情况也许还不像本雅明说的那样糟糕，只是这种行当正在渐渐转入地下。

但是，在漫长的过往岁月中，讲故事难道不是从来就是一种只有在自己人和小圈子内展开的半秘密性的语言狂欢吗？也许讲故事从来就是一种与色情、死亡、耽溺等禁忌话题相关的半公开半隐秘的活动，一种秘传知识，真正的好故事，只讲给好伙伴听，只讲给自己人听，比如那些在星光下露宿的牧羊人，那些在客栈中打尖的客商行旅，那些在战壕中等待死亡的士兵，那些在窝棚中就火取暖的矿工……外人是听不到的。只是因为现代社会把大多数中产阶级变成了独来独往孤零零的没有伙伴和密友的个体，只是因为现代知识分子和中产阶级只能活在世界的表象，只是因为现代传媒只能运行于生活的肤浅表面，所以人们才相信讲故事这种活动已经消亡了。其实，也许就在都市夜色中，就有无数的隐秘洞穴，到处都有故事的“怪兽”在悄然潜行。民间文学和民俗学，作为现代学术中的一员，作为中产阶级的学术游戏，当然是无法发现和领略这种秘传知识和秘密活动的。我们在《格林童话》中还能够窥见讲故事的秘密，以及伴随着讲故事活动人们所体验到的那种隐秘的狂喜，那种瓦解白昼释放夜色的魅力，但是，一旦到了学科化的民间文学，这种魅力就丧失殆尽了，通向故事的黑森林和古城堡的幽冥小径，就像《睡美人》故事中讲的一样，永远被密布的荆棘封闭了，要重新打开这座城堡,要让故事中的公主醒来,要让被仙女的魔咒冻结的故事重新开始运作,需要等待一百年之后,那个传说中的王子温柔地给予思想一个吻。

古希腊第一个讲故事者是希罗多德,他的《历史》第三卷第十四章有一则讲述莎门尼特斯的故事,能给我们不少启发。

从这个故事中可以看出讲故事的真谛。消息的价值昙花一现便荡然无存。它只在那一瞬间存活,必须完全依附于、不失时机地向那一瞬间表白自己。故事则不同。故事不耗散自己,故事保持并凝聚起活力,时过境迁仍能发挥其潜力……希罗多德并不提供诠释,他的报道极为平实干涩,这就是何以这古埃及故事数千年之后仍会令人诧异,催人深思。犹如一粒在金字塔内无气无息的秘府里掩埋的谷物种子,历数千年仍保持生根发芽的潜力。

使一个故事深刻嵌入记忆的,莫过于拒斥心理分析的简洁凝练。讲故事者越是自然地放弃心理层面的幽冥,故事就越能占据听者的记忆,越能充分与听者的经验融为一体,听者也越是愿意日后某时向别人重述这故事。这个融合过程在深层发生,要求有松散无虑的状况,而这闲置状态却日益鲜见。如果睡眠是肢体松弛的顶点,百无聊赖则是精神松懈的巅峰。百无聊赖是孵化经验之卵的梦幻之鸟,枝叶婆娑之声会把它掠走。它的巢穴是与百无聊赖休戚相关的无所作为而为,这在大都市已绝迹,在乡村也日益衰竭。随之而来的是聆听故事的禀赋不存,听众群体失散。因为讲故事总是重述故事的艺术,当故事不被保留,这一艺术就丧失了。之所以丧失,原因是听故事时,人们不再罗织细节,增奇附丽。听者越是忘怀于己,故事内容就越能深深地在记忆中打下印记。故事的韵律攫住他,听着听着,重述故事的才能便会自动化为他自身的资禀。

讲故事很长时期内在劳工的环境中繁荣,如农事、海运和城邑的工作中。可以说,它本身是一种工艺的交流形式。讲故事不像消息和报道一样着眼于传达事情的精华。它把世态人情沉浸于讲故事者的生活,以求把这些内容从他身上释放出来。因此,讲故事人的踪影依附于故事,恰如陶工的手迹遗留于陶土器皿上。

这种工艺,这种讲故事的方式,列斯托夫本人也视为一种手艺。他在一封信中说:"写作对我不是人文艺术,而是一门手艺。"他觉得与工匠艺人有缘分,将工业技术视为陌路,这不足为怪。列斯托夫精彩而亢奋的故事《铁跳蚤》，介乎传奇和闹剧之间，其中他通过对图勒镇铁匠的描写颂扬了本乡本土的工艺。

讲故事者所由出身的工艺氛围之精神图景，保罗·瓦雷里勾画得最为意味深长。“他谈到自然界中的完美事物：白璧无瑕的珍珠，丰盈醇厚的葡萄酒，肢体丰满的动物，称这些为‘相似的因果长链所产生的珍贵产品’。”这种因果的积累叠加时间上的永无终日，仅止于尽善尽美。瓦雷里接着说：“人们从前还模仿自然的徐缓进程。精雕细刻以至完美的小工艺品，象牙雕，光润圆滑造型精美的宝石，透明薄片叠加而成的漆器漆画——所有这些积日累劳、献祭式的产品正在消失。时间无关紧要的时代已经成为陈迹。现代人已经不能从事无法缩减裁截的工作。”

事实上，现代人甚至把讲故事也成功地剪裁微缩了。“短篇小说”的发展就是我们的见证。短篇小说从口头叙述传统中剥离出来，不再容许透明薄片款款的层层叠加，而正是这个徐缓的叠加过程，最恰当地描绘了经由多层多样的重述而揭示出的完美叙述。

真正的手艺肯定是祖祖辈辈日积月累的智慧和经验的结晶，而不可能一下子就冒出来。一方面，真正的手艺在这个世界上肯定是稀罕的，真正的手艺会成为本乡人的骄傲；由于手艺使用的材料和水土、风气、风俗息息相关，因此，手艺总具有地方性，就像一种只能生长于某种土壤和气候中的植物一样，离开它赖以生存和传承的地方，就会变质衰败，因此，真正的手艺总是和地方密不可分的，一种手艺甚至会成为一个地方的标志，而这个地方也因为这种传统手艺而闻名于世，如此这般的手艺，确实就像那些土生土长的草木一样，成为装点一个地方的自然景观，成为了所谓的“风物”。另一方面，手艺总是精雕细刻出来的，手艺总是要耗费大量的时间，俗话说“慢工出细活”，如此精心制作出来的器物，其实已经跟经春历秋、积年累月从大地中自然生长的事物没有什么区别了。正是在这种雕刻时光的手艺的间歇，故事得以滋生和繁衍：当街口的那个老钟表匠，点上一袋烟，慢条斯理地喷云吐雾的当口，他的话匣子也就慢慢地打开了，那些如烟往事也就款款地流淌起来。这种慢吞吞的雕刻时光的手艺，只能存在于前工业时代，在时间变成成本、时间就是金钱的资本主义时代，土生土长的手艺就像土生土长的植物一样，必然衰败。劳作节奏的加速、手艺的衰败也必然伴随着故事的消亡，生产流水线上的女工们连上厕所的时间都没有，哪里还有时间和心思讲故事。

四、死亡的隐退与故事的瓦解

几个世纪以来，在总体意识里，死的观念不再像过去那样无所不在，生动逼真。这一衰落在后期愈演愈烈。在19世纪，资产阶级社会通过卫生和社会的、私有和公共的制度，造就了一个第二性的效果，而这效果可能就是潜意识中的主要初衷：使人们避讳死亡唯恐不及。死亡曾是个人生活中的社会过程，最富典型意义。遥想中世纪的绘画，死榻升为王座，人们穿过死屋敞开之门趋前敬吊死者。在现代社会，死亡越来越远地从生者的视界中被推移开。过去，没有一户人家，没有一个房间，不曾死过人。当今之世，人们则居住于从未被永恒的无情居民——死亡——问津过的房屋里。人们临终之时将至，就被儿孙们隐藏到疗养院或医院里去。然而，富于典型的是一个人的知识和智慧，但首要的是他的人生——这是故事赖以编织的材料——只有在临终时才首次获得可传承的形式。

死亡是讲故事的人能叙说世间万物的许可。

死亡从现代人的生活场景中消失了，死亡成为愈加可怕的事情。死亡原本是人生的必要组成部分，人总有一死，周围的人总会死，死亡时时刻刻伴随着我们，而且唯有死亡，才使我们的人生变得完整，才使故事具有了结尾，因此也才赋予故事完整的情节和充盈的意义。现代人为什么要把死亡藏起来呢，为什么要装作对死亡视而不见呢？是因为他过于贪恋尘世的欢娱了吗？因此他不想去想死这回事。如此一来，所有的人生和欢愉其实都变成了苟且偷生，因为死亡这回事，你越是回避它，越是不去想它，越是装作看不见它，它越是执着地纠缠着你。

现代人把死亡从自己的视野中清除掉，同时被清除掉的还有死亡的近亲——疾病。福柯在《临床医学的诞生》中说，过去，生病的人不会被送到医院，不会被跟其他人隔离开来，那时候还没有医院这回事，人们还想不到把生病的人和临死的人集中在一起，关闭在一个叫做医院的封闭空间中，那时候病人就住在家里，医生郎中被请到家中，给病人把脉开药，然后把病人留给家人照料,亲手照顾他复苏,或者亲眼目睹他离开。那时候的医生,其实也是一种手艺人,靠的是祖传的手艺和信誉。孔子说:“医不三代,不食其药。”我们可以想象,从那时候走门串户的郎中口中,人们会听到多少离奇的关于死亡的故事和生命的传奇。

死亡和疾病在过去同被视为生命和生活的组成部分,因此那时候,病还不被看作病态,那是因为那个时候,健康还没有被定义为生命的常态,就像那时候的充满神灵、鬼怪和妖魔的故事传奇还被视为生活话语和人生知识的一部分,而没有被视为病态的语言一样。只是随着理性时代的到来,在病人被视为异类的同时,故事传奇也被视为话语的异类。现代卫生制度把病人集中在医院这个病态人类集中营中,统一进行治疗和处理,而现代学术制度则把故事传奇集中在民间文学或民俗学这样一个病态话语和习俗的集中营中,统一进行诊断和消毒。

所以在现代类型文学写作中,民间故事、死亡、医院和疯人院,往往密不可分,因为在现代意识和博物分类学中,它们都是相近的物种,中世纪故事中的怪物如今都变成了医院中的病人或疯子。

五、故事是命运的呼吸

历史学家和编年史家(即讲述历史的人,也就是讲述故事的人)之间的区别是,历史学家总要想方设法解释他所描述的事件,他无论如何不能仅仅平铺直叙事件,以此为世界进程的模式才善罢甘休。但这恰是编年史家所为,特别是其典范,中世纪的编年史家,今日历史学家之前身。编年史家以一种神圣的、不可理喻的救赎计划作为其历史故事的基础,一开始就从肩上卸下了论证和解释的包袱。解释被诠释替代,诠释并不关心具体事件准确的承前启后,而注重嵌入世界不可理喻的恢弘进程中。

编年史家在讲故事的人中留存下来,面目改观了,即世俗化了。这点在列斯科夫的作品中,表现得特别清楚。

所谓世界不可理喻的恢弘进程,也就是海德格尔常常说的命运,一个民族的命运,人类的命运,这种命运不同于历史学家所归纳出来的什么似是而非的历史发展规律,它本质上是无法认知的,但却使我们不得不投身其中。

这种蕴含于一个民族历史传统中的命运，不是历史认识的对象，相反，正是这种命运决定了我们如何去认识和构想历史。

传统的历史书写就是在这种命运的引导下展开的，而历史书写者试图通过他讲述的故事呈现这种命运。历史和故事的讲述，与其说是在讲述历史，不如说是在历史命运的引导下进行的讲述，不是讲故事者在说，而是那些世代相传的故事在借助讲故事者的嘴巴自我讲述，讲故事者只是历史命运和传统故事（以及那些蕴含于故事中的教诲、智慧和经验）赖以自我表达和自我传承的媒介而已。正是在此意义上，讲故事是比现代文学写作更深邃、更伟大的事业，因为现代文学写作讲述的只是作者个人的隐秘，而讲故事所传达的则是一个民族的秘密。

所谓世界进程的不可理喻性，就在于这种历史进程是在我们之外的，而我们在其之中，我们为其所推动，我们能够感受它的力量，但我们却无法摆脱它、无法抽身在它之外看清它的整体面貌，它的生命远远长于个体的生命，它即使用最轻柔的声音向我们倾诉，我们也无法拒斥它的教诲乃至蛊惑，无法拒绝颂扬它和传承它的使命。

我们看看《绿宝石》这一故事，此故事把读者引进“一个古老的时代”。那时，地球腹中的石头和高悬的神圣星辰仍然关怀人的命运。不像今天，天地不仁，万事万物对人子的遭际皆漠然置之。万籁俱寂，无有与人晤谈之声，更遑论听从人之颐指。未发现的星体已没有一个能在占星术中起作用。还有许许多多新石块，都测量过、磅秤过，其特别的重量密度都被检验过，但石块不再向我们诉说什么，也不带给我们什么好处。它们跟人交谈的时日一去不返了。

受到科学启蒙的现代人是无法理解星星如何能够决定人的命运，人的心中如何能够生出一颗星的（尼采语）；石块如何能够与人说话；草木鸟兽除了被人利用食用之外如何能够与人相亲相爱。但是，自然丧失其魅力和秘密其实仅仅是最近才发生的事情，科学的诞生不过是近两三百年的事情，科学成为人们普遍看待世界和与世界交往的方式，则是更晚的事情，在科学之前漫长的数万年光阴中，人类都是能够和自然说话的。那时候，所谓巫术和占卜术还是人类与自然交往的主要方式，正是这种方式决定了人类在这漫长岁月中的行为方式，也决定了人类的历史，而现代人反倒要用科学这种非常新近的工具去认识漫长的人类历史，岂不是缘木求鱼？

很少人意识到，听者与讲故事者的纯真自如的关系，在于听故事者有兴趣保留他所听的故事。心无杂虑的听者的首要任务是使自己有可能重述所听的故事。记忆是史诗的真正禀赋，只有凭借博闻强记，史诗写作才能吸纳事件的进程，并且在事件过眼之后，能和死的威力和睦相处。

对古希腊人，记忆之神是史诗艺术的缪斯。记忆创造了传统的链条，使一个事件能代代相传。关于这种形态之首的是讲故事人的艺术实践。

听故事的人总是和讲故事的人相约为伴，甚至故事的读者也分享这种情谊。然而，小说的读者则很孤独，比任何一种别样文类的读者更孤独（连诗歌读者都愿吟哦有声以便利听者）。

伟大的讲故事者总是扎根于民众，首先是生根于匠艺人的环境。一切讲故事的大师的共同之处，是他们都能自由自在地在自身经验的层次中上下移动，犹如在阶梯上起落升降。一条云梯往下延伸直至地球脏腑，往上直冲云霄——这就是集体经验的意象。

事实上，我们可以进一步追问，讲故事者与他的素材——人类生活——的关系本身，是否正是手艺人之于工艺品的关系？讲故事人的工作恰恰是以实在、实用和独特的方式塑造经验的原材料——自己和他人的经验。

以身体民俗学的眼光看中国春节

刘铁梁①

一、个人的春节叙事

现有的春节等传统节日研究，主要是进行历史宏观性或地方性的“事象研究”。学者多从认识论的角度，强调节日民俗代表民族传统文化的意义，如指出“民间节日是一种具有相当普遍性的民族文化”，“节日是各种活动的复合体，这是它作为文化现象的一种特点”。也有学者将春节等节俗作为民族文化遗产，强调对于其原真性加以保护，或者主张对其加以收集、整理、展出、研究，在或弘扬或保护的思路下提出相应的对策；或者主张对春节民俗“加以科学地客观分析、评判，然后从建设社会主义新文明的需要出发，慎重地加以甄别”，“取其有价值的，加以充实、提高或改变”，对于“其背时的、无益于现实生活的，则给予抛弃”。目前由文化部民族民间文艺发展中心主持的《中国节日志》的项目，尝试运用“整体研究”的方法，对于春节等传统节日事象给予结构性与综合性的描述，并要求每一分卷都附有一组翔实的实地调查报告，从已经出版的卷册来看，都能够全面、周到地写出节日传统的历史变化、在各个地方社会所呈现出来的生活场景、文化特色、情感价值等情况，可以说是代表了中国节日研究的最高水平。如果要检讨我们的春节研究还有什么不足的话，重要的一点就是缺乏与社会发展实践相关联的讨论，特别是没有对当下老百姓在节日中的亲身经历给予更多的关注。从如何尊重文化拥有者的态度上来说，目前的春节研究虽然在一定程度上承担起了文化人的责任，却还未能与广大民众丰富的春节生活实践及其现实感受发生紧密的联系。

---

① 刘铁梁，北京师范大学文学院教授。

老百姓中每一个人都有春节生活的亲身经历及记忆，因而都拥有对春节传统的理解，所以关于春节文化的意义、价值，就不只是专家学者才有资格评论和言说的，正如每个家庭和个人的过年安排，并不一定要事先考虑专家、学者的意见一样。老百姓总是根据现实的生存状态以各种可行的方式来度过春节，同时也从春节的经历中深切感受不变的历史情怀与变了的生存状态。因此，所有的中国人，包括专家学者在内，都有解释春节文化的话语权。作为春节生活参与者和行动者的个人，是否可以将自己在春节中的种种感受、经验，以某种叙事的方式，进入关于春节文化的讨论中来呢？这其实是春节研究应当关心的一个重要问题。

事实上，运用当下日益发达的各种媒体渠道，谈出个人过年的经历、感受与思考，已成为春节文化生活的一种新时尚。也就是说，作为一种公众交往实践与话语形式，个人的春节叙事已经进入春节文化时空的建构。这种新情况的发生，可以视为原有春节交往习俗的一种扩展化表现，也折射出原有乡土社会人际关系和交往习俗的深刻变化。城乡社会关系的变革，特别是家庭与周围社会关系的变革，使得春节期间合家团圆、走亲访友、集体狂欢等交往规范的执行都面临一定的困难。但也要看到，这些传统习俗仍然是春节生活的基本面，这也是由于整个公共服务体系都在紧张而有效地运转，使得春节传统得到了有效的维护。春节期间还出现了许许多多的志愿者，去帮助一切需要帮助的人，送上节日的温暖。本来在家人、亲属、乡里、朋友圈中相互交往的春节生活秩序，现在已扩展到了全社会的互动当中。春节期间，个人、家庭都与全社会结成了更为复杂也更为紧密的关系网络。在这种相互依赖与服务的关系网络中，春节的时空被一再建构，所以就有了“年年岁岁花相似，岁岁年年人不同”的变化。但是春节交往习俗的扩展化，春节生活秩序的进一步社会化，都使得个人的春节经历变得更加不可预料，充满新的惊奇。春节的个人叙事，就是要将这些鲜活的经历讲出来、写出来，呈现给全社会。这样，讲述者就会进一步发挥出参与春节生活的积极作用，通过沟通人们对于春节生活的感受，来加深人们对春节传统与社会发展现实的体悟，使春节生活的核心价值不断得到发扬光大。

二、媒体与春节叙事

近年来,在春节期间,各种新闻报刊、广播电视、网络交流平台等现代传媒所推出的报道、文章、节目、对话等,大多都是以春节的历史与现实变化为话题,其中关于春节历史知识的介绍只占很少的分量,而大量的信息则是关于城乡各地即时的生活景象状况和人们在过节时的个人经历。这种情况说明,并非只有老一辈人才拥有春节本真性的经验,春节是全社会各个年龄段的成员都拥有的生活方式。春节及其他民族节日的传统,无非是全社会按照一个统一的生活周期,约定俗成地搭建并要一起通过的文化时空,人们都可以从中获得个人生命的意义和彼此心灵相通的历史感受。

电子传媒的出现,使得人际交往在手段和渠道上发生了巨大的变革,所以也会改变人们在春节期间合家团聚、走亲访友等传统礼仪的诸多细节,但是这并没有从根本上改变春节交往的习俗。当然,电子传媒的日益发达在一定程度上也重构了人们的社会关系网络,主要是为人们的交往提供了前所未有的便捷工具,使得人们能够更加自由地与他人结伴,更加平等地与他人交换意见和交流情感。所以,要想了解广大民众在过年时都有哪些经历和感受,除了直接走进城乡社会的日常生活之外,从各种媒体上获取现场生活的信息,记者的报道和个人的讲述等,也是一种重要的办法。

我想以《北京晚报》为例来说明一些问题。这家报纸从 2013 年 2 月 2 日(腊月二十二日)到 16 日(正月初七)这半个月中加强了对于春节生活的报道,包括节日期间的公共服务、市场供应、老百姓过年的多种方式等情况。这些近 300 篇(不包括关于“春晚”和剧场演出等消息)的报道,大都着眼于春节景象所反映的城乡社会生活的变化,关注各种群体、个人在节日中的情感诉求与实际需要,也穿插了许许多多的个人故事,让读者了解到他们在家里、亲属、朋友和社区当中,或者在服务的工作岗位上都怎样度过春节。这些生动的报道都是来自于记者在实地、现场的访谈,尽管详略不同,却提供了大批有声有色、有情有义的春节故事。

由于报纸的新闻性,《北京晚报》在这些天里的报道记录了北京春节生活的整体流程,也呈现了北京人与全国各地人唇齿相依的一体化生存状态。

如在腊月二十三，老北京人又在历代帝王庙恢复了给女孩子“送春花”，给男孩子“戴春帽”的习俗，而那些即将返家过年的白领们，正忙着聚在一起过个小年。年前的车站、航空港，人群正在大流动；交通管理部门正进行大检查，严禁车辆超速、超员和疲劳驾驶；社区服务“断档”，很多人没有地方去配钥匙、购桶装水和发快递，居民感慨：当发现外来的服务人员从身边离开，这才懂得什么叫做珍惜。在除夕前一天（腊月二十八），所有超市卖场都集体一致地“拉晚儿”；烟花摊位前询价的多，掏钱的少。报纸还预告春节期间液化气站不关门，143 个电力网店正常售电，提前发布了“庙会手册”。所有这些，都反映出在每一个北京人身边，城市过年的气氛既日益浓厚，又迎来人口向外流动所带来的宁静。

除夕的报道：大羊坊的一家理发馆，柯师傅身后站满排号的顾客，因为有“正月不剃头”的说法；公益人士发起免费“搭顺风车”的行动，有 301 856 人报名，实际有 6000 多人成行；赶回老家的多位记者都及时发来“回乡记”栏目的稿件，其中说到按滁州年三十的风俗，记者有机会给外公上坟，弥补了多年中断的遗憾。这些让人感觉到年味儿就伴随在自己身边。

在初一的报纸上有关于除夕的如下报道：一些家庭，特意到曲园酒楼、同春园、玉华台等餐馆，点了黑椒炝膳背、响油膳糊等名菜，原来是为了讨“长久”的口彩；“春晚直播”前一刻，拜年短信比起往年，今年最多；因燃放烟花爆竹而发生的伤情火情大幅下降等。而在初一一大早，来雍和宫上香的人成群结队，受封路影响，一些新香客为找到入口，就打开手机查看 GPS（Global Postioning System，全球定位系统）电子地图。在记者发来的“回乡记”的一组文章中提到：湖南桃源县天河村，鱼塘养殖业搞好了，但水源却被污染了；包头市一些村庄，除夕家家门前“拢旺火”，使节日气氛非常热火，却也给空气造成污染；晋南河津还保持着老传统，初一早上一吃完“钱饭”，回乡记者就要跟其他年轻人一样，去给长辈们拜年。

初二以后几天的报道，也一样紧随着春节的节奏和城市人七天长假的倒数，为读者呈现了许多影响较大的生活事件，同时也有虽然细微却令人感动的故事。比如，春节刚过，就有 8000 家政人员进京“救场”；更有放弃回家过年与家人团聚的机会，一心照顾空巢老人的家政服务员魏洪霞（来北京已十多年，今年她只让丈夫一人回贵州过年，自己留在北京，一天跑三四家，对其他家政服务员留下的老人也一并照顾。一个雇主给她包了2000元红包，感谢她的辛苦）。

不难发现，这些报道由于追求叙事的个性化风格，所以能够通过大量鲜活的故事唤起我们的节日生活感受，使我们体会到什么才是真实的春节文化。从这些故事中我们可以体会到，春节是一种离不开个人与社会的身体实践并且会化于身体当中的文化，它并不同于经典文化中的说教或者抽象的表述，是在每个人身上实际发生的一种有声有色、有形有味，因而令人动情的感性文化传统。从这个意义上来说，个人叙事的价值并不一定低于学术话语的价值，相反却有可能纠正一些学术性话语的空洞、苍白和武断。

春节作为中国人最重要的民俗文化，我们应该怎样去研究它，这也事关民俗学的根本方法问题。本来，民俗学在各个国家的发生，都与尊重和提升民众的话语权有关，体现了一种学术民主化追求，这种追求在今天来看更具有现实意义。所以本文提出重视个人春节叙事的问题，也是出于对民俗学理论、方法的思考。另一方面，笔者认为，工业化和信息化的社会发展给每个人都带来了许多省事省力的工具和便捷的服务，可以让人不出家门就能了解天下的信息，在这种情况下，如何再寻找具有身体实践、感性经验性质的民俗，这不仅对于春节研究，而且对于整个民俗学来说，都是极具挑战的问题。

三、何为身体民俗学

长期以来，由于缺少结合中外思想史进行民俗研究方法论的反思性研究，民俗学工作实际上偏离了自己的初衷：感性的解放。受科学主义、实证主义目标的制约，民俗学者一直习惯于将所谓民间文学或者叫口头传统，还有其他各种民俗进行文字化的记录或记述，再进行资料的汇集、比较和分类，最后形成民俗类型学或比较研究的成果。在中国，对于有史料可证的一些民俗，包括节日民俗传统在内，进行有关它们的起源、演变过程的资料梳理与解释，这成为了有别于其他国家民俗学的一大特色，但是也由于靠拢西方的实证主义方法而对民俗进行客观化、对象化的处理，所以往往就忽视了民俗作为生活文化可以去亲身体验的感性价值。一些研究者可能还不如新闻记者,没有能够使用田野作业、深入访谈的方法去了解个人、家庭、群体的日常生活及其话语形式,结果只能是进行游离于生活的生活文化研究,这样的研究倾向应该引起警觉。为此,有必要借助一些关于民俗学思想、理论的研究成果,以进一步说明为什么要把个人叙事放在民俗学研究的重要位置上。

(一)民俗学与生活世界

在中国民俗学界,胡塞尔现象学提出的"生活世界"概念首先被高丙中在其博士论文《民俗文化与民俗生活》中所引用。在高丙中看来,这个概念区分了专家文化和生活文化,指明了生活世界作为研究领域的优先地位。高丙中对于胡塞尔生活世界的理解,与他在书中对于美国社会学家萨姆纳关于民俗的理论的理解一样,都被纳入他所讨论的如何确定民俗学研究对象的总问题中,同时也用于论述民俗作为生活文化的性质,这就为民俗学向关注现实生活方向的转型提供了理论的说明。但也有必要指出,在胡塞尔那里,生活世界这一概念是用来揭示被各种科学概念所取代和遮蔽的意识本源,认为各种科学并不优先于生活世界,尽管他并不反对科学。所以,他的生活世界概念并不是指主体所面对的客观对象,而是主体身处其中并建立起各种行动意义的世界,从而消解了主观与客观的对立。胡塞尔早期现象学就侧重关注意识本身,尤其是意向性活动或意向关系,包括意向作用和意向对象。他认为意向对象不是客观实体,意向作用也不是经验性活动,是分别聚结于意向关系体内的特定方面。以此可以看出,意识的主体性被胡塞尔所强调,其生活世界的概念也是指向意识本质的还原途径。所以,当民俗学者在运用胡塞尔生活世界概念的时候,特别需要越过民俗作为研究对象范围和层次的问题,从生活本源的角度直接讨论民俗学研究方法论的问题,也就是讨论民俗学者是否可能和怎样回归生活、体验生活的问题。

高丙中想要解决的问题是:民间文学研究虽然扩展成民俗的研究了,但是我们所研究的文化领域却还是按口头传统、信仰、仪式、社会组织等形态来分类的,没有将民俗作为一个统一体去理解。他觉得结合"生活世界"的整体性来理解民俗作为生活文化的整体性,这对于民俗学发展来说是非常有益的。这虽然也是在解决是否可能以及怎样回归生活的问题,但是他当时却还没有直接指出体验生活才是回归于生活，在某种具体的也就是整体的生活中寻求意义的方法。

在这之后，吕微、户晓辉、刘晓春等都在反思中外民俗学理论发展方面做了研究，他们主要是考察中外一些国家的民俗学运动如何与当时的哲学思想、学术思想背景紧密联系，以侧重解决民俗学方法论的问题。如户晓辉的《现代性与民间文学》和《返回爱与自由的生活世界——纯粹民间文学关键词的哲学阐释》就是这样的力作，最近户晓辉还完成了第三本专著《民间文学存在论——中国民间文学对象化研究批判》的书稿。户晓辉的这几部著作连续讨论了民间文学、民俗学研究如何被现代科学的话语所建构，同时又如何在发生、发展过程中与当时的人文主义思想结盟，试图通过对这些内在矛盾的分析来解决学科回归生活即返回自由的可能性问题。

结合对“生活世界”的理解，吕微专门写有《民俗学的笛卡尔沉思——高丙中〈民俗文化与民俗生活〉申论》，户晓辉写有《民俗与生活世界》。吕微认为，高丙中当年的论著对民俗学从文化形式研究的取向到生活整体研究的取向转型上面做出了理论贡献，尽管他的论述在重新发现“个体主体性”的同时还不能解决如何表达人的生活意义的问题，但是由于引进胡塞尔“生活世界”的概念，就可能为民俗学为人的自由进行存在辩护，进而“拯救生活世界”开启一条理论道路。户晓辉认为，民俗学者大多把“生活世界”理解为客观的日常生活世界，这不仅隐含着对胡塞尔“生活世界”概念的误解，更在很大程度上遮蔽了这一概念给民俗学研究带来的重要变革作用。他在领会胡塞尔“生活世界”概念本义的基础上，强调指出那些“能够直接获得的”、“日常的”、“具有广泛不言而喻性的”、“传统的”经验领域也就是民俗学的“生活世界”。他还从民间文学和民俗呈现人的“本源经验”的角度，说明了民俗学之所以要进行田野作业，并不是为了来到某一个客观的田野，而是要进入人的主观的意义世界。从我本人的田野经验来看，户晓辉的论述的确具有理论的启发性，因为我们总是要在田野中跟人打交道，并且要理解各种人现实生活行动的意义，将人们作为生活和民俗的主人（主体）而不是面对外在于己的世界的观察者。事实上，我们也很难跟当地人用学术的话语而不是用日常交流的话语来进行交谈，而只有进入日常交流的话语，我们才进入了民俗学的生活世界。

(二)民俗学与身体主体

在哲学史上,人作为主体,与周围世界是什么关系,始终是一个基本问题。在现象学以后的一批哲学家看来,主体与世界本来就是浑然一体的,你中有我,我中有你,并不是认识与被认识的关系。那么,这种与世界结为一体的主体,难道就像胡塞尔说的,是意识主体吗?被认为既是现象学家又是存在主义哲学家的梅洛·庞蒂,对胡塞尔的意识主体产生了一定的疑问,并且将其改造为了"身体主体"。民俗学者认为他的这一改造具有亲和力,因为我们民俗学者所能感受到的生活世界,与我们的访谈对象所感受的生活世界,之所以是同一个生活世界,就是由主体之间的交流关系建立起来的。但是这个生活世界中的彼此交往和发生意义,如果是离开身体,只有意识的流动,那么这种交往就会令人费解。所以,从交往的主体性条件来说,身体主体是不能够缺场的。第一,身体主体具有个人自我与他人之间的真实的区别,主体的存在依靠具有生命的个体即身体的在场,而主体间的交流与合作,也依靠复数身体的共同在场并且结成共同行动的意向。第二,相互交往与相互学习的能力是人的根本能力,这交往和学习所依靠的意义的编码系统首先就是身体的语言,而不是后来发明的可以离开身体的文字等。民俗学之所以关注口头传统、劳作行为方式、人生节点和节日上的仪式、各种表演形式等,无不出于对身体能力的惊叹。第三,身体主体是灵与肉的统一,我们想象不出可以脱离身体整体的大脑能够作为意识的主体,也想象不出单靠意识就能够生存的主体。因此,与其说生活世界是意识的本源,不如说是由身体主体的行动建构起来的意义本源。

尽管身体主体的哲学概念对于民俗学来说具有亲和力,但是从身体的理论视角来研究民俗的局面却姗姗来迟。关于民俗学的身体研究,只是近年来才在美国学界形成一定气候,彭牧在《民俗与身体——美国民俗学的身体研究》一文中对这种情况做了介绍。她说,民俗学最初从研究口头传统、信仰行为等民俗入手,就已经包含了对于身体的朴实的关切,而将身体民俗研究变成一种自觉的学科意识,是既与现象学、存在主义等哲学思想相呼应,又与社会学、人类学有关身体研究的经验相结合的结果。二十年来,"美国民俗学的身体研究已远远超越了对身体民俗的探究,不仅把身体实践看作一个可以和口头叙事、仪式行为等相提并论的研究类型(Genre),而且将身体看成民俗学一个基本的理论视角"。

笔者认为,这个理论视角还应该进一步与民俗志的书写结合起来,所以提出"感受生活的民俗学"。其主要的理由是:"当民俗被我们注意的时候,民俗也给我们指出了一种研究方法,指出了一条理解生活的路径,其原则就是不能离开人来研究生活中的文化。"再有,由于民俗就在人的身体之上,所以民俗学就可以经由民俗来贴近人们对于生活的切身感受。即"模式化的民俗本身包含了艺术家创作之前的艺术,因而附着了第一性的生活感受,民俗学者的研究就是通过它们达到再度感受生活的学术目的的"。

此外,笔者之所以会对民俗学的身体理论视角感兴趣,其实也与近年来开展的非物质文化遗产保护工作有关。一方面所谓非物质文化遗产,虽然实际上大部分都有民俗的性质,但是被认为还包括一些不属于民俗的事象,如昆曲、古琴等艺术;另一方面在对这些非物质文化遗产进行分类时,专家们又把"民俗"规定为各种仪式活动方面的事象,不包括艺术和技术方面,也不包括民间文学,理解得非常狭窄。总之,民俗学对民俗的理解与非物质文化遗产的概念发生了强烈的冲突。这种冲突不只是在文化类型的确认上,更是在关于民俗作为生活文化性质的认识上。民俗在其被保护的工作中,成为了主要是被人鉴定、欣赏的事物,与它自身本来包含的民众主体的地位、作用都发生了分离。在这种情况下,关于民俗性质问题的学术反思就显得尤为必要。民俗是身体性的,而不是非物质性的,这就是笔者最初的也是根本性的一个认识。

四、身体主体建构起春节的意义

我们所说的个人春节叙事,由于包含了鲜活的个人节日生活经历,因而能够感动他人。这些叙事作为交流的话语形式,对于了解我们共同拥有的春节生活感受,切身体会春节文化传统与社会的现实发展的意义,具有一般学术话语所不能产生的效力。这是因为春节生活中的人,是具有健全感受能力而不是只具有思想能力的人,是拥有身体主体性的人。

我们在民俗学的田野工作中跟各种人交谈,必然要运用那些包含生活经验、传递出拥有生活感受的日常用语。即使交谈中会用到一些文绉绉的词儿，或带有理性思考的语言，但这些词儿和一套评论性的话总会有对生活经历的感受作为基础，看似理性的表达，其实也连接着丰富的感性意义。春节，作为我们共有的节日，其强大的传统力量就来源于我们共同的节日感受，包括对于我们共同建立起来的时间和空间秩序有着彼此相通的各种神圣与亲切的感受，比如可以概括地说，是归家感、尊严感、狂欢感等。

民俗学还会关注当下广大民众对于文化的真实诉求。现代社会，总是要求人人学习科学知识，认为如果有谁只满足于个人经验的积累与交流，不肯掌握普遍适用的科学思维方式，不肯接受新工具、新技术，谁就是落后于时代的人。在这种科学技术至上的意识形态主导下，社会体制中的各种设置已把一些人原有的身体技能，也就是传统技艺排斥在外，而这些传统技艺恰恰是“真与善的结合，主观目的与客观价值的和谐统一，堪为现代技术的理想典范”。对一般人来说，原有的生活习惯一下子要改变，也是对于身体健康的一大挑战，所以从身体的感觉来说就可能不适应某些生活方式的变化。他们可能还不适应现代医学技术对疾病的治疗。所以他们是在被动地接受新的生活方式，是在身不由己地活着。高科技在人们的生活中，成为越来越强势的外加力量，如何在改善生活的同时也能解决好新科技所带来的困扰，这些都事关身体性的问题。

在身体民俗学视野下，我们将会明白人们何以会有刻骨铭心的春节感受，这些感受所包含的意义又具有怎样的结构性。比如，春节作为全民节日，包含着各个地方的不同节日民俗模式，正是通过对这些地方节日民俗模式的反复实践，才使得全民的春节传统得以在地化，而维护了整体的春节传统。在春节的生活感受中，地域社会或地域共同体的归属感是极为重要的成分，也就是既热爱家乡又热爱大社会的一种情感，一次次的春节文化实践都加深了这种和而不同的多层次的社会归属感。比如说，关于腊月辞灶的日子，在山东沂蒙地区有句俗语：“官（辞）三民（辞）四，王八羔子（辞）五六”。意思为身份较高的为官者在腊月二十三，也就是小年晚上辞灶；普通老百姓在腊月二十四辞灶；但如果到了腊月二十五、二十六才辞灶，那便是犯了大忌讳，会被咒骂。通过腊月二十四的辞灶来实现其“民”的身份认同，这就是沂蒙地区春节民俗地方性的表现。现在，这种崇祀灶神的传统还有所保留，在腊月二十四晚上，人们会将旧的灶君老爷画揭下来烧掉，并于大年三十贴上新的一幅。在费县的北刘家庄村，巫婆孙姓老太严格地遵循着腊月二十四辞灶的传统。而在雀家门村，李继花老人则对辞灶的日子有了新的解释，辞灶那天应该是全家人团聚的日子，如果家里有人在外未归，一般就不能辞灶，否则将会把自己在外打工的儿女越辞越远。各地的春节民俗模式会随着家庭生活状态的变化而变化，而重要的是人们春节总会有很多的现实感受。

同样是忙年，不同年龄、性别的人也会有着不同的个人感受。在湘中地区，俗话说“大人盼着插田，细伢子盼着过年”，过年对小朋友而言，总是和糖果、新衣、鞭炮等过大年的热闹劲联系在一起。有的小朋友记忆中春节最幸福的事，莫过于和哥哥姐姐或同伴们去亲朋好友家拜年，比赛谁要到的糖最多，并将这些糖果作为“赌资”，模仿大人们玩牌。当然，男孩们放炮仗的热情会超过对糖果的渴望，春节各家门前鞭炮响过后，总会积聚一堆孩子，抢着、比着谁捡到的鞭炮最多。在湘中，年三十的前几天，村里承包池塘的人家都会组织大家来网鱼，各家各户都会派代表前去网“过年鱼”，男人们都帮忙拉网，女人们准备装鱼的篓子，小孩子们跟在大人屁股后面看热闹。过年的氛围就在池塘边浓烈地聚集起来。团圆饭的准备和制作，是家庭主妇的责任，对于回家的游子来说，能吃到妈妈做的菜，是比什么都幸福的事情。家庭和村落社会中，人们通过各自身体的行动和表达，构成了春节生活无比浓厚的意义的整体呈现。

附记

本文初稿写作过程中，山东大学博士后研究员王素珍不仅对我的有关讲课录音进行了整理，还特别提供和查证了一部分资料。2013 年底，初稿曾以我们合写的名义，在国务院参事室、中央文史研究馆在枣庄市召开的第四节春节文化论坛上宣读。现又被我重写成为本稿。

地域文化元素在全国性节日中的鲜明印痕（兼论民俗学的社会科学取向）

——以山东人与清明习俗的关系为例

刘德龙[①]

吴效群教授在为本次学术会议讨论主题定位的文稿中讲到社会科学取向的民俗学认为，"社会科学取向的民俗学，目的是提炼民俗现象背后的本质，生产某一领域的普遍性知识，寻找中国文化的特质，或参与人类文化通则的讨论，采取实证的科学研究方法，人类学就是这个路数。社会科学的民俗学研究在这个地方与人类学重合，应该遵守社会科学研究的普遍规则，参与社会科学的知识生产讨论。现在的问题是，一些民俗学者强调民俗学的主体性，但又在学科属性、学术目的、学术规范方面表述不清，缺席社会科学大家庭的讨论，也就不会被主流学术界认可"。作为一个主持山东省社会科学工作十几年的管理人员，我基本赞同他的意见，同时也有一些不同的看法。这里我以山东人与清明节的密切关系为例，试图做些穿靴戴帽式的阐述。当然，因为个人研究能力所限，只能是一些不成体系的分析。

众所周知，清明这个日子，对于我们中华民族，既是农耕民俗中的重要节气，更是重要的传统节日。作为节气，清明是我国北方黄河流域大地回暖，农家进入春耕、春种、植树造林和越冬作物春季管理的标志性时段。作为节日，则是流布于全国大多数地区和民众中的十余个重要传统节日中最重要的节日之一。而齐鲁大地作为中华人类起源最早和农耕文明起源最早的地区之一，生活在这个地区的人，与清明节的关系尤为密切，对清明节也特别重视。扩而大之，中华大地北方地区作为麦作区，围绕清明节的习俗，

① 刘德龙，山东省政协文史资料委员会主任。

尤其是生产习俗，也都大同小异，是春季农耕习俗表现最集中的一个时段。

一、最讲慎终追远的山东人格外注重清明节

在《论语·学而》中，曾子说："慎终追远，民德归厚矣。"在山东发现的大汶口文化，所表现的重要主题之一，就是典型的部族或家庭的祖灵崇拜。正是这种祖灵崇拜，使生活于大汶口文化时期的人们，用丰厚而实用的随葬品为死去的人随葬。因为他们认为，先人死后其灵魂依然存在，可以继续使用这些器具，所以要随葬。这表现出部族和家庭中活着的人对死者的深深忆念。

东夷地区大汶口文化的这种祖灵崇拜和厚葬习俗，一直流传到春秋战国时代，甚至秦汉隋唐宋元明清历代传承。《孔子家语·哀公问政》说："人生有气有魂，气者，人之盛也。夫生必死，死必归土，此谓鬼，魂气归天此谓神；合鬼与神而享之，教之至也。骨肉弊于下，化为野土，其气发扬于上者，此神之著也。圣人因物之精，制为之极，明命鬼神，以为民之则，而犹以是为未足也。故筑为宫室，设为宗祧，春秋祭祀，以别亲疏，教民反古复始，不敢忘其所由生也。"孔子肯定并倡行这些崇敬追思先人的行为做法，褒扬敬祖精神，极力主张三年之丧。这种崇拜祖宗的意识，正是对东夷人传统遗存的认同。

几千年来，人们在清明这个"气清景明"的节气中，进行祭扫追思活动，为已逝的亲人、祖先庄重地送上自己的思念与敬意。这种神圣的生命仪式，一年年轮回，一代代传承，构成了人们慎终追远的理念和顽强生存的重要动力。

在这方面，山东人表现得很典型。这是因为，山东人特别讲孝道，最讲究慎终追远，最注重"父母在，不远游，游必有方"。齐鲁大地上的人们，历来奉行"百善孝为先"的信条。对生育自己的父母，对生他养他的家乡，对老祖宗传下来的道德文化，都是毕恭毕敬。中国第一本孝道专论《孝经》诞生在春秋时期的鲁国，绝不是偶然的。世代相传的"二十四孝"中，大约有十位是山东人。这也是山东人崇尚孝道，注重慎终追远的人格化表现。在山东流传下来的崇尚孝道的历史文化遗迹济南闵子骞墓、曲阜孝经石刻、曾参涌泉

井、邹城市孟母投杼碑和嘉祥武氏祠汉画像石等，都是山东人讲孝道、敬祖先的历史见证。即使在现代，山东人这种慎终追远的意识仍然最浓厚。在日常生活中，山东人家庭观念特别重。春节、清明、中秋节等重要节日，都要想方设法回家团聚。春运的火车、汽车、飞机、轮船上，大包小包、成群结队、粗喉咙大嗓门的几乎都是赶着回老家过年的山东人。

同时，这种慎终追远的意识不仅体现在生活中，而且渗透到文学艺术作品中。淋漓尽致地表现清明节习俗包括祭祀习俗的名画《清明上河图》，是山东人张择端的传世画作；以拍摄《俺爹俺娘》著称于全国的摄影艺术家同时也是大孝子的焦波，是山东淄博人；红遍全国的《常回家看看》这首歌的作者之一戚建波是山东人，另一位作者车行出生于东北，但其祖籍也是山东。

正是基于上述原因，山东各地清明节扫墓习俗盛行。从清明节前几天就开始去祖坟上扫除脏污杂草，填充新土，修整坟墓，献供烧纸，跪拜祭奠，有的还要在坟头上压些纸钱，以便让别人知道此坟主尚有后人。所以在山东，无论家里多穷，清明节都是要去上坟的。不少地方的人们祭祀完毕，还要进行野餐，将上供的食品吃掉，也就是吃福根，以向先人表示节俭之意。

二、山东的文人墨客与清明节关系特别密切

看过2010年上海世博会的人们几乎都认为，中国馆内最引人瞩目、最受推崇的是《清明上河图》。而这幅表现宋代人清明节活动的传世名画，是琅琊东武（山东诸城）人张择端创作的。它描绘了当年汴京近郊在清明时节社会各阶层的生活景象，真实生动，是一幅具有重要历史价值和杰出艺术成就的优秀风俗画。在这幅不大的构图中，画了五百多个人物、二十多只船、二十多辆车、五十多头牛、马、驴等牲畜，农舍绿树，山水河流，真是应有尽有，一切都清晰自然，形象逼真，表现出张择端长期认真深入观察生活和高超的艺术展示技巧。有从郊外到城里“花光满路，箫鼓喧天”的盛况，有上坟、游春、探亲、宴饮等各种风俗人情，还有疏林薄雾之间，掩映着屋舍、小桥、流水、老树等文化意象。从柳树的枝头刚刚泛出嫩绿看出虽然春寒料峭，实际上早已大地回春。路上有一顶轿子，内坐一位妇人。轿顶装饰着杨柳花朵，轿后跟随着若干仆人从京郊踏青扫墓归来，直奔汴河畔。环境和人物的描

写点明了清明时节的特定时间和风俗。这幅流传千古的名画充分展现了生活在齐鲁大地或从齐鲁大地走出去的文化人与清明节的密切关系。

祖籍山东的诗人、词人,也不乏与清明主题相关的佳作,从中亦能窥见他们对清明节俗的高度关注和密切联系。北宋政治家、散文家济州巨野(今山东巨野)人王禹偁曾作诗《清明日独酌》云:“一郡官闲唯副使,一年冷节是清明。春来春去何时尽,闲恨闲愁触处生。漆燕黄鹂夸舌健,柳花榆荚斗身轻。脱衣换得商山酒,笑把离骚独自倾。”这首诗是作者被贬商州(今陕西商洛)任团练副使时所作。诗题点明本诗之意境,透露出诗人的谪宦之苦,借清明时令主题来抒发情感,生动而传神。明代文学家、戏曲作家李开先在《秋千》一诗中描述“索垂画板横,女伴斗轻盈。双双秦弄玉,个个许飞琼。俯视花梢下,高腾树杪平。出游偶见此,始记是清明”的景象,形象生动地刻画出清明时节女子荡秋千玩耍的优美场景。清代道光年间,郭麟吟清明的一首《潍县竹枝词》中的描写“一百四日小寒食,冶游争上白浪河。纸鸢儿子秋千女,乱比新来春燕多”展现了潍县清明时节春游、放风筝、荡秋千的美丽图景。在山东潍县任知县七年的郑板桥虽不是山东人,但他长期在齐鲁大地为官,也深受齐鲁文化与民俗的影响,写下一些咏颂山东清明节的佳篇名句。如他用“纸花如雪满天飞”形容潍县清明时节的风筝之胜;还曾作词《桃叶渡》云“桥低红板,正秦淮水长,绿杨飘撇。管领春风陪舞燕,带露含凄惜别。烟软梨花,雨娇寒食,芳草催时节。画船箫鼓,歌声缭绕空阔”描写风景秀美的秦淮河与芳草萋萋的寒食与清明景观。中国词坛上著名的女词人李清照亦填有一首《点绛唇·蹴罢秋千》:“蹴罢秋千,起来慵整纤纤手。露浓花瘦,薄汗轻衣透。见客入来,袜划金钗溜。和羞走,倚门回首,却把青梅嗅。”一时间,清明荡秋千几乎成了女性的专利。

三、山东人吃冷食是为方便李龙王回家探亲

清明与寒食原为两个节日,后来合二为一。旧时全国大多数地方在这个节日期间不举火,吃冷食,据说是为了纪念被烧死的晋文公的大臣介子推。大多数山东人在这个节日期间也要吃冷食,但却不是为了纪念介子推这位先贤,而是为了方便山东人闯关东的形象代表,黑龙江上的黑龙“秃尾

巴老李”回老家探亲。特别是胶东、鲁南一带更是如此。

传说黑龙江的黑龙，祖籍山东，出生在李姓家庭。他出生时大雨倾盆电闪雷鸣，降生后是一个有鳞有爪的怪物。他的父亲一看这个形象怪异的生物在其妻怀中吃奶，尾巴翘在梁上，就抄起铁锨砍去，砍下了他的尾巴，黑龙痛极飞到了东北黑龙江，并在闯关东的山东老乡们的帮助下，战胜了经常在黑龙江为非作歹的白龙，占据了黑龙江，并不断为江两岸的乡亲们做好事。同时，黑龙老李非常热爱生育它的家乡和已经去世的母亲，每年返乡为母亲上坟，上完坟后还要回自己老家看看。如果从大门进家，怕自己的形象吓着乡亲们，所以要从房顶上的烟囱里进家。因此，认为老李是自己家乡人的山东人，尤其是胶莱河以东地区的人们，就在这几天里不举火，吃冷食。

四、山东是风筝最早的起源地

风筝起源于中国。风筝，古名“纸鸢”，又名“鹞子”，是普及于山东各地的一种玩具，尤以潍坊为盛。据《潍县志稿》载：“本邑每逢寒食，东门外，沙滩上……板桥横亘，河水初泮，桃李葩吐，杨柳烟含，凌空纸鸢，高入云端。”“清明，小儿女作纸鸢、秋千之戏，纸鸢其制不一，于鹤、燕、蝶、蝉各类外，兼作种种人物，无不惟妙惟肖，奇巧百出。”

据古籍记载，最早的风筝是由古代哲学家、科学家，鲁国的墨翟发明的。《韩非子·外储说》载：“墨子为木鸢，三年而成，蜚一日而败。”当然也有一种说法，风筝是鲁国最有名的能工巧匠公输班也就是鲁班发明的。不管是墨子还是鲁班，反正都是山东人发明的。齐鲁之地原为东夷部族所居之地。我们的东夷先民崇拜的图腾是鸟。他们最期盼能像鸟儿那样在天上自由自在地飞翔。所以，风筝起源于东夷故地、齐鲁之邦，应是理所当然的。

中国风筝问世后，很快被用于测量、传递信息、飞跃险阻等军事需要。唐宋时期，由于造纸业的出现，风筝改由纸糊，并传入民间，成为人们娱乐的玩具。宋朝时风筝已在民间广泛流行。随着国际交往的增加，中国的风筝流传到世界各地。一条线先是传到日本和朝鲜等近邻国，后又漂洋过海，传到了缅甸、马来西亚、印度尼西亚和新西兰直到更远的地方；另一条线则是顺着“丝绸之路”，随着蒙古人的征战路线进入阿拉伯和欧洲。元代在中国为官十七年的意大利人马可·波罗归国后，也把风筝介绍到了西方。

大诗人兼书画家郑板桥曾以“纸花如雪满天飞，娇女秋千打四围，五色罗裙风摆动，好将蝴蝶斗春归”的诗句把潍县的风筝特点和放风筝的风俗描写得淋漓尽致。在潍坊，随着放风筝习俗的流行，明清时代风筝艺术就达到鼎盛阶段。《潍县志》记载：“清明，小儿女作纸鸢、秋千之戏，纸鸢其制不一，于鹤、燕、蝶、蝉各类之外，兼作种种人物，无不惟妙惟肖，奇巧百出。”由于放风筝习俗活动的盛行，作为我国著名的风筝产地，潍坊又称鸢都，制作风筝历史悠久、工艺精湛。明代在潍坊民间就已出现专门扎制风筝的艺人。清末，潍坊已形成固定的风筝市场，全国许多地方的商贾都来潍坊购买风筝，一时间“花样翻新招主顾，双双蝴蝶鸢成行”。当地还形成了风筝交易习俗，有“风筝市在东城墙，购选游人来去忙”的境况，以及“铺面不离十字口，接连寒食卖风筝”之说。

潍坊风筝同中国许多民间艺术形式一样，产生于人们的娱乐活动，是寄托着人们的理想和愿望，与人们的生活有密切联系的娱乐品。风筝造型模仿的自然事物、社会生活以及神话传说中的形象，都寄托着“吉祥”和“吉庆”，兴趣和理想。绚丽多彩的颜色，代表着人们对美好生活的向往。而放风筝，则是易于制作、经济实惠、老少皆宜的娱乐、健身活动。在阳光明媚的春天，人们手牵引线，或在山坡，或在平原，或在白沙无际的海滩来回奔跑，身体得到锻炼，眼睛得到调整，气血为之畅达，对健康有极大益处。现在的潍坊风筝，由于当地政府的重视和民众的钟爱，伴随着“国际潍坊风筝节”的连续举办，已成为当代潍坊人的文化象征物，越洋过海，联结了世界，也成为潍坊经济文化腾飞的巨大杠杆。潍坊风筝的制作，走上了传统技法与现代新科技相结合的道路，进入了新的发展时期。

五、山东人打秋千活动最早最普及

秋千的起源，可追溯到上古时代。那时我们的祖先为了谋生，需要上树采摘野果或猎取野兽。在攀爬和奔跑中，他们往往抓住粗壮的蔓生植物，依靠藤条的摇荡摆动，上树或跨沟越涧，这是秋千最原始的雏形。至于后来绳索悬挂于木架、下拴踏板的秋千，春秋时期在我国北方就有了。古籍记载，秋千源于北方山戎之戏。春秋时期,齐桓公征伐山戎时把秋千带回齐国临淄。从此,秋千便飞荡在山东大地,后又传播到其他地区并历代不衰。宋代著名词人李清照有“红梅已过柳生绵,黄昏疏雨湿秋千”的诗句。直到新中国成立前后,山东许多地方仍保留着这种习俗。1946 年的《民国日报》曾以“胶东妇女美妙运动——清明荡秋千飘飘若仙子”为题,介绍山东胶东的荡秋千:“每到清明节至,家家户户都扎起秋千架子。富户人家多扎在后花园里,架子极高,踏板也精致,普通人家设备自然简陋些。”

山东的秋千有多种,包括普通式、旋转式和纺车式。旋转式和纺车式秋千需要三四人联合荡戏,普通式秋千,有单荡和双荡两种,荡秋千者多为女子。秋千最常见的结构是竖埋两柱如/\字(斜)丁,上架横木,做成“秋千架子”,由横梁上系垂两股粗绳,称为“秋千绠”,近地处,两绠之间拴一踏板,人或立、或坐、或跪踏板上,两手握绠,使前后摆动。著名女词人李清照在《点绛唇》词中对当时妇女荡秋千的情景与心情作了很细致的描写:“蹴罢秋千,起来慵整纤纤手。露浓花瘦,薄汗轻衣透。见客入来,袜划金钗溜。和羞走,倚门回首,却把青梅嗅。”现在山东各地仍保持了打秋千的习俗。荣成、文登等地,端午节必打秋千,即或不专门架大秋千,亦必于两树间、门框上系一小秋千供儿童玩耍,成了一种深入人心的习俗。山东乡间还有一些样式独特的秋千,如“转秋千”、“龙门秋”等。“转秋千”见于记载的,有潍县、海阳、寿光等地。《寿光县志》描写:“或于市町广场竖巨木,高数丈,缚车轮以木杪,而垂屈板于周遭,有多至二三十索者,横巨木于下,而以人力推转,妇女靓妆盘旋空中,飞红扬紫,翩若舞蝶……”《潍县志稿》对此“转秋千”及其在当地活动的盛况,记载更为具体和详细:“(清明节期间)秋千之在人家庭院者悉属旧式。惟城边白狼河边沙滩上坎地竖一木柱,上缀横梁,四面绳系画板,谓之‘转秋千’。小家女子多着新衣围坐画板上。柱下围一木栅,内有人推柱使转,节之以锣,当锣声急时推走如飞,画板可筛出丈余,看似危险,而小女子则得意自若也。又于秋千柱顶上悬一小旗,并系以钱,则有多数勇健少年猱升而上也,作‘猴儿坐殿’、‘鸭鸭浮水’、‘童子拜观音’种种把戏,谓之‘打故事’。捷足者得拔旗,携钱以归,观者乃夸赞呵好不绝。”“龙门秋”曾流行于荣成北部埠柳乡一带。春节后,人们择一冬季干涸之小沙河,两岸各树以柳木桩,两桩间横架一‘木轴’,轴两端装摇把,轴上穿一个纺轮,轮上有六个小横梁,由小横梁上各垂下两绠,拴系踏板,使六名青年女子分别坐踏板上,两桩下数名壮实青年呐喊相应,合力摇动木把,使木轮飞快转动,随轮之转动,乘秋千之六名女子上上下下,翻飞不止,乘者、摇者、观者一齐欢呼。身经者每忆及年轻时的盛况仍兴奋不已。山东安丘一带也流行一种非常特别的"转秋千"。这种秋千形状像一把撑开的伞架,用一根六七米高的大柱将一个旧的大车木轮架起来,周围再用绳子捆上四到八个牛锁头。打秋千的人坐在牛锁头上,其他人推动木轮,牛锁头就飞转起来。当然,胆小者往往不敢参与。

六、山东人戴柳插柳习俗最普遍

柳树是我国北方地区尤其山东最常见的一种树木,也是最容易成活的优良树种,有旱柳、河柳、龙爪柳、垂柳数种。杨柳有强大的生命力,俗话说:"有心栽花花不发,无心插柳柳成荫。"柳树枝条插土就活,插到哪里,活到哪里,年年插柳,处处成荫。折柳、戴柳、插柳之俗与我国人民尤其黄淮中下游地区民众种柳、爱柳之风有关。

插柳成为一种风俗,据说是为了纪念"教民稼穑"的农事祖师神农氏。有的地方,人们把柳枝插在屋檐下,以预报天气,古谚有"柳条青,雨蒙蒙;柳条干,晴了天"的说法。黄巢起义时规定,以"清明为期,戴柳为号"。

自古以来,柳在人们的心目中有辟邪的功用。后来又受佛教的影响,认为观世音能够以柳枝沾水济度众生,当然柳枝也可以驱鬼,因而称之为"鬼怖木"。清明插柳戴柳有一种说法:中国人以清明、七月半和十月朔为三大鬼节。当此鬼魂出没讨索之时,人们为防止恶鬼的侵扰迫害,而插柳戴柳。北魏贾思勰(今山东寿光人)在《齐民要术》里说:"取柳枝著户上,百鬼不入家。"清明既是鬼节,值此柳条发芽时节,人们自然纷纷插柳戴柳以辟邪。

汉人有"折柳赠别"的风俗。李白有云:"年年柳色,灞陵伤别。"古代长安灞桥两岸,堤长十里,一步一柳,外出的人多到此地惜别,折柳枝赠别亲人,因"柳"与"留"谐音,以表示挽留之意。这种习俗最早起源于《诗经·小雅·采薇》,其中有"昔我往矣,杨柳依依"之句,用离别赠柳来表示难分难离、不忍相别、恋恋不舍的心意。杨柳是春天的标志,在春天中摇曳的杨柳,总是给人以欣欣向荣之感。“折柳赠别”蕴含着“春常在”的祝愿。古人送行折柳相送,也寓意亲友离别正如离枝的柳条,希望他到新的地方能很快落地生根发芽,像柳枝一样随处可活。实际是一种对友人的美好祝愿。古人的诗词中大量提及折柳赠别之事。唐代权德舆诗云“新知折柳赠”;宋代姜白石诗云“别路恐无青柳枝”;明代郭登诗云“年年长自送行人,折尽边城路旁柳”;清代陈维崧词云“柳条今剩几?待折赠”。人们不但见了杨柳会引起别愁,连听到《折杨柳》曲,也会触动离绪。李白《春夜洛城闻笛》云:“此夜曲中闻折柳,何人不起故园情。”古人赋予柳树种种感情,于是借柳寄情便是情理之中的事了。

每年清明节之际,我国北方地区春光明媚,绿树成荫。人们在这一天踏青、扫墓、祭祖,人人都要戴柳,家家户户门口插柳枝。这个习俗早在唐代就有了。唐人认为三月三在河边祭祀时,头戴柳枝可以摆脱毒虫的伤害。宋元以后,清明节插柳的习俗非常盛行,人们踏青游玩回来,在家门口插柳以避免虫疫。无论是民间的传说还是史籍典章的记载,清明节插柳总是与避免疾疫有关。春节气候变暖,各种病菌开始繁殖,人们在医疗条件较差的情况下,寄希望于随风摇曳的柳枝给自己带来健康,也是一种美好的寄托。

清明节男女头上戴柳、车马轿上插柳还有一说,是为了踏青迎春,象征吉利,“清明不戴柳,红颜成皓首”,“清明不戴柳,死后变黄狗”等说法,都认为插柳戴柳不仅是时尚的装饰,而且有祈福辟邪之效。

清明时节是杨柳发芽抽绿的时间。人们踏青时顺手折下几枝柳条,可拿在手中把玩,也可编成帽子戴在头上,也可带回家插在门楣、屋檐上,还可砍几根稍粗的柳枝,插种于房前屋后,扩大绿化面积。当然,在当前国家和地方普遍号召造林护绿的情况下,随意折取柳枝是对树木的一种损害,是不宜提倡的。

七、山东蹴鞠活动最独特

清明节除了祭祖扫墓之外,还有各项户外游戏活动,像踏青、郊游、放风筝、荡秋千等,在祭奠追思的感伤之余,融合了欢乐赏春的气氛。在这些活动中,“蹴鞠”更是一项十分有趣的活动。蹴鞠,是现代足球的前身。蹴鞠用的球，球皮是用皮革做的，球内用毛塞紧。蹴鞠起源于春秋战国时期的齐国故都临淄，唐宋时期最为繁荣，经常出现“球终日不坠”，“球不离足，足不离球，华庭观赏，万人瞻仰”的情景。《宋太祖蹴鞠图》描绘的就是当时的情景。杜甫的《清明》诗“十年蹴鞠将雏远，万里秋千习俗同”也说明了当时蹴鞠活动的普及。

作为曾盛行几个朝代的清明时节蹴鞠活动，唐人仲无颜在《气球赋》中描写过当时比赛的情景：“寒食景妍，交争竞逐，弛突喧闹，或略地以丸走，乍凌空似月圆。”清明正是寒尽春生之日，晴空万里之时，球场上双方队员纵情奔逐，竞相争夺；一会儿又骤然突变，彼呼此应，人欢球跃。有时球在脚下如滚丸，忽而又凌空而起“似月圆”，经常出现“球终日不坠”的情景。

唐代由于球体轻了，又无激烈的奔跑和争夺，于是开始有了女子蹴鞠。女子蹴鞠不用球门，以踢高、踢出花样为能事，称为“白打”。诗人描写宫女蹴鞠之作更是不胜枚举，韦庄的“内宫初赐清明火，上相闲分白打钱”就是描写宫女们于寒食、清明之日蹴鞠并得到赏钱的情景。“白打”是二人对踢，以踢的花样和次数多少来定胜负。不仅宫中、民间如此，连军中也如此，韦应物诗“遥闻击鼓声，蹴鞠军中乐”就是军中蹴鞠的写照。从宫中、民间到军中，可以看到唐代蹴鞠深受广大群众的欢迎。

蹴鞠在宋代曾获得极大发展。古典名著《水浒传》中就描写了一个由踢球发迹当上了太尉高官的人物——高俅。小说虽然在人物事迹和性格上作了夸张，但基本上是宋代的事实。高俅陪侍宋徽宗踢球，因球技高超，被提拔当了殿前都指挥使，大概算是最早的球星了。

宋代制球工艺比唐代又有提高，球壳从八片尖皮发展为“十二片香皮”；原料是“熟硝黄革，实料轻裁”；工艺是“密砌缝成，不露线角”。做成的球重量要“正重十二两”，规格要“碎凑十分圆”，这样做成的球当然质量很高了。当时手工业作坊制作的球，已有四十个不同的品种，每个品种各有自己的特点。制球工艺的改进，促进了踢球技术的发展，而制球手工业的发展也反映了社会需求量的增加。宋女弟子队“衣四色，绣罗宽衫，系锦带，踢绣球，球不离足，足不离球，华庭观赏，万人瞻仰”。《宋太祖蹴鞠图》描绘的就是当时的情景。

明代严厉禁止军人踢球，但没有改变足球的娱乐性质。被称为明代社会百科大全的小说《金瓶梅》中，有一段描写西门庆在丽春院看妓女李桂姐踢球的故事。西门庆吃了一回酒，出来外面院子里先踢，又教桂姐与两个圆社踢。“一个揹头，一个对障，拗踢拐打之间，无不假喝彩奉承。”在讲求“中庸”的传统文化背景下，蹴鞠逐渐由对抗性比赛演变为表演性竞技。到了清代，在史籍上有关蹴鞠活动的记载，就寥寥无几了。近年来，在蹴鞠的发源地山东淄博又兴起蹴鞠热，许多市民参与其中，既锻炼了身体，又传承了两千多年的民俗。

在世界体育史上，英国人发明吹气的足球是在11世纪，比中国唐代晚了三四百年，所以，中国是足球的发源地。2004年国际足联主席布拉特向世界宣布“足球起源于中国”。

八、山东的斗鸡游戏最热闹

斗禽是古代清明时节的重要活动，包括了斗鸡、斗鸭、斗鹌鹑等游戏。而其中尤以斗鸡最为普遍流行。斗鸡的游戏由来已久，早在战国时代就已有斗鸡的活动。《战国策·齐策》中记载，临淄人善“斗鸡走犬”。

从清明节到六月份，为野鸡的交尾、孵蛋期。此时鸡群开始逐渐解散，各觅佳偶，形成一公一母的偶居。偶居关系形成后，也就同时形成了排他性。这时，公鸡开始承担起保护“妻子”、保护“家庭”不受侵犯的责任。公鸡们的厮斗，成为经常发生的正常情况。

在一座山上往往经厮斗而产生一只公鸡王。所有的母鸡，都可以随时随地成为它的“妻子”，而它却不许别的公鸡鸣叫引诱母鸡，否则，公鸡王就要发疯一样地前去讨伐胆敢鸣叫者。古人发现了野鸡生活的这种特点，驯育了鸡媒，又称雉子。用今天的话来说，就是诱饵鸡。这是一种已经经过人工驯育的公鸡，挂在山林之中，可引来其他公鸡和母鸡，猎人伺机捕捉。斗鸡就是用捕捉来的野鸡，加以驯育，保留其强悍、好斗的天性，再利用同性相斥、异性相吸的原理，在鸡的交尾期让公鸡们厮斗取乐。斗鸡成为了清明节的节日内容之一。

鸡是人类驯化饲养最早（约有四千年历史）的家禽，被古人誉为“五德之禽”（《韩诗外传》）：头上有冠，是文德；足后有距能斗，是武德；敌前敢拼，是勇德;有食物招呼同类,是仁德;守夜不失时,天时报晓,是信德。鸡又是六畜之首,每年的第一天还被定为“鸡日”。汉东方朔在《占书》中云:“岁正月一日占鸡,二日占狗,三日占猪,四日占羊,五日占牛,六日占马,七日占人。”所以,鸡除了为人们提供肉、蛋外,还频频出现在各种礼仪、娱乐等场合,成为最普遍、最受欢迎的家禽之一。当然也包括人们利用鸡的“武德”和“勇德”而进行的娱乐活动——斗鸡。

我国《史记》和《汉书》上多处记载有关“斗鸡走狗”之事。公元前770年,春秋战国时期的鲁季平子与郈昭伯以斗鸡而得罪于鲁昭公,竟互相打起架来。据山东《成武县志》记载:“斗鸡台在文亭山后。周渲王三年(公元前679年),齐桓公以宋背北杏之会,曾搂诸侯伐宋,单伯会之,取成于宋北境时,斗鸡其上。”曹魏时代,魏明帝于太和(297~235年)年间,在邺都(今河北省魏县)筑起了斗鸡台,赵王石虎玩斗鸡于此,曾有“斗鸡东郊道,走马长楸间”的诗句。唐代文学家陈鸿《东城父老传》记有:“玄宗(712~756年)在藩邸时乐民间清明节斗鸡戏,及即位,治鸡坊于两宫间,家长安雄鸡,金毫、铁距、高冠、昂尾千数,养放鸡坊。”可见当时玩斗鸡到了何等程度。明高启(1336~1374年)著有《书博鸡者事》。今陕西宝鸡还有以“斗鸡台”为地名的史迹。在国外,印度的娱乐斗鸡历史也很悠久,其他盛行斗鸡的国家还有菲律宾、日本、泰国、缅甸等,主要在亚洲。斗鸡游戏约于公元前5世纪传入欧洲,后传至世界其他地方。

受《水浒传》的影响,在宋江、晁盖等人的故乡水泊梁山一带,人们对“力”怀有深厚的崇尚之情。其中,非常风行的斗鸡活动就体现了这种民风。据旧时地方志记载,东平、寿张县城自古就有斗鸡场和斗鸡馆,尽管同其他地方的斗鸡活动一样也带有赌博性质,但主要还是民众广泛参与的娱乐项目。所以,这一带称斗鸡活动为“玩斗鸡”。每逢重大节日和集会,斗鸡爱好者便聚拢在一起比斗,围观者则呐喊助威,甚是热闹。同时,斗鸡活动也成为一些旅游景区的重要表演项目,同时还是斗鸡饲养户的活“广告”。饲养斗鸡已成为当地农民收入的新亮点。一只品种优良、训练有素的斗鸡,售价可达千元以上。

对于以上有关山东人与清明节密切关系的民俗事象,笔者也试图在研究中彰显它们的社会科学知识属性。但是,包括我和不少像我一样的民俗学者在内,在参与社会科学的知识生产讨论中,往往被许多社会科学其他学术领域的专家学者所轻视、忽视甚至排斥。他们往往认为,民俗事象甚至民俗学,只不过是民众的日常生活常识,而不是真正意义上的一门学问。这些东西在家长里短、日常生活中聊聊即可。还有的认为,同一种民俗事象越是在不同地域中各不相同,就越说明民俗学不过是小儿科,难以登上社会科学的大雅之堂。因而,对民俗学的研究成果就难以认可。我主持山东省社会科学优秀成果评选长达九年,却经常无奈地看到山东我的一些同行所完成的非常厚实、厚重的民俗学成果难以获奖,更难以获得高等次奖项。而这种状况的出现,是不是印证了吴效群教授指出的"现在的问题是,一些民俗学者强调民俗学的主体性,但又在学科属性、学术目的、学术规范方面表述不清,缺席社会科学大家庭的讨论,也就不会被主流学术界认可"这一论断。

浪漫主义与德国民俗学

王霄冰①

浪漫主义在德国和中国的民俗学界都是一个过时的词汇。最近出版的德国民俗学家鲍辛格(Hermann Bausinger)等所著的《日常生活的启蒙者》的介绍文字中就有这样一段话:

> 鲍辛格引导的民俗学意义上的这种启蒙取向,不再以发现“沉淀的文化遗产”(Ersunkene Kulturgueter)和民族之精魂(Volksseele)为目标。正是这种“启蒙”精神,让德国民俗学走出了现代化转型的关键一步,告别浪漫主义传统想象之下的“民间生活”的田园牧歌,告别民族国家兴起背景下民俗学所背负的意识形态重负,同时也告别在呵护抢救“传统”的市民阶层身上体现出的庸俗的浮躁与浅薄的热情。②

在这里,浪漫主义民俗学被批评为把民间生活当成田园牧歌一样进行想象(而不是研究),它受制于为民族国家建设服务的意识形态,所代表的是市民阶层意欲保护传统的庸俗与浅薄情调。作为启蒙者的鲍辛格则通过“对日常生活的启蒙”,“让普通民众反思性地看待那些习以为常的内容,进而形成对日常生活的自觉”。转型之前的民俗学在书中有时被直接称为“旧民俗学”,如年轻一代的民俗学者彻费恩(Bernhard Tschofen)回忆道,当他“1986 年来到图宾根学习的时候,发现当时这个研究所的多数学生对经典的民俗学所知甚少”,“他们对在这里被批评和被超越的‘旧民俗学’究竟做了

---

① 王霄冰,博士,中山大学中国非物质文化遗产研究中心教授。

② [德]赫尔曼·鲍辛格等:《日常生活的启蒙者》,吴秀杰译,广西师范大学出版社,2014 年,封面折叠页。

什么，完全没有兴趣”①。这也从侧面反映出了以图宾根学派为代表的德国当代民俗学与传统民俗学的决裂之彻底。

无独有偶，中国民俗学家吕微先生几年前也发表了《告别浪漫主义：中国民俗学的现代转换》和《民俗学的浪漫主义“原罪”》两篇文章。吕微先生在文中同样认为，只有告别以研究传统民俗为己任的古典时代，把当代的民俗文化与民俗生活作为主要研究对象，民俗学才能真正完成自身向现代学术的转变。民俗学研究不应从任何主观预设出发，而应“回到事实本身”，应当放弃“为人类提供终极价值的抱负”，而应保持“更加中立的价值立场”，理性地完成自己的科学使命。②

显然，在中德当代民俗学家眼中，浪漫主义就意味着眼光向后的历史主义以及对于传统的主观想象与建构，它孕育了古典民俗学，却与以理性主义和科学主义为思想指导、使用社会科学的眼光和方法研究现实的当代民俗学完全格格不入。换言之，只有摈弃了浪漫主义，才能使民俗学成为一门独立、客观的学科，才能完成民俗学面向当下、与现代生活同步发展的学科转型。

浪漫主义对德国民俗学到底有着怎样深刻的影响？德国民俗学在追求学科改革和学术转型时为什么一定要摈弃浪漫主义？浪漫主义和历史主义、民族主义之间是否存在着天然的联系？浪漫主义是否一定就反理性和反科学？中德民俗学的浪漫主义传统有何异同之处？德国民俗学的发展对中国又有何启示意义呢？

一、18 世纪末至 19 世纪初的德国浪漫主义

浪漫主义作为一种文艺和文化思潮，在德国兴起于 18 世纪末。催生它的，是当时的一系列政治和军事事件。1789 年法国大革命发生时，德国尚处

① ［德］赫尔曼·鲍辛格等：《日常生活的启蒙者》，吴秀杰译，广西师范大学出版社，2014 年，第 75 页。

② 吕微：《告别浪漫主义：中国民俗学的现代转换》，《民间文化论坛》2005 年第 6 期。

于四分五裂的状态，领土归属于大大小小的三百多个君主国，以松散的形式组成一个由奥皇兼任皇帝的名义上的“德意志民族的神圣罗马帝国”。法国大革命的爆发先是让德国人感到欢欣鼓舞，新兴的市民阶层希望就此推动德国的民主进程，建立真正意义上的德意志民族国家。但随之而至的法国社会暴力与战争又使他们产生了反感，拒绝接受以集权为目的的法国式革命。

1804 年，拿破仑称帝后，兼任德意志民族神圣罗马帝国皇帝的奥皇弗朗兹二世和英、俄、瑞典等国组成反法同盟，但在次年的法国、俄国、神圣罗马帝国所谓的“三皇会战”中完败给了拿破仑。1806 年，弗朗兹二世被迫宣布退位，解散神圣罗马帝国，德国于是就连名义上的统一和主权也没有了。这一耻辱的经历加剧了德国人的反法情绪，对于民族统一的渴望也更加强烈。自 1807 年起，反对法国占领的小规模起义此起彼伏，直至 1813 ~ 1814 年由普鲁士、俄国、瑞典、奥地利的反法联盟在德国境内展开所谓的“解放战争”才击败了拿破仑。

然而，此后的德国却又倒退回拿破仑占领之前的封建阶段，各地纷纷恢复旧有的君主国，民主化和建立民族国家的大任被政治家们置之一旁，同时鼓励市民阶层享受生活。后者厌倦了战争，也不再关心政治，开始退守家庭生活，发展起了一种带有德国特色的中产阶级艺术与生活文化，著名的毕德麦雅(Biedermaier)风格就产生于这一阶段，以至于在文化史上有“毕德麦雅时期”之称。毕德麦雅风格的建筑、家具和室内装饰以造型简洁和优雅著称，适用于家居生活而带有保守倾向。其他的标志性符号还有沙龙、家庭音乐会、咖啡文化、散步文化和时装等。德国式的“舒适感”(Gemuetlichkeit)由此产生，德国的中产阶级也从此被永远地贴上了那种“保守”、“庸俗”和“浅薄”的标签。

作为精英分子的哲学家、文学家和艺术家们无奈于社会现实，也不得不退守个人的内心世界。他们相互之间结为友人，喜欢通信往来和举办沙龙。这为强调主观感受、追求精神自由的浪漫主义文学艺术的兴盛提供了条件，同时也造成了后期浪漫主义较为悲观消极的特点，不像早期的浪漫派那样积极并充满了希望和热情。早期浪漫主义早在 18 世纪末就已兴起，以耶拿为中心，又称“耶拿浪漫派”。代表人物有施莱格尔兄弟、诺瓦利斯和蒂克等，他们的活动阵地就是1798年施莱格尔兄弟在耶拿创办的文艺刊物《雅典娜神庙》。浪漫主义文学在1804～1820年间达到高潮，这一阶段以海德堡浪漫派和聚居柏林的浪漫主义作家为代表，著名的人物有阿尔尼姆、布伦坦诺、格林兄弟、克莱斯特、米索、霍夫曼等。阿尔尼姆与布伦坦诺于1806～1808年间搜集编写了古民歌集《男童的神奇号角》。在他们的直接影响下，雅各布和威廉·格林兄弟也从1807年开始搜集、研究民间童话和传说，并于1812年出版了第一册《儿童与家庭童话集》，1815年出版了第二册。这一事件后来被看成是德国民俗学的发端。

二、德国浪漫主义民俗学的定位取向

德国浪漫主义为什么能够促成民俗学的诞生？众所周知的原因是狂飙突进运动的思想家赫尔德所倡导的“民”的概念被广泛接受，包括他所提出的在语言和民间诗歌中可以探寻到一个民族的精魂的理念，使得当时的德国知识分子都开始关注民俗特别是民间文艺，特别是一些浪漫主义的文学艺术家们，开始主动投身到搜集和研究民歌的工作当中。

一个很有意思的例子可以说明“民俗”在当时的流行状况。被称为“体操之父”的F. L. 雅恩(Friedrich Ludwig Jahn)是最早发明并推动开展体操运动的德国人。在拿破仑占领期间，他和朋友们一起组成了秘密的“德意志联盟”，志在把德国从法国人和封建君主的掌控中解放出来，实现德意志民族的政治统一。为了锻炼身体，他们定期组织远足，后来又仿效一位名叫古茨穆茨(Gutsmuths)的人的做法进行体操训练。不过雅恩当时提出的“体操”概念比较宽泛，也包括游泳、击剑等锻炼身体的运动，实际上的目的是要培养一种强健、自立、正直而又虔诚的新国民精神，正如他和他的朋友们提出的口号那样：“精神、虔诚、快乐、自由。”雅恩后来专门从事推广体操运动的活动，并与人合作出版了《德国的体操艺术》一书。但就是这样一位教师出身的爱国者也对民俗文化表现出了浓厚的兴趣，并于1810年出版了《德意志民俗》(*Deutsches Volkstum*)一书。需要说明的是，原书名中的“Volkstum”有时也被译为“民间传统”，但我在这里把它直接翻译为了“民俗”。这是因为雅恩在书中所列举的文化现象有些并不具备历史性，而是新创的传统。

此外,Volk 在当时的流行话语中——实际上从赫尔德开始就是如此——并非专指下层民众,而是不分阶层、区域和职业的全体国民,其中尤以市民阶层为典型代表,这和我们通常所理解的“民间”也不能完全对应。雅恩的“民俗”(Volkstum)范畴实际上代表了当时人们对这一概念的普遍理解,它并不等同于民间文化,而是带有“国民性”的意思。正如鲍辛格评论的那样,雅恩书中涉及的话题包括疆域的自然划分、国民情感、服饰、节日、民众的书本文化、家庭生活、爱国者的远足等,反映的是德国中产阶级的思想情感和日常生活。①

“民俗学”(Volkskunde)或曰“民学”②,即关于“民”的知识和专门研究“民俗”(Volkstum)的学问,就是在这样一个大的社会背景下登上历史舞台的。正如吴秀杰先生指出的那样,德语 Volkskunde 的最初涵义与英语 Folklore 并不相同:“在汉语中,Volkskunde 和 Folklore 都翻译成‘民俗学’。但是,在德语语境中,对这两个学科名称的价值判断则有高下之分。直到今天,即便在英语文献中涉及德国的民俗学时,作者一般都保留使用 Volkskunde 一词,以示与英国 Folklore 一词所代表的内涵有所区别。”她还举出 1891 年德国民俗学者K. 万侯德(Karl Weinhold)在一篇文章中的一段话作为例证,后者“讽刺那些搜集各种民间口头传承和关于这些搜集内容进行写作的民俗学者们(Folkloristen)在从事一项‘时髦的体育运动’,而属于 Volkskunde 的内容是这些所谓的‘民俗学者’根本无法设想的:从事这种民俗学的人要‘熟悉历史学和语言学,有(体质)人类学和心理学的知识,了解历史上的法律问题,熟悉国民经济史、技术史、博物学史、文学史、艺术史,最为重要的是要有天生清晰的理解力’(转引自 Moser 1962:177)”③。

为什么德国的民俗学者如此瞧不起英国的 Folklore,而认为自己的 Volkskunde 是一门高深的学问呢?我想除了万侯德所强调的专业性、科学性与学术方法上的综合性之外,还有一个原因就是德国早期的浪漫主义民俗学

① Hermann Bausinger, Volkskunde, Tuebingen: *Tuebinger Vereinigung fuer Volkskunde* E. V ,1979, pp. 35—36。

② 江绍原曾建议作此翻译。

③ [德]赫尔曼·鲍辛格等:《日常生活的启蒙者》,吴秀杰译,广西师范大学出版社,2014 年,第 2 页。

者心目中的“民俗”并不只是以口头传统为代表的下层民间文化，而是具有标志性意义的民族文化遗产和能够代表国民性的那些日常生活与行为模式。① 打个或许不太恰当的比喻，它与上世纪80年代风行中国的“文化学”似乎有一定相似之处。正因如此，才需要民俗学者具备广泛的文史知识与多学科背景来从事这门学问。

三、浪漫主义美学对早期民俗学的影响

浪漫主义思潮能够催生德国民俗学的另一个——或许也是迄今为止不太受重视的——原因，我认为是德国浪漫主义者们特有的文学理想与美学追求。浪漫主义受到德国古典唯心主义哲学的影响，所追求的是生活与艺术的浪漫化。他们的理想是把生活和文学艺术糅合在一起，通过个体内心的作用，从而使普通人的日常生活也能被理想的光芒照亮。他们是唯美主义者，但并不脱离现实，而是把生活直接当成艺术来经营和塑造，追求诗化的人生。同样，在艺术中，他们也努力追求个人精神价值的实现。弗里德里希·施莱格尔这样定义“浪漫诗歌”：

> 浪漫诗歌是一种进步的全能诗歌。她的定位不仅是把所有分开的诗歌种类进行重新整合，并且把诗歌与哲学和修辞联系在一起。她想要而且应该很快也把诗歌和散文、才气与批评、艺术诗歌与自然诗歌相混杂与融合，诗歌要活泼而合群，把生活和社会变得富有诗性，把玩笑诗化，用其可靠的教育素材来充盈和丰满各种艺术形式，并通过幽默的振荡赋予其灵魂。②

诗人诺瓦利斯也主张：

---

① 有关中德“民”（民间）概念的异同问题，吕微先生已有详细论述，这里不复赘述。参见吕微：《现代性论争中的民间文学》，周星主编：《国家与民俗》，中国社会科学出版社，2011年。

② Friedrich Schlegel: Athenaeums, Fragment 116，引自 Ernst Behler u. a. (Hrsg.): Friedrich Schlegel. Kritische Ausgabe. 1. Abt. Bd. II, p. 182. 原文德语。

这个世界必须浪漫化。这样,人们才能找到原初的意义。浪漫化不是别的,就是质的乘方。低级的自我通过浪漫化与更高、更完美的自我同一起来……在我看来,给普通的东西赋予崇高的意义,给平凡的东西披上神秘的外衣,使熟知的东西恢复未知的尊严,给有限的东西以无限的外观,这就是浪漫化。①

把生活当成艺术一样去唯美地想象和创造,把艺术直接融入生活和社会中,这是浪漫主义者的最大特点之一。在那样一个动荡不安、变幻莫测的时代,他们彼此真诚相待,相互支持,留下了许多友谊的佳话。据说,铸造了象征浪漫派的"蓝花"意象的诺瓦利斯只活了29岁,是在浪漫派朋友施莱格尔兄弟的陪伴下、听着弟弟F.施莱格尔为他弹奏的钢琴声离开人世的。②F.施莱格尔的妻子比他大8岁,这位名叫多罗苔娅的才女是哲学家摩西·门德尔松③的女儿,年轻时嫁给了一个银行家,后来与F.施莱格尔相爱,离婚后终身陪伴F.施莱格尔。哥哥A.施莱格尔在大学时代也追求一位名叫卡洛琳娜的已婚女子,后者离婚后来到耶拿和他订婚。她热情而才华横溢,被称为是耶拿浪漫派的缪斯。但卡洛琳娜后来又爱上了谢林,并最终嫁给了他。对此施莱格尔并不记恨,仍然和他二人保持着友好的关系。④

后期浪漫派之所以选择海德堡作为活动中心,也是因为这个城市本身所带有的浪漫色彩,及其对于德意志民族而言的文化象征意义。这里不仅有一所创建于1386年、在古老程度上仅次于布拉格和维也纳大学的高校,而且海德堡的老城堡是在17世纪末发生的一次为争夺法尔兹王位的战争中被德国人的"宿敌"——法国人的军队摧毁的,之后再也没能得到重建,只留下

---

① [德]诺瓦利斯:《1797—1798年断片集》(第105条),转引自李伯杰:《"断片"不断——德国早期浪漫派的断片形式评析》,《外国文学评论》1997年第1期。

② 马树德、顾彬:《世界文化史故事大系·德国卷》,上海外语教育出版社,2003年,第182~187页。

③ 德国犹太人,号称"德国的苏格拉底",音乐家费利克斯·门德尔松的祖父。

④ 《艺术学》编委会:《耶拿学派和施莱格尔兄弟》,《艺术学第4卷第2辑:类型别解:艺术历史与当下的印痕》,学林出版社,2009年。

一片壮观的废墟。因此,海德堡就成了带有民族情绪的德国知识分子们缅怀古老而又美好的中世纪的最佳场所,也是他们吟诗作画最爱选择的主题之一。海德堡作为民族纪念场所的地位逐渐形成,并在1806~1830年间举办了三次盛大的城堡节活动。1804年,一位名叫Friedrich Creuzer的古典语文学教授写信给他的诗人朋友布伦塔诺,建议他迁来海德堡居住。他在信中提到,自己在散步经过城堡旧址时,这座"雄伟的废墟"让他感觉到了"我们新德意志的渺小",认为这座城最适于那些"心中装有古老而伟大的德意志国(Teutschland)的人们,那些想让古老浪漫而充满深沉的诗歌绽放、以一种尊严的方式使其复活的人们"①。几个月后,布伦塔诺就真的来到了海德堡,并带来了他的朋友阿尔尼姆和戈尔斯(Joseph von Goerres)。他们立志复活民族民间文化,开始搜集民间文学并对其进行加工创作。布伦塔诺和阿尔尼姆共同出版的古民歌集《男孩的神奇号角》可以说也同时吹响了宣告德国民俗学即将出世的号角。

总之,浪漫主义者这种融文艺、生活与学术为一体的艺术观与人生观,促使他们把目光投向市民和农民阶层的日常生活文化,并试图通过"浪漫化"的加工,让那些普通、平凡、熟知的东西变得神秘而又崇高,最终转变为全民族共享的文化遗产。他们所采用的"浪漫化"手法,一是把这些事物历史化,将其来历追溯至中世纪乃至更早时期,建构起文化传承的谱系;二是把它们民族化,即与德意志人及其前身日耳曼人的民族性联系在一起;三是把这些东西与民间传统挂上钩,借助于民间文学的匿名性质以增加其神秘性。特别是最后一点,直接影响到了德国民俗学的早期发展。今天我们都知道,包括《格林童话》在内的很多当时所谓的"民歌集"、"民众书"、"民俗研究",都脱离不了知识分子对民间文化的再造和重塑。从科学主义的立场来看,这些现象当然都值得反思和批判,但若从当时的社会思潮出发来审视这段历史,我们也应看到其中正面的因素。首先,当时德国知识分子美化、加工民间文学的动机是要培育优良的民族文化和塑造美好的新德意志人,希望把世界"浪漫化",让人生更加充满诗意。其次,他们在参与建构传统的过程中,也部分地放弃了自己作为创作者的个人权益,心甘情愿地把自己变

① Oliver Fink, "*Heidelberg*", Deutsche Erinnerungsorte, pp. 479—480. 原文德语。

为民众的一员，试图以民众的眼光、用民间的手法来帮助修复与重建一个民族的文化传统。

金门五岳信仰考察报告

——台湾东岳信仰调查与研究报告之一

叶　涛①

金门县历史上曾属于福建省泉州府同安县管辖，如今由台湾当局实际控制。金门县包括金门本岛(大金门)、烈屿(小金门)、大胆、二胆、狮屿、猛虎屿、草屿、后屿、东碇岛、复兴屿等12个大小岛屿，面积150余平方公里，户籍人口10万余人，实际在地常住居民约六七万人。从地理位置上看，金门岛孤悬于厦门东面海外，位于九龙江口，扼厦港咽喉，为闽南屏障，旧名有“浯洲”、“仙洲”、“浯岛”、“沧浯”、“浯江”等。金门岛本为荒岛，晋时中原兵乱，始有人渡海避居于此。明洪武二十年(1387年)在岛上筑城，称“金门城”，此后袭用至今。明末郑成功曾以金门为反清基地及攻台跳板。明、清两朝均隶属同安县。民国时期，金门岛于1915年设县。1949年，国民党当局迁台，在该岛屯兵驻守。1953年，结束军管制度，恢复县治，成立县政府。1992年11月结束战地政务。2001年元旦，金门与厦门开始试行“小三通”，金门成为连接两岸事务的重要枢纽。

自2010年以来，本人曾经多次到金门，但都是参加学术会议或一般性游览，并没有就金门的民俗或民间信仰进行认真的调查和研究。配合我正在进行的东岳庙历史与现状的调查与研究，2014年4月26～29日，恰值农历三月二十八东岳大帝诞辰前后，我专程赴金门就东岳信仰进行田野调研。以下所述，就是我对这次调研所搜集到的资料的初步整理。

首先需要说明：本来是要到金门调查东岳信仰的，但调查之后发现，还是称作五岳信仰更为合适，因为东岳信仰只是金门五岳信仰中的一个组成部分，金门民众所崇奉的还是总体概念而言的“五岳”及其神灵。例如，金门

---

① 叶涛，博士，中国社会科学院世界宗教研究所研究员。

五岳庙所奉祀的主神五岳大帝的千秋圣诞,选择的日期是农历的三月二十八,正是东岳大帝的圣诞,这说明在金门五岳大帝信仰中,东岳大帝的位置比较突出、比较重要,东岳信仰相比于五岳信仰而言,仅止于此而已。

一、金门五岳庙及其圣诞活动

五岳庙位于金门金城镇民族路中段,是一座单进式加前拜亭的私庙,该庙现在的主人是许绩赞先生。

据许绩赞先生口述和庙内墙壁上所张贴的文字介绍,五岳庙的历史大致如下:

清光绪二十八年(1902 年)八月间,金门人许嘉卿自浯岛(即今金门)赴泉州五岳庙进香,在庙中焚香礼拜时,发现神衣掉在桌上,请圣杯后准许将香火(神衣)带回金门后埔南门许家。此后,许嘉卿花费四年的时间筹建了庙宇,并为五岳大帝雕刻神像。1978 年重建庙宇为现状。

金门五岳庙之一

按照金门大学唐惠韵教授 2008 年的统计,面积 148 平方公里的大小金门岛上,160 多个村落里社中,共有传统寺庙 246 座。这些寺庙可分为村庙、公庙和私庙。所谓村庙,主要是宗族聚落中各依甲头或房头自行组织兴建和祭祀的甲头庙或房头庙;公庙,是指非同宗聚落中,凡有村庄里户处,每村至少有一间村民合资共建的公庙；私庙则是私人起建而“应答如响”吸引四方香客的各类私坛或私庙。五岳庙就是由后埔南门许家兴建的私庙，自许嘉卿光绪末年兴建，传承至今，已有四代。

金门五岳庙之二

按：金门五岳庙有“泉州分镇浯岛”的说法，传说中也是许嘉卿自泉州五岳庙分灵香火而来。但从网上搜索资料显示，泉州并无命名为“五岳庙”的寺庙。在泉州，只有东岳庙曾是列入国家祀典的庙宇。泉州东岳庙，又称东岳行宫、东岳宫，位于泉州古郡城仁风门（东门）外凤山之南麓（即泉州刺桐北路起始处附近的东岳前街）。前有铁路线从门前经过，后为泉州南少林寺护墙，与泉州少林寺仅一墙之隔。东岳宫是泉州古城五岳之一（东岳凤山、西岳龙山、南岳溜石山、北岳狮山、中岳云山），始建于宋绍兴二十二年（1152年），后经过历代愈修愈大，共有七殿十三坛。1929年几被烧毁，现仅存正殿一座，其他殿均为新建。东岳宫奉祀青帝（即东岳大帝）、五岳大帝、地藏王、十殿冥王、七娘夫人、织女、陈金李三夫人、痘疹娘娘、冥司百职，檀樾祠奉祀张汝锡等。

据此推测，当年许嘉卿迎请回金门的五岳大帝的香火，或许就是从泉州东岳行宫请回来的。

1. 五岳庙的神灵与神迹

庙号“五岳”，庙中供奉的神灵自然应该是五岳之神。金门民众称五岳庙为“岳帝庙”,称“五岳大帝”为“岳帝爷”。这种五岳大帝合称的称呼方式在内地尚不多见。五岳庙奉祀为主神的五岳大帝,是由五尊神像组成的一组神灵。我去金门调查的时间,恰逢五岳庙举办千秋圣诞,平时被奉祀在神龛中玻璃护罩后面的神像,这时都被请出来供奉在香案上,接受香客们的香火祭祀,这也使我能够近距离地观察神像。

五岳大帝神像

在香案上供奉有数排神像,达几十尊之多。最后一排有五尊头戴帝王冠冕的塑像,就是五岳大帝的神像。起初我向许绩赞先生等在场的各位乡邻询问五尊神像是怎么区分的,大家都说不清楚,神像上也没有篆刻任何文字,最后还是主持法事的陈仲民道士予以说明:五尊神像是按照面相颜色来区分的,按照五行观念,五岳分别代表不同的颜色,如东岳主青,为青帝,面相即绘为青色,其余依次类推。其中西岳大帝不仅面相为白色,胡须也是白色的。五尊神灵摆放的位置自左至右依次为:东岳大帝、南岳大帝、中岳大帝、西岳大帝、北岳大帝。五尊神灵的称号均来自《封神演义》中的说法,东岳泰山黄飞虎、西岳华山蒋雄、中岳嵩山闻聘、南岳衡山崇黑虎、北岳恒山崔英。

按照在场乡老的讲述:当年雕刻神像时,雕刻师不知道应该将五岳大帝各雕刻成什么形象,结果神灵就托梦给雕刻师,一夜告知一个神像的形象,共托梦五夜,这才完成了神像的雕刻。

历史上,五岳庙最灵验的神迹,首先是岳帝爷的药签很灵,过去民众到岳帝庙乞到药签后,就到观音亭旁的回生堂抓药,那里有药签薄。其次,据说,岳帝爷的座椅也可以做药,只要能够掷得他的允筊,就可以请出神像,在他的座椅下刻出一小块椅柴,回家将椅柴投入水中煮开,就可以治百病。岳帝爷的座椅是用樟木做的,樟木本来就是可以用来做药的。如今,药签桶已被庙方收起,庙方的解释是如今医学发达,有病看医生不必求签了。信众也不再乞求岳帝爷的座椅做药了,当然,庙方还会告知你说,座椅下常年被乞刻木,几乎被刻穿了。

护佑苍生、尤其是护佑幼子孩童,是五岳大帝的基本职责。因此,孩子出生之后,能够被五岳大帝收作螟蛉契子,能够得到神灵的护佑,这是金门许多人家的父母都要做的事情。五岳庙五岳大帝的名下有超过2000名的干儿子,每逢圣诞,都会到五岳庙来进香,乞求五岳大帝的保佑。即使契子自己由于各种原因不能够亲自来到庙前,孩子的父母也一定会在圣诞期间,代替孩子前来上香,为孩子祈福求平安。

五岳庙干儿簿

五岳庙以五岳大帝为主祀神灵,但庙中供奉的各种神像、神位则有70余尊,五岳大帝千秋圣诞时,每尊神灵都会被请出来享受纸烛香火。

五岳庙内供奉的神灵

2. 五岳庙的庙务管理

在五岳庙道士张贴的榜文中，提到五岳庙的董事共有三位：许绩赞、许绩金、林海水。三人中，许绩赞和许绩金是兄弟，林海水是许家的邻居。五岳庙的管理现在主要是由许绩赞先生负责，许先生现任金城初中的体育教师，他是从其父许丕炳手中接下的五岳庙庙务管理事务。自其曾祖父许嘉卿清朝光绪年间兴建五岳庙，传承至今已经有四代了。

许绩赞先生现有一子一女，儿子在台北做律师，女儿在上海的台资企业工作，两个孩子都已经不参加五岳庙的事务工作。今年圣诞期间女儿专门回到金门，帮着父亲操持事务性工作。许绩赞先生利用工作之余照顾庙务，平时他的弟弟也会过来帮着照料。

今年圣诞两天期间，估计花费的香油钱就需要 15 万元新台币（合人民币 29 955 元），还有给道士的费用，这估计能与前来进香的信众所捐奉的款项持平，略有盈余的话就会用来添置桌椅等设备。

五岳庙所占用的土地归许绩赞家所有，属于私有土地。但是，拜亭前靠近道路的一小块地，因为当年计算有误，被算作国有土地，因此，为这一小块土地，现在每年还需要缴纳 7000 元新台币（合人民币 1397.9 元）的租赁费。

与许绩赞先生合影

3. 五岳庙的圣诞祭祀活动

五岳庙除日常信众进香祈福等信仰活动以外，每年只在农历的三月二十七至二十八两天做二朝醮，庆贺五岳大帝千秋圣诞。

五岳圣诞上香场景

圣诞期间最主要的是请道士来做法事，所做法事属于道士科仪中的平安醮，其中有起鼓、请神、献敬、拜斗等法事。

道士们除了诵念经卷外，还为民众还愿表演提线木偶，今年表演的木偶戏剧目是《郭子仪》(郭子仪七子八婿祝寿)。木偶戏表演都是应还愿民众的要求而做的,二十八日上午大约有三位民众前来还愿,每位民众给道士表演木偶戏的报酬大约是 1200 元新台币(合人民币 239.64 元)。

道士表演的还愿木偶戏

承做五岳庙法事活动的是金门道士馆的陈仲民道长,作为家传的道士,陈家承办五岳庙法事已有上百年的历史。按照陈仲民道长的说法,他们家也是四代人都为五岳庙做法事。

二、金门的五岳信仰及其庙宇

在大金门岛上，除五岳庙外，还分布着与五岳信仰密切相关的其他几座庙宇：田埔村的东岳泰山庙、山西村的北岳庙、田墩村的西岳庙、金门城北门的廻向殿（奉祀北岳大帝）。

（一）田埔村东岳泰山庙

位于金沙镇田埔村的泰山庙，当地民众称之为“城隍庙”，将其与后埔的“浯岛城隍庙”、金门城的“古地城隍庙”并称金门三大城隍庙。田埔泰山庙之所以被称作城隍庙，是与明代在此地设立巡检司有关。按照 2007 年所撰的《金门田埔东岳泰山庙重建记》所言：田埔城隍庙是金门所有城隍庙中最早的城隍庙，始建于明代洪武年间（1368～1398 年），田埔的城隍称作“东岳城隍”，直属于东岳大帝管辖。

泰山庙牌坊旁镌刻的“城隍庙”介绍文字则说：田埔泰山庙是从山东省泰山东岳城隍庙分炉而来，是东南沿海唯一的分灵，俗称“东岳泰山庙”，主祀城隍公，圣诞为八月十五日，始建于明洪武二十年（1387 年），万历十二年（1584 年）重修一次，清毁，1969 年冬乡民出钱增修，最近一次为 2004 年于原址拆除重建，2008 年完工，为金门岛上居民的重要信仰中心之一。

虽然在追溯田埔泰山庙的历史时，总是强调其作为城隍的历史渊源，但是，2008 年重修完工后的泰山庙，正殿主位上的神灵已被称作“泰山大帝”，神像则是两尊并列的男女神灵，应为泰山大帝及其夫人。这或许反映了这样一种观念上的转变：从最初强调本庙奉祀的主神是城隍，逐渐演变为现今突出的“泰山大帝”，说明城隍信仰的观念逐渐淡去，东岳泰山信仰的色彩开始浓重。

（二）田墩村西岳庙

西岳庙位于金沙镇田墩村。据 1992 年所撰的《金门田墩西岳庙重建志》记述：“田墩为浯东之西陲名乡，拥海山之利，得渔稼之乐，风淳俗美，人杰地灵，村东北之沙墩，夙有西岳庙，祀西岳华山金天顺圣大帝，庙古神灵，境赖以庥。惜于民国六年(1917 年)七月廿六飓风袭毁,今遗址犹存,史迹莫考,惟神像寄村之天后宫敬祀不替。”

东岳泰山庙

1990 年,村民开始重修西岳庙,1991 年二月十五庆成,十月十二迎神回銮安座。

西岳庙

(三)山西村北岳庙

金沙镇山西村的北岳庙,依山而建,气势不凡。北岳庙分为上下两层,下层主祀北岳大帝,上层奉祀邢府王爷,这种建筑格局也是金门庙宇中较为少见的规制。据1984年所撰的《山西北岳凤山寺重建志》记述:"金门原有五岳佛寺,县北有三,县南有二,我寺首立县北因称北岳,东岳田埔城隍,西岳田墩岳王。我寺山穴世称飞凤朝天,明江夏侯临山观穴认为风水大地,得之能出帝王公侯,遂建立石城于山峰,欲锁凤头破此风水,寺在凤尾因以凤山为名,后将续建观音佛祖寺于本庙后。二楼之神曰邢王爷,一楼之神曰北岳大帝——康济明王,简称'王公王娘',上承玉皇命,下理黎民事,威震闽台,庇吾神州,率诸众神以安天下。古历十一月初六日为其千秋诞辰。寺始建于南宋(1127~1279年)时代,至明嘉靖年间(1522~1566年)毁于倭寇,乱平复建,百年前被台风吹倒,乡绅屡谋重建,均因机缘不足搁置。"

北岳庙的重修屡历波折,民国三十七年(1948年)已经备齐建材,但被国民党军队征用于战事。1979年,本乡南洋乡亲倡议重修,历经两年,于1982年九月开工兴建,1984年二月完工,同年十一月初六三尊神像开眼供奉。此后又修建了本寺的其他殿宇和道路等附属设施。

北岳庙

(四)金门城廻向殿

位于旧金门城北门的廻向殿,奉祀北岳大帝等神灵。此处奉祀北岳大帝,应该是与旧城北门所在的风水位置有关。据 1994 年所撰的《廻向殿重建落成志》记述:“本庙建于明洪武年间(1368 ~ 1398 年),迄今六百余年。庙址坐寅向申兼艮坤分金丙寅丙申,卧枕燕南山(太文山),朝北门街口,庙中供奉:北岳大帝、玄天上帝、吴府王爷、池府王爷暨王公诸神。自古神威显赫,香火鼎盛,护境佑民,万众敬仰!”

廻向阁

上文所述的五岳庙宇,包括了东岳泰山、西岳华山以及两座奉祀北岳的庙宇。按照《山西北岳凤山寺重建志》所言,金门县应有五座佛寺对应五岳,城北有三,城南有二,但在此文中也仅仅是提到了东岳、西岳和北岳,其他南岳、中岳则没有提及。

在五岳庙的一张桌子上,印有记录金门历史行政区划的文字《福建省浯州屿都保表》,上面印有各都所包含的村落名称、十二个时辰与 24 小时的对应,还有一处特别标出了五个城隍:

田埔:东岳城隍爷

田墩:西岳城隍爷

后埔:南岳城隍爷

山西：北岳城隍爷

金门城：古地城隍爷

上述五位城隍爷，东西南北分别冠以四岳，唯有旧金门城的古地城隍爷没有冠以岳名。或许，我们可以这样理解：上述五位城隍爷，完全可以对应五岳，除前面的四岳之外，旧金门城的古地城隍爷可以称作是中岳城隍爷。如果可以这样理解的话，上述《山西北岳凤山寺重建志》所提及的金门县的五岳佛寺就齐全了。

三、金门道士系统及其仪式——道士陈仲民的口述

金门五岳庙的二朝建醮法事是由陈仲民道长主持的，我于 4 月 29 日下午专门到位于金门菜市场内的金门道士馆拜访了陈道长。由于担心对方对访谈有所顾忌，因而我在与他交谈时没有做录音，下面这些文字，只是根据与他交谈后的回忆记录而成。

五岳圣诞仪式间隙与陈仲民道长合影

陈仲民道长，1970 年出生，祖传道士世家。他的曾祖父于清朝同治年间

(1862～1875年)自福建南安迁到金门。他的曾祖父、阿公(祖父)、伯父和父亲,直到他本人,四代都是道士。

他收藏的经书最早有清初顺治年间(1644～1661年)的,其中保存了明代的一些内容。除经书外,还有一些表文等。陈道长表示,他保留了金门三个流派的经书,包括他们自己家的、沙美的、还有小金门的。

在家传方面,陈道长表示,他的阿祖、阿公到他的伯父,是一脉相承的。他的伯父和他的父亲相差20多岁,但兄弟失和,伯父继承了阿公的道士衣钵。伯父家中有四个孩子,但都没有继承他伯父的道士事业,四个孩子都是公务人员。

陈仲民上学上到初中三年级(15岁)的时候,他的父亲一定要让他回家跟随伯父学习做道士,并且说:初中学的东西有很多人都学了,而他们家道士这个业务却没有人学,初中的东西就让别人去学吧,他们家传的道士只能自己学。陈仲民从小对道士也有兴趣,从小就跟着父亲抄写表疏、誊写表文,因此也就辍学回家,被他父亲送到伯父家学习做道士。他父亲嘱咐他:要把伯父的东西学好,跟着伯父学习百分之八十才可以,跟着父亲学习百分之二十就够了,因为他伯父的知识是他们自己家的真传,而他父亲则是跟着其他流派学的。

他伯父十分严厉,一般人都怕他伯父。伯父教得非常系统,共有六门功课:符箓、唱曲(音乐)、经文、方法(做法事的方法)、表文等,他跟着伯父系统地学习。每当他学得不好,没有背过经文,不敢去伯父家中时,伯父就会跑到他家中来骂他。经过一两年严格的训练,他十六七岁就可以独立做法事了。他跟着伯父学习了五六年,伯父就去世了。

自15岁跟着伯父学习,如今已有将近三十年的从业经历。他的家中不仅有大量的经书,也还有做法事必需的各种乐器、法器等,而且都是从阿祖那一代就传承下来的。

由于积累有经书、表文等,而且他懂得从方法入手做各种仪式,因此,有许多法事全金门只有他一个人会做。例如,2003年SARS的时候,他就做了驱瘟疫的法事。过去虽然没有做过,但他找出阿祖过去在30年代做的驱瘟疫的经书,他看过经书后,就知道应该怎样做仪式了。现在的金门,许多仪式只有在小金门还保留着。例如,在小金门16岁成丁和结婚的时候都有仪式，这些仪式也只有他会做。另外，金门后埔城里丘良功节孝牌坊下，有一个彩色的石狮子，那个狮子在日月照晒下成了精，每年的八月十五，牌坊周边的乡邻都会做醮，这个法事是为了保护孩子的。过去，陈道长的老家就在牌坊附近，曾经有二落古厝，现在他自己的家是在南门。

道士馆中的合作伙伴一般有七八个人，包括吹唢呐的等，都是合作了几代人的老关系了，现在跟着他合作的一些老人，过去都曾经跟他伯父、父亲合作过。陈道长的弟弟也是15岁开始学习做道士，如今也是道士馆里重要的道士。

现在金门最重要的一些法事都是由他们道士馆来承担的。例如，金门每十二年做一次的水仪（水醮），就是由他们道士馆来做。

五岳庙五岳圣诞法事

四、关于金门五岳信仰的几点思考

金门五岳信仰自成系统，是金门信仰体系中的重要组成部分。相比于内地的东岳信仰与五岳信仰体系，金门的五岳信仰呈现如下特色：

1. 五岳信仰混成一体，是金门五岳信仰的突出特点。相比于内地列入祀典的东岳信仰及其他山岳信仰而言，金门五岳庙系私庙性质，其他北岳庙、泰山庙、西岳庙则为村庙性质,在传统的信仰分类中,这些庙宇奉祀的神灵只能被列入“群祀”,这样,就凸显了金门闽南文化以及金门特有的信仰文化特质,与内地列入国家祀典的东岳信仰就有很大的不同。

2. 金门五岳信仰有模拟国家祭祀制度的因素。在面积不大的金门岛,仿照五岳的不同方位,构建出五岳佛寺,成为民众信仰的重要场所。这种模拟,是地方士绅的意愿呢,还是地方信仰系统中道士或法师的促动结果,这还有待于更加深入的调研。

3. 东岳信仰与城隍信仰的融合,也是金门五岳信仰的一个特点。在中国传统民间信仰体系中,东岳信仰与城隍信仰一样,同属于阴司系统,其功能也有重合的部分。但在金门,城隍信仰大有取代东岳信仰的趋势,甚至可以说,在过去,城隍信仰已经取代了东岳信仰。这方面的进一步探讨,还有待于对金门城隍信仰仪式的深入考察,从中进一步观察金门城隍信仰仪式与传统东岳信仰仪式的异同。

上述关于金门五岳信仰的记录,只是对金门五岳庙及其相关庙宇初步调研的资料性整理。本人对五岳庙的圣诞仪式予以参与性观察,其余庙宇只是到过实地并搜罗了现场的文字材料。本文关于金门五岳信仰的记录和不成熟的思考仅仅是一个起步,对于金门五岳信仰的深入研究还有待于今后再有机会进行更加深入细致的调查,并且期望能够对金门信仰体系的历史与现状有更加细致全面的了解。

忧郁的狂欢

——豫西骂社火的传衍之道

赵 文 王学文①

摘 要:河南省灵宝市东、西常村的骂社火以两村通过性戏谑、互相辱骂祖宗的社火形式而闻名。这一非常态、反结构、狂欢化的社火在当下遇到传承发展的问题。现代国家政权的下沉,传统力量的边缘化,改变了骂社火背后的组织体系。"内生资金"来源渠道的缺乏,"外援资金"的不稳定和过于强势,威胁了骂社火的稳定举办。而这一地域社会在传统与现代、外来宗教与民间俗信碰撞、交流中被改变的社会文化心理,是影响骂社火传承发展的深层原因。改变当下骂社火这类民俗活动的发展境遇,有赖于组织者、资金和社会文化心理等条件的最优组配。

关键词:文化遗产;社火;狂欢

> 我们的骂社火是非遗,还不是国家级的。要是能评上国家级的,社火就好办了,上面会给钱。现在没钱,不好办。今年还是省里来拍片子的人给了些钱才办的,要不也办不起来。
>
> ——西常村骂手

让骂社火成为国家级非物质文化遗产,是当下豫西的东常村和西常村民众的心声,这被认为是让他们的社火传承发展下去的"救命稻草"。然而资金是否真的是困扰骂社火传衍下去的原因呢?谁也不能否认,这里民众的生活水平已经比过去有了显著的提高。这一产生于生产力低下年代的社

① 赵文,中国民族大学副司级调研员;王学文,博士,文化部民族民间文艺发展中心副研究员。

火,到今天却遇到了传衍的问题,究其原因显然不能简单归结于资金上。豫西东、西常村骂社火的生存发展境遇是当下众多相类的民俗文化生存状态的一个缩影。这类民俗文化,曾是我们民俗生活体系的一部分,曾在区域社会中相对自在自足自然地生长、变化着,但是在经历现代化的洗礼后,它们虽然有了"民间艺术"、"文化遗产"和"产业资源"等各种光鲜的标签,却无法改变发展颓势。因此,当我们将这种乡土社会民俗文化的状态放在当下被认为推动文化发展最好时期的宏大话语中审视时,我们就不得不反思我们在认识层面、理念层面和实践层面的局限,而这也直接显露出我们面对这些现象或问题时解释和把握能力的不足。本文意在以豫西东、西常村骂社火个案为引子,分析此类民俗文化在现代化境域中的状态,借以探讨其在未来的传衍之道。

一、文化奇葩:骂社火

中国民众在节日中狂欢的方式有很多种,但社火无疑是最为引人注目的狂欢方式之一。作为一种传统的仪式性表演艺术,它的产生与中国古代社会祭祀社神的社日以及与驱鬼逐疫的傩仪傩戏有关,还与春节、元宵节期间进行的迎春纳福活动有关。① 社火在中国的分布非常广泛,尤以河南、河北、陕西、山西、甘肃、青海等省区的社火最有代表性。俗语说"过年要快乐,唱戏耍社火"。社火已然成为当地一种标志性的文化存在,成为民众对节日的一种向往。在众多的社火形态中,豫西东、西常村的骂社火无疑是极具特色的。

骂社火是河南省灵宝市阳平镇东常村和西常村独特的一种社火形态。东常村和西常村所处的阳平镇,是豫、陕、晋三省交会之地,古时是通洛阳、达长安、连京都、接帝畿的要地。在境内有"黄帝采首山之铜,铸鼎于荆山下"②的"荆山",还有多处与这种久远的历史记忆相契合的景观,如"夸父山"、"黄帝陵"、"蚩尤峪"、"铸鼎原"等。两村比邻而居,以一条小河为界,

① 王杰文:《民间社火》,中国社会出版社,2008 年。

② [汉]司马迁:《史记》(卷二十八),中华书局,1982 年,第 1394 页。

上架"联亲桥",民风淳朴,关系融洽,文脉昌盛。西常村有贾、苏、樊三大姓,一千多人口;东常村有屈、张、王三大姓,两千多人口,且东常村的屈姓家族在历史上曾出过四位进士。种植粮食作物是这里传统的生计方式,后来多种植苹果,近年村民们多转向香菇业。与中国众多的乡村一样,从上世纪80年代开始,外出务工的村民越来越多,打工成为家庭收入的重要来源之一。但因为近年香菇业的发展,有外出务工人员回流的现象出现。这方水土称得上是历史深厚悠久,文明开化较早,生活相对小康之地。但就是这地方却在每年正月期间要上演一场反常的、在我们看来非常"不文明"的社火——骂社火。

两村耍社火不是通过双方的协商来达成,而是通过相互的刺激、挑骂来实现的。传统上,每年农历正月初二,一村想要社火的人就会组织在一起,俗称"后场子",火铳开道,敲锣打鼓到对方村子叫骂,骂对方村里有名望的社火头子、人缘子、村盖子①,以激怒对方出社火。被骂的村子不能当场还骂,只能等到第二天也组成"后场子",到对方村子去骂。这样来来往往一直"挑骂"到正月初十。直到正月初十晚上东常村关帝庙的钟声敲响,才表明两个村子要正式耍社火了。从正月十一开始直到正月十六,两村进入有组织、大规模的叫骂和社火表演的阶段。正月十一下午东常村首先组织队伍到西常村拜请,意在通知西常村到本村看社火。拜请的队伍浩浩荡荡,前有三骑高头大马组成的探马队通报开路,接着是三眼火铳队,横额、彩旗、锣鼓、花车、秧歌等簇拥其中。拜请回来后,东常村开始出杆②。当天晚上,西常村到东常村夜骂。正月十二下午是西常村到东常村拜请,然后出杆。晚上东常村再到西常村夜骂。如此交替直至正月十五开始进入高潮。

正月十五下午东常村到西常村拜请,但拜请中增加了"祭祖"的内容。这里"祭祖"并非真的祭祖,而是东常村人装扮成西常村贾、苏、樊三姓的后人,通过荒诞、淫秽、丑陋的表演来辱骂三姓的祖先,诋毁三姓的后人。笔者

---

① 社火头子指组织社火的人员,包括骂家;人缘子指村中有身份、有影响力的人物;村盖子一般指村官。

② 出杆就是出芯子。这是这一带社火的典型形式,就是用钢筋铁柱焊接出高低不等的框架,巧妙地让幼童或立或坐在框架上,然后捆绑缚实,装扮成各种角色。现在的杆子都被固定在三轮车上。

观察到2014年的情况。“祭祖”队伍跟在拜请队伍后。首先是扎着白羊肚手巾的鼓手敲着丧鼓，然后是八个打扮成女娃模样的男孩抬着一木制的男性生殖器，他们称为“八抬导弹”。还有一个打扮成女娃模样的男孩在后面用一根绳拉着“八抬导弹”，前后耸动，模仿性交状。这之后是装着“供品”的供桌。所谓“供品”，则是夭折的猪、狗、鸡、鸟等，还有一根头部被染红的萝卜，象征男性生殖器。最后则是扮成对方孝子模样的披麻戴孝的骂手以及一个“祖宗牌位”。“祖宗牌位”上钉一张狗皮，白纸上写着“死狗烂娃苏樊贾三姓之神主”，但“神”字缺少一竖，“主”字缺少一点。白纸上还有一副对联，上书“猪来马年祭三姓，狗遇逢年拜祖先”。上面还画着乌龟、猪、狗。

“祭祖”的表演也极尽夸张、荒诞。“祭祖”的地方在村委会前的戏台上进行。“祭祖”的流程一本正经，依次是：知事者各就其位；孝子贤孙灵前就位；鸣炮、擂鼓、奏乐；进献贡品；乐队祭灵；上香；敬酒；读祭文；烧纸等。每一步都充满了戏谑、讽刺和辱骂。进献的供品是夭折的猪、狗、鸡、鸟。上香点着的是三根草棍。敬酒时，装扮成的孝子贤孙模仿撒尿状，从夹在裆下的水瓶中将水喷出。所念的祭文，听起来文绉绉，读者语调阴阳怪气，内容也是说三姓祖先淫乱放荡，三姓为畜生所生之类。还要用男根状的“八抬导弹”猛烈撞击“祖宗牌位”，用三眼火铳将牌位轰碎，最后焚烧。这等阵势让经过法律、制度和道德规训过的观者是心惊肉跳、蠢蠢欲动，有一种紧张刺激的、罪恶的愉悦感。

“祭祖”完毕后，东常村回村出杆。晚上时被“祭祖”侮辱调戏的西常村后场子会到东常村夜骂。十五晚上的夜骂较之前几日也要隆重。一个重要的内容就是炸鳖灯。鳖灯用铁丝和纸扎制而成，鳖灯的四角和身上写着东常村社火头子、村盖子的名字。在夜骂结束之际，四五根三眼火铳一同点燃引线，在震耳欲聋的爆炸声中鳖灯被炸得支离破碎。正月十六是骂社火的最后一天。这天下午西常村到东常村拜请，同时也要举行“祭祖”，这次是西常村模仿东常村屈、张、王三姓的子孙来“祭祖”。内容和形式与东常村表演的“祭祖”类似。“祭祖”结束后，西常村队伍回村出杆，在村中巡街。巡街后，东、西常村骂社火也就结束了。

当然东、西常村骂社火也不是乱骂瞎骂。骂的内容涉及贪污腐败、吃喝嫖赌、忤逆不孝等村庄社会中有违公序良俗的各种现象。骂的对象要是人缘子、村盖子、社火头子等，老实的庄稼汉、六大姓外的其他杂姓还有出嫁的姑娘不能骂。骂的方式和原则是“兴骂不许当场还”，骂虚不骂实，骂假不骂真。骂词也用韵文的形式，七字一句，讲究押韵，伴以锣、鼓，称为“西鼓经”。骂手的装扮也有要求。骂手必须反穿羊皮袄，以示自己不是人，是野兽，被骂的人不能责怪。

通常，在每年正月期间，社火在相邻村庄走访是一种常见现象，其目的多是送福祝贺，即使在平日里曾经有矛盾纠纷，在这期间也多是互相礼让、消除误解、重建和谐。虽然这种村际之间的表演、走访有时也有炫耀力量、竞技争先、彰显地位、划定势力范围等意味，但多是通过相对平和的象征性表演或是暗中较劲来实现的，尚没见到如东、西常村这般通过大张旗鼓、指名道姓的方式羞辱对方祖先、辱骂对方人员的社火形式。本文的重点不在于对东、西常村骂社火的历史文化研究和当下展演现场的记录分析，所以对于骂社火的一些细节这里不再赘述。有关这方面的研究已经有一些成果可以参考，例如王林的《灵宝东西常骂社火研究》对骂社火的程序、杆子的形制等有相对详细的记录，并对骂社火的“狂欢性”和历史文化价值进行了探讨。① 范长风对骂社火进行的艺术人类学研究有相当的深度，认为两个村庄借助“骂社火”的艺术手段，解构祖宗权力，建构村落共同感和敦促村落公益行动，显示出艺术对乡村社区建设的特有价值，同时他还将这种艺术性的戏谑引入公共领域的探讨。② 这些研究中对于骂社火背后的组织运转状态和当下骂社火所遇到的生存境遇关注不多，这恰是本文的关注点。

二、“狂欢”背后

骂社火带给参与者精神上的狂欢。但是时间毕竟是短暂的，一切终归要回到日常。对于东、西常村村民来说，在过去，回忆这种感觉，品评骂社火的是是非非和期待来年的骂社火，曾经是精神安顿、生产延续、关系调整和

---

① 王林：《灵宝东西常骂社火研究》，河南大学硕士学位论文，2008 年。

② 范长风：《豫西“骂社火”的艺术人类学研究》，《文化遗产》2013 年第 6 期；范长风：《豫西“骂社火”：从艺术性戏谑到公共领域》，《中原文化研究》2013 年第 3 期。

共同体体认的重要方式，但是现在这种狂欢感已经发生了变化，不再那么持久有力，甚至两村的民众开始忧愁明年是否还能骂社火。而笔者所观察的2014年的骂社火中的一些现象，也说明骂社火对这一地域社会的整合力和推动力发生了变化。西常村苍老的社火头子组织吃力。年近八十的老人不仅要反穿着羊皮袄拄拐上骂阵，还要扮成孝子贤孙在台上“祭祖”戏谑，充当主力。围观人群里除了本村和附近村庄的民众外还有了一大批持着照相机、摄像机的外来者。笔者访谈的一位樊姓老人说：“来的人是不少，社火的名声也越来越大，但都不走心了。办社火不容易！”戏台前和骂阵四周拥挤的人群，好奇的目光，穿村公路寸步难行的状况，如此的吸引力很难让人想到社火怎么会难办、无以为继呢？

（一）“导演”的变化

无论是在传统的乡村社会，还是今日“现代奇观”的乡村，这种打破日常生活秩序，公开批评和颠覆权威，赤裸而直接的性展演以及无所顾忌的语言暴力，给身处这一社火情境中的人们以巨大的释放感和脱缰感，满足了感官之欲、窥探之心和暴力美感。但这一切不是偶然发生、任意作为，甚至走向失控的，而是一直有“导演”在把握和掌控着它的运行。骂社火，可以比作是某一导演拍的一部电影，虽然尺度有点大，但却通过了社会审查，可以为社会所接受。社火难办，最直接的原因是组织者发生了变化。

传统上，这种以村落为单位，民众广泛参与的民俗活动背后都有一个组织。这一组织的产生方式有很多种：或是家族世袭传递，如江西省南丰县石邮村每年春节跳傩的组织管理就是由吴姓家族各房从祖辈传承下的头人组织来承担①；或是各家户按照一定的次序轮流值守，如河北省赵县范庄龙牌会就是由会首各家轮流值守②；河北省武安市东土山村和西土山村的土山诚会由庙委和当值社首组织③；或是由村中望族、乡绅、大户组成；或是组织者

---

① 王学文：《主仆与制衡：江西石邮傩的传衍》，《民俗曲艺》2010年第9期。

② 岳永逸：《乡村庙会的多重叙事——对华北范庄龙牌会的民俗学主义研究》，《民俗曲艺》2005年第3期。

③ 王学文、李向振：《土山诚会调查》（未刊稿），2012年。

就是由某一信仰群体或兴趣群体中的骨干组成,如一些醮会、花会等。这些组织承担着资金筹措和使用,人员协调安排,仪式表演,安全保卫,后勤保障等各种职责。他们的权力和责任来自于神灵信仰、社会声誉、个人品格与能力、家族势力、经济实力、群体认同和荣誉等多方面。他们要对本群体成员负责,对神灵信仰负责。成为组织者的一员,办好这些事,关系着他在地域社会中的名声威望,关系着他的家庭或家族在地域社会中的地位和发展,关系着他的信仰是否忠诚纯粹,是否能获得神灵祖先荫蔽等。这些都是地域社会公认的、核心的价值观念和价值选择。所以,传统上这些民俗活动的"导演"是主动且自愿担当的,他们的行为是得到民众普遍认同和赞赏的。而作为"演员"的一般民众也乐于听从导演安排,出钱出力,参与到"演出"中来。

通过访谈得知,在1949年以前,骂社火的组织者是由两村几个大姓的"头"来组织的。"头"有族长的意思,西常村有贾、苏、樊三大姓;东常村有屈、张、王三大姓,共六个"头"。从当下看骂社火"祭祖"时只骂东常村、西常村这六大姓的情况来看,也可以看到这种组织体制的遗留。这种体制也符合近现代以前中国乡村治理体制的现实。近现代以前的历朝历代,乡村始终是国家政权的基础,也是统治者财富的主要来源,但其对乡村实行的治理模式却不同于现在,而是采用乡里的制度。国家政权一方面以一定的方式进入乡村,保证国家对乡村社会的统治,另一方面,依托乡村内生的民间权威,通过培植、拉拢,在村庄内部确立一个国家代理人集团,并通过他们实现国家的政治、经济目标。这个代理人集团多由家族的族长、乡绅等构成①。在这样的有限管治的体制下,村落的民俗活动处于自发自然状态。外界的政治力量干预较少,支持和阻碍就都谈不上了。村庄内部力量虽然作为国家代理人,但并不是离乡离土、高高在上的,其对乡土社会的控制力不依赖于国家机器(国家政权也没有给予这些代理人更多的人力、物力或武力上的资源保障),而有相当的部分需要靠宗族、信仰和道德的力量,因此他们和一般民众的关系不完全是一种敌我、高低的对抗关系,而是在很多事务上要协

① 骆正林:《中国古代乡村政治文化的特点——家族势力与国家势力的博弈与合流》,《重庆师范大学学报》2007年第4期。

商沟通,建立一种合作的关系。社火,这类村落性、群体性的事务,恰是这些代理人与一般民众协商的空间所在。因此这些代理人也就乐于承担更多的责任。当然,这里还有这些代理人与这些民众有着血缘、亲缘关系,有着共同的价值认同等各种因素的影响。

近现代以来,特别是1949年以来,国家政权对乡村的控制能力越来越强,力量渗透到乡村生活的方方面面。土地改革、人民公社化、四清运动、“文化大革命”等历次政治运动无不深入到乡村社会的肌理。乡镇党委、乡镇政府、行政村党支部、村委会、村民小组这些政府派出机构或村民自治组织构成了一个严密的乡村治理体系,原来乡村中的国家代理人被大大弱化。原本在民俗活动中担当组织者角色的宗族、信仰群体逐渐失去话语空间,不断边缘化,甚至趋于解体。政府和村民自治组织担当起了全能的角色,全面介入乡村的政治、经济和文化之中。但这些新的组织者并没有也无法全面接管这些民俗活动,一是一些民俗活动因其浓重的宗教、俗信色彩,而与现行的法律和政策相悖,受到限制、打压和漠视;二是这些新的组织者权利的获得不是来自于乡土民众的授权,同时与乡土民众的价值观不完全一致,他们在政治体制中的位置和发展路径使其天然地对上负责,而不是对民众负责,不受乡村价值观的约束;三是作为组织者要承担更多责任,包括精力、财力、物力等多个方面,而对这类民俗活动,这些新的组织者还无法从当下的乡村治理体系中获得充足的资源保障。

骂社火的组织者就经历了这样的变化。从西常村村委会看到的一份“2014年元宵节社火表演队负责人安排表”中可以看到,书记、村长和各村民小组组长都在这份名单中,总负责人就是西常村的书记。东常村的情况也与此相同。在工作分组中,分为表演组、骂阵组、安保组、宣传组、化妆组、文化组、后勤组、联系组。传统的社火委员会成员虽在其中,但承担的更多的是表演和骂阵的工作,组织协调、安全保卫、后勤保障等工作已经由村支两委和各村民小组组长承担。在西常村村委会会议室的黑板上的一段话充分体现了变化后的组织机构的特色,使用了典型的政府工作报告式的语言,有鲜明的政治色彩:

> 2013年,在党的“十八大”精神的鼓舞下,文化部、中国节日影像志

摄制组多方筹措，精心策划，在阳平镇党委、政府的大力支持下，定于2014年元宵节举行东、西常村“骂社火”大型表演活动。村两委高度重视，多次召开社火委员会、各小组组长专题会议，安排部署，目标明确、责任到人，村两委牵头，社火委员会负责，下属7个组：1. 社火表演组，2. 骂阵组，3. 安保组，4. 文化组，5. 宣传组，6. 后勤组，7. 联系组，通过广大干群的努力，社火表演正在顺利进行。我们坚信，此次社火表演，在各级组织的领导下一定会圆满成功；我们坚信，这次表演会为申报国家级非物质文化遗产奠定坚实的基础；我们坚信，通过这次社火表演，我村会更加和谐，社会更加稳定，经济发展更上一层楼。①

（二）生活富了，办社火没钱了

与作为“导演”的组织者的变化相伴随的，是举办这些民俗活动所需资金的来源和方式也发生着变化。正如文章开头所说的疑问：骂社火产生于古代，那时生活水平很低，但却能够一直耍社火。到了生活水平已经提高多倍的今天，耍社火却遇到了资金的问题。这种吊诡的现实是当下众多与社火相类的群体性民俗活动遇到的共性问题。2012年春节期间笔者在河北省武安市调查固义捉黄鬼、姚家峧村大进驾活动时也发现了这一问题。在岳永逸关于北京花会的调查中也指出这一问题。② 要厘清这一问题，我们还应从传统的资金筹措、使用和监管来分析。

传统上，这类民俗活动的资金来源主要有以下三种渠道：一是乡村士绅、地主、望族的捐献。支持这些民俗活动，是乡村精英，也就是韦伯所说的传统型权威维系其地位，稳定其影响，保持其荣誉的重要方式。通过这种方式，他们得以与普通民众更加紧密地联结在一起，更好地融入地方社会，也更加方便地让他们完成“国家代理人”的职能。二是乡村、宗族、寺庙、会社拥有的社田、公田、义田、庙田的产出和其他资产的经营收入。从北宋肇始，至上世纪50年代实行土地改革之前，中国乡村社会的土地所有制形式中一直有一种特殊的土地所有制类别，就是指定用于扶贫济困、助学应役、救荒

---

① 该段文字摘抄于西常村村委会会议室板报。

② 岳永逸：《中国节日志·妙峰山庙会》，光明日报出版社，2014年。

赈灾、敬宗祭祀的土地。① 这些土地有的归整个乡村所有,有的归某一家族祠堂所有,有的归某一寺庙所有,有的归某一会社所有。除了这些土地外,有的宗族、寺庙还有自己的族产、庙产,如房屋、举办大型宴席的桌椅用具等。出租这些房屋和器具获得的收入也多用于举办这类民俗活动。直到今天,这种经营性资产在一些乡村还多有存在。河北省武安市举行迎送城隍活动的康宿村玉皇庙就还有自己的庙产。江西省南丰县举行跳傩的石邮村的吴氏两大祠堂都置有用于出租给村民举办大型宴席使用的桌椅用具。三是信众的捐献。通常乡村中此类民俗活动都与这一地域社会的某种民间信仰联系在一起。捐献钱财、物品是信众向神灵表达崇拜、求得保佑、减免罪过和许愿还愿的重要方式。这些钱财和物品也自然成为举行酬神祭祀活动的重要支撑。

但是自从上世纪50年代以来,以上这些资金来源渠道发生了显著的变化。士绅、地主、望族等乡村精英,这些传统型权威被打倒、分化,通过国家政治制度安排在乡村形成的法理型权威,即乡镇党委、政府和村支两委的人员成为新的精英。但是这些新精英不是由传统乡村精英自然发展而来的,与传统乡村精英有不同的价值体认和行为规范,其角色定位也不同。他们对这类民俗活动的态度和对待方式也依循着民族国家层面在政治、经济、宗教等方面的变化而调整、改变。社田、公田、义田、庙田和支持这类民俗活动的一些经营性资产,在国家推行土地制度改革和所有制改革的过程中,已经绝大部分被国家、集体收回,或重新分配给家庭,仍保有田土资产的已是凤毛麟角。同时这些资产也很难支撑起举办此类民俗活动日益增长的支出。信众的捐献能否支撑这类民俗活动,主要还取决于民众信仰的程度,以及庙宇香火兴旺与否。当下此类民俗活动的资金来源渠道首先是政府拨款,然后是信众捐助、村民集资等方式。

分析传统的资金来源,我们可以笼统地将其称为造血性的、同质的"内生资金",无论是来自于传统型权威、自有的土地和经营性资产还是信众,这些资金都是基于对这一地域信俗活动共同的、一致的价值认同而汇集到一

---

① 李江、曹国庆:《明清时期中国乡村社会中宗族义田的发展》,《农业考古》2004年第3期。

起的。出资者站在地域社会的角度,综合对身体与精神、生活与信仰、家族与社会的理解和把握而作出行为选择。而改变后的资金来源,引入了现代民族国家的治理理念、权衡标准和话语方式,来自政府的资金更倾向于是一种输血性的、异质的“外援资金”。国家根据其在某一时刻依循的政治理念、法律制度和对时局的考量而对这类民俗活动采取不同的对待方式。上世纪60年代后期在破除旧思想、旧文化、旧风俗、旧习惯的“破四旧”运动和其后的“文化大革命”中,此类民俗活动被打压,一些民俗活动被彻底禁止和坚决取缔,保留下的一些民俗活动也改头换面,进行了改变。作为其“内价值”所在的民间信俗被压抑,或就此禁绝,或转入地下,保留下来的、得到支持的多是贴上了“民间文艺”、“民族艺术”的标签,并加以政治改造的一些表演形式,突出的是作为大众娱乐的“外价值”。但是这一时期直至80年代初期在中国广大乡村实行的是人民公社制,有强大的人力和物力的动员力量,经过政治改造的一些大众文艺活动由人民公社举办,并没有因资金而停办。上世纪80年代,中国实行改革开放,随着政治环境的相对宽松和国家重心转移到发展经济上,这类民俗活动大有复兴之势,特别是久受压抑的民间信俗开始以各种方式苏醒,甚至走上前台。这期间来自国家的主要不是资金的支持,而是有了或明或暗、或大或小的生长空间。支撑此类活动的主要是农村生产力得到释放,解决了温饱问题且已有盈余,有信仰需求并重获信仰表达空间的民众。但是随着农村发展的放缓、农村人口的外流和城市化、现代化影响的日益加深,这类民俗活动的发展境遇又变得非常微妙。

从上世纪90年代末期到现在,从国家层面持续推动的“非物质文化遗产保护”工作不仅建立了一个集代表作名录、非物质文化遗产传承人、文化生态保护区等的行政工作体系,也因其推动者所拥有的权力、政策、资金,而使这一概念快速为全社会所使用,为众多利益相关者所依附。成为省级、国家级非物质文化遗产代表作,成为官方认定的非物质文化遗产传承人,成为文化生态保护区,也就自然成为地方政府、民俗文化持有群体的追求目标。与这种“申遗”热相伴随的是人们把民俗文化作为发展资源认识的形成和确立。布迪厄提出的“文化资本”有三种状态:具体的状态,以精神和身体的持久“性情”的形式;客观的状态,以文化商品的形式(图片、书籍、词典、工具、机器等）;体制的状态。① 我们把民俗文化作为发展资源,虽然也有对这一“资本”具体状态、体制状态的认识,但在很长时间以来的发展观念和发展实践的影响下,更加彰显的是将这一资源变为商品,实现经济价值的目的指向。非物质文化遗产保护和大力发展文化产业的提出和推进,的确为众多民俗文化的传承保护创造了新的机遇。首先就是政府更加深入地介入这些民俗文化活动的定义、阐释和组织之中,以“导师”、“卫兵”、“保姆”的姿态出现。其次随着这些民俗活动原本组织者力量和乡村社会自我动员能力的衰弱,乡村社会的民众也自然将这些民俗活动传承的希望寄于政府身上,一同交付的还有“导演”的权利和责任,只保留的“演员”的角色也是可能被替换的。最为重要且直接的是,一旦成为省级、国家级非物质文化遗产代表作,政府就会有资金投入,这也解了这类民俗活动的燃眉之急。这一情境的变化,以及这一变化中所存在的“简单资本化”、“僵硬科层化”、“过度脱域化”、“全民快餐化”四种倾向②,带给这些民俗活动的影响将异常深远,充满变数。

东、西常村骂社火的资金来源就经历了上述的变化。根据访谈,在 1949 年以前,耍社火的资金由东、西常村六大姓的“头”,即族长来筹集。六大姓过去都有自己的祠堂,祠堂有自己的公田,其产出就用于耍社火和祭祖等事务,同时村中经济状况好的家庭也会捐钱。人民公社时期,耍社火由公社来组织,所需的资金也由公社来承担。上世纪 80 年代以后的几次社火,资金则是由组织者挨家挨户到各家庭募集的,但据一直从事组织的老人讲,这种募集的办法越来越难,也不被村民认可,也因此有多年办不成社火。2009 年骂社火成为河南省非物质文化遗产代表作,政府逐渐成为资金来源的主力。笔者调查的 2014 年耍社火,资金则主要是由来此地拍摄骂社火影像的一个科研团队用项目资金解决的。如果没有这笔资金,2014 年的骂社火可能也无法办起来。

---

① ［法］布尔迪厄:《文化资本与社会炼金术——布尔迪厄访谈录》,包亚明译,上海人民出版社,1997 年,第 192 ~ 193 页。

② 王学文:《我国非物质文化遗产保护的“四种倾向”及对策分析》,《民俗研究》2010 年第 4 期。

阳平镇对东、西常村“骂社火”作过三年规划:2008 年,培养 2000 人的“骂社火”传承人;2009 年,成立东常村、西常村“骂社火”非物质文化遗产保护中心;2010 年,力争把“骂社火”申请为国家非物质文化遗产。“遗憾的是,花儿还没有结出果来。”东常村的梁逢时说,“如今不好耍了,虽然现在的日子比以前好过多了,但是样样都花钱,没有了钱就组织不起来。比如马和骡子都不好找了,就算找来了,一天还得 700 元租金。别看过去人穷,但是耍起社火来没有人当后坠子。你可以随便找户人家,翻开他家的箱子底儿,咋着都能找到几件祖传的社火服装来。”①

(三)“耶稣、老爷都是让人向善的”

“导演”的变化和资金来源渠道的变化直接影响了社火这类民俗活动在乡村社会的传衍之道。但是这些影响因素还有社火本身的变化都笼罩在一个更大的、也更为基础性的乡村社会文化心理的变化中。这种乡村社会文化心理的变化,受这些因素的影响而形成,同时反过来也影响这些因素。它是民族国家的政治理念与制度、经济政策与结构、发展方式与路径以及裹挟着这一切的现代进程下沉至乡村、在乡村实践和乡村做出应对、调适的结果。

近现代以来,中国乡村社会文化心理的变化是剧烈的。众多学者对当下中国乡村社会的特征有着多种概括和归纳。吴重庆认为中国农村已经从费孝通先生称为的“熟人社会”变为“无主体的熟人社会”。“熟人社会”,血缘与地缘合一,差序的格局,道德舆论压人,“面子”有价,“社会资本”可累积;“无主体的熟人社会”则是农村日益空心化,传统权威失落,青壮年长期缺位,传统道德舆论失灵,“面子”贬值,“社会资本”流散。②“无主体的熟人社会”概念的提出,最大的价值在于它更多地考虑了乡村社会文化心理的变化。传统的乡村社会文化心理,是相对同质而一致的,是这一地域社会一体

---

① 孟国栋、郭远庆、徐新格:《豫西民间文化奇葩:“骂社火”》,《三门峡日报》2011 年 2 月 15 日。

② 吴重庆:《从“熟人社会”到“无主体熟人社会”》,《读书》2011 年第 1 期。

遵从的核心价值观念和行为选择依据。如果我们把乡村社会文化心理笼统称为信缘的话,我们可以说在传统乡村社会,地缘、血缘、业缘和信缘是一个有机的、相互契合的整体。但是到了近现代,乡村这种整体性已经变得有些脆弱,开始处于动态的重整期、磨合期,甚至裂变期。

以骂社火的东常村和西常村为对象,具体分析乡村社会文化心理的变化,可以至少从以下三个层面来看:

一是信仰或称信俗层面,即人与神、鬼、祖先的关系。庙宇曾是中国乡土社会中最重要的文化空间。东常村、西常村都曾有众多的庙宇。西常村曾有庙宇十一座,有供奉西王母的圣母庙、供奉关帝(一说是黄帝)的老爷庙等。东常村也曾有老爷庙。同时东、西常村六大姓都建有祠堂。骂社火与这些庙宇,特别是老爷庙,还有这六大姓氏的祠堂都有着紧密的关系。如东常村老爷庙的钟声曾是宣布举办社火的号令。两村去对方村拜请的起点和到对方村夜骂的地点也均在这些庙宇前的空地或戏台。同时还要在这些庙燃香祭拜。但今日东、西常村的村落空间里,这些庙宇大多荡然无存或断壁残垣,只剩遗迹,已经难寻香火。与此形成鲜明对照的是壮观的、顶着十字架的基督教堂。基督教在豫西的乡村非常盛行。李华伟通过对豫西李村的研究发现,随着社会的分化和专门化进程,宗族的部分功能被市场代替,宗族组织与宗族观念亦随之弱化,基督教随之发展。宗族与基督教这一双向互动慢慢地改变着乡村文化与社会结构。在基督教文化的影响下,村民对“中国神灵”的认识、鬼魂地狱观念、生老病死观念发生的变化,也直接反映在乡村婚礼、葬礼等其他民俗活动中的冲突与调适之中。① 东、西常村村民信教的非常多,信仰的转移,改变了传统乡村社会的文化形貌。骂社火这根植于传统乡村社会土壤的信俗活动也自然发生了变化。原来骂社火中深蕴的敬神酬神心理已经弱化,相关的仪式行为也被大大简化。基督徒对骂社火也秉着一种不参与或是有限参与的态度,而不再是传统上的全村总动员,

① 李华伟:《基督徒的文化认同与乡土文化变迁的模式——从理念与符号的视角来探讨豫西李村基督徒在葬礼上的冲突与调适》,《中国农业大学学报》(社会科学版)2008 年第 1 期;李华伟:《华北宗族的弱化与基督教在乡土社会的发展——以豫西李村为中心的考察》,《中国农业大学学报》(社会科学版)2010 年第 3 期。

人人皆参与。

二是乡村道德层面，即人际关系、邻里关系、家族间关系、村落间关系。在传统乡村社会，春种、夏忙、秋收、冬藏的生计方式，个体的生老病死、婚丧嫁娶，家庭的起房建屋等都离不开来自于乡村这一熟人社会的参与、支持。这种参与支持，是人力、物力、财力和道义上的全方位的支持，是基于血缘、地缘、业缘、信缘作出的选择，是近似于“人人为我、我为人人”的互助体系。有时这种道德约束和行为方式会以乡规民约的方式出现，但更多的时候它内化于心，外显于行。为了能在乡村共同体中生存，遵从乡村道德的约束是必需的，否则便可能成为乡村中的异类，而无法在这一地域社会立足。但是近现代以来，这种乡村道德的约束力越来越弱。交通的便利、资讯的发达、交往圈的扩大、生计方式的多样以及相对均衡生活水平的打破，使得封闭的乡村走向开放的同时，也让生活在其间的个人、家庭、家族和村落的相互依赖程度降低。再加上国家权力下沉后，传统乡村肌体里自有的互助、防御、监督体系被逐步解体，自我的动员、造血能力逐步退化，共同体的需求和意识也就逐步降低了。社火等作为村落共同体事务的民俗活动自然没有了道德感的压迫，不再关乎切身的利益，也就自然不再热衷。少数的中老年人，特别是老年人艰难地筹办骂社火，近似于怀旧的挽歌。

三是人与地、人与空间的关系。现代社会的典型特征之一就是“脱域”①。在传统社会里，人与地、人与空间是水乳交融的一种状态。人的移动能力有限，获得的资讯相对单一，习得的知识体系相对统一，形成的价值观和做出的行为选择也就有了同质性和一致性。但是现代的乡村已经成了万花筒式的乡村。人员如候鸟般在城市和乡村移动，以电视、手机和互联网为代表的现代传媒充斥于乡村的每一个角落。生计方式和生存发展所需的社会支撑不再完全依赖于乡村。对于个人价值、生活意义、乡村共同体的认识更是呈现出光怪陆离的图景。乡村的民众悬置于乡村，而不再扎根于乡村。人们在一种“脱域”的状态下，对社火等民俗活动进行了重新的抽离、淬炼和

① “脱域”，在吉登斯的研究中是指社会关系从彼此互动的地域性关联中，从通过对不确定的时间的无限穿越而被重构的关联中脱离出来。参见安东尼·吉登斯：《现代性的后果》，田禾译，译林出版社，2000 年。

再造，有了新的姿态：或化好妆重新下场，或卸了妆当了观众，或是退了场，关上了家门。

> 村里信教的不少。女的更多些。一到周日就去做礼拜，念经唱歌很热闹。他们有的耍社火，大部分不耍。他们也有出杆子的。哪个花车上放着圣诞老人哪个就是信教的人家。耶稣和老爷差不多，还不都是让人善的。①

三、骂社火的命运

“导演”的变化、资金来源渠道的变化和乡村社会文化心理的变化影响了骂社火背后的组织结构、运行方式和稳定传承的可能，但就我们的观察和访谈来看，当充满着荒诞、讽刺、颠覆内容的骂社火在乡村中再次上演时，观者并没有太在意是谁组织的，是谁出的钱。骂社火背后的变化和忧郁掩盖在乡村民众的狂欢之下。2015 年是否像 2014 年一样有人提供耍社火的资金？骂社火能如愿成为国家级非物质文化遗产代表作吗？西常村那个年近八十拄着拐棍的老骂手还能走上骂台吗？狂欢终究落幕，来年的狂欢能否再有？在这种种已发生的变化和将有的变数中，骂社火是否还能在岁月轮回中，在现代奇观样貌的乡村里重燃生机？

骂社火的命运无外乎三种：衰败、变异或者重生。2014 年骂社火之所以还有乡民跑前跑后，耗费精力地组织，是因为在当下影响骂社火的各种因素聚集到一起时尚能达成一种暂时的共谋。资金在耍社火前找到了。政府无论是出于保护文化遗产、提供公共文化服务的目的，还是发展文化产业、乡村经济的目的——总之走到前台，掌控了社火组织的领导权、话语权，并依托其权力体系推动了社火的进程。乡村社会的文化心理虽然发生了变化，但还没有达到质变，还处于传统与现代、外来宗教与民间信俗碰撞、交流的状态。骂社火的传统组织者、骨干和部分民众还会或主动或被动地参与其中。而骂社火内容本身的反结构特点，决定了即使将它从乡土社会脱离出

① 东常村非基督徒村民口述。

来,置放于城市的空间,无需贴上“文化遗产”的标签,不必赋予宏大、深刻的价值意义,也会有摩肩接踵、翘首期盼的观者。可以想象,近乎于公开的“色情”展演和语言暴力对于受到“文明”规训、层层包裹但又有窥视欲的人类而言会有怎样的吸引力。谁会错过这可以正大光明地观看日常社会“禁剧”的机会呢?无论是传统乡村还是现代社会,都深藏有对这种令人亢奋、骚动和期待的狂欢节的需求。但是,骂社火狂欢背后的忧郁却也真切的存在。虽然骂社火还会带给人狂欢的释放感、愉悦感,但骂社火对于乡土社会的整合意义还有多少?它正在成为舞台化的“演剧”,而不再是社会化“演剧”。可以说,我们当下面对的是正在一点点被“掏空”的骂社火。

骂社火的传承是脆弱的。不同的条件组配,会让骂社火走上不同的命运之路。促成耍社火的某一个条件的缺失都会让这一“演剧”流产。观众不缺,但现在“导演”和资金很不稳定,社会文化心理不可阻止地发生着变化。从当前的情况和以上的分析来看,政府完全不介入,依托传统的组织力量已经很难维持骂社火的传承。政府强势介入,没有传统组织力量的配合或者是在有限配合的情况下,有两种发展可能:一种可能是耍不成社火,还有一种可能是呈现出一场“变异”的表演。此社火已经非彼社火。这种“旧瓶新酒”或者“新瓶旧酒”的文化生产已经并不鲜见了。

能否有一种重生的可能?是否有一种“理想型”的路径让骂社火这类民俗活动能够稳定地传衍下去?笔者认为这还是取决于组织者、资金和社会文化心理等条件的组配。在当下中国乡村社会的环境下,政府与传统社火组织者、骨干共同组成一个团队是趋势。但团队内部合理分工则至关重要,要做到共融、归位、协作。政府作为公权力的代表和权力资源的持有者,在民俗活动中不一定要做领导者,更应回到服务者的角色,特别是要把服务地方社会民众的社会文化生活作为首要任务,承担起安全保卫、后勤保障等工作。现在的问题是地方政府过于强势,有越俎代庖的问题,传统组织者的功能太过边缘化。固然政府承担着乡村公共事务的筹划、管理职责,但具体到民俗活动这一类公共事务上,政府退居幕后给予支持,可能会有更好的效果。在资金的筹措上,不仅要有“外援资金”,还应有“内生资金”的补充。如果某一民俗活动完全依赖“外援资金”才能承继下去的话,那么这一民俗活动在地方民众生活中的意义和价值就有待商榷了。民俗活动的重要特征之一就是它是民众生活文化的一部分,是民众自觉自愿的行为。而即使靠输血使其勉强维持下去,留下的也只是形式,民众也不会珍惜,只会成为他们的一种“表演工作”。同时非常重要的一点是资金的筹措和使用一定要公开透明,要接受民众的监督。有庙会调查经验的人一定会对张贴于显著位置的民众捐献名单有深刻的印象。具体到社会文化心理,则是一个更为复杂但又极为重要的问题。这已经超出一个地域社会所能左右的范围。这里只能简言之,一个地域社会成员共享的信念、宇宙观和价值观是决定这一民俗活动能否传衍和如何传衍下去的最根本原因。

2014 年东、西常村骂社火在狂欢中落幕了。我们期待 2015 年它仍能上演! 即使没有“外援”的资金,即使没有成为国家级非物质文化遗产代表作,它依然能在乡村美丽绽放,不再忧郁。那时,骂社火在这正在转型的乡村社会中将获得重生,不只有社会解构的力量,还会有社会建构的力量;不只会带来短暂的感官愉悦,还会留下持久的生活动力;不只是贴满了艺术、遗产、发展资源等标签,还是民众津津有味、真真切切的日子!

原载《民俗研究》2014 年第 5 期

佛教中国化的民间与民俗化向度

唐忠毛①

佛教中国化包含了思想观念层面、制度层面以及信仰实践层面的中国化转变与发展。在这一过程中,除了观念层面的儒、佛、道思想的碰撞与融合,制度层面的儒家宗法化发展之外,佛教在中国广大底层民间的信仰实践则受到民间文化与传统习俗的深刻影响,并因此呈现出民俗化、地方化、生活化、伦理化、娱乐化的发展态势。佛教中国化的民间与民俗发展过程贯穿整个中国佛教史,就其历史分期而论大致可分为两汉、魏晋、隋唐、宋元明清与当代。不同历史阶段,佛教民间与民俗化的内容与形式有其自身不同的特点。佛教民间民俗化的发展不像义理佛教(或精英佛教)那样追求对佛教经义的理解以及在此基础上的自觉自悟,佛教向中国民间传播只需要以便捷的形式融以简单且形式化的佛理,再辅以佛教造像、抄经、刻经、世俗故事、俗讲、说唱、平话、戏曲、变文、宝卷、符咒等形式,以达到各种伦常日用的功利世俗目的。因此就总体特征而言,佛教中国化的民间与民俗化的主要特征表现为:在信仰方式上追求功利化与实用性,营造了民间日常生活的秩序空间,但淡化宗教义理追求;在人神关系上,不同于义理佛教的内在超越,而体现出人神对立的外在化倾向;在崇拜对象上,呈现出儒、佛、道甚至原始崇拜不分的多神崇拜现象。

佛教中国化的民间与民俗化向度在形式上主要体现为:佛教民间写经、造像的功德化与功利化发展;受儒、道及巫术影响,佛教仪式在民间的地方化演变;佛教神明的地方化发展及与民间神祠文化的交互影响;佛僧神异功能的日常化表演;由佛教俗讲、科仪基础上改编的佛教宝卷发展成为民间娱乐与教化的民间艺术;以及佛教在饮食习惯、节令习俗、丧葬习俗、放生习

---

① 唐忠毛,博士,华东师范大学民俗学研究所副教授。

俗、闲暇生活等方面的民间化渗透等。佛教中国化的民间、民俗向度，从根本上看是源自不同文明的交流结果，它表现了中国民间文化、民间习俗以及民间的政治伦理对外来宗教之不同于精英知识分子的自身理解与独特处理方式。客观而论，就佛教的中国化发展而言，只有佛教在民间的广泛实践与普遍传播才是佛教中国化的真正到来，佛教的民间与民俗化在一定意义上预示着佛教更加全面、更加彻底地中国化，它使得佛教从高深的义理之学转而成为一般大众的日常实用之学，从而将佛教广泛地带入民众的习俗生活当中。

长期以来，佛教民间与民俗化的向度一直被排除于正统佛教史的书写范围，有关研究主要在民俗学、文学视野下展开，但经典民俗学家往往又试图将佛教的民间、民俗化从民俗学，甚至从民间信仰中划开——如乌丙安先生的《中国民间信仰》就将制度性宗教（当然也包括佛教）的民间、民俗化发展排除在“民间信仰”范畴外。于是就有了下面几个问题：其一，中国佛教的信仰实践者毕竟集中在广大的民间，深受民间文化与传统习俗的影响，如果仅从精英思想层面来研究佛教中国化，就无法真正观察、理解“佛教中国化”的全貌与实态；其二，民俗学如何理解与处理诸如佛教中国化过程中的民间民俗化发展之类的一切制度性宗教的民俗化现象，显然将其排除于民俗学的视野则民俗学的范围是不完整的；其三，佛教民间化、民俗化的形态与一般民俗、义理佛教之间的边界处理、定型化研究，以及互动关系分析对于丰富信仰民俗学也许有意外的收获；其四，佛教史视野下的佛教民俗化与民俗学视野下的佛教民俗化在方法论上的互补，可否为佛教史的书写及（信仰）民俗史的书写增添新内容与新样式？

河南省西华县信仰民俗空间的当代建构

李秋香①

摘　要：近三十年来，河南省西华县信仰民俗空间在多种力量的作用下发生了急剧变化。地方政府和信仰精英在本地信仰民俗空间的建构中发挥了重要作用。信众则是信仰空间得以形成发展的群众基础。如何合理利用传统信仰民俗空间，同时兼顾新的宗教信仰民俗空间，使两者更好地顺应社会发展和时代需求，满足广大民众的不同需要，是目前当地政府和信仰精英需要面对和解决的首要问题。

关键词：西华县；信仰民俗；公共空间；建构

关于河南省西华县的信仰民俗，近些年来有不少成果问世，如张振犁的专著深入讨论了本地的女娲等神话②；张翠玲的系列文章③考察了西华县的女娲信仰、女娲城庙会文化的价值等；杨利慧探讨了盛行此地的女娲信仰④；高有鹏讨论了此地的相关神话及女娲城庙会⑤。另外，有不少著作文章亦对本地信仰民俗进行了介绍和研究，在此不一一列举。既有的论著对此地信仰民俗空间有所涉及，为本研究奠定了基础，然而以上关于庙会和相关信仰的研究成果与本文要集中讨论的信仰空间虽存在一定的交叉，但研究对象并不完全一致。另外，关于近些年来当地蓬勃发展起来的基督教信仰空间

---

① 李秋香，博士，河南大学文学院副教授。

② 张振犁：《中原神话研究》，上海社会科学院出版社，2009年。

③ 张翠玲：《西华女娲城庙会调查报告》（上），《民俗研究》1996年第2期。张翠玲：《西华女娲城庙会调查报告》（下），《民俗研究》1996年第3期。张翠玲：《西华女娲城庙会文化价值刍议》，《民间文学论坛》1996年第3期。张翠玲：《女娲城祭祀歌舞研究》，郑州大学硕士学位论文，2002年。

④ 杨利慧：《女娲的神话与信仰》，中国社会科学出版社，1997年。

⑤ 高有鹏：《沉重的祭典——中原古庙会文化分析》，河南大学出版社，2000年。

的研究,目前尚不多见。鉴于既往研究的不足,本文拟在田野调查的基础上,结合传世文献和访谈、碑刻等材料,运用相关学科的理论和方法,对河南省西华县信仰空间的建构进行分析,以期能对本地信仰民俗的研究有所助益。

一、西华县及其信仰民俗概况

西华县位于河南省东部的周口地区。东及东北部临淮阳县、太康县,西部与漯河市的郾城、临颍以及许昌市鄢陵县接壤,南邻周口市区、商水县,北临扶沟县,东西长57公里,南北平均宽21公里。

西华县现辖18个乡镇,3个办事处,3个农林场(县林场、县农场、园艺场),434个行政村,1099个自然村,3092个村民组。截至2011年1月,西华县总人口为966 345人。①

西华县经济以农业为主。以农为主的经济结构决定了该县的大多数人口属于农业人口。外出打工的人数近年来不断攀升。但是,近年来工业、商业、教育等行业也得到了一定程度的发展。

西华历史悠久,县城县名几次改易。志书载,该地在夏代时隶属豫州,周朝时归陈,陈灭后归楚,春秋时为宋华氏分封地,居东者为东华,居西者为西华,秦初置长平县,汉高祖时期分置长平、西华两县,后来长平又并入西华,隋文帝时西华称鸿沟,唐朝改为箕城,唐睿宗景云元年(710年)复称西华至今。②

西华县境内有多处上古时期的文化遗址。县城北部10公里处的女娲城相传为人祖女娲所居,于1986年被列为省级文物保护单位。位于县城北郊贾鲁河畔的山子头村的昆山女娲宫(古称"昆山")相传为女娲、伏羲"绕烟为媒,滚磨成婚"的地方。

女娲城与女娲宫是国内有名的祭祀始祖女娲的公共空间。据传前者是女娲建都及死后埋葬之地,后者是女娲与伏羲滚磨成亲之处。两处主要供

---

① 此数据由西华县公安局户籍室王淑云提供。

② 西华县史志编纂委员会:《西华县志》,中州古籍出版社,1993年,第64页。

奉女娲,还有伏羲、鸿钧老祖、三清、玉皇等神灵。距离女娲城500米的龙泉寺是传统佛教信仰之地。位于女娲城和龙泉寺中间的王爷庙即王灵官庙也是当地民众的信仰空间。每年正月十三至十七前后、十月中旬、每月的初一、十五以及三、六、九是女娲城、龙泉寺、王爷庙的合成庙会时间。其中,正月、十月的庙会称为古庙会。除此之外,西华县基督教信仰空间的发展近些年来呈现愈来愈多之势,如西华县几乎每个行政村都有供聚会的基督教堂,差不多每个自然村都有家庭式祷告所。

在由信众、口头叙事等文化资源、庙宇或教堂等物化建筑等要素构成的信仰空间内,不但流传着相关神灵的来历、神迹、灵验等的神话传说,流传着或寺庙宫观或教堂教会的历史传说,而且在每年的固定时段,广大信众都会用不同的信仰方式如进香、担经挑、表演腰鼓、唱戏或祈祷、唱赞美诗、编演歌舞等表达内心虔诚的信仰。

二、西华县信仰民俗空间的当代建构

近三十年来,由于各种原因,河南省西华县信仰民俗空间得以恢复或扩建并呈现新的时代特征。

(一)地方政府的作用

与中国其他地方的信仰民俗一样,西华县的传统信仰在新中国成立后,由于历史和政治原因,信仰空间曾一度被毁。20世纪80年代以来,随着改革开放和宗教信仰自由政策的实施,国家对基层控制的有意松动,本地的信仰民俗由地下的私自烧香拜佛,改为逐步公开式的朝祖祭圣。一些在“文革”期间被当作“四旧”遭受严重破坏的寺庙宫观等在民间力量的集体资助和地方政府“暧昧”的不公开支持或暗中默许下得以修复或重建,基督教教堂也经历了从无到有、从少到多的发展态势。信仰民俗空间逐渐得以恢复和扩布。

1. 地方政府与传统信仰空间的恢复与扩展

西华县政府、乡(镇)政府、村委会特别是基层政府对传统信仰空间的重建作出了积极努力,如女娲城、龙泉寺、王爷庙等主要是在乡(镇)政府的支持下成就的。

1985 年女娲信仰空间的修复和扩建，是在当地村干部的努力下顺利进行的。当时的村委通过研究，认为必须先把女娲坟添起来，这是建女娲殿的前提。老会计孟广斌等村干部通过做群众的思想工作，最终使群众明白添女娲坟将会造福自己和子孙后代的道理。① 从当年的腊月初二到二十四，在村组长和其他村干部的带领下，十一个组的群众冒着小雪合力把女娲坟添成。后来村干部到周边其他县宣传女娲坟并联系当地的会首进行募捐活动，目的在于为建女娲城第一殿筹集资金。

其后的几届村干部都沿袭了以上做法，都对女娲城的修建持真心支持的态度并付诸实际行动。如孟广宣与包括刘俊在内的各大殿殿主都非常熟悉，对来自各地的许多香头也熟悉或有一定的了解。他曾带刘俊到黄河北灵山一带的庙宇参观，目的是借鉴经验。包括孟广宣在内的现任村委负责组织每年的庙会活动并会提前到附近县市通过刷海报的形式或者电视传媒等手段将举办庙会的时间、地点等通知各地的香会组织和个体信仰者。

又如 1985 年到西华县思都岗村当团支部书记兼副主任，后到镇派出所、司法所工作，2002 年进刚成立的聂堆镇女娲城管理委员会工作的张金鹏说，当时由镇党委下发文件成立的约二十人组成的女娲城管理委员会的人主要是乡村两级干部，委员会的组长、主任就是当时的镇党委副书记和副镇长，其他委员有思都岗村村干部，另有女娲城各庙的庙头也即总会首或总香头。此种做法后来成为惯例。2012 年的女娲城管理委员会由镇副书记、镇长、村副主任、从本市回来的退休老干部、本地其他退休干部以及女娲城五个大殿的庙头组成。

女娲城管理委员会的职责是使对女娲城事务的管理在与党中央的政策法律保持一致的情况下开展正常工作，起监督领导作用。再一个是协助女娲城的工作，比如处理一些事务、帮助其开展一些业务如申请上级资金支持、带会首到其他地方的庙院学习经验以及管理信众捐款的专款专用问题、进行治安防范、处理庙头之间或庙头与香客等的纠纷等。但在资金上不给

---

① 被访谈人：孟广宣，访谈人：李秋香，访谈时间：2012 年 11 月 14 日，访谈地点：西华县聂堆镇思都岗村孟广宣家。

予,也不负责具体的建庙工作。①

关于恢复古庙会的原因,孟广宣说村里可以得到很多实惠。张金鹏明确表示这与本地政府发展经济、活跃文化生活有关:

> 原来这儿本身实际上是个古会,为了发展旅游事业、活跃文化生活、带动第三产业经济发展,群众代表跟党员通过反复研究,正月会、十月会是定好的。正月十三,有经济宽裕的,多唱几天,或者到十九、二十都可以,到十六也中,最少不能低于四天,不讲支部书记换届,不讲换谁,这个是为了开展工作不失民意。②

当地村干部还不断参加女娲城内道教神灵的开光等仪式。因为女娲城在本村,所以村委表示必须支持,但由于民间道教信仰和佛教信仰不一样,道教信仰不是一个整体,是以个体为单位的,所以县政府、镇政府人员不参加道教信仰的相关仪式。③

另外,作为村干部的一员,张金鹏倡议,将女娲城作为非物质文化遗产上报。思都岗村在2011年已将申请女娲城为非物质文化遗产的材料递交,材料由张金鹏亲自书写。

除得到镇政府、村委会的支持外,女娲城的修建也离不开省政府的支持。1986年省政府批准春秋时期的女娲城遗址为省级重点文物保护单位。除来自省里的支持外,政府还同意批100亩地用于修女娲城。关于土地来源,孟广宣和张金鹏等村干部说是发动村组民众捐的。当时在村支书李德亮书记的带领下,思都岗村的所有村组都捐出一部分土地作为修建女娲城

---

① 被访谈人:张金鹏,访谈人:李秋香,访谈时间:2012年11月27日,访谈地点:西华县聂堆镇思都岗村孟广宣家。

② 被访谈人:张金鹏,访谈人:李秋香,访谈时间:2012年11月27日,访谈地点:西华县聂堆镇思都岗村孟广宣家。

③ 被访谈人:孟广宣,访谈人:李秋香,访谈时间:2012年11月27日,访谈地点:西华县聂堆镇思都岗村孟广宣家。

之用。①

除此之外，龙泉寺等传统信仰空间的形成发展等也与当地政府的支持有关。在20世纪80年代前，当地政府为配合国家的“破四旧、立四新”工作，拆毁了许多庙宇，一些佛教寺庙虽然幸免于难，但多被办成了学校，龙泉寺也是如此。改革开放后，龙泉寺得以恢复和重修，这与当地基层政府组织和村委会的支持是分不开的。

龙泉寺在女娲城东侧约500米处，属目前豫东地区遗留较完好的原貌古寺。该寺内老大殿形成的时间比女娲城早得多。据曾在寺内大殿做过五六年师傅（香客称其为大师）现在为香头的袁学义和村会计孟广宣讲，“文化大革命”时期龙泉寺因为有神灵的原因未被毁，但曾一度改为村学校所在地。改革开放国家允许民众信神后，村委将村学校从龙泉寺内迁了出去，决定恢复这儿的信仰活动。于是，寺庙得以重修。② 该寺为县级文物保护单位。

据传，龙泉寺最早建于汉代，后在明、清时期重修。根据清乾隆年间的《西华县志》及龙泉寺碑文，此寺在明朝宣德四年（1429年）重修，于万历四年（1576年）规模始成。《龙泉寺碑记》云：

> 大殿供佛，小殿寅宾斋房，禅堂东西相对，大殿前则水陆会殿，小殿前则地藏王殿，伽蓝殿西向而居东；六祖殿东向而居西。又前者山门南启，四大天王在焉。墙垣高峭，而僧房之棋布百余间。林木茂盛，景色清幽。③

目前的龙泉寺，占地约20余亩，平面呈长方形，新建的砖墙围绕，院落内最近几年又添建了若干建筑，整个寺院呈现出古刹与新殿争辉斗艳的格局。寺内建筑按南北纵轴线由南往北依次为寺门（上有“龙泉寺”三字）、弥勒佛殿、如来佛殿、南海观音殿。弥勒佛殿与如来佛殿之间有明万历年间的石

---

① 被访谈人：刘俊，访谈人：李秋香，访谈时间：2012年11月14日，访谈地点：西华县聂堆镇思都岗村女娲城第四殿内。

② 被访谈人：袁学义，访谈人：李秋香，访谈时间：2012年11月14日，访谈地点：西华县聂堆镇思都岗村龙泉寺前。

③ 西华县史志编纂委员会：《西华县志》，中州古籍出版社，1993年，第535页。

碑。在南北纵轴线的东西两侧廊房内，西有千手观音殿，东有白衣菩萨殿、唐僧殿。寺内供奉着佛教众神，有佛祖如来、弥勒佛、释迦牟尼佛与十八罗汉等。

关于20世纪80年代初政府对龙泉寺修缮的态度，袁学义讲，没有政府的支持肯定修不起来。现在龙泉寺及其附近信仰空间的修建与扩充工作主要由政府主持的说法在当地媒体如报纸上也有反映，如《周口晚报》曾报道：

> 经过当地党委、政府努力，龙泉寺周围的建筑以及其他附属物已全部清理，新修了通往龙泉寺的柏油路，完善了路标以及提示标牌，在龙泉寺前面硬化了占地800余平方米的龙泉广场，新修建的牌坊和两道景观桥使龙泉寺看上去显得更加深沉而庄重，在两座景观桥中间竖立的高9.9米，重6.8吨金碧辉煌的观音像，以及景观桥两边重新深挖、碧水荡漾的龙泉湖，更给古老的龙泉寺增添了新的活力。①

总之，在省到镇各级政府特别是村干部的大力扶持下，传统信仰空间得以恢复或扩建。而庙会自恢复以来，女娲城等都是在村委的组织下有条不紊地进行。在每年农历正月会，十月会，每月初一、十五以及逢三、六、九的日子，村委都会派专人负责请庙戏、向各大殿收取唱戏费用、出售摊位、管理交通、维护治安，使得庙会期间的各香会和散香客的敬神进香、祭祀歌舞表演、现代歌舞演出、商品交易等在神圣庄重或世俗欢快的氛围中度过。如果由村干部牵头组织的女娲城申遗成功，本信仰空间将迎来更好的发展机遇。

2. 地方政府与基督教信仰空间的形成与发展

基督教信仰作为西学东渐的产物，在中国民众中的影响远远不及传承了两千多年的道教和佛教。然而近三十年来特别是近一二十年以来，基督教的影响呈逐渐扩大之势，信徒也日益增多。西华县礼拜堂即教会和家庭教会的发展便是有力的说明。这些礼拜堂是比较大的基督教信仰空间，一个教堂内大约可容几百人听长老牧师讲道和祷告等，并在新年、圣诞节等节

---

① 被访谈人：刘俊，访谈人：李秋香，访谈时间：2012年11月14日，访谈地点：西华县聂堆镇思都岗村女娲城第四殿内。

日期间观看由教徒们表演节目如唱赞美诗和歌舞表演,还可给信徒们提供聚会、餐饮、住宿等服务。在这样的公共空间里,基督徒交流感情,宣传福音,彼此亲如兄弟姐妹。西华县红花集镇王桥行政村教堂(当地人又称为和湾教会)是西华县基督教堂中的一个,是附近几个行政村如王桥、田楼、上郭桥、下郭桥、关口等六七百个基督徒的聚会点。

近三十年来较大的教堂类信仰空间的出现是各地在贯彻执行党的宗教信仰自由政策和建立"自治、自养、自传"即三自爱国教会的实际行动中,适应信徒的精神需求,在原有教堂的旧址或其附近,在县、乡、村各级政府的许可下,经由信徒捐款的方式建立起来的。这些教会接受国家宗教事务局的管辖。村级教会还经常接待上级教会派专人来此传道的相关事务。

关于地方政府对民间基督教信仰的态度,孟广宣、张金鹏、和新安①等基层干部都说,基督教与佛教、道教不一样,其不搞大的活动,一般都是在哪个信徒家聚会。他们不邀请,领导也不参加。张金鹏讲,村委一般不参与基督徒的活动,但有时也帮助其协调解决一些问题,村里对基督教信仰的发展主要起引导作用。教会受宗教局领导,而基层的基督教信仰属于自发性质。村委对基督教信仰空间的管理比较薄弱。②

(二)信仰精英的积极推动

信仰精英在传统信仰空间的恢复和重建中起到了关键作用,特别是各地庙宇被毁后的重建方面。一些会首或香头借神灵附体或通过其他方式与国家、地方政府等官方代表斗智斗勇,并借助大神保佑捐善款者而惩罚不捐之人即惩恶扬善的说辞,使民众自愿或被动出钱出力建庙,结果是传统信仰空间不断得到恢复与扩充。同时,宗教信仰精英借助于天堂地狱等说法极力争取信徒,以获得神的恩典等名义暗示信徒向教会奉献即捐钱,从而使得基督教信仰空间的扩展成为可能。

---

① 被访谈人:和新安,访谈人:李秋香,访谈时间:2012 年 11 月 26 日,访谈地点:西华县红花镇王桥行政村和新安家。

② 被访谈人:张金鹏,访谈人:李秋香,访谈时间:2012 年 11 月 27 日,访谈地点:西华县聂堆镇思都岗村孟广宣家。

1. 信仰精英与传统信仰空间的形成与扩建

信仰精英在本地传统信仰空间的恢复和修建方面作出了重要贡献，这种贡献既包括对神的灵验的宣传，包括身体力行地为建庙而与当地政府斗智斗勇，也包括发动广大信众或出力或出物或出钱帮助信仰空间的建设。

西华县聂堆镇思都岗村女娲城第四殿殿主刘俊在诸多庙宇的修复和信仰空间的建构方面发挥了重要作用。刘俊生于 1934 年，因身体及家庭等方面的原因信仰女娲等神灵多年，一直以来以庙为家，负责扶沟、西华等地多处民间信仰场所的恢复或重建。她主要以建庙为主，多次因庙宇的建造等问题与官方打交道，并得到官方的认可与支持。她与村干部交往较多并熟识，也非常配合村委的工作。

借助于改革开放之际国家政策的调整，刘俊看到了信仰复兴的有利时机。20 世纪 80 年代末到 90 年代初，其在女娲神灵的招引下，到女娲城建女娲殿。在建殿时，刘俊说女娲托梦给她想要省里给一个重点文物保护单位的碑文，于是其在郭厅文（时任乡文化站当站长，后来调到县旅游局、文化局）、村干部谢书平等的陪同下，并拿钱给谢书平请其到县里、省里做工作。最终在她的不懈努力下，女娲城被河南省政府批准为省重点文物保护单位。争取到碑文之后，刘俊发动信众在女娲坟旧址的东北边盖人祖殿（供奉盘古、人祖、黄帝、炎帝），又建三皇楼（供奉天皇、地皇、人皇，即三皇老祖，中间是人皇）。这些大殿都是新建的。

关于建殿的费用，刘俊说大部分是信众捐的，一部分是自己从家里拿的即向子女要的，很少部分是国家下拨的。① 据张金鹏、孟广宣等村干部补充，女娲城内刘俊徒弟负责建第五殿的费用，主要是利用安徽、山东、广东等地的道人即老道的捐献。

至于建殿时遇到的阻力，刘俊亦是借神灵的名义解决的。如在“文革”中有幸没遭到破坏的文昌阁由于破败需要重建，于是她借文昌神托梦的名

① 被访谈人：刘俊，访谈人：李秋香，访谈时间：2012 年 11 月 14 日，访谈地点：西华县聂堆镇思都岗村女娲城第四殿内。

义说神灵要她到北京白云观请求帮助。①

关于刘俊在女娲城的恢复和扩建工作上作出的贡献,村干部张金鹏说,女娲坟被批为河南省人民政府保护古迹,除了县、乡(镇)、村、地区各级政府的共同努力外,刘俊也起到了重要作用。女娲城原来只有个坟头,坟上有几棵树而已。后来在刘俊的带领下,在她和徒弟们的努力下,在信众、子女捐钱出力等的帮助下,女娲城的规模逐渐扩大,占地60多亩。② 孟广宣说,刘俊作为总会首把东西南北各地七零八散的香头组织起来,建起了女娲城的几个大殿等,其发挥的领导作用有目共睹。

除刘俊外,其他的庙头也在传统信仰空间的恢复与重建方面起了很大作用,如生于1935年、自20世纪80年代中后期以来一直担任本村王爷庙庙头的樊翠英便是如此。二十年前,由于县里要成立女娲研讨基金会,时任县科委办公室主任的谢守明将她请到聂堆镇思都岗村任修庙理事(群众称为会首),负责建庙。她利用自己多年积攒的钱和其他香客捐的善款在旧址上重建了供奉王灵官的王爷庙。但在建庙过程中及后来樊翠英曾与任会首的谢守明多次发生冲突,根源在于彼此对善款如何处理的问题持有不同的看法。她说逢庙里经济收入可以的时候,过年都要交钱给谢守明,但谢守明却用于自家盖楼。

近年来,樊翠英与现任的村干部时而合作,时而发生冲突。据她讲,王爷庙供奉的是王灵官,在这儿已存在几百年了。这两年,村委会把新的办公地点盖在了王爷庙庙后,村里还想在庙后建一文化大院,故想扒掉王爷庙。她不同意,故其与村里的关系很紧张。2012年农历十月会期间,王爷庙前的路已经被堵,给香客进香和原来的担经挑、腰鼓等祭祀表演仪式带来了极大不便,故本庙香火钱收入急剧减少。樊翠英对村里的做法非常不满,已经将双方的矛盾纠纷告知镇里,并想通过邮信的方式报告给各级政府,并准备让北京白云观里的师傅为自己做主。

---

① 被访谈人:刘俊,访谈人:李秋香,访谈时间:2012年11月14日,访谈地点:西华县聂堆镇思都岗村女娲城第四殿内。

② 被访谈人:张金鹏,访谈人:李秋香,访谈时间:2012年11月27日,访谈地点:西华县聂堆镇思都岗村孟广宣家。

除女娲城外，很多香头都在西华县龙泉寺的修建方面通过出力、出钱、出物等方式作出了很大贡献，如袁学义，生于1953年，十几岁起便得腿疾，家住西华县东夏乡大袁村，受家庭影响信佛教三十多年，担任香头多年。改革开放后，袁学义曾带领信众在家乡建了四五座庙。在建第一座庙时，村干部不批地。建庙的善款筹集完毕，但拿着钱却没地方建庙。此窘况在三年后才得以解决。而解决的办法是袁学义找到住在村头的一户村民，与其协商，请其让出了其家外面的一个大坑。袁带着信众把此坑填平，在上面盖了三间大的寺庙。寺庙建成后，村干部转变了态度，也默许了庙宇的存在。这样，本村便有了合法的公共空间供民众祭拜交流。

在家乡建成几座小庙后，袁学义到龙泉寺居住，当寺庙里的师傅。后来寺里来了和尚，他才回家住。袁学义是本地众多香头之一。香头带领香会组织每年在固定时间前来祭祀观音等佛教类神灵，同时也会以捐献善款的名义资助佛像开光或寺院的修缮等。如信众大额的捐款都用于修建龙泉寺里前面的大殿，其余的捐款现在正用来修后面的大殿。而2010年开始整修大殿和禅房的大额费用，则来自于一佛门俗家弟子的捐赠。如俗家弟子恒印捐赠巨资，用以对龙泉寺的开发和整修。①

关于拜神灵的原因，袁学义等香头说比如遇到家庭不和睦、身体感觉不舒服但吃药不见效、天气久旱不雨等问题时，一些香会成员便会告诉会首，由会首带着前去给神灵敬香、再愿意愿意就能解决。②

总之，传统信仰精英如刘俊等会首或总香头，为改变苦难的生活，自觉不自觉地借助广为民众信奉的人祖女娲、玉皇大帝、王母娘娘等神灵的名义，表达了对新中国成立后一些极“左”政策的不满，并表达了分田分地的愿望。后又顺应国家相关政策的调整，利用国家意识形态领域控制的些许松动，审时度势地看到了地方政府欲借助传统文化发展经济的态势。她认为这一态势为本地民间信仰合法性的公开打开了方便之门，于是又假借神灵

① 高洪驰：《河南省周口市西华县龙泉寺整修一新，免费对外开放》，《周口晚报》2011年12月26日。

② 被访谈人：袁学义，访谈人：李秋香，访谈时间：2012年11月14日，访谈地点：西华县聂堆镇思都岗村龙泉寺前。

的名义使大规模的修复旧庙和新建信仰圣地所需的财力、人力、物力等顺利到位,从而使女娲城的建设得以紧锣密鼓地进行。而樊翠英等会首凭自己的智慧和香客的支持在传统信仰空间的建设和维护等方面也作出了不小的贡献。以袁学义为代表的信仰精英通过各种方式与政府和其他持有不同意见的民众周旋,最终赢得了他们的支持和帮助,使传统信仰空间的恢复与扩大成为可能。

2. 信仰精英与基督教信仰空间的形成与发展

西华县基督教信仰空间包括小型的家庭教会和大型教堂。

小型的基督教信仰地点一般设在信主时间长、信心强、能协调各种关系、处理各种事情、家庭空间比较大且经济状况较好的基督教教徒家里。此类公共空间又可称为家庭教堂或祷告所,主要为附近年龄比较大、行动不方便、离教会较远,不能在规定时间如周日到教堂做礼拜的信徒服务。到祷告所祷告的具体时间各地并不完全相同,主要根据当地的实际情况决定。

与家庭教会相比,西华县王桥行政村基督教传道员兼教堂组长(或称为长老)的郭根来、传道员田继伟、负责唱诗班及信徒歌舞表演的彭华丽、李月芝等则在当地教会的发展方面发挥了不可忽视的作用。①

郭根来是民间基督教信仰精英之一,已有 37 年的信主史和多年的管理基督教堂的经验。郭根来于 1953 年出生,是西华县上郭桥行政村人。他负责管理教会的礼拜、聚会、圣诞节、年关等活动。② 如他 2011 年带领众多信徒在和湾教堂度过春节,组织基督徒观看或参加迎新年仪式,主要由唱赞美诗、讲道、歌舞表演、祷告等步骤组成。

近些年来,基督教徒在大年初一的上午都在教堂内度过。他们来自不同的地方,有着不同的性别,处在不同的年龄段,却信奉一样的神灵。他们通过歌唱或者聆听赞美诗、通过表演或欣赏歌舞、通过众口一致的祷告表达了信神、娱神的共同心愿。在中国传统的元宵佳节,基督徒也是在教堂内以

① 被访谈人:田继伟、彭华丽、李月芝,访谈人:李秋香,访谈时间:2010 年 2 月 3 日,访谈地点:西华县红花集镇王桥行政村基督教堂内。

② 被访谈人:郭根来,访谈人:李秋香,访谈时间:2011 年 2 月 3 日,访谈地点:西华县红花集镇王桥行政村基督教堂内。

聚会的方式度过的。这种过年方式是近年来民间基督信仰公共空间中出现的新的庆新年仪式。

除地方政府和信仰精英之外,普通信众则是信仰民俗空间得以恢复或重建的群众基础。近三十年来,随着社会的变迁和经济的发展,国民的生活水平和文化素质与以前相比发生了重大变化,相应地,民众的信仰观念也发生了变化。在信仰的选择上,有了更多的自由。民众信仰基督教的比重有逐渐增多之势。传统信众为庙宇的修复和扩建捐钱、捐物、出力,为本地传统信仰空间的发展作出了应有的贡献。而基督教信众则在新信仰空间如教堂、家庭教会的维持与发展方面起到了不可磨灭的作用。

三、结论与思考

通过对近三十年来西华县信仰民俗空间建构的分析,可以看出,当地政府在信仰民俗的认识和态度转变上起着主导作用。当地政府包括村委、乡镇政府、县政府、市政府对信仰民俗的认识发生了历史性转变,进而其对信仰空间的恢复与扩建等方面也采取了并不完全一致的态度。

传统信仰如道教信仰在本地历史渊源早、根基深厚、影响深远,是中国乡村传统文化的典型表现,早已成为世俗化的民众信仰,故而当地政府顺应国家发展经济、繁荣文化、保护非物质文化遗产的历史趋势,将在“文革”中为配合国家对“四旧”进行的摧毁打压的措施,改为对当地固有信仰民俗的提倡,为本地道教类信仰空间的保护和扩充提供土地、政策方面的帮助与扶持。在信仰精英的配合下,民间道教信仰空间的发展呈现蒸蒸日上之势,且经过电影、电视、网络等媒体的宣传和学者的介入和研究,其影响力日益远播。而佛教在本地的影响虽不及道教,但中国化佛教信仰已在本地存在了两千年之久且深刻影响了民众的生活,又因佛教是国家明文规定的宗教信仰,所以各级政府对民间佛教信仰空间也予以保护和支持。总之,本地政府的支持态度与相关措施使本地传统信仰空间得以不断恢复和扩建。

当然,传统信仰精英在近三十年来为本地传统信仰空间的恢复与再建方面也作出了重要贡献。他们通过神灵附体、宣传灵验故事、团结信众、发挥聪明才智与政府斗智斗勇、引导民众贡献人力、物力、财力以修建寺庙宫观，与政府协商，请官方为当地文化古迹保护提供政策、资金、治安等方面的支持，等等，为当地民间道教类、佛教类公共空间的复兴贡献了自己的力量。

与地方政府、信仰精英相比，普通信众则是本地传统信仰空间得以恢复与扩建的群众基础。

与以上情况形成鲜明对比的是，本地基督教信仰空间在近些年来的发展虽呈遍地开花之势，但因其毕竟属于外来宗教且在中国存在的时间尚短，信众规模虽比三十年前有所扩大但远远比不上道教和佛教信众，再加上国家对基督教采取的相关政策如“自治、自养、自传”等，政府不提供财力支持，而当地村干部为达到发展经济、繁荣传统文化等目的便不能借助外来宗教，故他们对民间基督教信仰基本上持不关心的态度，而来自于民间基督徒个人的奉献毕竟有限，所以各种因素导致了新信仰民俗空间即基督教信仰空间的发展势头不能与传统信仰民俗空间相比。

总之，与全国许多地区的情况类似，西华县信仰民俗空间的发展并不平衡，这是由多种原因造成的。其中，政府特别是地方政府对各类宗教信仰的不同认识和采取的并不完全一致的态度是主要原因，而民间各类宗教信仰精英所能凭借的资源以及个人的能力差异等也是导致这种格局出现的重要因素。信仰是民众精神的寄托，是对不可知的命运试图把握的非理性工具，其功能利弊兼有。如何合理利用传统信仰民俗空间，同时兼顾新的宗教信仰民俗空间，使两者更好地顺应社会发展和时代需求，满足广大民众的不同需要，是目前当地政府和信仰精英需要面对和解决的首要问题。

宋—清婚姻礼俗的新变与总体特征
——贞节、再嫁、财婚与婚俗角色

梅东伟①

摘　要：宋、元、明、清时期的婚姻礼俗有着诸多共同之处，主要表现为：贞节观念在宋明理学和官、民社会的倡导下愈演愈烈，成为婚姻观念的主导意识形态；而妇女再嫁作为民间社会的基本婚姻习俗在这一时期依然盛行，即使这一习俗选择为人所不齿；隋唐以来的婚姻门第观念在战乱、科举制度和商品经济的冲击下在这一时期走向式微，婚姻论财风尚逐渐兴起，并逐步主导了人们的婚姻观念；婚俗角色是婚姻礼俗研究中常常为人所忽视的内容，但这一时期的婚俗角色却因为婚姻礼俗内部的种种观念和习俗行为的冲突成为研究中值得关注的内容，这些值得注意的婚俗角色主要包括贞女、寡妇、媒人等。贞节、再嫁、婚姻论财和婚俗角色是我们研究宋元明清时期婚姻礼俗的关键词。

关键词：宋元明清；贞节；再嫁；财婚；婚俗角色

宋元明清作为四个不同的朝代，各有其显著的历史特征，难以合而论之。但就婚俗的发展而言，它们却有着诸多的共同之处，一些婚俗观念、道德和习俗行为延续、贯穿四个朝代，并因不同时代朝廷政策和四代风气的不同而有所变化、发展。大致而言，宋元明清时期，贞节观念及其习俗在国家政策和程朱理学等影响下逐渐成为社会主导的婚姻道德和习俗行为。而与此同时民间妇女再嫁作为一种与“贞节”相悖的婚姻习俗，日益为社会主流所不齿，但作为一种民俗行为选择，大量的民间妇女出于自身幸福或因其他各种社会原因，依然再醮。再嫁和贞节两种婚姻习俗在宋元明清尤其在明

---

①　梅东伟，博士，河南大学文学院讲师。

清时期严重背离而又并存发展的现象成为一时耐人寻味而又颇为独特的婚俗景象。这一时期,随着唐五代时期门阀士族的零落消亡和社会经济的发展,门第婚受到较大冲击,“婚姻不问阀阅”,门第观念较前大为淡薄①。而商品经济和商人阶层的崛起与壮大,也使商人的地位有所提高,尤其是明代中后期以后,婚姻论财,奢婚、财婚成为风气。从婚俗角色的角度来看,贞节观念的发展和广泛影响使这一时期的女性逐步走向人格的丧失②,对丈夫或夫家的依附性和认同感进一步加强,这甚至导致了婚俗中女性角色对“父母之命”的某种背离。而与此相反相成,这一时期关于女性婚俗角色方面还有一个重要现象值得注意,即妒妇、悍妇较之前代,大大增多③,尤其是明代中后期,“妒妇、悍妇已不可胜数”④。这种现象充分展现了当时妇女对既定婚姻生活中婚俗角色观念及其行为的突破。当然,宋元明清时期的婚俗事项不止以上所述,但它们却概括了这一较长历史时期婚姻生活的基本内容,也是研究该时段婚姻礼俗的四个关键词。

一、贞节:日趋主导的婚俗观念与习俗行为

贞节,又作贞洁、节操,是传统家庭伦理中对女性的一项最基本的道德规范。贞节作为中国传统社会妇女最基本的也是最高的美德,不仅要求女性绝对忠于丈夫,嫁鸡随鸡,嫁狗随狗,而且要求做到夫死不嫁,从一而终。⑤简而言之,就是传统婚俗中女子不失身、不改嫁的行为。要求女性贞节在中国婚姻文化中早已有之,《易经》“恒”卦云:“《象》曰:‘妇人贞吉’,从一而终

① 徐吉军、方建新、方健、吕凤棠:《中国风俗通史·宋代卷》,上海文艺出版社,2001 年,第 339 页。

② 张涛:《被肯定的否定——从〈清史稿·列女传〉中的妇女自杀现象看清代妇女境遇》,《清史研究》2001 年第 3 期。

③ 陈泳超:《妒妇悍妻:类型叙述的语法与心理》,《南京师范大学学报》(社会科学版)1998 年第 1 期。

④ 陈宝良:《明代社会生活史》,中国社会科学出版社,2004 年,第 166 页。

⑤ 刘海鸥:《从传统到启蒙:中国传统家庭伦理的近代嬗变》,中国社会科学出版社,2005 年,第 42 页。

也。'夫子'制义,从妇'凶'也。"①即要求妇人忠于丈夫,从一而终。《礼记·郊特牲》云:"信,妇德也。壹与之齐,终生不改,故夫死不嫁。"②《白虎通义·嫁娶》曰:"夫有恶行,妻不得去者,地无去天之义也。夫虽有恶,不得去也。"③其后历代统治者都着力鼓吹贞节道德,树立贞节榜样。历代正史中的《列女传》都有对节烈妇女的记载。但不同历史时代对"贞节"观念的重视程度及其达到的社会效果是不同的。这里我们通过对历代《列女传》主题的考察,并结合相应时代的婚姻法律和政策来考察宋元明清时期贞节观念的整体特征及其社会影响。

第一部《列女传》的撰写者是西汉的刘向。刘向《列女传》包括《母仪传》、《贤明传》、《仁智传》、《贞顺传》、《节义传》、《辩通传》和《孽嬖传》七部分内容,其实也是七个主题。涉及妇女贞节不二的是《贞顺传》。《列女传》对后世正史《列女传》的书写有重要的"范式"意义,尤其在主题的选录方面,"大体没有超越刘向分类的类型",但需要注意的是不同朝代所着重的女德类型却也有所不同。④ 台湾学者衣若兰比较分析了自《后汉书》至《元史》中《列女传》的"女德"的侧重点,她认为《后汉书·列女传》为"贤妻与才女",《魏书·列女传》为"忠义与贞节",《隋书·列女传》为"贞妇与美女",《晋书·列女传》为"义烈、才识和贤母"。而到两《唐书》,《列女传》主题明显"窄化",转向了忠义贞烈和孝悌,衣若兰引据 Richard L. Davis 的意见:"11 世纪所编的《新唐书》,显现的是传主的生平被压缩,以及着重以身体的痛楚来突显英烈的事迹,而且其程度是史无前例的。"⑤而到辽、金、宋史之《列女传》,其着重点则转向了"烈妇"。且"《金史·列女传》可视为烈妇记载的重要转折点,传中烈妇的数量惊人,22 传中只有两传与贞烈无关,并且这些传记多

① 周振甫译注:《周易译注》,中华书局,1991 年,第 115 页。

② 杨天宇注说:《礼记》,河南大学出版社,2010 年,第 381 页。

③ 《白虎通义》。

④ 衣若兰:《史学与性别:〈明史·列女传〉与明代女性史之建构》,山西教育出版社,2011 年,第 129 页。

⑤ Richard L. Davis"Chaste and Filial Women in Chinese Historical Writings of Eleventh Century",p. 206. 转引自衣若兰:《史学与性别:〈明史·列女传〉》,山西教育出版社,2011 年,第 139 页。

是单独描写女性于夫死殉节或因逼嫁自杀，还会提到她们自尽时的年龄，其反映节烈的观念由传记之细微处可见”①。而“《宋史·列女传》以烈妇入传者，约占总数的三分之二，而且其描述的内容较过往更加激烈与‘血腥’。自从唐传开始记录贞烈女性的苦楚以来，《宋史》对女性被强凌的情况，以及女性面临贞操威胁时的情绪反应，又作了进一步细致的描绘”②。《明史·列女传》对女德主题的选择则几乎“节烈化”：“节与烈两项女德成为此传的大宗，尤其死烈类型的传记，占了全传近七成的篇幅。”③从此也可以看出在明清时期人的观念中，妇女的贞节在妇德之中是居于首要地位的，这似乎已经成为当时文人学士记述女德的首要视角，汪由敦在《族嫂金孺人六十寿序》中说：“予尝谓世俗论列女性，率多其畸节以为难，至持操身家、奉长慈幼、综理内政，则以为庸行无足道，此其弊。”④可见在明清时代，贞节已经成为了婚俗道德不可缺少且占居首要地位的观念和行为。《清史稿·列女传》延续了《明史》的做法，节烈仍然是妇德的着重点，它带给读者一种强烈的阅读感受即“贞节是清代妇女人格的主体，人生价值的根本”⑤。追求贞节、节烈成为女性在夫死条件下的基本选择。

由历代《列女传》的主题我们可以看出，两《唐书》也即从宋代开始，作为主流意识形态反映的正史已经开始把贞节、节烈作为一种值得表彰的“英烈”行为，通过“身体的痛楚”的叙述来凸现贞节、节烈行为的社会价值。贞节、节烈开始压倒女性品德的其他方面，成为了妇德的主要内容。而元代编纂的宋、辽、金诸史在这一方面的强调也进一步加强。至明清时期则“节烈为高”，贞节妇女艰难度日、节烈妇女辗转求死成为叙述者津津乐道的情节。节烈作为妇德几乎压倒了妇女其他所有的品行，成为衡量女性德行的首要

---

① 衣若兰：《史学与性别：〈明史·列女传〉与明代女性史之建构》，山西教育出版社，2011年，第142页。

② 衣若兰：《史学与性别：〈明史·列女传〉与明代女性史之建构》，山西教育出版社，2011年，第142～143页。

③ 衣若兰：《史学与性别：〈明史·列女传〉与明代女性史之建构》，山西教育出版社，2011年，第298页。

④ ［清］汪由敦：《松泉文集》（卷10）《族嫂金孺人六十寿序》。

⑤ 张涛：《被肯定的否定——从〈清史稿·列女传〉中的妇女自杀现象看清代妇女境遇》，《清史研究》2001年第3期。

标准。黄家遵先生根据《古今图书集成》(《明伦汇编·闺媛典》)也作了统计,表格①如下:

时代	周	秦	汉	六朝	隋唐	五代	辽	宋	金	元	明	清
节	6	1	22	29	32	2		152		359	27141	9482
烈	7		19	35	29		5	122	28	383	8688	2841
合计	13	1	41	64	61	2	5	274	28	742	35829	12323

而据有学者对清代贞节妇女的估计,其人数要远远超过明代。"有清一代只旌表节妇一项便及百万之众","清代节妇竟超过明代近40倍。"②

从历代《列女传》所录女性的阶层来看,基本出自豪门大族和贵族士人阶层。例如,两《唐书》有近一半的女性出于官宦之家,《新唐书》中更有85%出于文士以上家庭。③ 但《明史·列女传》改变了这一格局,"《明史·列女传》的传主约有六成以上是出身'匹妇'"④。明清时代旌表节烈的基本精神是面向下层民众,主要指那些未有封赠和名位者,"其有官职及科目出身者,俱不与焉"⑤。而对于普通民众谨守贞节、品德高洁者,"大者赐祠祀,次亦树坊表,乌头绰楔,照耀井闾,乃至僻壤下户之女,亦能以贞白自砥"⑥。而清代中叶以后,旌表女性的阶层,较前朝更为扩大,上至宗室命妇,下及婢丐,都在旌扬范围。⑦ 因明清史《列女传》所收录者也多为普通市井民妇。这种变化的趋势反映出贞节观念的强化,即统治阶层企图通过旌表和史书叙录的方式达到对整个社会风俗的砥砺,从而使贞节观念能够成为社会的一

① 黄家遵:《历代节烈妇女的统计》,《现代史学》1937年第3卷第2期。

② 郭松义:《伦理与生活——清代的婚姻关系研究》,商务印书馆,2000年,第405页。

③ 衣若兰:《史学与性别:〈明史·列女传〉与明代女性史之建构》,山西教育出版社,2011年,第146~147页。

④ 衣若兰:《史学与性别:〈明史·列女传〉与明代女性史之建构》,山西教育出版社,2011年,第296页。

⑤ 申时行等重修:《明会典》(卷79)《旌表》,第7页。

⑥ 《列女传序》,第7689~7690页。

⑦ 衣若兰:《史学与性别:〈明史·列女传〉与明代女性史之建构》,山西教育出版社,2011年,第284页。

种基本的和能为民众所遵循的习俗行为。

《列女传》向我们昭示了历代官方主流意识形态对贞节观念的日益重视和强化。但正如有学者所说,虽然自周代至宋代两千余年,倡贞不绝如缕,但始终未成为社会的普遍风尚。而至宋代由于“家国同构的父权制向夫权—父权制”转型的逐步完成①,从而为贞节的普泛化提供了制度保障。而随着宋明理学的兴起和成为社会主导意识形态,它提出“饿死事小,失节事大”,贞节观也在各种势力的参与下逐渐成为主流社会的共识,并从各个层面加以推广。在政策行为层面,宋元明清四代都曾以政策、诏令形式强化贞节观念和行为。宋仁宗庆历四年(1044 年)规定:“宗室大功以上亲之妇不许改嫁,自余夫亡而无子者,服除听还其家。”②从而使皇室近亲妇女的改嫁成为违禁之事。元代至大四年(1311 年)朝廷诏令禁止命妇改嫁:“妇人因得夫子得封郡县之号,即与庶民妻室不同。既受朝命之后,若夫子不幸亡殁,不许本妇再醮……如不遵式,即将所受宣敕追夺,断罪离异”。③ 明清时期则开始了自上而下、全社会动员式的旌表贞节的活动,朱元璋于洪武元年(1368 年)颁布诏令:“凡孝子顺孙,义夫节妇,志行卓异者,有司正官举名,监察御史按察司体核,转达上司,旌表门闾……凡民间寡妇,三十以前,夫亡守志,五十以后,不改节者,旌表门闾,除免本家差役。”④《大明律·户律》还规定“命妇夫亡再嫁者”,杖一百,“追夺并离异”⑤。清代对妇女贞节的提倡与明代相比有过之而无不及,据《清律》:“再嫁之妇不得受封,所以重名器也。命妇受封,义当守志,不容再嫁以辱名器。”⑥“清制,礼部掌旌格孝妇、孝女、烈妇、烈女、守节、殉节、未婚守节,岁会而上,都数千人……”清代延续了

① 杜芳琴:《明清贞节的特点及其原因》,《山西师范大学学报》(社会科学版)1997 年第 4 期。

② [宋]李焘、[清]黄以周等辑补:《续资治通鉴长编拾补》,上海古籍出版社,1986 年,第 1409 页。

③ 《元典章》(卷 18),《户部·四·官民婚·命妇夫死不得改嫁》,台湾故宫博物院(影印元刻本),1976 年。

④ [明]李东阳等敕撰、申时行等奉敕重修:《大明会典》(卷 79),《旌表》,江苏广陵古籍刻印社,1989 年,第 1254 页。

⑤ 《大明律·户律》。

⑥ 《大清律例刑案汇纂集成》(卷 4),《户律婚姻》。

明代旌表贞节的政策,扩大其范围,但在某些方面也有所调整,如一改明"忽庸行而尚奇激"的做法,而是"矜其变,所以诲其正,愍其异,所以励其庸:范而趋于一。使凡为女若妇者,循循各尽其职。则且广之为风俗,永之为名教"①。由清一代不鼓励妇女夫死之后动辄殉死的偏激行为,而要求妇女在夫死之后能够尽到奉养舅姑、为夫延嗣和抚孤成人的责任。在此类政策感召和旌表利益的驱动下,不少地方宗族也制定了鼓励贞节的族规法约,如江西《临川孔氏家谱·家规》中有"贞节孝义,千古垂芳,族长应加以访问,有年少孀居,不轻出闺门,举动礼法自闲,而能孝敬公姑,教子成人者,公举旌奖"②。又如祁门《方氏族谱》规定:"妇女守节最为难事,宗族中或不幸而孤寡老,近属亲邻当资给扶持之,待其节终,公举表扬,以励风化。"③等。诸如此类的族约大量存在。而对于那些再醮之妇则严加惩戒,如西递明经胡氏宗族的不成文族规家法的条目就有这样的规定:"妇人要一与之齐,终身不改,三从四德,做贤妻良母。不幸夫君早亡,要白首冰霜,苦志贞守。生活困难,宗族周济。如果要求改嫁,必须夜间出走,不得乘轿;改嫁之后,永远不得回西递村。"④等。由此可见地方宗族对于贞节的重视。而从乾隆时期开始,江南的一些地方还出现了不少政府倡导、地方乡绅经理的清节堂、恤嫠会、保节局之类的组织,以帮助和保护下层妇女的守节。而另一方面,由于大量女教书对贞节的宣扬,文人学子对贞烈故事的书写流传,以及政府法令对改嫁妇女财产所有权的限制等等原因,也促使妇女对贞节行为的自觉认同。

在这种自上而下,几乎所有阶层势力的"共谋"之下,至明清时期"寡妇守节殉夫成为社会上的一种主流习俗"⑤。当代人对于贞节的态度,有学者

① 《清史稿·列女·序》。

② 《曲阜孔府档案史料选编》(第3编第1册),齐鲁书社,1980年,第50页。

③ [清]方炽昌纂修:(祁门)《方氏宗谱》,清同治十三年(1874年)敦义堂木刻活字印本。

④ 赵华富:《徽州宗族研究》,安徽大学出版社,2004年,第591~592页。

⑤ 陈剩勇:《理学"贞节观"、寡妇再嫁与民间社会——明代南方地区寡妇再嫁现象之考察》,《史林》2001年第2期。

以迷信化、宗教化称之①,有人以"贞节崇拜"②称之,可见明清时期贞节观念的深入发展。方苞《岩镇曹氏女妇贞烈传序》无意间点出了明末社会大众的心态:"为男子者,率以妇人之失节为羞,而憎且厌之。"③而女性则视守节为"妇分","不幸而寡,惟有守节与死而已"。④ 方苞还在《岩》文中说到:"尝考正史及天下郡县志,妇人守节死义者,周、秦前可指计,自汉及唐亦寥寥焉。北宋以降,则悉数之不可更仆矣。"《明史·列女传序》云:"明兴,着为条规,巡方督学岁上其事。大者赐祠祀,次亦树坊表,乌头绰楔,照耀井闾,乃至僻壤下户之女,亦能以贞白自砥。"⑤这类说法无疑是当时贞节习俗的真实反映。

宋元明清时期的贞节还有以下两个特点,一是妇女的贞节与臣子的忠君被紧密联系在一起。虽然诸如"忠臣不事二君,贞女不更二夫"⑥之类的观念在中国早已有之,但正如有学者所说这种观念只有到了宋明之际,异民族入侵的危机加重,才使这种观念进一步强化。⑦ 明清之际的不少学者在论述贞节时往往将其与臣子的忠君联系在一起。如颜元所云:"使天下之妇女闻烈妇之风,而生皆尽妇道,死不负夫,则闺门皆虞夏矣;使天下之臣子,闻烈妇之风,而皆生尽臣子道,死不负君父,则朝野皆虞夏矣。"⑧另一特点是明清时期出现了大量的贞女,它指的是为第一个未婚夫守志的女子。⑨ 贞女现象的出现是明清时期贞节文化发展到极端的表现。贞女誓死为已死的未婚夫守节的举动常常与父母令其改嫁的意愿发生冲突,这种现象无形中冲击了传统婚姻制度中的"父母之命"以及"在家从父,已嫁从夫"的观念和习俗。

---

① 汪玢玲:《中国婚姻史》和陈东原《中国妇女生活史》持此类观点。

② 宋清秀:《试论明清时期贞节制度的积极意义》,《中国典籍与文化》2004 年第 3 期。

③ 方苞:《望溪先生文集》(卷 4),中华书局,1989 年,第 50 页。

④ 《金陵琐事陈烈妇》,转引自蔡凌虹:《从妇女守节看贞节观在中国的发展》,《史学月刊》1992 年第 4 期。

⑤ 《明史·列女传》。

⑥ 《史记》(卷 6),《秦始皇本纪》。

⑦ 参《矢志不渝:明清时期的贞女现象》,第 41 ~ 50 页的相关论述。

⑧ 颜元:《习斋记余》(卷一)。

⑨ 《矢志不渝:明清时期的贞女现象》,第 24 页。

它其实是极端的贞节观念与孝观念的矛盾。话本小说的悔婚故事（当然它也表现在其他故事中，笔者注）中，这种现象则表现为未嫁女对父亲将自己另嫁他人决定的坚决反对。而这些都是此前叙事文学中极为少见的现象。

二、再嫁：难以拘禁的婚姻习俗

萨姆纳说："生活就是由满足利益要求的活动所组成，因为在一个社会中，'生活'就是既扩展到物质领域又扩展到社会范围的行动和努力的一个历程。"①民俗生活是社会生活的一部分，自然也是由需要推动的，因而"民俗是为一时一地的所有生活需求而设"②。再嫁就是这样一种婚姻习俗。所谓再嫁指的是女性在丈夫死后或与丈夫离异后重新再次嫁与其他男子的婚姻习俗。再嫁习俗的形成源于女性基本的生理、生存和精神需要，也是调节社会婚姻性别资源失衡的重要方式，在传统社会中发挥了重要的作用。然而，这样一种习俗，却使宋元明清的婚姻文化语境逐渐走向了"耻化"，女性的再嫁被视为一种不道德的行为。但即便是在贞节观念最为强烈和深入发展的年代，再嫁习俗也始终在民间社会大行其道，这一点正如陈剩勇的评论："在理学以正统思想的垄断地位而成为社会的主流意识形态的时代，在'饿死事小，失节事大'理学贞节观念普及城乡的明代社会，在长江中下游地区及其以南各省，一方面是贞女、贞妇和烈妇的事迹轰轰烈烈、骇人听闻，贞节牌坊遍布城乡，标榜史册。另一方面，寡妇再婚在民间社会依然盛行。在有些地区，寡妇在丧期内就已改嫁，有的寡妇一生中先后改嫁了四五次之多，一般男子汉甚至富户豪族和官宦人家，也堂而皇之地迎娶寡妇。"③而大量的地方

---

① 萨姆纳：《民俗》，第22节。高丙中：《〈民俗文化与民俗生活〉附录一〈萨姆纳论民俗〉》，中国社会科学出版社，1994年，第179页。

② 萨姆纳：《民俗》，第1节。高丙中：《〈民俗文化与民俗生活〉附录一〈萨姆纳论民俗〉》，中国社会科学出版社，1994年，第174页。

③ 陈剩勇：《理学"贞节观"、寡妇再嫁与民间社会——明代南方地区寡妇再嫁现象之考察》，《史林》2001年第2期。另外许多学者的研究也表明了这一点，如郭松义、王跃生、王卫平、陈宝良等学者的相关研究。

志资料也有力地说明了再嫁习俗的广泛存在。① 再嫁习俗实在是一种难以拘禁的婚姻习俗，而它在民间社会的延续是有多方面原因的。

从法律层面看，自宋元明清时期虽然官方都在不同程度地倡导女性守节，并且也颁布诏令禁止宗室妇女和命妇的再嫁，但对于民间妇女的再嫁却始终采取了一种默许的态度。宋代朝廷对妇女改嫁的态度是十分宽容和开放的。“宋代法律，除禁止居丧改嫁、强迫改嫁、背夫改嫁外，同唐代一样，并无禁止妇女改嫁的律条”，许多规定甚至比之前的唐朝更为宽松。② 甚至“阀阅名家，不以再嫁为耻”，如范仲淹家族便有多起再嫁事例。皇家、宗室妇女也往往再嫁。且宋代妇女的改嫁是允许携带财产的。元代严厉禁止命妇的再嫁，对普通百姓的再嫁也有所限制，如大德七年颁布的法令就规定，改嫁的妇女，除被无辜出妻者，不论是生前离异还是夫死寡居，若再嫁他人，“其元随嫁妆奁、财产，一听前夫之家为主，并不许似前搬取随身”③。但这并未能阻止民间百姓的再嫁，时人描述当时妇女再嫁时就称：“妇人夫亡，守节者甚少，改嫁者历历有之。”④可知元代妇女再嫁的普遍性。同时，因为蒙古民族本身婚俗的“开放性”，如蒙古族收继婚婚俗的存在，社会并未形成歧视再嫁的风气。反以为夫亡改嫁乃“世之妇皆然”，“人未尝以为耻”。⑤ 明清时期虽然贞节观念甚嚣尘上，但当时的法律均未禁止民间妇女的改嫁。如《大清会典》称：“凡妇人夫亡之后，愿守节者，听。欲改嫁者，母家给还财礼。”⑥ 妇女丧夫之后，一般有三种选择，其一从夫地下为烈；次则冰霜以事翁姑为节；三则恒人事。⑦ 因为法律的默许，所以，在明清社会中虽然大量妇女选择

---

① 郭松义：《伦理与生活——清代的婚姻关系》，商务印书馆，2000 年，第 474 ~ 476 页。

② 辛更儒：《论宋代妇女改嫁不受舆论非议》，《妇女研究论丛》1999 年第 3 期。

③ 《元典章》（卷 18），《户部 · 四 · 夫亡 · 奁田听夫家为主》，台湾故宫博物院（影印元刻本），1976 年。

④ 《元典章》（卷 18），《户部 · 四 · 夫亡 · 命妇夫死不须改嫁》，台湾故宫博物院（影印元刻本），1976 年。

⑤ 《元史》（卷 200），《列女传》，中华书局，1983 年。

⑥ ［清］允禄等监修：《大清会典》（雍正朝）（卷 157），《刑部 · 律例 · 户律 · 婚姻》，文海出版社，1994 年。

⑦ 《明史 · 列女传》，中华书局，1974 年。

了前二者，但也有众多妇女选择了恒人事即再嫁。

宋元明清时期，民间妇女再嫁的方式大体有以下四种，一是寡妇改嫁，包括再婚到夫家和坐产招夫两种；二是丈夫外出多年未归且音信皆无，妇人再嫁；三是为丈夫或他人嫁卖或典卖；四是弃夫他嫁。但不论哪种再嫁的方式，妇女都要面对强大的社会舆论带来的压力和种种羞辱。在民间，青年妇人丧偶，"或不能守，其姊妹多耻之"①。有些地方甚至出现"再嫁者必加以戮辱，出必不从正门，舆必勿令近宅，至家墙乞路，跣足蒙头，群儿且鼓掌掷瓦尔随之"②这样尴尬、可怕的场面。然而即使在这样一种压力之下，仍有大量的民间妇女选择再嫁。对于妇女再嫁的原因已有众多学者做了深入研究，大致可以包括以下几个方面。

首先，男女比例失调，男多女少，婚姻市场上适龄女性资源的严重缺乏是明清时期大量妇女再嫁的根本原因。而女性资源的缺乏则与渊源已久的溺杀女婴的陋习有关。陈剩勇依据大量地方志记载，认为"明代中国南方各省，特别在明代中叶以后，包括浙江、南直隶等经济富庶、号称文化之邦的地区，从城镇到乡村，普遍盛行溺杀女婴的野蛮习俗"③。它的直接后果是导致整个社会中男女比例的严重失调，而大量守节妇女的存在，无疑会使这一比例加大，从而加剧男子娶妻的困难。而大量婚姻失时的男性不得不迎娶再婚妇女，甚至再婚妇女也成为稀缺资源，湖广的郴州等地"独于寡妇求之不惜货贿"④。清中期的男女比例大致为100:113~119之间。王跃生依据相关档案材料（1781~1791年）的研究甚至表明再婚妇女的财礼往往高于初婚的财礼。⑤ 而对寡妇再婚对象的统计中，初婚者比例占到了73.75%。⑥ 在

① 光绪：《吴川县志》（卷二）。

② [清]周溶修，汪韵珊纂：《祁门县志》，清同治十二年（1873年）刻本。

③ 陈剩勇：《理学"贞节观"、寡妇再嫁与民间社会——明代南方地区寡妇再嫁现象之考察》，《史林》2001年第2期。

④ [明]徐学谟纂修：万历《湖广总志》（卷35），《风俗》，四库全书存目从书本，史部第195册，第201页。

⑤ 王跃生：《18世纪中国婚姻论财中的买卖性质及其对婚姻的作用》，《中国经济史研究》2001年第1期。

⑥ 王跃生：《清代中期妇女再婚的个案分析》，《中国社会经济史研究》1999年第1期。

这种情况下便出现了“抢醮”、“逼醮”之类的现象，“寡妇新寡，亲属视为奇货，争图改嫁，虽有贞妇矢志守节，男家女家亦不能容，只图多得财礼，而不顾名节”①。婚姻市场上女性资源的稀缺，寡妇母家、夫家甚至市井无赖对财礼的贪求促成了妇女的再嫁。当然再嫁之妇的婚配对象也并非总为婚姻失时的贫寒男子，有时也有富家子弟。在明代，名门或官宦家庭的男子娶寡妇为妻的，甚或官身本人讨个寡妇做老婆或小妾的现象，在浙江、南直隶、福建、湖南等地普遍存在。② 明代话本小说集《石点头》第二卷《卢梦仙江上寻妻》中的大盐商谢启就愿意迎娶“寡妇”李妙惠。

其次，衣食无措，被迫再嫁。“烈易而贞难，守贞者富易而贫难。”③许多生活无依的寡妇最终选择重新嫁人。《型世言》第四回《寸心远格神明 片肝顿苏祖母》中的寡妇李氏无奈再嫁就是一个形象的案例。徽州向称节烈之乡，“一邑之中，女子节烈可采，常至不可盛载”④。但即使如此，许多衣食无措者还是选择了再嫁，“彼妇人失俪改适者多矣”⑤。同治《上海县志》卷24《列女》载：“闾阎刺刺之家，因穷饿改节者十之八九。”⑥点出了底层妇女无奈再嫁的原因。明代著名学者朱彝尊的乳母叶氏，“十年之中凡五嫁而辄贫”。因贫而嫁，再嫁犹贫，贫而再嫁。在贞节观念主导婚姻文化的时代，这样的行为显然是为人所不齿的。“安得十郎骤富，使我老不复更嫁乎。”其无奈之心境可想而知。叶氏死后，朱彝尊在为她写的铭文中说道：“妇人五嫁，理则不可，贫实驱之，否谁依者？伤哉！贫乎乃至辱其身乎。”⑦

其三，夫家嫁卖。嫁卖指的是夫家或丈夫因家境困难或其他原因将妇人卖与其他男子为妻的现象。这里的妇人可以是妻，也可以是妾。“聘则为妻，奔则为妾。”纳妾陋习在中国社会由来已久。纳妾的方式一般是买卖，纳

---

① [清]陈宏谋：《培远堂偶存稿》（卷16），清光绪二十二年铅印本。

② 陈剩勇：《理学“贞节观”、寡妇再嫁与民间社会——明代南方地区寡妇再嫁现象之考察》，《史林》2001年第2期。

③ 蓝鼎元：《鹿州初集》（卷9），《贞洁汪太君传》。

④ [清]刘大櫆：《刘大櫆集》，上海古籍出版社，1990年，第217页。

⑤ [清]刘大櫆：《刘大櫆集》，上海古籍出版社，1990年，第176页。

⑥ 同治：《上海县志》卷24。

⑦ 郭松义：《伦理与生活——清代婚姻关系研究》，商务印书馆，2000年，第444页。

妾的目的或为生子延嗣,或为贪图美色。妾之买卖较为随意,是一种合法的行为,明清时代所谓的“养瘦马”其实就是妾之买卖滋生的一种社会现象。明清话本小说中有不少篇目都涉及了妾之买卖。妾之地位卑下,不仅其丈夫,甚至主母也可以做主将其卖出。而正妻买卖则是不合法律的,但是民间社会一些穷苦人家遭逢灾荒年月时,不得已也会将妻子卖出换取钱财以渡过难关,当然也有些不义之夫会单纯为钱将妻子卖嫁。而此时的妻子也无可奈何。《型世言》第 31 回《阴功吏位登二品 薄幸夫空有千金》中薄情寡义的胡似庄贪财卖妻;第 33 回《八两银杀二命 一声雷诛七凶》中,阮胜母子因家境贫寒,无法度日,不得已卖掉劳氏。这两篇小说都是当时现实生活中嫁卖妻子现象的反映。此类故事在话本小说中还有不少。嫁卖生妻宋元明清代代不绝,而至乾隆以后,“随着农村经济状况的恶化,流民、游民大批涌现,卖妻买妻的事更是有增无减,呈蔓延之势,并引起了朝廷的注意”①。

有时,妇女的再嫁并非迫于外界的种种压力,而源于妇女自身,即女性本身在丈夫死后,自愿再嫁,甚至弃夫再嫁。如嘉靖《浙江通志 · 列女传》载:永嘉人俞姻奴“父没,家贫,母欲再适……亦随母入其家”②。黄岩人符松“既死,其妻钟氏将归母家,欲有他志”③。明代话本小说集《欢喜冤家》中有多篇故事的女主人公都是自愿改嫁,如第三回《李月仙割爱救亲夫》中的李月仙不仅自愿改嫁,而且对婚嫁对象提出了苛刻的条件。郭松义先生在《伦理与生活——清代婚姻关系》中也举出了多条资料以说明民间社会妇女的自愿再嫁甚至弃夫再嫁的现象,如陕西省:“女不必专一,又来久矣。”江西东乡县:“妇女背夫在逃之事,层出不叠。”山西朔平府:“关北人无伦理,父子夫妇不翅路人,每有其家儿孙满堂,妇欲他适,则掉头不顾。”④等。话本小说中

① 郭松义:《伦理与生活——清代婚姻关系研究》,商务印书馆,2000 年,第 488 页。

② [明]嘉靖:《浙江通志 · 列女传》,台湾成文出版社有限公司影印本,第 2353 页。

③ [明]嘉靖:《浙江通志 · 列女传》,台湾成文出版社有限公司影印本,第 2321 页。

④ 郭松义:《伦理与生活——清代婚姻关系研究》,商务印书馆,2000 年,第 505 ~ 508 页。

夫死之后，弃子而去；甚至嫌弃丈夫贫困、丑陋，毅然他嫁的故事也有多篇。

从再嫁的女性阶层等情况看。由于宋元以来，尤其元明清三代，因为朝廷对命妇再醮的限制，所以上层社会妇女再嫁者较少。郭松义先生通过对50余部族谱的考察，得出结论：“凡有功名的绅宦之家，无有一例再嫁。这表明再嫁与家庭经济有重要关联外，亦与家庭的政治地位以及受传统礼教熏陶关系密切。”①因而，再嫁妇女大多为民间社会的普通百姓，偏远地区更是如此。而我们对明清话本小说的考察也得出了同样的结论，这一点将于下文详述。

① 郭松义：《伦理与生活——清代婚姻关系研究》，商务印书馆，2000年，第476页。

后 记

近年来,国内关于民俗学学科属性与学术范式的讨论愈发深入和热烈,这显示了中国民俗学的学术自觉与日渐成熟。中国民俗学发端自民间文学研究,长期以来以民间文学研究为主,从业者大多供职于高校中文专业。1997 年,国务院学科目录调整,民俗学被划归社会学名下,成了社会学的二级学科,一些高校也将民俗学从中文系调整到社会学系。民俗学研究范围扩大了,理论背景、学术诉求也逐渐多元化,这刺激着民俗学从业者对于中国民俗学的未来发展、学术属性和学术范式进行思考与讨论。

在这样的背景下,2014 年 8 月暑假期间,中国民俗学会和河南大学文学院在古城开封举行了“民俗学:学科属性与学术范式学术研讨会”,这本论文集就是这次会议的成果。这次会议邀请的全是长期工作在高校和科研机构民俗学教学和科研第一线的专业人员,他们对中国民俗学的一些基本问题有着自己切身的体会和思考,这本论文集就是他们在实际的教研工作中的真知灼见,有着重要的理论价值和现实意义,代表了当代中国民俗学界对中国民俗学一些基本问题的看法。

需要指出的是,在河南大学与中国民俗学会商议举办这次会议的时候,中国社会科学院文学所的吕微和户晓辉研究员等也在“中国民俗学网”发起了类似主题的讨论与征文活动,开封会议汇聚了他们的力量;本次会议及论文集的出版得到了河南大学文学院的大力支持,河南大学出版社也为论文集的出版提供了帮助;在论文集的编辑过程中,河南大学文学院民俗学专业研究生张婷、杨鑫、李静付出了劳动。在此,一并向他们表示感谢。

编 者

2015 年 7 月 17 日